KB012376

한 미식가의 자본주의 가이드

우리가 먹는 것의 정치경제학 이해하기

이 도서의 국립중앙도서관 출판예정도서목록(CIP)은 서지정보유통지원시스템 홈페이지(http://seoji.nl.go.kr)
와 국가자료공동목록시스템(http://www.nl.go.kr/kolisnet)에서 이용하실 수 있습니다.
CIP제어번호: CIP2019023914(양장), CIP2019023915(무선)

한 미식가의 자본주의 가이드

우리가 먹는 것의 정치경제학 이해하기

에릭 홀트-히메네스(Eric Holt-Giménez) 지음

박형신 옮김

한울
아카데미

A Foodie's Guide to Capitalism

By Eric Holt-Giménez

차 례

박스 차례

내게 희망은 협상할 수 있는 것이 아니라는 것을 가르쳐준

나의 친구이자 농부이고 동지인 마노로에게

감사의 말

이 책에 대한 아이디어는 프레드 매그도프Fred Magdoff와 나눈 우정 어린 이메일 대화에서 시작되었다. 그는 먹을거리와 농업에 관한 책을 출판하는 일에 관심을 가지고 있었고, 내게 그것과 관련한 책 한 권을 써달라고 요청했다. 음식에 관한 책들이 넘쳐나고 있다는 생각에 나는 얼마간은 건방지게 "'음식에 관한 **마지막** 책'은 어때?"라고 답했다. 다행스럽게도 프레드는 내 말을 대놓고 무시했다. 얼마 후 버몬트에서 있었던 푸짐한 아침식사 자리에서 우리가 그린 책의 밑그림이 마침내 이 책 『한 미식가의 자본주의 가이드』가 되었다. 이 책, 그리고 먹을거리와 자본주의에 대한 나의 이해는 프레드의 통찰, 제안, 인내로부터 많은 덕을 봤다. 특히 나의 일과 생활, 그리고 미국의 선거들로 인해 연이어 마감기일을 지키지 못할 정도로 저술이 지지부진했음에도 불구하고, 그는 잘도 참아주었다.

이러한 지체 과정은 긍정적인 면도 있었다. 나는 그 사이에 광범한 독자들과 원고의 초고를 공유할 수 있었다. 나는 거의 두 달 동안 일주일에 한 번씩 태스님 에보트Tasnim Eboute, 프란체스코 게레리 Francesco Guerreri, 매케나 자퀘멧McKenna Jaquemet, 아야나 크로포드Ayana

Crawford, 로런 테이트 바에자Lauren Tate Baeza를 만나 각 장의 초고를 다시 검토했다. 오늘날 먹을거리 체계가 지닌 기막힌 모순의 자본주의적 뿌리를 이해하려는 그들의 열망은 노련한 정치경제학자들과 열정적인 먹을거리 활동가들 모두를 위한 텍스트를 발전시키는 데 매우 소중한 것이었다. 에바 페로니Eva Perroni는 이 책 곳곳에 배치된 여러 정보 박스BOX의 자료를 준비해 주었다. 그레이스 트레핑거Grace Treffinger와 에릭 해저드Erik Hazard는 용어풀이를 정리해 주었다. 아나 크루직Ahna Kruzic, 앨리시아 실바Alyshia Silva, 매릴린 보르하르트Marilyn Borchardt 역시 여러 제언과 함께 본문, 제목, 표지와 관련해서도 도움을 주었다. 매리언 네슬Marion Nestle은 원고 전체를 읽고 많은 유용한 논평을 해주었을 뿐만 아니라 기꺼이 머리말을 써주었다. ≪먼슬리 리뷰Monthly Review≫에서 일하는 동지들 — 마이클 에이츠Michael Yates, 마틴 패디오Martin Paddio, 수지 데이Susie Day — 에게도 특별한 감사를 전한다. 그리고 에린 클러먼트Erin Clermont의 꼼꼼한 편집과 유익한 제안은 이 책이 현재의 모습을 갖추게 했다. 특히 나의 투쟁과 삶의 동지인 레오노르 허타도Leonor Hurtado에게 감사의 말을 전하고 싶다. 그녀의 사랑, 지원, 창조성, 격려는 이 책을 쓰는 과정에서 중요한 원료였다. 마지막으로, 이 책의 기획에 관해 듣고 "그게 바로 우리가 필요로 하는 거야!"라고 말했던 모든 사람에게 감사한다.

캘리포니아주 그레이턴에서
2017년 4월
에릭 홀트-히메네스

/

머리말

/

매리언 네슬

에릭 홀트-히메네스로부터 자신의 책 『한 미식가의 자본주의 가이드』의 서문을 써달라는 요청을 받았을 때, 나는 즉시 그렇게 하겠다고 답했다. 나는 제목이 마음에 들었고, 먹을거리 운동이 이 책을 필요로 한다고 생각했다. 나는 자본주의라는 말을 고상한 사람들 앞에서는 결코 언급해서는 안 되는 "C로 시작되는 금기어"로 취급하는 데 넌더리가 난다. 먹는 것을 좋아하고 우리의 먹을거리 체계가 더 맛있고 더 건강하고 더 지속가능한 식품을 생산하기를 바라는 ─ 그리고 그 일에 종사하는 모든 사람이 남부럽지 않은 삶을 살기를 바라는 ─ 우리 '미식가foodie'들은 자본주의를 벽장에서 끌어내어 그것이 야기하는 문제들을 이해하고 그 문제들과 정면으로 맞설 필요가 있다. (이렇게 표현해도 괜찮을지 모르겠지만) 에릭은 이 시점에 이 책을 출간함으로써 우리에게 엄청난 은혜를 베풀었다.

우리는 미국은 먹을거리 체계가 풍부하고 다양한 먹을거리를 우리에게 공급하고 있다는 말을 끊임없이 듣는다. 그리고 이는 세계의 부러움을 사고 있다. 그러나 이 같은 좋은 일도 커다란 대가를 치르고 있다. 미국에서 4500만 명의 사람들(그중 절반은 아이들이다)이 먹을거리 불안정을 겪고 있으며, 성인의 거의 3분의 2가 비만이며, 토양, 공기, 물의 질이 심각한 해를 입고 있고, 칼로리, 당, 염분이 과도하게 높은 식품들이 넘쳐나고 있다. 자본주의는 그러한 문제의 원인일 뿐만 아니라 그러한 문제들이 왜 존재하는지를 이해하는 아주 좋은 출발점이다.

우리는 살기 위해 음식을 필요로 한다. 그러나 식품회사의 목적은 우리의 삶, 건강, 또는 행복을 증진시키는 것이 아니다. 식품회사의 목적은 경영진과 주주를 위해 돈을 버는 것이다. 국제연합은 인간은 먹을거리에 대한 권리right to food를 가진다고 선언하기도 한다. 먹을거리에 대한 권리는 "모든 남성과 여성, 그리고 아이들이 홀로 또는 다른 사람들과 공동으로 적절한 먹을거리에 또는 그것을 획득하는 수단에 언제나 물리적·경제적으로 접근할 수 있을 때 실현된다". 그러나 이것은 규제받지 않는 자본주의가 작동하는 방식이 아니다. 자본주의는 먹을거리 — 삶에 필수불가결한 것 — 를 다른 어떤 상품처럼 판매되는 상품으로 전환시킨다. 에릭이 지적하듯이,

그 먹을거리가 신선한 유기농 아루굴라arugula인지 아니면 빅맥인지, 에티오피아 고산지대의 테프teff인지 아니면 월마트의 치즈위즈 Cheez-Whiz인지는 중요하지 않다. 당신이 그것을 필요로 하는지 그렇지 않은지, 그것이 당신에게 좋은지 나쁜지, 그것이 지역에서 생산되었는지 아니면 아주 멀리에서 운송되었는지, 또는 그것이 가축우리에서 키워졌는지, 새장에 갇혀 있었는지, 방목되었는지, 아니면 행복하게 살았는지는 중요하지 않다. 만약 충분한 사람들이 그것을 **원하고**

그것을 살 돈을 가지고 있다면, 누군가는 그것을 상품으로 전환하여 판매할 것이다.

먹을거리처럼 우리의 생존에 기본적인 것이 어째서 이윤의 도구가 되고 말았는가? 이 책은 그러한 일이 발생해 온 역사를 상술하고 그 결과를 설명한다. 이 책은 우리 모두가 묻고 있을 질문들을 다룬다. 왜 그렇게도 많은 미국인들이 너무나도 가난해서 먹을거리를 살 수 없는가? 왜 그렇게도 많은 사람들이 살이 찌고 비만이 되는가? 왜 신선한 과일과 야채의 가격이 청량음료의 가격보다 빠르게 상승하는가? 왜 신참 농부들은 토지를 살 수 없는가? 왜 미국 농무부는 과일과 야채를 '특수작물'로 간주하는가? 왜 우리 농지의 압도적으로 많은 부분에서 사람을 위한 먹을거리가 아닌 동물 사료와 자동차 연료가 재배되는가? 돈을 좇는다는 것은 이 질문에 답하는 나쁘지 않은 방법의 하나이다.

이 질문들을 다루면서 에릭은 우리에게 더 큰 그림을 볼 것을 원하며 다음과 같이 묻고 답한다. 누가 "부를 어떻게 추출하여 누구의 소유로 할 것인지를 결정하는가? 소비자인가? 아니다. 노동자인가? 아니다. 그것을 결정하는 것은 자본가이다. 그것이 바로 그 체계가 '노동주의' 또는 '노동자주의'라고 불리지 않고 자본주의라고 불리는 이유이다."

나는 식품산업(달리 표현하면 자본주의)이 영양과 건강에 미치는 영향을 연구하는 일을 한다. 하지만 나는 자본주의라는 용어를 좀처럼 사용하지 않는다. 나의 경험에 비추어 볼 때, 학생과 청중은 이 C

로 시작되는 금기어에 언짢아한다. 그들은 먹을거리가 생산되고 판매되고 소비되는 방식을 지배하는 정치 또는 권력관계에 대해 생각하는 것을 좋아하지 않는다. 그러나 먹을거리는 정치적**이고**, 심히 그렇다. 우리의 먹을거리 체계 배후에 자리하고 있는 심기 불편한 정치를 인식하는 것은 실제로 우리가 더 지속가능하고 덜 낭비적이고 몸과 정신에 더 건강한 먹을거리를 (그 일을 하는 모든 사람들에게 공정하게 보상하는 방식으로) 생산하고자 할 때 아주 중요하다.

자본주의를 이해하는 것이 나의 영역, 즉 영양학에서 어떻게 도움이 되는지를 하나의 예를 들어 설명해 보자. 나는 1980년경부터 미국에서 비만이 급속히 증가해 온 것에 특히 관심을 가지고 있다. 직접적인 원인은 사람들이 더 많은 음식, 그리하여 더 많은 칼로리를 섭취하기 시작했다는 것이다. 그렇다면 왜 그러했는가? 유전학은 변하지 않았다. 변화한 것은 음식을 선택하는 환경이었다. 더 큰 그림을 살펴보면, 우리는 농업정책의 변화가 농부들로 하여금 가능한 한 많은 먹을거리를 생산하도록 부추겼다는 것을 알 수 있다. 농부들은 그러한 정책에 응답하여 먹을거리의 공급 측면에서 우리가 이용할 수 있는 칼로리의 양을 우리가 평균적으로 필요로 하는 양의 거의 두 배로 증가시켰다. 1980년대의 '주주가치' 운동은 월스트리트로 하여금 더 높은, 그리고 더 직접적인 투자수익에 기초하여 기업들을 평가하게 했다. 식품회사들은 과잉생산된 먹을거리 경제 속에서 생산물을 판매하기 위해 경쟁해야 했을 뿐만 아니라 분기마다 월스트리트에 수익이 얼마나 **증가**했는지를 보고해야만 했다.

과잉생산은 먹을거리의 값을 싸게 만든다. 값싼 먹을거리는 패스트푸드 레스토랑을 급격히 증가시키고, 더 많은 외식 소비를 조장하고, 더 크고 칼로리가 더 높은 한 끼 음식을 만들어낸다. 이처럼 경쟁이 치열한 식품산업 환경에서 기업들은 먹을거리를 판매하는 새로운 방법을 모색했다. 식품회사들은 먹을거리를 모든 곳 ─ 약국, 옷가게, 서점, 도서관 ─ 에 가져다 놓았다. 그들은 어린아이, 저소득집단, 그리고 개발도상국 주민들에 대한 마케팅을 점점 더 확대했다. 식품회사들은 과식을 부추기기 위해 할 수 있는 모든 일을 했다. 그 결과 발생한 것이 바로 비만이다.

이 책이 분명하게 보여주듯이, 그 결과는 역사의 우연이 아니다. 이익이 어떤 다른 인간적 가치보다 우선시되는 경제체계에서 그것은 예측 가능한 결과이다. 자본주의의 먹을거리 체계는 노동 및 다른 모든 비용을 최소한으로 유지하고, 값싼 먹을거리를 엄청나게 과잉공급한다. 그리고 그 결과 저주받는다.

이 책 『한 미식가의 자본주의 가이드』는 우리에게 자본주의 먹을거리 체계에 대해 차근차근 학습할 수 있게 해준다. 이 먹을거리 체계에 대한 에릭의 분석은 불온하지만, 그 체계와 함께한다. 만약 우리가 실질적인 권력을 가진 먹을거리 운동조직을 만들고 싶어 한다면, 우리는 우리가 직면해 있는 상황을 알 필요가 있다.

저널리스트인 마이클 폴런Michael Pollan은 2016년 말에 ≪뉴욕 타임스≫에 쓴 글에서 이렇게 주장했다. "먹을거리 운동은 여전히 하나의 정치세력으로 존재하지 못한다. 먹을거리 운동은 그 쟁점 중 하나가 중차대할 때 백악관이나 의회의 위원회에 이의를 제기하고 나설 조직이나 운동원들을 아직 갖추고 있지 못하다." 우리에게는 둘 다가 필요하다. 우리 운동원 대부분은 우리에게 가장 우려되는 먹을거리 문제를 해결하는 일에 너무나도 몰두하고 있다. 하지만 그 문제가 학교, 농민시장, SNAP(식품구입권), 식품 분류표시, 공정무역, 임금, 또는 심지어 농장법, 그 어떤 것과 관련된 것이든 간에, 우리는 그 문제를 유발하는 더 큰 조직적 상황에 주의를 기울일 필요가 있다.

만약 우리가 먹을거리 체계를 개선하기를 원한다면, 우리는 무엇을 변화시켜야만 하는지, 그리고 어떻게 그러한 변화를 일으킬 수 있는지를 알아야 한다. 에릭은 우리 모두가 먹을거리 문제를 위해 일하는 다른 모든 사람들은 물론 관련된 사회적 대의를 위해 일하는 집단들과도 함께 힘을 합칠 것을 촉구한다. 실제적 힘을 갖춘 통일된 운동조직을 결성하자.

이 책을 읽어라. 그리고 그 주장들을 숙고하라. 그 주장들이 당신으로 하여금 먹을거리 운동에 가담하여 그 운동을 성공시키는 데 일조하게 할지도 모른다.

2017년 6월
뉴욕에서

/

미식가들이 자본주의를 이해할 필요가 있는가

이 질문에 대한 답변은 당연히 '그렇다'이다. 먹을거리 체계를 변화시키기 위해 노력하는 모든 사람 — 기아, 먹을거리 불안정, 식생활 관련 질병을 끝내기 위해 싸우는 사람들뿐만 아니라 공정하고 지속가능한 농업을 위해 일하는 사람들과 단지 좋고 건강한 먹을거리에 접근하기를 원하는 사람들까지도 — 은 자본주의에 대해 알 필요가 있다. 왜 그런가? 그것은 우리의 먹을거리 체계가 자본주의적이기 때문이다. 하지만 아직 상대적으로 소수의 사람들만이 이를 인식하고 있다.

이것은 이상해 보인다. 자신을 먹을거리 운동과 동일시하는 사람들까지 그러하다는 것은 특히 더 이상하다. 어쨌거나 사람들은 식물재배에 대한 어떠한 개념도 없이 농사를 시작하지 않을 것이고, 웹 소프트웨어에 관한 아무런 지식 없이 웹사이트를 구축하지 않을 것이며, 건축에 대한 이해 없이 지붕을 올리지 않을 것이다. 하지만 먹을거리 체계를 변화시키기 위해 노력하는 먹을거리 활동가들의 경우, 많은 (비록 대부분은 아니지만) 사람이 먹을거리의 자본주의적 토대에 관한 지식을 별로 가지고 있지 않다.

이는 부분적으로는 먹을거리 운동에 참여하는 대부분의 사람들이 먹을거리 체계의 당면 문제를 다루는 데 너무나도 급급하기 때문이다. 당연히 그들은 전체로서의 체계보다는 한두 가지 이슈 — 이를테면 건강한 먹을거리에의 접근, 도시농업, 유기농업, 공동체 지원 농업, 로컬 푸드, 농장 노동자의 권리, 동물복지, 살충제 오염, 종자주권, GMO 분류표시 등등, 이 목록은 길다 — 에 자신들의 노력을 집중한다. 그러한 프로젝트들은 종종 긴급한 문제를 다루는 프로젝트를 지원하는 자선재단과, 양적으로 가시적 결과를 산출할 수 있는 단체의 지원을 받는다. 우리의 먹을거리 체계가 안고 있는 문제의 심각성을 감안할 때, 우리는 이를 이해할 수는 있다. 그러나 그러한 일에 초점을 맞추는 것은 자주 그러한 문제의 근본 원인을 다루는 장기적인 정치적 운동조직을 구축하는 것을 어렵게 만든다. 게다가 단체들은 종종 자신들이 재정지원을 놓고 서로 경쟁하기 때문에 쟁점을 넘어 다양한 동맹을 구축하여 체계를 변화시키는 일에 헌신하기가 어렵다는 사실을 발견한다. 전문화된 틈새시장에서 자기 나름의 일을 하는 대담한 개인이나 먹을거리 사업가들은 체계 문제를 다룰 가능성이 훨씬 적다.

그러나 먹을거리 운동이 자본주의에 대해 많은 것을 알지 못하는 데에는 더 큰 정치적·이데올로기적 이유들도 존재한다. 대부분의 자본주의 나라에서는 심지어는 대학의 경제학 강의에서조차 자본주의를 전혀 논의하지 않는다. 이들 나라에서 정치-경제 구조는 바꿀 수 없는 것으로 간주되고, 좀처럼 의문을 제기받지 않는다. 2008년 글로벌 금융위기가 발생하기 이전까지 미국에서 **자본주의**라는 용어를 거론하는 것은 사회적으로 거북스러웠다. 왜냐하면 자본주의를 피상적으로만 고찰하더라도 심각한 경제적·정치적 불균형이 즉각 들추어지고, 그리하여 우리가 계급 없는 민주사회에서 살고 있다는 통념이 부정되기 때문이다. 대학에 가기에 충분할 만큼의 특권을 지닌 사람들도 보통은 대학원에 가서야 리카도Ricardo, 스미스Smith, 밀Mill, 마르크스Marx, 폴라니Polanyi, 케인스Keynes, 그리고 우리의 경제체계를 다룬 여타 저명한 학자들의 기본 저작들을 깊이 있게 공부한다. 하지만 그 경우에도 자본주의는 자주 (전 지구적으로 삶에 항상 영향을 미치며 삶을 틀짓고 개조하는) 역동적인 사회·경제적 부와 권력의 체계라기보다는 (격리된 학문영역에서 연구되는) 지적 인공물로 취급된다.

주로 (비록 전적으로는 아니지만) 미국의 독자를 지향하는 이 책은 다른 접근방식을 취한다. 이 책은 먹을거리 체계의 틀을 이용하여 자본주의의 기본적인 작동방식의 일부를 설명하고, 자본주의에 대한 기본적인 이해를 이용하여 먹을거리 체계가 왜 현재의 방식으로 작동하는지를 이해한다. 이러한 분석을 하는 과정에서 사회운동을 논의하며, 계급적 이해관계, 사회적 인식, 정치조직이 자본주의 먹을거리 레짐food regime의 결과에 어떻게 영향을 미칠 수 있는지를 보여준다. 만약 당신이 세계를 이해하는 이 접근방식에 친숙하지 않더라도, 놀라지 마라. 당신만 그런 것은 아니니까.

1970년대 후반에 미국과 영국은 기업과 부자에게 감세정책을 실시하고, 공공재를 민영화하고, 환경·노동규제를 풀고, 무역을 자유화했다. 그러한 정책들은 주류 경제학자들이 '자유시장'이라고 부르기를 좋아하는 것의 규칙 — 거대 기업들이 자신들이 원하는 것을 자신들이 원하는 곳에서 생산하고 자신들이 원하는 곳으로부터 수입하고 자신들이 원하는 곳에 이윤을 은닉하는 자유를 누리면서, 조세 책무를 회피하고 환경과 건강의 비용을 사회에 전가하는 것 — 을 장려했다. 이러한 일련의 경제정책은 '신자유주의'로 알려졌다. 왜냐하면 그러한 경제정책들이 아주 부자인 사람들의 이익을 위해 19세기의 자유시장 관념을 20세기의 맥락에서 부활시켰기 때문이다. 신자유주의는 억만장자들의 새로운 금권정치와 역사상 최고 수준의 부와 소득의 불균형을 창출하는 것만이 아니었다. 민영화와 자본의 독점력이 증가하여 **공론장**public sphere — (시장보다는) 정치적 토론과 시민활동에 참여하는 시민들에 의해 결정이 이루어지고 공공재가 공유되는 사회의 부분 — 은 해체되었다. 노동조합은 무력화되었고, 진보조직의 정치적 영향력은 충분한 자금력을 갖춘 반동세력의 직접 공격에 빈번히 맥없이 무너졌다. 이러한 사태의 진전이 자주 글로벌 경제의 '자연스러운' 진화의 일부로 제시되었지만, 그러한 것들 모두는 자신들의 이익을 증진시키고자 하는 막강한 부자계급이 내린 결정에 기초한 것이었다. 전 지구적 규모로 진전된 신자유주의는 지구화로 알려졌다. 지구화는 우리가 오늘날 '1%'라고 부르는 막강한 국제자본의 소유자들이 증진시킨 계급프로젝트이다. 신자유주의는 우리 자신이 경험해 온 그 어떤 삶의 결과도 전적으로 우리(즉, 우리 각자)에게 책임이 있다는 관념을 강화한다. 이 관념은 우리를 가능한 한 취약하게 만들어서 더 쉽게 착취하는 것을 목적으로 한다.

동시에 1960년대부터 젠더, 인종, 민족성, 환경에 기초한 새로운 사회운동들이 성장해 왔다. 매우 파편화된 이들 운동은 노동조합, 전위 정당, 정치-군사조직과 같은 종래의 정치조직화 형태를 외면하는 경향이 있었다. 왜냐하면 후자의 정치조직들이 자주 비민주적이며 정체성 정치와 환경문제에 둔감한 것으로 간주되었기 때문이다. 신자유주의가 득세함에 따라 기존의 '옛 좌파' 조직들은 점점 더 무력해지는 반면, 미국의 공화당과 민주당 같은 기존 정당들이 조금씩 계속해서 우로 이동하며 이 새로운 모델을 받아들였다.

지구화, 옛 좌파의 붕괴, 새로운 사회운동의 확산은 서로 결합하며 많은 정치적 정설을 무너뜨렸고, 이는 좌파로 하여금 젠더, 환경, 민족성, 인종의 문제에 눈을 뜨게 했다. 그러나 풍요한 국가들에서 이는 또한 경제체계가 실제로 작동하는 방식에 대해 별 관심이 없고 자신들이 싸우는 사회적 억압에서 자본주의가 수행하는 역할을 제대로 이해하지 못하는 얼마간 몰계급적class-blind인 활동가 세대를 낳기도 했다. 신자유주의적 자본주의가 노동계급을 파괴하고 지구상의 자연과 사회의 모든 측면에 집요하게 침투했던 바로 그 시대에, 자본주의에 대한 비판적 지식 — 19세기와 20세기의 사회운동 투쟁에서 매우 중요했던 — 은 사회변동의 목록에서 대부분 사라졌다. 많은 사회적 진보주의자가 부지중에 경제적 신자유주의를 발흥시키는 데서 공모자가 되어서, 낸시 프레이저Nancy Fraser가 '진보적 신자유주의progressive neoliberalism'라고 부른 것을 낳았다.

제조업이 쇠락한 시대 내내 나라는 '다양성', '역량강화', '비非차별'의 담론으로 떠들썩했다. '진보'를 평등 대신 능력주의와 동일시하는 이러한 용어들은 '해방'을 승자독식의 기업 위계를 폐지하는 것과 등치시키는 대신 그 위계에서 소수의 '능력 있는' 여성, 소수집단, 게이 엘리트가 등장하는 것과 등치시켰다. '진보'에 대한 이 같은 자유주의적-개인주의적 인식이 1960년대와 1970년대에 융성한 해방에 대한 보다 포용적이고 반위계적이고 평등주의적이고 계급인지적이고 반자본주의적인 인식을 점차 대체했다.(Fraser, 2017)

하지만 진보적 신자유주의가 무너지면서, 파편화, 탈정치화, 신자유주의로의 흡수를 그 특징으로 하던 먹을거리 운동은 급속히 변화하고 있다. 인종 불관용, 외국인 혐오, 그리고 극우파의 조직화된 폭력의 고조는 전 세계적으로 네오파시즘에 대한 관심을 불러일으켰고, 모든 진보적 사회운동으로 하여금 자신들이 직면한 문제들에 보다 깊이 파고들게 했다.

지구 남부의 많은 사람, 특히 가난한 먹을거리 생산자들은 자신들의 생계를 파괴하는 경제적 힘을 이해할 만한 여유가 **없다**. 오늘날 등장한 국제적인 먹을거리 주권 운동 — 이 운동 역시 그간 미국의 농민, 농업 노동자, 먹을거리 생산자들 사이에서 뿌리를 내려왔다 — 은 토지, 물, 시장, 노동, 종자에 대한 폭력적인 자본주의적 침탈과 착취에 오랫동안 저항해 온 역사의 일부이다. 지구 북부에서는 취약한 흑인 지역사회들 — 역사적으로 식민화, 침탈, 착취, 차별의 물결에 휩쓸린 — 이 질 좋고 건강한 먹을거리에 대한 공정하고 공평한 접근을 요구하는 먹을거리 정의 운동food justice movement에서 중추를 이루고 있다. **왜** 흑인들은 풍요한 북부 민주주의 사회에서 살고 있음에도 불구하고 먹을거리 불안정과 식생활 관련 질병을 겪을 가능성이 두 배나 높은지를 이해하기 위해서는 자본주의와 인종차별주의의 교점을 이해할 필요가 있다. 이제 일곱 명 중에서 한 명이 굶주리고 있는 세계에서 왜 농부들이 과잉생산으로 인해 파산하는지를 살펴보자.

선진세계에서 중간계급이 위축되면서, 불완전고용 상태에서 빚에 시달리고 있는 밀레니얼 세대millennial generation[1980년대 초부터 2000년대 초 사이 출생하여 2007년 글로벌 금융위기 이후 사회생활을 시작한 세대 _옮긴이] 가운데 많은 사람이 근대 자본주의에 고유한 식생활 관련 질병이 유행함에 따라 자신들의 부모보다 너 짧은 삶을 살 것으로 보인다. "땅으로 돌아가자"라는 널리 확산된 추세는 단순히 생활양식을 선택하는 것이 아니다. 그것은 또한 생계를 꾸릴 기회가 위축되고 있는 것에 대한 반응이기도 하다. 그리고 젊은 농부들이 훨씬 더 비싸진 농지에 접근하기 위해 고투하고 있을 때, 공중은 송유관과 GMO 분류표시에서부터 먹을거리 매개 질병과 건강하지 못한 학교 급식에 이르기까지 모든 것에서 기업의 비타협적 태도와 마주한다. 환경주의자들은 산업 농업으로 인한 물 고갈, 오염, 동물에 대한 비인간적 취급, 생물다양성 상실, 탄소 배출에 맞서 끝없는 싸움을 벌이고 있다. 현재 이와 관련된 해결하기 어려워 보이는 문제의 근본 원인을 이해하고자 하는 열망이 커지고 있다.

먹을거리 운동 활동가들은 먹을거리 체계는 더 큰 경제체계로부터 따로 떼어내서는 변화시킬 수 없다는 것을 깨닫기 시작하고 있다. 물론 우리는 문제의 가장자리에서 그 문제를 어설프게 개선하는 식으로 유용한 일을 할 수도 있다. 하지만 우리의 먹을거리 체계를 변혁하는 데서 우리가 직면한 난제의 중요성을 제대로 평가하기 위해서는, 그리고 사람들의 욕구 및 환경과 조화를 이루는 새로운 먹을거리 체계를 수립하는 데 필요한 것을 충분히 인식하기 위해서는 우리는 우리의 먹을거리 체계의 경제적·정치적 맥락 — 즉, 자본주의 사회 — 을 탐구할 필요가 있다.

이 책은 먹을거리 운동 — 미식가, 농부, 농장 정의 활동가, 먹을거리에 대해 우려하는 소비자에서부터 기후 정의 활동가와 환경 활동가에 이르기까지 — 의 정치적·경제적 도구상자로 의도되었다. 이 책은 먹을거리 체계의 렌즈를 통해 바라본, 자본주의 경제체계에 대한 기본 입문서이다. 이는 이 책이 먹을거리 체계와 자본주의 둘 중 어느 하나도 철저하게 다루지 못한다는 것을 뜻한다. 하지만 자본주의가 작동하는 방식의 기본 원리를 일부 이해함으로써 우리는 왜 우리의 먹을거리 체계가 현재의 방식이 되었는지, 그리고 우리가 그 체계를 어떻게 변화시킬 수 있는지를 더 잘 파악할 수 있다. 거꾸로 말하면 자본주의가 먹을거리 체계를 틀짓는 방식에 대한 이해는 먹을거리가 자본주의 자체의 구조와 기능에서 수행하는 역할을 이해하도록 도와줄 수 있다. 이러한 종류의 통찰은 우리가 우리의 서로 다른 형태의 행동주의에 정치적 관점을 담는 데, 그리고 대안을 구축하고 동맹을 결성하고 조치를 취하고 피상적인 개선과 진정한 변혁적 개혁 간의 차이를 이해하는 기회를 가지는 데 도움을 줄 수 있다.

지역 자유무역 협정, 탄소시장, 유전자 변형 농산물GMO, '지속가능한 강화sustainable intensification', 그리고 '세계를 먹여 살리기' 위한 공공-민간 협력의 배후에 무엇이 존재하는가? 유기농 농장과 과수원, 공동체 지원 농업, '우리의 포크로 투표하기voting with our forks'가 먹을거리 체계를 보다 변화시킬 수 있을 것인가? 더 많은 공인된 공정무역fair trade과 소액금융micro-finance이 지구 남부의 농촌경제를 재건할 수 있을 것인가? 우리는 토지신탁과 자발적인 책임 농업투자 원칙을 통해 지가의 상승 및 기업의 토지 수탈과 맞서 싸울 수 있을 것인가, 아니면 우리가 대규모 농업개혁을 요구해야만 하는가? 이 책은 당신이 이러한 질문에 대한 답을 찾는 데 도움을 줄 것이다.

우리는 여기서 활동가의 전문용어와 정치경제학의 불가해한 언어를 최소한으로 사용하면서 정치경제학의 가장 중요한 개념들을 소개할 것이다. 그렇지만 그러한 전문용어들조차 난해하게 느껴질 수도 있다. 따라서 우리는 그러한 용어들의 뜻을 편리하게 찾아볼 수 있도록 상세한 용어풀이 목록을 따로 첨부해 두었다. 자본주의, 먹을거리 체계, 먹을거리 운동의 문제를 더 깊이 파고들기를 원하는 사람들을 위한 참고자료들은 이미 많다.

누가 무엇을 소유하는가? 누가 무엇을 하는가? 누가 무엇을 얻는가? 그들은 그것을 가지고 무엇을 하는가?(Bernstein, 2010: 22) 이것들은 자본주의를 연구할 때 제기되는 기본 질문들이다. 자본주의 먹을거리 체계의 작동방식을 이해하기 위해 우리는 정치경제학 — 경제학보다 100년 이상 앞선 사회과학 — 의 연구로부터 선택한 개념들을 소개함으로써 이 질문들에 답할 것이다.

제1장 「자본주의 먹을거리 체계는 어떻게 등장했는가」에서 우리는 광범한 역사적 검토를 하는 것으로 논의를 시작한다. 다시 말해 제1장은 지난 두 세기 동안 자본주의의 발전에서 농업이 수행해 온 역할과 농업의 발전에서 자본주의가 수행해 온 역할에 초점을 맞춘다. 감자, 쌀, 옥수수와 같은 핵심 작물의 초기 상품화는 유럽의 식민주의, 미국의 팽창주의, 그리고 산업화의 등장에서 중요한 역할을 했다. 그러한 작물들의 경작과 상품화는 인클로저enclosure, 대량학살, 노예제도, 계약 노예제도와 같은 과정과 사건을 통해 가능해졌다. 그러한 것들은 (인클로저를 위한) 울타리, (토양의 비옥도를 회복시키기 위한) 바닷새 똥, (증가하는 가난한 사람들을 먹여 살리기 위한) 옥수수와 감자 같은 신세계 작물과 같은 혁명적 테크놀로지를 도입함으로써 촉진되었다. 우리는 농업문제, 뉴딜, 녹색혁명을 논의하고, 그것들 모두가 역사적으로 서로 연결된 세 가지 먹을거리 레짐의 출현을 어떻게 틀지었는지를 보여줄 것이다.

제2장은 하나의 특별한 상품으로서의 먹을거리를 다루는 것에서 시작한다. 우리는 그것의 **사용가치**와 **교환가치**를 살펴볼 것이다. 노동 ― 우리의 먹을거리에서 자주 망각되는 요소 ― 은 먹을거리의 **잉여가치** ― 자본주의에서 '자본' 형성을 위한 토대 ― 에 근본적이다. 유기농 당근이 왜 그렇게 비싼지 궁금하지 않은가? 제2장은 '사회적 필요노동 시간'이라는 개념을 탐구함으로써 그 질문에 답하는 것을 도울 것이다. 왜 우리는 밀집가축사육시설Confined Animal Feedlot Operations(CAFOs)을 짓고 연어의 유전자를 조작하는가? 이에 대해 설명하기 위해 우리는 '상대적 잉여가치' 개념을 살펴볼 것이다.

먹을거리의 가치를 전유하는 일은 사적 소유와 기업적 소유 없이는 불가능하다. 우리는 제3장 「토지와 소유」에서 사적 소유, 공적 소유, 공동 소유가 우리의 먹을거리 체계를 구축하는 과정에서 수행해 온 서로 관련된 역할을 살펴볼 것이다. '지대'를 이해하는 것은 자본의 주기적 위기가 어떻게 토지 수탈과 농지의 끊임없는 금융화 물결을 불러일으키는지를 알 수 있게 해준다. 토지 이용은 자본의 논리와 땅의 논리 모두를 따른다. 우리는 자본주의가 자원에 접근하고 자원을 추출하기 위해 얼마나 '집요하게 노력하는'지를 보여주기 위해 과테말라 고산지대에서 실시한 사례연구를 살펴볼 것이다.

1조 달러의 부를 산출할 수 있는 능력에도 불구하고, 농업은 고된 일이자 위험한 사업이다. 게다가 기후변화와 함께 더 위험해졌다. 농부들은 바로 사업을 정리하여 더 나은 곳으로 이동할 수 없다. '노동시간과 생산시간의 분리'는 자본이 농업에 투자하는 데서 중요한 장벽이다. 자본주의가 농업으로부터 이윤을 획득하기 위해 그러한 장벽을 극복하고 위험을 회피하는 방식은 그야말로 경제적으로 경이롭다. 그럼에도 불구하고 먹을거리 체계가 '전유와 대체'라고 불리는 이중의 과정을 통해 꾸준히 자본주의화됨에 따라, 먹을거리 체계는 자본주의가 겪는 주기적 위기의 희생물이 된다. 제4장 「자본주의, 먹을거리, 그리고 농업」에서 우리는 정부가 역사적으로 이 문제를 다루어온 방식, 그리고 자본이 자신의 파괴적인 호황-불황 주기의 대가를 사회로 하여금 치르게 하는 방식을 고찰할 것이다. 우리는 계약 경작, 밀집가축사육시설, 지구온난화를 자본주의 농업에 고유한 '물질대사 균열metabolic rift'의 본질적 부분으로 다룰 것이다. 왜 자본주의 농업은 비합리적인 것으로 간주되는가? 그렇다면 합리적인 농업은 어떤 모습일까? 농업생태학, 도덕경제, 그리고 다양한 경작양식이 우리가 이 질문을 다루는 데 도움을 준다.

자본주의는 어떻게 불평등과 함께 공진화共進化해 왔는가? 제5장 「먹을거리 체계에서의 권력과 특권: 젠더, 인종, 계급」에서 우리는 먹을거리 체계에서 작동하는 가부장제, 인종차별주의, 계급주의의 정치경제적 역사를 살펴보고, 흑인·여성·빈민 착취의 공동 뿌리를 분석한다. 인종 카스트와 순백 인종 자체가 먹을거리 체계 속에서 어떻게 구성되는가? 제국주의와 생산 및 재생산 영역 간의 관계를 끌어들임으로써 우리는 우리의 먹을거리의 생산과 소비에서 나타나는 초착취superexploitation의 역할을 살펴볼 것이다. 먹을거리 체계에서 젠더, 인종, 계급의 차이는 또한 동맹과 저항의 기회를 낳는다.

자본주의가 유발한 사회문제와 환경문제의 목록 ― 기아, 영양실조에서부터 지구온난화와 음식 쓰레기까지 ― 은 방대하다. 자본주의가 만들어낸 문제들에 대한 자본주의의 해결책 목록 역시 그러하다. 제6장 「먹을거리, 자본주의, 위기, 그리고 해결책」에서 우리는 핵심적 문제 몇 가지와 그 문제에 대해 제시된 자본주의적 해결책을 살펴보고, 이전의 장들에서 학습한 정치경제학의 교훈을 그 해결책들에 적용해 본다. 우리는 또한 자본주의의 새로운 농업 추이를 기술하고, 그것을 농업생태학적 대안과 비교한다.

『한 미식가의 자본주의 가이드』의 결론에서 우리는 (나오미 클라인Naomi Klein에 대해 감사를 표하며) '모든 것을 변화시킬 것'을 요구한다. 우리는 자본주의 먹을거리 레짐의 본질을 다시 논의하고, 파편화된 먹을거리 반대운동들을 결집시켜 새로운 먹을거리 정치를 수립하는 방법을 살펴본다. 그리고 '비영리 산업복합체nonprofit industrial complex'의 모순적 역할과 비판적인 초국적 공론장 구축의 중요성에 대해서도 논의한다. 먹을거리 체계의 정치경제학을 경유하는 우리의 여정은 전략적 동맹과 전술적 동맹을 구분하는 법을 설명하고 모든 것을 변화시키라고 요구하는 것으로 끝난다. 당신이 이 책을 다 읽을 때쯤, 당신은 내가 쓴 개인적 후기와 마주할 것이다.

많은 독자에게 이 책에 소개된 일부 개념은 새로울 것이고 처음에는 반직관적인 것으로 보일 수 있으며, 따라서 읽기가 곤혹스러울 수도 있다. 포기하지 마라. 만약 우리가 하나의 분석을 공유한다면, 우리는 하나의 공유된 전략을 만들어낼 수 있다. 우리가 전략적으로 일을 수행할 수 있다면, 우리는 세계를 변화시킬 수 있다.

/

제1장

자본주의 먹을거리 체계는 어떻게 등장했는가

악은 땅을 먹어치운다. 조급한 악에게 땅은 먹이이다.

부가 축적되는 곳에서 사람들은 타락한다.

— 올리버 골드스미스, 「황폐해진 마을」(1770)

농업은 전 세계의 서로 다른 장소들에서 사람들이 식물을 재배하고 동물을 사육하면서 시작되어 약 1만 년에서 1만 2000년 전에 신석기 혁명을 이끌었다. 비록 농업이 수렵, 채집, 또는 낚시를 완전히 대체하지는 않았지만, 전 세계의 인구팽창을 추동했으며, 생존을 대부분 농업에 의존하는 사회를 창출했다. 사람, 식물, 동물이 함께 진화한 여러 세기 동안에 엄청나게 다양한 품종, 종자, 생산방법, 지식, 문화, 요리법들이 생산되었다. 이것들은 또한 복잡한 통치·생산·교환의 체계를 낳았다. 이 모든 것이 막대한 사회적 부를 산출했고, 그것 없이 자본주의는 결코 출현할 수 없었다.

자본주의가 출현하여 발전하는 내내 비자본주의적 생산형태와 사회조직이 계속해서 존재했다는 것은 자본주의 체계가 독자적으로 존재할 수 없으며 또한 그것이 인류발전의 유일한 경로가 아니라는 것을 말해 준다. 그럼에도 불구하고 지난 세 세기가 경과하는 동안 자본주의는 세계의 지배적인 경제체계가 되었고, 많은 사람에 의해 인간의 경제적 발전의 궁극적이고 최종적인 단계로 — 심지어는 '역사의 종말'로까지(Fukuyama, 1989) — 간주되어 왔다. 제조업, 중공업, 정보기술, 서비스 부문의 등장에도 불구하고, 농업은 계속해서 자본주의 생산에서 그리고 자본주의 발전에서 중요한 역할을 수행한다.

산업혁명과 북부의 제국주의

고전 정치경제학자들은 『국부론The Wealth of Nations』(Smith, 1776), 『인구론An Essay on the Principles of Population』(Malthus, 1798), 『정치경제학과 조세의 원리The Principles of Political Economy and Taxation』(Ricardo, 1817), 『자본론Das Kapital』(Marx, 1967)과 같은 매우 영향력 있는 출판물들에서 자본주의의 발전에서 농업이 수행한 특별한 역할을 다루었다. 애덤 스미스Adam Smith와 데이비드 리카도David Ricardo 같은 경제학자들은 부의 창조의 본질, 시장, 노동자, 농민, 지주, 산업가 간의 권력 차이에 주의를 집중했다. 그들의 소유와 상품 개념, 노동가치 이론, 지대이론, 잉여가치 창출 이론은 여전히 자본주의 농업을 이해하는 데서 기반이 되고 있다.

자본주의 농업에 대한 우리의 초기 이해는 영국 제도British Isles에서 시작되었다. 왜냐하면 산업혁명이 시작되기 전에 잉글랜드, 웨일즈, 스코틀랜드, 아일랜드의 농촌이 엄청난 변화를 겪고 있었기 때문이다. 농민공동체들은 '인클로저'로 알려진 현상이 일어나면서 대토지 소유자들과 직물 제조업자에 의해 봉건적 토지 권리를 부정당했다. 카를 마르크스는 이를 "자본주의 생산양식이 그 토대를 구축하는 혁명의 서곡"이라고 칭했다(Marx, 1967, vol. 1: 718). 양을 상업적으로 생산하는 목장을 마련하기 위해 인클로저는 공유재산권을 파괴했다. 즉, 인클로저는 이전에 농민공동체가 먹을거리 경작, 목초지, 채집에 전적으로 이용하던 토지를 사유화하고 그곳에 울타리를 쳤다. 인클로저는 일반적으로 대토지 소유자들에게 유리했다. 농민들은 이미 16세기부터 인클로저와 맞서 격렬하게 싸웠고, 18세기와 19세기의 '인클로저법'에 대항하여 폭동과 반란을 일으켰다. 인클로저는 사람들이 스스로 먹고살 수 있는 능력을 훼손했고, 임금노동을 할 수밖에 없는 궁핍한 무토지 계급을 만들어냈다. 이 '노동예비군reserve army of labor'이 산업혁명에 값싼 소모품용 노동자들을 공급했다(Engels, 1993).[1] 그러나 이 쫓겨난 농민들 모두가 도시로 간 것은 아니었다. 일부는 영국의 '집약경작high farming'을 특징지은 대규모 상업 농장에서 일하는 노동자나 차지농이 되었다. 19세기에 도입된 이 일단의 집약경작 기법은 대부분 수입된 구아노guano[바닷새의 똥이 다년간에 걸쳐 퇴적되어 경화된 것으로 페루의 태평양 연안에 주로 쌓여 있다 _옮긴이]를 이용하여 토양을 기름지게 했다. 집약경작 기법을 이용하는 더 크고 더 부유한 농장들은 구아노를 투입할 여유가 없는 소농 농부들보다 단위 토지에서 더 많은 것을 생산할 수 있었다. 이는 농산물 가격을 낮추는 경향이 있었다. 낮은 농산물 가격은 다시 더 큰 규모의 경제economies of scale를 촉진했다. 그리하여 더 많은 소농 농부들이 농업으로부터 축출되었고, 점점 더 대규모의 토지 소유가 강화되었다(Perry, 1981). (유사한 과정이 1960년대와 1980년에 수많은 제3세계 나라들에서 시작된 이른바 녹색혁명의 과정에서도 발생했다. 우리는 이를 이 장에서 다시 다룰 것이다.)

대규모로 경작을 하는 농부들이 먹을거리 생산을 지배하자마자, 1815년에 수입된 곡물에 높은 관세를 매기는 곡물법Corn Law이 통과되어 대농 농부들은 높은 수익을 확보했다. 이는 먹을거리의 가격을 상대적으로 높게 유지시켰다(이전에는 대부분의 농촌 사람들이 먹을거리를 사기보다는 재배했다). 대토지 소유자들에게는 높은 관세가 유리했지만, 자신들의 노동자들을 위해 값싼 먹을거리를 원하는 신흥 산업가들은 관세에 반대했다. 그것은 이타주의에서 비롯된 것이 아니라 그들이 자신들의 노동자에게 얼마를 지불해야 하는지가 빵값에 의해 결정되기 때문이었다. 달리 말해, "노동자들은 그저 자신들의 양식을 살 수 있을 만큼의 임금만 받을 뿐이었다"(Heilbroner, 1999: 38).

1845년에 발발한 대규모 기아 — 이는 1846년의 아일랜드 기아를 지칭하는 대기근에 앞서 발생했다 — 는 곡물법의 폐지로 이어졌다. 이는 영국 제도가 곡물을 수입하는 길을 열었고, 농업에 대한 산업 부문의 지배를 굳건하게 해주었다. 곡물가격의 하락은 소농 농부들에게는 도움이 되지 않았고, 그들은 먹고살기가 훨씬 더 어려워졌다.

먹을거리 생산이 국제시장으로 착착 편입됨에 따라, 농지는 계속해서 소수의 수중에 점점 더 집중되었다. 잉글랜드는 세계 최초로 경쟁, 이윤극대화, 자본축적이 경제를 추동하는 사회가 되었다(Wood, 2014). 이러한 패턴은 전 세계에서 반복되었다. 즉, 산업 수요가 먼저 시골에서 사람들과 부를 축출했고, 그다음에 농업의 산업화에 자본을 재투자하게 했다.

이러한 영국 농업의 '황금기'가 낳은 결과 중 하나가 영국 제도가 먹을거리 생산에서 자급자족을 중단한 것이었다. 하지만 꼭 그렇게 할 필요는 없었다. 영국은 자신에게 유리한 교역조건을 강화하고, 수출에 보조금을 지급하고, 저임금을 유지하고, 식민지의 산업화를 방해하여 식민지로 하여금 제국의 제조업 생산물을 구매하도록 강요함으로써 부를 축적했다. '중상주의mercantilism' 또는 '상업자본주의mercantile capitalism'라고 불린 이 제국주의적 무역 전략은 서구 제국들에 하나의 공통적인 특징이 되었다. 영국은 자신들의 원료와 비옥한 토지를 얻기 위해 계속해서 다른 영토들을 정복하고 방대한 지역과 사람들을 자신들의 상업 프로젝트에 예속시킴으로써 마르크스가 '원시적 축적primitive accumulation' ― **원래** 의미에서의 원시적 ― 이라고 부른 것을 진전시켰다. 데이비드 하비David Harvey가 "침탈에 의한 축적"이라고 칭한 원시적 축적은 주로 지구 남부에서 신자유주의 레짐하에서 사유화를 위해 토지와 자원을 몰수하는 형태로 오늘날까지 계속되고 있다(Harvey, 2003; Harvey, 2004: 64). 이것은 동시에 토지 소유의 강화, 자본주의 지향적 농부, 그리고 생존을 위해 자신들의 노동력을 팔아야만 하는 노동자계급을 만들어냈다.

밀은 주로 북미와 우크라이나에서 수입되었지만, 서유럽이 산업화됨에 따라 서유럽은 먹을거리와 원료를 지구 남부의 식민지에 점점 더 의존하게 되었다. 이는 제국의 세력권 도처에서 먹을거리 체계에 심대한 영향을 미쳤고, 다시 그곳의 풍경, 식생활, 요리법에 영향을 미쳤다. 이를테면 노동계급 영국인들은 식생활에서 맥주를 되찾았다. 그들은 맥주를 지역에서 생산할 수 있었고, 맥주는 그들에게 중요한 칼로리와 영양분을 공급했다. 반면 차와 설탕은 수입해야만 했다(Mintz, 1996). 이는 상업적-산업적 추이에 아주 부합하는 것이었다. 차와 설탕은 거의 전적으로 빵에 의존하여 생활하는 노동자들에게 필요한 카페인과 당분을 공급했고, 그리하여 공장에서 장시간 노동하며 보내는 동안 허기를 덜어주어 생산성을 유지할 수 있게 했다(Foster, 2016). 그것은 또한 차와 설탕 플랜테이션을 위한 시장을 급속하게 팽창시켰다. 그리고 이는 아시아와 아프리카 대륙을 노예를 이용하는 거대한 단일작물 재배지역으로 점차 변형시켰다.

이처럼 먹을거리 – 먹을거리의 생산과 소비 모두 – 는 식민지 '자본축적'에서 중요한 역할을 수행했다. 그 과정에서 제국의 중심지들에 부, 기술, 사회조직, 정치권력이 확립되었다. 면화와 담배 같은 먹을거리가 아닌 생산물 역시 아주 중요한 역할을 수행했지만, 옥수수, 감자, 쌀, 설탕, 차와 같은 비유럽의 식용작물과 기호음료작물이 없었다면 17세기 유럽 자본주의는 결코 출현하지 못했을 것이라고 말해도 과장은 아니다.

감자를 예로 들어보자. 덩이줄기는 안데스 문명에서 칼로리 공급

의 토대였다. 안데스 산맥의 4000여 종의 품종 가운데 소수 품종만
이 스페인 정복자들에 의해 유럽으로 들어왔다. 감자는 서유럽 전
역으로 퍼졌다. 그 이유는 대부분 감자가 생산량에서 밀, 보리, 귀리
보다 적어도 네 배 이상 많았기 때문이다(Mann, 2012). 게다가 농민
들은 감자를 땅속에 그대로 두었다가 필요할 때 수확할 수 있었다.
이것은 수확해서 저장해야만 하는 — 이는 농민들을 배고픈 군대와 탐
욕스러운 조세 징수관들에 의해 쉽게 피해를 보게 만들었다 — 유럽의 곡
물에 비해 감자가 갖는 장점이었다. 비록 감자가 곡물을 대체하지
는 않았지만, 감자는 때때로 주기적인 기근으로부터 서유럽을 구원
해 주었다. 다른 한편 아주 소수의 품종에 과도하게 의존한 것은 또
한 (빈곤, 부재지주협정, 곤궁기에 먹을거리 수출을 유인하는 시장과 함
께) 아일랜드 내기근의 중심에 감자를 위치시키게 했다(Woodham-
Smith, 1962).

　메소아메리카와 북아메리카에 살던 토착민들의 주요 식품이던
옥수수는 1500년대에 아프리카에 도입되었다. 아프리카에서 옥수
수는 농부에게서 농부에게로 빠르게 전파되어 농업을 혁명적으로
변화시켰다(Byerlee and Eicher, 1997). 하지만 옥수수는 유럽에서는
인기가 덜했다. 사람들이 옥수수가 보리나 밀만큼 영양분이 많지
않다고 생각했기 때문이다.[2] 그러나 서아프리카에서 물건을 사들이
던 노예상인들은 옥수수가 밀, 보리, 또는 감자보다 저장하기가 좋
고 무시무시한 대서양 항해 동안 더 많은 노예가 살아남을 수 있게
한다는 것을 발견했다. 이것은 노예무역을 더욱 실행 가능하게 했
고, 이 노예무역이 아메리카 대륙에서 잔혹한 노예 플랜테이션을

팽창시킬 수 있게 했다(Warman, 2003).

노예제도와 플랜테이션 농업에서 쌀이 수행한 역할 또한 비극적이다. 북아메리카에서 처음으로 재배된 쌀은 아시아가 아니라 아프리카로부터 들어왔을 가능성이 크다. 유럽 식민주의자들은 쌀을 경작하거나 가공하는 방법을 알지 못했다. 서아프리카인들은 범람원과 조수 관개tidal irrigation 관리의 전문가였고, 어렵고 힘든 손절구 공정에 능숙했다. 쌀 생산 노예들은 처음에는 쌀 경작 지식을 제공하는 대가로 땅을 받을 수 있었다. 이 방식은 플랜테이션 소유자들이 최종적으로 기술을 배웠을 때 끝이 났다. 아프리카 쌀은 그 쌀의 경작비밀을 공유하고 있던 바로 그 농부들을 노예화하는 하나의 수단이 되었다(Carney, 1993; 2001).

자본주의 농업의 특징 중의 하나인 비료조차도 페루의 구아노 — 박쥐와 바닷새가 배출하는 양분이 풍부한 배설물로, 대부분 멀리 떨어진 섬에서 발견되었다 — 가 수입되고 유스투스 폰 리비히Justus von Liebig가 그의 저서 『유기화학과 그것의 농업과 생리학에의 응용Organic Chemistry in Its Application to Agriculture and Physiology』에서 구아노의 효과를 과학적으로 인증하면서 구아노가 유럽에서 대인기를 끌었다. 구아노는 영국의 집약경작을 이끌었을 뿐만 아니라, (부분적으로는 구아노 채굴에 노예와 죄수 노동을 이용한 덕분에) 높은 수익을 창출하는 식민지 사업이 되었다. 역사가 찰스 만Charles Mann은 이것을 유럽 최초의 '녹색혁명'을 이끈 핵심 요소라고 부른다(Mann, 2012).

BOX 1

구아노 제국주의

19세기 중반 동안에 자본주의 세계경제는 구아노 무역을 축으로 수렴되었고, 이것이 미국, 영국, 페루, 중국을 하나의 극단적인 생태·인간착취체계로 묶어주었다. 유스투스 폰 리비히는 당시의 다른 탁월한 농업경제학자들과 함께 자본주의 농업이 어떻게 자양물 순환을 근본적으로 변화시켜 토양 자양물을 급격히 손실시켰는지를 극명하게 보여주었다.

미국에서는 특히 북부 뉴욕과 남동 플랜테이션 경제에서 천연비료의 결핍을 겪었던 농민들이 이 자양물 결핍도 심하게 경험했다. 영국이 페루의 구아노 공급에 대한 독점권을 미리 확보하자 미국은 질소와 인이 풍부한 이 효능 있는 천연비료가 있을 것으로 생각되는 모든 섬을 처음에는 비공식적으로, 그리고 다음에는 계획적인 국가정책의 일환으로 제국주의적으로 합병하고자 했다. 1856년에 미국 의회는 '구아노 제도법Guano Islands Act'을 통과시켜 미국 자본가들이 1856년부터 1903년까지 지구 도처에 있는 94개의 섬, 바위, 산호초를 장악할 수 있게 했다. 이는 미국 생태 제국주의의 초기 역사에서 중요한 하나의 장을 특징짓는다. 그중 66개의 섬이 국무부에 의해 (재산압류 형태로) 미국의 부속지로 공식적으로 승인되었고, 9개의 섬은 지금까지 여전히 미국의 소유지로 남아 있다. 수백만 톤의 구아노가 채굴되어 국제적으로 수출되었음에도 불구하고, 그 배설물은 미국이 필요로 하는 양과 질의 천연비료를 미국에 공급할 수 없었다. 그 결과 미국 동부에서는 자본주의 농업하에서 농업 토양이 고갈되었고, 이것이 서부 개척의 주요한 동력 중 하나가 되었다.

노예제도와 자본주의

노예제도는 흔히 전자본주의적 생산 형태로 여겨지지만, 오늘날 역사가들은 노예제도가 19세기 전반에 산업자본주의가 발전하는 데서 중추적 역할을 수행했다는 것을 입증하고 있다(Baptist, 2014). 노예제도는 급성장하는 직물공장에 싸고 풍부한 면화를 공급할 수 있게 해주었다.

자본주의 농업은 노예제도 이전에는 점증하는 면화 수요에 대처하지 못했다. 왜냐하면 자본가들이 농민들에게 면화를 산업적 규모로 증산할 것을 강요할 수 없었기 때문이다. 미국 남부에서 백인 이주자들은 토착민들을 전멸시키고 그들의 토지를 전유했다. 이 전략으로 인해 백인 이주자들에게 노동인구가 남아 있지 않게 되었다. 아프리카인들을 노예화하여 그들을 서아프리카에서 북아메리카와 카리브해로 이주시키는 것이 그러한 노동 부족에 대한 자본주의의 해결책이었다.

미국의 노예무역으로부터 얻은 높은 수익은 당시 번창하던 금융

부문을 통해 유통되어 북부 산업에 재투자되었다. 그런 다음 쟁기에서부터 의복에 이르는 북부의 산업 생산품들이 남부로 다시 팔려나갔다. 부가 축적되었고, 그 부가 다시 서부개척을 위한 집단학살 프로젝트에 재투자되었다. 노예제도와 침탈이 근대 자본주의의 출현에서 수행한 중심적 역할은 우리의 먹을거리 체계에 대한 많은 신화에 위배된다. 역사학자 스벤 베커트Sven Beckert가 지적하듯이,

> 미국의 경제적 지위를 확립한 것은 거친 뉴잉글랜드 시골의 소농들이
> 아니었다. 그것은 남부 캘리포니아, 미시시피, 앨라배마 같은 곳에서
> 무급으로 일한 미국 노예들이 수행한 등골 빠지는 노동이었다. ……
> 남북전쟁[과 노예제도 폐지] 이후에 미국과 여타 지역에서 새로운 종
> 류의 자본주의가 발생했다. 하지만 그 새로운 자본주의 — 다른 무엇
> 보다도 관료제적·하부구조적·군사적 능력을 갖춘 국가와 임금노동에
> 의해 특징지어지는 — 는 노예제도, 식민주의, 토지몰수로부터 생긴
> 토지 수익, 제도, 네트워크, 기술, 혁신에 의해 가능해졌다.(Beckert,
> 2014)

노예제도는 전 세계의 먹을거리 체계에 엄청난 영향을 미쳤다. 노예가 된 아프리카인들은 쌀, 면화, 설탕, 담배뿐만 아니라 그들 자신은 물론 플랜테이션 소유자들을 위한 먹을거리까지 재배할 것으로 기대받은 (또한 그들을 위해 요리도 해야만 했던) 고도로 숙련된 농부들이었다. 유명한 남부 요리법과 미국의 '소울 푸드'는 노예제도에 깊이 뿌리박고 있는 아프리카계 미국인들의 발명품이다.

BOX 2

농업 지혜

곡물과 농업에 대한 아프리카인들의 지혜는 미국뿐만 아니라 브라질에서도 부의 토대였다. 1670년 아메리카 식민지를 구축한 직후에 쌀이 사우스캐롤라이나에 도착한 것을 쌀이 서반구로 도입된 시점으로 보기도 하지만, 쌀은 그보다 대략 한 세기 전부터 브라질에서 경작되었다(Carney, 2004). 오크라, 나무콩, 동부, 수수, 사탕수수, 얌, 아프리카 기름야자나무를 비롯하여 아프리카가 원산지인 다른 곡물들은 일찍이 1560년에 브라질에서 발견되었다. 그러나 농업과 문화에 가장 큰 영향을 미친 것은 쌀이었다. 프랑스 역사가 장 슈레 카날Jean Suret-Canale은 곡물과 음식가공 기술, 그리고 영양 관행이 아프리카에서 브라질로 수입된 것이 브라질 문명화의 초석이었다고 진술했다(Carney, 2001: 76). 1548년에서 1560년 사이에 브라질로 온, 노예가 된 아프리카인들의 4분의 3이 세네감비아라는 쌀 경작지역 출신이었고, 쌀은 브라질에서 플랜테이션 작물과 자급 작물로 재배되었다. 쌀은 노예제도를 탈출한 마룬maroon[서인도 제도의 산중에 사는 흑인으로 원래는 탈주한 노예였다 _옮긴이]들의 중요한 먹을거리 원천이었다.

노예가 된 아프리카인들은 쌀 생산에 대한 방대한 지식을 가지고 있었다. 사우스캐롤라이나에 거주하는 노예가 된 아프리카 농부들은 플랜테이션 소유자들보다 쌀 생산에 대해 훨씬 더 많은 것을 알고 있었다. 1670년에 노예가 된 약 100명의 아프리카인들이 첫 백인 이주자들에게 끌려서 사우스캐롤라이나에 도착했다. 여러 증거들은 그곳이 식민지가 되면서 쌀이 재배되기 시작했음을 보여준다. 아프리카인들의 기술과 노동이 종국에는 산업혁명의 재원을 제공한 수백만 달러 규모의 산업을 창출했다. 아프리카의 종자와 지식은 또한 루이지애나에서 쌀 생산이 발전하는 것을 지원했다. 역사가 그웬돌린 홀Gwendolyn Hall에 따르면, 세네감비아를 떠난 두 척의 노예무역선이 1719년에 그 지역에서 생산된 것으로 보이는 여러 통의 쌀 종자를 싣고 루이지애나에 도착했다고 한다(Carney, 2001).

조너선 그린Jonathan Green은 사우스캐롤라이나로 온 아프리카인들의 재능을 다음과 같이 전한다. "오직 향모 바구니만을 이용하는 사람들이 지구상의 모든 사람들을 감동시켰다. 그들은 중국의 만리장성보다 더 많이 …… 피라미드보다 더 많이 지구상의 사람들을 감동시켰다"(Meyers and Bandele, 2016: 25). 하지만 유럽인들에 의해 아프리카인들의 노예화가 시작되자마자, 유럽인들은 쌀을 도입한 공적과 쌀을 재배하는 기술을 훔쳤다. 포르투갈 사람들은 쌀이 아시아에서 아프리카로 전해진 것으로 알고 있었는데, 20세기에 이르러서야 이 오해가 바로잡혔다(Carney, 2001). 몇몇 토착 야생 벼 품종들이 아프리카 도처에서 발견되었다(Meyers and Bandele, 2016). 아프리카에서 재배된 벼를 개량한 주요 벼 품종인 오리자 글라베르리마Oryza glaberrima는 아시아에서 개발된 주요 품종인 오리자 사티바Oryza sativa와는 다른 종이었다.

격전 끝에 노예제도가 폐지된 이후에도 많은 옛 노예들은 이전에 노예를 격리하고 차별 대우하고 감금하고 착취하는 것을 가능하게 했던 '짐 크로 법Jim Crow laws'을 통해 소작을 강요받았다. 소작은 남의 토지를 경작하지만 토지 소유자에게 노동인구를 재생산하는 데 들어가는 대금 — 즉, 생산적 생활을 시작할 때까지, 그리고 생산적 생활을 하는 동안과 그 후까지 노동자를 양육하고 부양하는 데 들어가는 비용 — 을 요구하지 않는 사람들을 다시 얼마간 노예 같은 상태로 만드는 수탈체계였다. 그럼에도 불구하고 등골 빠지는 일, 검약, 그리고 그들 간의 협력 덕분에 1910년경에 아프리카계 미국인들은 1500만 에이커의 농지를 취득했다. 그렇지만 민권과 인권의 조직적인 침해는 아프리카계 미국인 농부들을 자본주의 농업의 주기적 위기에 취약하게 만들었고, 이는 1910~1930년과 1940~1970년의 대이주를 낳았다. 수백만의 아프리카계 미국인들은 미국의 남부 농촌을 떠나 북부 도시로 갔다.

먹을거리 레짐

19세기 말경 중상주의, 식민주의, 산업화 모두는 새로운 형태의 글로벌 자본주의로 결합하여, 비록 불균등한 상태로이기는 하지만 강력하게 전 세계로 확산되었다. 유럽 제국들은 자신들의 군사적·경제적 힘을 새롭고 폭력적인 방식으로 아프리카, 아시아, 아메리카 대륙으로 팽창시켰다. 상품생산의 막대한 증가는 재화와 돈이 관세와 무역장벽에 의해 방해받지 않고 자유롭게 흐를 수 있게 하기 위해 시장자유화(탈규제)를 요구했다. 재정·금융체계, 통신, 운송, 사회, 문화, 언어 모두가 역동적인 자본주의적 관계 속으로 휩쓸려 들어갔다. 먹을거리, 토지, 노동이 글로벌 상품이 되면서 식민지에서 제국주의 강국으로 값싼 원료가 유입되었고, 이는 생계방식, 영토, 지배체계를 변화시켰다.

전 지구적 규모로 먹을거리를 틀짓고 지배하는 온갖 제도, 조약, 규제가 첫 번째 식민지 '먹을거리 레짐'을 구성했다. 이는 하나의 독특한 자본주의적 현상이었다(McMichael, 2009). 그것은 세계의 먹을거리 체계를 지배하는 최초의 레짐이었다. 그것은 북부 자본주의의 논리를 따라 자본주의의 이익에 봉사했다.

북부 자본주의가 세계의 먹을거리 체계를 지배했다고 말하는 것이 모든 지역과 지방의 먹을거리 체계가 완전히 식민지 먹을거리 레짐에 통합되었음을 뜻하지는 않는다. 자신이 글로벌 재화를 생산하거나 수출용 작물을 수확하기 위해 고용되었거나(아니면 그렇게 하도록 강요받았거나) 설탕, 커피, 밀, 쌀, 옥수수 같은 전 지구적으로 유통되는 국제적 상품 중 어떤 것을 먹을 때를 제외하고는, 세계의 사람들 대부분은 그들이 수세기 동안 그래왔던 대로 자신들이 생산한 먹을거리를 거래하고 먹었다. 식민지 먹을거리 레짐은 도처에 편재하는 최초의 **헤게모니적** 레짐으로, 전 세계적 규모로 먹을거리의 생산, 가공, 유통에 영향을 미치는 일단의 강력한 제도와 규칙들을 공고화해 왔다.

신기술과 자유시장은 자주 자본주의 발전의 주요 요소로 지칭된다. 그러나 자본주의 먹을거리 체계의 출현을 살펴보면, 우리는 재화의 생산과 흐름을 사유화하는 인클로저 형태의 **규제**, 국가가 지원하는 군대에 의한 토지와 자원의 폭력적 **침탈**, 빈곤과 노예제도와 같은 강제수단에 의한 노동**착취**가 그 체계의 출현을 가능하게 했다는 것을 알게 된다. 그러한 규제, 침탈, 착취, 기술발전, 시장팽창 패턴은 자본주의의 발전 내내 수차례 반복되었다. 우리가 앞으로 살펴보듯이, 이 패턴이 또한 오늘날의 먹을거리 레짐을 특징짓고 있다.

자본주의 농업문제

자본주의는 대부분의 재화와 서비스가 시장에서 상품으로 팔고 사기 위해 생산되는 체계이다. **노동**은 자기 스스로 살아갈 어떤 방도도 가지고 있지 않기 때문에 자신이 가지고 있는 것 ─ 자신의 노동능력, 즉 노동력 ─ 을 팔아야만 하는 사람들에 의해 공급된다. 자본주의에서 **가치**는 노동, 자원, 기술, 시장이 결합하여 생산비용 이상으로 팔리는 상품을 창출함으로써 창출된다. 다음으로 **자본**은 더 많은 이윤을 추구하는 이윤이다. 이 과정에서 가치가 추출되고 부가 축적되어 다시 자본으로 전환된다. 하나의 체계로서의 자본주의는 성장하거나 죽을 수밖에 없다. 자본의 소유자가 더 많은 이윤과 시장의 더 많은 몫을 위해 경쟁함에 따라 자본은 항상 움직이기 때문에, 자본주의는 끊임없이 팽창한다. 이것이 바로 토지, 노동, 그

BOX 3

자본이란 대체 무엇인가

'자본'이라는 관념은 상당한 개념적·이론적 논쟁을 산출해 왔다. 자본은 많은 것을 의미할 수 있다. 많은 사람이 자본과 돈을 혼동한다. 돈이 자본일 수 있지만, 자본은 다른 형태도 취하며, 돈보다 자본주의적 생산관계와 가치 산출에서 훨씬 더 기초적이다. 자본에 대해 고찰하는 하나의 방법은 자본을 '더 많은 가치를 추구하는 가치'로 바라보는 것이다. 어떤 사람 또는 어떤 기업은 일정 정도의 부 ― 이는 단지 가치의 축적일 뿐이다 ― 를 축적하고, 그 부를 이용하여 더 많은 부를 산출하거나 획득한다. 더 많은 돈을 버는 데에는 보통 돈이 관여된다. 따라서 자본축적은 자기추동적 과정 또는 순환을 통해 이루어진다. 다시 말해 한 단계에서 축적된 잉여의 부가 다음 단계에서 더 많은 부를 생산하기 위해 투자된다.

'M'은 돈을 나타내고 'C'는 곡물, 케일, 또는 원예용 갈퀴 같은 상품을 나타낸다고 가정하자. 어떤 사람이 돈을 가지고 있고, 그 돈으로 상품을 생산하고, 그다음에 그 상품을 돈을 받고 판매한다. 이것은 다음과 같은 등식으로 표현된다.

$$M - C - M$$

실제로 자본주의의 요점은 상품을 생산하는 데 들어간 돈보다 더 많은 돈을 받고 그 상품을 판매한다는 것이다. 따라서 다음과 같은 등식으로 표현된다.

$$M - C - M'$$

여기서 M'는 M보다 더 큰 금액을 나타낸다. 이 증가분이 화폐이윤money profit이다. 전체 순환/과정 동안 자본가가 이 가치를 전유한다. 자본가가 그렇게 할 수 있는 것은 그가 그 밖의 다른 사람들이 먹고살기 위해 의존하는 생산수단을 독점적으로 소유하고 있기 때문이다.

하지만 자본이 단지 이윤이기만 한 것은 아니다. 자본은 이 순환을 거치는 동안 많은 형태를 취할 수 있다. 자본은 현금 또는 채권 형태의 돈일 수도 있고, 원료, 도구, 공장 형태의 상품일 수도 있으며, 기계류를 포함한 상품에 구현된 노동일 수도 있다. 자본은 또한 노동자와 생산되고 있는 자본의 소유자 간의 사회적 관계를 구현하기도 한다! 특히 유념해야 하는 것은 단지 그러한 것들이 이 순환의 일부를 이룰 때에만, 그리고 그 다양한 단계가 서로 순조롭게 진행될 때에만 자본으로 간주된다는 것이다. 어떤 사람의 주머니 속이나 은행계좌, 또는 공장의 게으른 노동자에게 있는 돈은 자본으로 간주되지 않는다. 왜냐하면 그것은 그 순환과정을 따라 적극적으로 움직이지 않기 때문이다.

경쟁, 그리고 자신의 자본을 증대시키고자 하는 충동, 즉 더 많은 돈과 부를 창출하고자 하는 충동은 자본주의에 본질적인 것이다. 경쟁을 하기 위해 자본가들은 보다 효율적인 기술 또는 공정을 이용하고/하거나 노동자들에게 임금을 덜 지급함으로써 비용을 절감해야만 한다. 이것은 그들의 경쟁자가 똑같이 하기 전까지 그들에게 이익을 가져다줄 것이다. 따라서 그들의 경쟁자를 전적으로 능가하는 유일한 방법은 몸집을 더 불리고 새로운 시장에 접근하는 것이다. 이것이 바로 자본주의가 항상 팽창하는 이유이다.

그렇다면 자본주의 기업은 왜 동일한 규모에 그냥 머물러 있을 수 없는가? 자본주의는 왜 소기업들을 더 큰 기업들에 합병하는 대신 많은 소기업을 만들어낼 수 없는가? 단순하게 답하자면, 그것은 자본주의 기업들이 결국은 자신들의 시장을 포화상태로 만들기 때문이다. 사람들은 자본가들이 제품을 생산하는 것만큼 빠르게 소비할 수 없다. 그러면 재화와 저축한 돈이 쌓이고, 자본은 정체된다. 노동자들은 해고되고, 그리하여 수요는 더욱 줄어든다. 유일한 해결책은 새로운 시장을 찾거나 다른 누군가의 시장을 차지하는 것이다. 이것이 바로 경쟁의 토대이다.

리고 여타 자원이 자주 침탈(인클로저와 같은) 또는 전쟁을 통해 자본에 의해 강제적·폭력적으로 식민화되는 이유이다. 시장 확대와 자원에의 접근은 개별 기업 소유자와 경영자에게서뿐만 아니라 하나의 전체로서의 체계에서도 가장 높은 관심을 받는 사항이다. 이러한 우선순위는 그다음에 사회적 필연으로 상정되고, 이것은 다시 우리의 경제적 웰빙은 우리의 경제성장률 — 그러한 성장이 환경, 삶, 또는 전체 문화와 사회를 어떻게 파괴하는지와 관계없이 — 에 의해 가장 잘 측정된다는 견해를 낳는다. 허리케인과 같은 재해는 재건을 위한 경제활동 때문에 국내총생산GDP을 증가시킨다. 민영교도소, 불법적인 약물 거래, 마약과의 전쟁도 마찬가지이다. 다른 한편 전통적으로 여성이 집에서 수행하는 노동, 이를테면 요리와 청소, 아이 양육과 가족 돌봄 — 이것들 모두는 자본주의에 필수적이다 — 은 GDP에 속하지 않는다. 자가소비를 위해 재배한 먹을거리도, 물물교환하거나 선물로 준 먹을거리도 GDP에 속하지 않는다.

자본주의가 출현했을 때, 세계 대부분의 사람은 소농 농부였다. 자본주의의 과제는 농촌사회가 보유한 엄청난 사회적·환경적 부를 이용하여 어떻게 산업을 발전시키는가 하는 것이었다. 그리고 그것은 소농 농업보다 자본에 훨씬 더 이익이 되는 것이었다. 처음에는 대토지 소유자들이 산업의 수요를 충족시키기 위해 양털의 공급을 독점하고자 했다. 이를 달성하기 위해 수립한 원래의 전략은 생산자(소농)를 생산수단(토지)으로부터 분리시키는 것이었다. 많은 부문에서 농민이 강제로 축출되어 수많은 극빈자가 양산되었고, 그들이 잠재적 노동인구가 되었다. 후일 농업 자체가 산업화되면서, 산업 부문의 자본, 더 많은 토지, 값싼 노동, 값싼 먹을거리가 요구되었다. 그리고 이것들 모두는 대부분 농민들에게서 수탈되고 추출되었다.

체코계 독일인 카를 카우츠키Karl Kautsky는 그의 저서 『농업문제

The Agrarian Question』(1899)에서 19세기 자본주의의 발전에서 농업이 수행한 역할을 철저하게 다루었다. 카우츠키는 소농 농업은 산업 농업보다 못하며 그리하여 그가 '농업 이행agrarian transition'이라고 부른 것 속에서 사라질 운명에 있다고 믿었다. 그러나 그는 자본주의 하에서도 일부 소농 농업이 여전히 유지될 수 있다고 생각했다. 왜냐하면 소농 가족들이 당시의 농업 임금보다 낮은 노동비용으로 먹을거리를 생산하는 방식으로 '자기착취'를 할 경우 온전한 임금을 지불해야만 하는 산업 농업과 경쟁할 수도 있기 때문이었다. 그러나 소농들 역시 돈이 필요했기 때문에, 그들 역시 임금노동을 하기도 했다. 그들은 값싼 노동을 제공함으로써 시골에서의 산업 발전을 보조했고 산업 재화의 판로가 되어주었다(Kautsky, vol. I, 1988). 근대 경제적 진보의 많은 행복한 이야기와는 대조적으로 그중 어떤 것도 순조롭게 발생하지 않았다.

러시아 농업경제학자 알렉산드르 차야노프Alexander Chayanov는 10월혁명 이후 소련 토지개혁부에서 일했고, 따라서 방대한 양의 농업 자료에 접근할 수 있었다. 그는 소농이 필연적으로 소멸한다는 생각은 소농 생산의 내적 논리에 대한, 그리고 소농 가족이 성장하고 분할되고 수세대에 걸쳐 다시 성장하는 방식에 대한 무지에서 비롯된 통계적 환상이라고 주장했다. 그는 경제학자들이 소농 농업을 마치 저발전된 자본주의 기업처럼 다루는 것은 잘못이라고 결론지었다. 그는 소농 가족들은 이윤을 추구하기보다는 노동하는 가족 성원의 수와 그들이 가족을 부양하는 데 필요한 먹을거리 간을 균형 잡기 위해 노력한다고 주장했다. 그들은 자신들의 재화의 일부를 시장에 팔 수 있었지만, 시장의 위험을 감수하지는 않으려고 했다. 차야노프는 적절한 조건이 주어진다면 소농 농업이 산업 농업만큼 생산적일 수 있다고 (또는 생산성의 수준에 따라서는 더 생산적일 수 있다고) 믿었다(Chayanov, 1966).

자본주의 국가와 사회주의 국가 모두가 산업화 경쟁을 벌였던 20세기 내내 '농업문제'에 대한 논쟁은 수백만 소농에게는 삶과 죽음의 문제였다. 비록 근대 농업이 계절적 소농 노동 – 농민들이 여전히 자급했기 때문에 낮은 비용으로 이용할 수 있었던 – 을 필요로 하기는 했지만, 그것은 또한 산업 농업의 길을 열기 위해 막대한 수의 소농들을 시골에서 내쫓아야만 했다. 근대 농업은 시장의 힘, 정치, 폭력, 또는 이 셋의 결합에 의해 이룩되었다. 그렇지만 국가들은 이 임무를 달성하는 데 막대한 어려움을 겪었다. 사람들은 자신들의 농장과 삶의 방식을 완강하게 고집했다. 농민들이 보수적이라는 평판에도 불구하고, 토지를 확보하기 위한 그리고 부정의에 대항한 폭력적인 농민 반란은 근대 역사에서 흔히 있어왔다. 주요한 해방 전쟁들 – 대부분 자본주의에 맞서 벌어진 – 은 멕시코, 중국, 알제리, 베트남, 쿠바에서 농민들이 수행한 것들이었다(Wolf, 1969).

물론 농촌 사람들이 전 세계에서 정부군의 대부분을 구성하고 있기도 하다. 그리고 농촌 사람들을 무시하거나 대수롭지 않게 여길 수 있는 국가는 거의 없다. 산업화된 나라라고 하더라도 그렇다. 냉전, 반식민지 해방전쟁, 서구 열강의 대반란 프로그램이 절정에 이르렀던 1960년대 후반에 테오도르 샤닌Teodor Shanin은 이렇게 썼다. "농민들은 매일 경제학자들을 한숨짓게 하고 정치인들을 진땀

홀리게 하고 전략가들을 욕먹게 한다. 왜냐하면 농민들은 세계 도처 — 모스크바와 워싱턴, 베이징과 델리, 쿠바와 알제리, 콩고와 베트남 — 에서 그들의 계획과 예언을 무산시키기 때문이다"(Shanin, 1966).

19세기와 20세기의 농업문제 — 그리고 사회에서 소규모 생산자들이 수행하는 역할 — 를 둘러싸고 벌어진 뜨거운 논쟁은 현재까지 지속되어 왔다. 소규모 생산이 사라질 것인지 여부나 언제 어떻게 사라질 것인지는 여전히 결말지어지지 않고 있다. 농업의 광범한 산업화와 막대한 농민 축출에도 불구하고, 오늘날 세계에는 100년 전과 거의 맞먹을 만큼 많은 수의 소규모 소농 농부들이 존재하기 때문이다. 전 세계 먹을거리의 70% 이상이 전 세계 경작지의 25%가 안 되는 곳에서 소규모 가족 농장에 의해 생산된다(GRAIN, 2014). 이들 농부 대부분 — 주로 여성이다 — 은 가난하고, 이들이 전 세계 배고픈 사람들의 약 70%를 차지한다.

자본주의가 우리의 먹을거리 체계와 상호작용하는 방식을 이해하지 않은 채 이러한 모순을 이해하는 것은 불가능하다. 소규모 농부들이 생산하지 **않는** 세계 먹을거리의 30%는 고도로 자본주의화한 대규모의 산업적 농업 기업에 의해 대부분 생산된다. 이들 농장은 엄청난 수준의 규모의 경제를 이루고 있고, 그러한 규모의 경제가 전 세계 시장에서 그들에게 이익을 가져다준다. 그들은 자본주의 먹을거리 시장에서 경쟁력을 유지하기 위해 항상 기술을 향상시키고 농장을 점점 더 넓힌다. 이러한 상황은 종자, 비료, 관개시설, 농업장비를 공급하는 다국적 기업들에게는 아주 좋은 일이다. 그것은 또한 거래하는 곡물 1톤당 단지 몇 페니를 벌어 수익을 내기 위해 수십억 톤을 사고파는, 농업 생산물의 거대 구매자들, 특히 카길 Cargill과 아처 대니얼스 미들랜드Archer Daniels Midland(ADM) 같은 거대 곡물 무역업자들에게도 좋은 상황이다.

하지만 그 규모에도 불구하고 이들 대규모 농장이 흡수할 수 있는 기술은 제한적이기 때문에, 비료, 농약, 제초제, 기계류 등의 투입물 시장은 포화상태가 된다. 이런 일이 일어날 경우, 농장이 훨씬 더 커져야 하거나, 아니면 소규모 농장이 대규모의 투입물을 살 수 있는 대규모 농장에 합병되어야만 한다. 왜냐하면 그래야만 더 큰 농업 기계류, 정밀농업 서비스, 보다 노동절약적인 기술의 수요가 창출되기 때문이다. 농업관련 기업들은 자본주의 기업이다. 그러한 기업들은 항상 성장해야만 한다. 이러한 이유 때문에 농업관련 기업들은 겉으로는 "세계를 먹여 살린다"고 약속하면서도 뒤에서는 여전히 소규모 소농 농부들이 생산하는 세계 먹을거리의 70%에 대규모 산업 농업이 진출하여 자신들의 시장 몫을 증대시켜 주기를 갈망한다.

자본주의 농업의 대규모 산업 기업들은 값싼 먹을거리를 생산하는 데서 매우 효과적이었다. 값싼 먹을거리를 대량으로 생산하는 것은 노동자들로 하여금 더 적은 돈으로 '먹을거리 장바구니'를 채울 수 있게 해주기 때문에 노동비용을 낮춘다. 이것이 산업 성장을 자극한다. 값싼 먹을거리는 또한 노동자들이 산업에서 생산된 신제품들을 더 많이 살 수 있다는 것을 의미한다. 물론 대규모 농장과 공장들은 노동자들이 먹거나 사는 것보다 훨씬 더 많은 것을 생산한다. 이것이 일국적으로 그리고 전 지구적으로 시장의 팽창을 추동한다. 왜냐하면 자본이 점점 더 많은 소비자를 찾아 나서기 때문이다. (자본주의 농업은 값싼 먹을거리를 생산하는 데에는 능란하지만, 에너지 효율적이거나 물 효율적이지 않고, 생활임금 일자리를 제공하는 데에도 그리 신통하지 못하며, 주류 경제학자들이 '시장 실패'와 '외부효과'라고 부르는 수많은 부정적인 사회적·환경적 결과들을 산출한다. 이에 대해서는 나중에 더 논의할 것이다.)

농업 이행은 계속되는 과정이다. 그것은 또한 세계 도처에서 자본주의 먹을거리 체계에 도전하는 또 다른 생산 형태를 만들어나가는 농민, 목축민, 소규모 생산자들로부터 계속해서 저항을 받고 있다.

제2차 글로벌 먹을거리 레짐:
"무릎까지 밀로 덮인 배급받는 사람들의 줄"

19세기 내내 세계에서 대부분의 사람은 여전히 자신의 농장에서 자신의 먹을거리의 대부분을 얻는 농부들이었다. 물론 세계 도처에는 화전식 농업, 수상 채소밭과 수전 벼 재배, 그리고 동물의 견인력을 이용하고 지피작물과 가축 분뇨로 땅을 기름지게 하는 농장 등 엄청나게 다양한 농업 관행이 존재했다. 노동 및 토지보유 제도 역시 이를테면 가족 농장에서 플랜테이션 농업까지, 그리고 다양한 형태의 차지농업, 소작, 그리고 전통적으로 관리된 공동 토지 등 다양했다.

국제적인 사건들로 크게 뒤흔들린 첫 번째 먹을거리 레짐은 20세기에 들어서며 변화하기 시작하여, 1950년대 들어와서 두 번째 글로벌 먹을거리 레짐의 시작과 함께 일어난 엄청난 변화 속에서 그 정점에 도달했다.

첫 번째 전 지구적 진동은 식민지 열강들 간에 싸운 제1차 세계대전이었다. 미국 — 식민지와 침탈한 영토를 대부분 주州로 전환시킨 신참자 — 은 처음에는 그 싸움에 가담하지 않았다. 미국의 농업은 황금기를 구가하고 있었다. 농부들은 자신들의 생산비용을 충당하고도 버젓한 생활을 할 수 있을 정도의 가격을 누렸다. 이것이 바로 후일 '패리티parity'라고 알려진 것이었다. 전쟁 직전인 1914년에는 옥수수 1부셸bushel(약 36리터)로 가솔린 5갤런을 샀다. 어느 누구도 7년 후에 옥수수 2부셸로 단지 가솔린 1갤런만 살 수 있을 것이라고는 어렴풋하게조차 알지 못했다(Poppendiek, 1986).

대부분의 미국인은 전쟁을 피하고자 했다. 그리고 미국의 은행과 철강회사들은 영국과 프랑스에 자본과 무기를 공급함으로써 뜻밖의 막대한 수익을 거두었다. 유럽인들이 점점 더 미국의 먹을거리에 의존함에 따라, 농부들 또한 가격 상승과 수익 증대를 경험했다. 그러나 독일의 U보트(잠수함)가 유럽으로 가는 미국 보급선을 침몰시키자 미국은 '모든 전쟁을 끝내기 위한 전쟁'에 참여했다.

높은 전시 곡물가격, 풍부한 융자금, 그리고 신형 포드 트랙터가 미국에서 농업 호황을 낳았다. 농부들은 호황의 이익을 보기 위해 2차, 3차, 4차 담보대출을 받아 더 많은 토지를 샀다. 조달자금이 넘쳐났고, 토지투기가 만연했다. 북아메리카의 심장지대뿐만 아니라 월스트리트에서도 큰 부가 만들어졌다. 그다음에 전쟁이 끝났다.

1918년 휴전 이후 유럽 농부들은 먹을거리를 다시 재배하기 시작했고, 이는 지구적 과잉공급 및 국제 곡물과 면화 가격의 폭락을 가져왔다. 자본은 농업 투자를 포기했고, 투기 토지의 거품은 붕괴되었다. 지나치게 많은 대출을 한 농부들은 곡물가격이 생산비용 아래로 가망 없이 떨어지면서 광란의 20년대Roaring Twenties의 절정기에 파산하기 시작한 반면, 월스트리트는 부유해졌다. 1920년대 내내 기업의 수익은 62% 상승한 반면, 노동자의 임금은 단지 9%만 상승했다. 1929년경 미국 인구의 가장 부유한 10%가 미국 부의 34%를 통제했다. 이는 하위 42%가 통제하는 부에 해당하는 것이었다(Cryan, Shatil and Piero, 2009). (이 수치를 여덟 명의 개인이 전 세계에서 가장 가난한 사람들의 절반이 소유한 만큼의 부를 소유하고 있는 오늘날의 전 지구적 부의 분배와 비교해 보라!)

'농업공황'의 호황-불황 사이클은 1929년의 주식시장 붕괴와 대공황의 서곡이었다. 대공황은 농업에게는 단지 사태를 더 나쁘게 만들었을 뿐이다. 경기후퇴기에 자본주의 시장은 수요가 없기 때문에 고지식하게 공급을 줄이고, 이는 생산자들에게 생산을 감축하게 한다. 하지만 농부들의 경우에는 높은 고정비용 때문에 가격하락에 대응하여 생산을 줄이기보다는 늘릴 수밖에 없게 된다.

빚으로부터 벗어날 수 있는 길을 필사적으로 찾는 농부들은 훨씬 더 많은 먹을거리를 생산했고, 이는 단지 가격을 더욱 떨어뜨릴 뿐이었다. 그러나 농부들이 아무리 많은 값싼 먹을거리를 생산한다고 하더라도, 실직 중인 수백만의 사람들 ― 1932년경에 그 수는 네 명 중 한 명에 달했다 ― 은 여전히 그것을 구입할 여유가 없었다. 농부들은 자신들의 손실을 줄이고 가격을 끌어올리기 위해 필사적으로 노력하면서 대로에 우유를 내다버렸고, 목초지에서 양을 도살했고, 옥수수를 땅에 갈아엎었다. 나라 곳곳의 저장탑에서 곡물이 썩고 있을 때조차 도시들에서는 굶주린 가난한 사람들의 배급받는 긴 줄이 구불구불하게 늘어섰다. "무릎까지 밀로 덮인 배급받는 사람들의 줄breadlines knee-deep in wheat"이라는 표현은 경제공황에 빠진 매우 생산적인 먹을거리 레짐 내에서 작동하는 무자비한 과잉생산의 시장논리를 압축적으로 보여주었다(Poppendiek, 1986).

프랭클린 델라노 루즈벨트Franklin Delano Roosevelt 대통령은 뉴딜New Deal이라고 알려진 일련의 정책을 실행함으로써 미국을 대공황으로부터 끌어내기 위해 노력했다. 그는 '패리티 가격parity price'으로 복귀하여 농민들이 제1차 세계대전 시기에 가졌던 것과 동일한 구매력을 가지도록 하기 위해 '농업조정법Agricultural Adjustment Act(AAA)'을 제정하는 것부터 시작했다. 농림부 장관은 '휴경농지 보조금제도set-asides'를 통해 생산하지 않는 토지를 가진 농부들에게 대금을 지급하고 마케팅협정을 통해 각 농민이 생산할 수 있는 양을 제한함으로써 어떻게든 공급을 관리하고자 했다. AAA는 가공업자와 중간상인에게 조세를 부과했는데, 그러자 그들은 비용을 산업과 공중에게 전가했다.

농업의 문제는 생산부족이 아니라 저가격이었다. 그리고 먹을거리 접근의 문제는 고가격이 아니라 실업이었다. 뉴딜은 연방의 돈을 일자리 창출 프로그램에 쏟아부어 돈을 사람들의 주머니에 되돌려 줌으로써 경제를 부양시키고자 했다. 국가가 처음으로 시행한 먹을거리 지원프로그램 역시 과잉생산과 빈곤 모두를 해결하기 위한 것이었다. 그것이 바로 제2차 먹을거리 레짐의 시작이었다. 뉴딜의 농업정책이 그다음 반세기 동안 먹을거리, 농업, 정부, 자본주의 간의 관계에 관한 제도 및 규제의 틀이 되었다. 아이오와 농장 지도자인 조지 네일러George Naylor에 따르면,

> 뉴딜 농장 프로그램에는 낭비적이고 오염을 일으키는 과잉생산을 피하기 위한 보존-공급 관리, 정부가 변상하기보다는 실제로 시장가격 아래로 가격을 설정하는 가격지원, 식량난과 식품가격 급등을 피하기 위한 곡물비축, 모든 농부에게 공평한 그리고 생산유인을 변화시키는 할당제도가 포함되어 있었다. '패리티'는 이들 프로그램과 연관된 이름이었다. 왜냐하면 그것은 농부가 경제적으로 평등하게 대우받게 하는 것, 그리고 가격이 인플레이션에 따라 조정되게 하여 농부들로 하여금 파괴적인 원가 압박에서 벗어나게 하고 빈곤과 빚으로부터 탈출하기 위해 과잉생산을 하지 않게 하는 것을 의미했기 때문이다. 농부가 땅을 가지고 자신이 원하는 무엇이든 할 수 있는 농부의 개인적 '자유'가 모든 농부와 사회의 이익을 위해 조절될 것으로 생각되었다. 하나의 사회계약이 확립되었다. (Naylor, 2016)

제2차 세계대전으로 인해 미국 경제는 마침내 대공황에서 벗어났다. 미국의 노동 잉여가 하룻밤 사이에 사라졌다. 여성들이 공장으로 향했다. 농업은 절정기의 계절노동 수요를 충족시킬 수 없게 되었다. 미국은 이제 파종, 제초, 수확을 위해서는 방대한 수의 노

BOX 4

노동의 물결

미국의 초기 농업 산업화의 역사는 이주노동의 역사와 뗄 수 없게 연결되어 있다. 미국 역사에는 네 번의 주요 물결이 있었는데, 그 사건과 정책들이 농업체계 속에서 노동자의 상태를 틀지었고 또 계속해서 틀짓고 있다.

제1의 물결: 1600~1800년

토지를 경작하고 개발할 값싼 노동이 절실히 필요해짐에 따라 생겨난 계약 노예제도는 17세기 초반 동안 유럽인들의 미국 이주에서 기본 메커니즘으로 작동했다. 계약 노예제도는 유럽의 '잉여' 인간들(정처 없이 떠도는 사람, 실업자, 범죄자), 그리고 자유로운 통행과 식사를 대가로 4년에서 7년간의 고정된 기간 동안 자신들의 노동과 자유를 기꺼이 파는 사람들 모두에게 하나의 노동체계로 기여했다. 계약 노예들은 수출용 주요 곡물을 생산하는 초기 식민지에서 양적으로 중요했지만, 계약 농업노동의 가격이 시간이 경과하며 상승함에 따라 식민지 토지 소유자들은 더 값싼 대안으로 아프리카 노예노동에 의지하게 되었다(Ciment and Radzilowski, 2015). 대서양횡단 노예무역 데이터베이스Trans-Atlantic Slave Trade Database는 1500년에서 1865년 남북전쟁의 종전 사이의 기간에 약 1250만 명의 노예가 미국에 도착했을 것으로 보수적으로 추정한다. 그리고 그들의 대다수가 따뜻한 기후와 오랜 생장시기로 인해 노예노동에 유리한 남부 식민지와 주들로 보내졌다. 남북전쟁의 종전 이후 재건시대 동안 미국 정부는 수정헌법 13조를 비준함으로써 노예제도와 비자발적 노역을 금지하는 법을 통과시켰다.

제2의 물결: 1820~1880년

이 시기 동안에는 서유럽과 동유럽 출신이 대부분인 700만 명이 넘는 신규 이민자가 미국으로 들어왔다. 약 3분의 1이 아일랜드 사람들이었는데, 그중 많은 사람이 그들 나라의 비참한 감자 기근을 피해 도망 나온 사람들이었다. 또 다른 3분의 1은 독일인들로 일반적으로 더 많은 부를 가지고 도착했으며, 농지를 찾아 위험을 무릅쓰고 중서부로 갔다. 1849년에 시작된 캘리포니아 골드러시와 1863년부터 1869년에 걸쳐 건설된 첫 대륙횡단철도는 전 세계로부터 이주자들을 끌어들였다. 거기에는 처음으로 미국에 온 상당수의 중국인들이 포함되어 있었다. 많은 수의 중국 노동자들이 캘리포니아 농업에 의지했지만, 캘리포니아와 여타 지역에서 외국인 혐오가 증가했고, 이는 1882년의 '중국인배척법 Chinese Exclusion Act' 제정에서 최고조에 달했다. 이 법으로 인해 중국인 노동의 유입이 실제로 마감되었다(Paret, 2014).

제3의 물결: 1880~1920년

대략 40년 동안 이른바 '신이주자'라고 불린 2400만 명이 넘는 사람들이 남유럽과 동유럽으로부터 미국으로 들어왔다. 농업이 급속하게 대규모 산업으로 변화함에 따라 농업 노동의 요구가 증가했고, 미국은 아시아(대부분 중국, 일본, 필리핀) 노동을 수입하기 시작했다. 왜냐하면 아프리카계 미국인들이 다른 산업으로 이동했기 때문이다. 1910년의 센서스가 실시되었을 때, 외국 태생 거주자가 미국 인구의 약 15%, 그리고 미국 노동인구의 약 24%에 달했다(Martin and Midgley, 1999). 최초로 제정된 매우 제한적인 일단의 이민 규정인 1917년의 '미국 이민법'은 '아시아인 금지 지역Asiatic Barred Zone'을 설정하여 일본과 필리핀을 제외한 대부분의 아시아와 태평양 섬 국가들로부터의 이민을 금지했다. 역사가 매 나이Mae Ngai가 지적하듯이, 이 지리적 제한은 "미국의 이민법과 귀화법의 본문에 인종 배제의 원칙을 성문화한 것이었다"(Ngai, 2004: 37).

제1차 세계대전이 전 유럽으로 확산된 1915년에는 이민이 중단되었다. 1920년대에 이주 흐름이 다시 시작되자, 1924년 이민법은 '달갑지 않은 인종'의 이주를 줄이고자 하는 의도에서 출신 국가에 기초하여 엄격한 숫자 제한 또는 '할당제도'를 도입했다. 1930년대의 극심한 경제불황은 더 이상의 외국인들이 미국으로 이주하는 것을 막게 했다. 제2차 세계대전 동안 군 입대로 인한 농업 노동 손실을 보충하기 위해 미국은 브라세로 프로그램을 통해 (1942년에서 1964년까지) 450만 명의 멕시코 노동자에게 일시적인 미국 초청 노동자 지위를 부여하여 그들을 들여왔다.

제4의 물결: 1965년~현재

출신국가별 할당제도는 1965년의 '하트-셀러 법Hart-Celler Act'

의 통과로 단계적으로 폐지되고 기술에 기초한 특혜제도로 대체되었다. 그리고 식민지시대 이후 처음으로 이민에서 비유럽인들이 우위를 보이게 되었다. 9·11 테러공격에 대응하여 2001년 이후 이민집행국은 '불법'이주의 중요성을 자세히 설명했고, 이는 국외추방과 국경경비 비용을 증가시켰다. 오늘날 미국 농업 노동자의 대다수는 중앙아메리카와 라틴아메리카 출신이며, 그중 75%가 밀입국자로 추산된다. 밀입국 이주 농업 노동자들은 자신들의 정치적 약점 때문에 여전히 위험한 노동조건, 노동폭력, 저임금에 노출되어 있다(Center for History and News Media, 2014).

동자가 필요하게 되었다.

미국은 그 일에 필요한 이상적인 노동인구를 멕시코에서 발견했다. 신체적 고통에도 불구하고 여러 달 동안 연이어서 뜨거운 태양 아래서 온종일 몸을 굽힌 채 빠르고 정확하게 그리고 반복적으로 움직일 수 있는 멕시코 농민들이 미국의 먹을거리 체계를 유지했다. 미국은 멕시코 농민들 없이 전쟁을 치를 수 없었다. 1942년에 체결된 멕시코 농장 노동 프로그램 협정Mexican Farm Labor Program Agreement(나중에는 브라세로 프로그램Bracero Program으로 바뀌었다)에 의거하여 20년 동안 들여온 약 460만 명의 멕시코 농부들이 미국 농업을 변화시켰다(Galenson, 1984). 멕시코 노동은 값이 쌌다. 외국 시민권과 계약 규정 때문에 노동자들은 미국 농업을 괴롭히는 만연한 노동폭력에 맞서 자신들을 조직화하거나 시정을 요구하는 것이 금지되었다. 미국이 값싼 이주 노동에 의지한 것은 그것이 처음도 마지막도 아니었다. '이주노동 보조금'은 수십 억 달러의 가치를 농업 부문으로 이전시켰고, 농지의 가치를 증대시켰다. 그리고 제2차 세계대전은 미국에 농업호황을 낳아, 미국이 글로벌 농업시장에서 선두에 서게 했다.

전쟁 후에는 전시 질산염(폭탄용)과 유독 화학물질(독가스용)을 생산하던 대규모 제조업 설비들이 비료와 농약을 생산하기 위해 재장비되었다.[3] 미국 본토는 생산 기반에서 어떠한 전쟁 피해도 보지 않았기 때문에(반대로 생산 기반이 확대되었다), 중공업이 빠르게 평화 시 산업으로 전환되어, 지프차와 탱크 대신에 트랙터와 콤바인을 대량으로 생산했다. 미국 은행들은 당시 발행된 전쟁 달러로 넘쳐났다. 은행들은 화학물질과 기계류를 사려는 농부들에게 돈을 열심히 빌려주었다. 싸고 풍부한 석유가 농업 근대화에 연료를 공급했다. 더 많은 땅이 생산에 투입되었고, 농부들은 더 큰 땅을 가지게 되었다. 생산이 급격히 늘어났고, 먹을거리의 가격이 떨어졌다. 거대한 양의 잉여 먹을거리들이 쌓였다. 한동안 정부는 이 먹을거리로 유럽에 식량을 원조했다. 그러나 미국 농부들이 더 이상 미국에서 생산되는 모든 비료, 농약, 새로운 기계류를 흡수할 수 없게 되자, 회사들은 유럽 재건을 위한 미국 마셜 플랜Marshall Plan의 일환으로 이 투입물들을 유럽에 팔기 시작했다. 곧 유럽 역시 미국 회사들로부터 더 많은 먹을거리도, 투입물들도 필요하지 않게 되었다. 유럽도 먹을거리를 과잉생산하기 시작했다.

북부의 정부들은 생산을 감축하는 대신에 보조금, 가격지원, 할당제를 결합하여 사용하면서 과잉공급을 지속시켰다. 그 이유는 무엇일까? 한편으로는 과잉공급이 유력 곡물 무역업자들에게 곡물가격을 낮추어주었기 때문이다. 다른 한편으로는 미국은 이 값싼 잉여물들을 식량원조에 이용하거나 해외시장에 낮은 가격으로 팔 수 있었기 때문이다. 지구 북부에서의 과잉생산은 지구 남부의 곡물시장을 개척하는 (그리고 지구 남부의 소비자들이 미국 제품에 빠져들게 하는) 수단으로 이용되었으며, 이는 결국 보조금을 받지 않기 때문에 지구 북부와 경쟁할 수 없는 지구 남부의 농부들에게 피해를 주었다. 인도에서 미국은 식량원조를 인도 정부가 미국의 비료와 교배종 종자를 받아들이도록 강요하는 정치적 무기로 이용했다(Lele and Goldsmith, 1989; Wallersteen, 1976). 농부들에 대한 미국의 가격지원은 매년 줄어들었다. 과잉생산량은 해마다 증가했고, 농장은 재정적으로 생존 가능한 상태를 유지하기 위해 몸집을 더욱 키웠다. 이로 인해 규모가 작은 농장들은 퇴출을 강요받았다.

농업에 대한 정부지원이 가져다주는 이득의 대부분은 값싼 곡물에 매우 즐거워하는 대기업과 종자·기계류·비료 공급자들에게 돌아간다. 먹을거리 체계에 대한 공적 지원이 매우 중요하기는 하지만, 보조금과 시장가격 지원이 미국과 유럽에서 사용되는 방식은 과잉공급을 악화시켰고, 이는 덤핑으로 이어져 가족 농부들을 파산시켰다. 파산한 농부들은 더 큰 자본주의 기업에 팔려나갔고, 이는 먹을거리 체계를 기업에 집중시켰다(Holt-Giménez, Patel and Shattuck,

2009).

이는 부분적으로는 냉전의 전략이었다. 서구 정부들은 자신들이
'저개발'국가들(이전의 식민지)이라고 부르기 시작한 나라들을 소련
으로부터 떨어뜨려 놓는 데 심혈을 기울였다. 지구 남부의 정부들은
식량원조를 받아, 그 먹을거리들을 국내에서 자국 화폐로 낮은 가격
에 팔았다. 이는 (부정부패로 인해 자원을 다른 곳에 유용하지 않았을 때
에는) 그들에게 공공사업을 위한 재원을 제공해 주었다. 하지만 그
것은 또한 지역의 먹을거리 생산능력을 훼손했다. 왜냐하면 남부 농
부들은 생산비용보다 낮은 가격으로 파는 지구 북부산 먹을거리와
경쟁할 수 없었기 때문이다. 플랜테이션 농업과 값싼 먹을거리 사이
에 끼인 소규모 자작농들 ― 지역에서 소비되는 먹을거리의 대부분을 재
배하는 사람들 ― 은 점점 더 궁핍해졌다. 그 결과, 먹을거리의 남-북
흐름이 역전되었다. 북으로 먹을거리를 공급하던 옛 식민지들은 이
제 자신들의 먹을거리를 북에 의존하게 되었다(Holt-Giménez, Patel
and Shattuck, 2009). 이는 가난한 나라들은 '발전될' 필요가 있다는
서구의 관념을 그저 확증할 뿐이었다. 여기서 농업이 중심적인 역할
을 수행했다.

녹색혁명: 미국의 산업모델 수출하기

1970년에 아이오아 출신 곡물 과학자 노먼 볼로그Norman Borlaug는
수확량이 많은 키 작은 교배종 멕시코 밀을 개발한 공로로 노벨상

을 받았다. 그 밀은 나중에 인도와 파키스탄에 도입되었다. 볼로그는 "10억 명의 사람들을 기아로부터 구한" 것으로 널리 인정받고 있다. 볼로그의 육종 기술을 쌀과 옥수수에 응용하고 교배종, 관개, 비료, 농약을 미국에서 개발도상 세계 전반으로 확산시킨 이 일은 **녹색혁명**으로 일컬어졌다. 특히 이 용어는 1960년대 동안 아시아, 아프리카, 라틴아메리카를 휩쓴, 공산주의가 고무한 '적색혁명'에 대항하기 위해 선택되었다. 근대 농업은 반란에 대항한 자본주의의 방어벽이었던 것이다.

녹색혁명(1960~1990년)은 자본주의 농업 ─ 이것은 산업적 북부의 경제모델을 농업으로 확장한 것이다 ─ 을 지구 남부의 나라들로 확산시키기 위한 하나의 캠페인이었다. 녹색혁명은 일반적으로 세계를 기아로부터 구한 것으로 인정받지만, 구한 사람만큼이나 배고픈 사람도 많이 만들어냈다(Lappe, Collins and Rosset, 1986).

한편 다수확 교배종들이 확산되자 수많은 지역 품종의 밀, 옥수수, 쌀이 사라졌고, 이는 원상태의 농업 생물다양성을 90% 감소시켰다. 녹색혁명 교배종들은 다량의 비료, 관개, 농약을 사용해야만 다수확을 할 수 있기 때문에, 산업 농업은 빠르게 오염물질과 온실가스의 주요한 배출자가 되었다.

다른 한편 녹색혁명은 자본 투입물을 요구했기 때문에 그 이익이 주로 그 대금을 지불할 수 있는 중간규모와 대규모의 농부들에게 돌아갔다(de Alcantara, 1976; Pearse, 1980). 소규모 자작농들은 파산했으며, 그 결과 막대한 농민들이 축출되어 일자리를 찾아 도시로 떠나거나 자급용 작물을 재배하기 위해 취약한 산비탈과 숲 경계지역으로 이주했다. 이 시기 동안 거대한 빈민굴들이 지구 남부에서 형성되고 있던 주요 도시들을 에워싸기 시작했다. 마이크 데이비스Mike Davis는 이를 '빈민굴들의 행성planet of slums'이라고 묘사했다(Davis, 2004).

하나의 기술적 꽃으로서의 녹색혁명은 17세기와 18세기의 농업 이행기 동안에 소농 농업을 제거하고자 했던 영국의 집약경작과 유사했다. 자본주의 발전의 원리 — 사람들이 시골을 떠나 제조업과 공업에서 일해야만 한다는 것 — 는 최고의 농지를 더 소수의 부유한 대토지 소유자에게 집중시켰다. 녹색혁명의 인클로저는 단지 소농의 토지뿐만 아니라 소농의 종자들에도 영향을 미쳤다. 녹색혁명 교배종들은 수천 년 동안 본래 농민들이 개발한 유전형질을 사유화했다. 종자 산업이 이 유전형질을 녹점한 것은 아니었지만, 교배종은 '항상 그 형질을 그대로 전달하지' 않았다(씨앗을 보존했다가 다시 심었을 때, 그 식물은 퇴행적인 유전적 특질을 드러내는 경향이 있었다). 따라서 농부들은 매년 새 종자를 살 수밖에 없었다. 첫 번째 농업 이행과 유사하게 녹색혁명하에서의 산업 농업 또한 농민들의 값싼 노동에 의존했다. '기능적 이중성'으로 알려진 녹색혁명의 농민 의존은 기술적 우위라는 자본주의의 찬양적 주장에 의해 대부분 가려졌다(de Janvry, 1981).

녹색혁명 내내 소농들이 사라지지 않고 지속될 수 있었던 것은 이들 가족 농부의 자기착취 능력 덕분만은 아니었다. 도시에 충분한 일자리가 존재하지 않았기 때문에, 많은 농민이 화전기법을 이용하여 새로운 열대 숲과 취약한 산비탈 지역을 꾸준히 개척했다.

그러다가 몇 년이 지나면 잡초, 생산력 하락, 소 목장주들의 압력으로 인해 소농들은 다른 곳으로 이주해야만 했다.

고도로 자본화된 대규모 농장들이 녹색혁명의 교배종 종자와 화학 투입물을 더 이상 흡수할 수 없게 되자, 정부는 소농들에게 그 제품들을 살 수 있도록 돈을 빌려주었다. 녹색혁명의 관행과 투입물이 최고의 농지에 적용되고 농업용 토지지역이 증가하고 산비탈과 숲 경계지역의 소농 농장들에서 화학물질이 이용되면서, 지난 몇 십 년 동안 계속해서 전 세계적으로 기본 곡물이 과도하게 생산되었다. 불행하게도 화학물질과 교배종 종자를 그러한 취약한 토양에서 사용하는 경작방식은 지속가능하지 않았다. 초기에 생산성이 증대된 이후, 그러한 토지 중 상당한 부분의 토질이 급속히 나빠지자, 농민들은 농업을 포기하거나 농업 변경지역의 훨씬 더 깊숙한 곳으로 파고들어갔다. 신기술의 이용이 때로는 극적으로 수확량을 증대시키기도 했지만, 녹색혁명이 주장한, '기아로부터 세계를 구한다'는 명성은 많은 부분 소농 농업의 축출과 방대한 확장 덕분이었다.

멕시코 틀락스칼라Tlaxcala주의 소농 농부 가브리엘 산체스Gabriel Sanchez의 이야기는 그러한 사례 중 하나이다. 가브리엘은 1960년대에 결혼을 했고, 농사를 짓기 위해 2헥타르의 경사진 천수답을 손에 넣었다. 가브리엘과 그의 풋내기 가족은 자신들이 먹고살기에 충분한 옥수수, 콩, 호박을 생산했고 약간을 시장에 팔았다. 시간이 지나면서 그들은 한 마리의 소, 두 마리의 노새, 그리고 몇 마리의 양과 염소를 공동 토지에 방목할 만큼 재산을 모았다. 대부분의 이웃 사람처럼 그들도 음식 쓰레기를 먹는 돼지 한 마리를 가지고 있었다. 열 마리가 조금 넘는 닭과 칠면조도 마당 주변에서 먹이를 찾고 있었다. 이 가축들은 일반적으로는 내가 축제행사에서 운 좋게 맛보았던 초콜릿-칠리 몰레로 조리된다. 그 가족은 다음 해에 심을 종사를 남겨두었고, 흉작인 해를 위해 항상 곡물을 비축해 두었다. 가브리엘은 할 수 있을 때면 대규모 농장에서 임금을 받고 노동을 하기도 했다.

1970년대 초에 멕시코 정부는 소농 농부들에게 녹색혁명의 교배종 종자와 합성비료를 살 수 있도록 신용대출을 해주었다. 가브리엘은 마을에서 맨 처음으로 대출을 신청한 사람들 가운데 한 명 — 개발 어법으로는 '얼리 어댑터early adopter' — 이었다. (그의 아버지는 그것에 반대했다. 하지만 그는 빚을 지게 될 것이라고 생각하지 않았다.) 정부와의 계약으로 인해 그는 옥수수만을 경작해야 했고, 이는 콩(토양에 질소를 공급하며 가족 식생활의 주요 식품이었던)과 호박(습기를 보존하는 데 도움을 주고 그의 가축들의 먹이가 되었던)을 작물에서 제외하게 만들었다. 이것은 그가 가족을 먹이고 가축들을 키우기 위해서는 콩을 구입해야만 한다는 것을 의미했지만, 그가 재배하는 새로운 옥수수의 수확량과 가격은 그 비용을 감당하기에 아주 충분했다. 처음 몇 번의 수확 동안에는 모든 것이 순조로웠다. 그다음에는 점점 더 적은 농부들이 콩을 재배했기 때문에, 콩 가격이 올랐다. 점점 더 많은 농부들이 교배종 옥수수를 경작했기 때문에, 옥수수 가격은 떨어졌다. 동시에 그의 메마른 산비탈 농장에서는 유기물이 교체되지 않기 때문에, 새로운 비료에도 불구하고 가브리엘의 수확량은 떨어지기 시작했다. 가브리엘은 더 많은 땅을 빌렸고, 더 많은 신용대출을 받았고, 자신의 수입을 유지하기 위한 노력으로 더 많은 비료를 주었다. 그러나 교배종 옥수수는 해충을 그리 잘 견디지 못했다. 그는 농약을 사야만 했고, 그의 생산비용은 더욱 증가했다. 교배종 옥수수는 저장도 잘 되지 않았고, 따라서 가브리엘은 가격이 가장 낮을 때에도 곡물의 대부분을 수확하자마자 곧 팔아야만 했다. 몇 달 후에 그가 가족을 부양하기 위해 옥수수를 사야만 했을 때, 그 가격은 훨씬 더 높았다. 한 해에는 심각한 가뭄이 들었다. 심각한 기상 사건들을 견디기 위해 수천 년 동안 선택되었던 지역 품종과 달리, 교배종 옥수수는 말라 죽어버렸다. 설상가상으로 그의 막내딸이 심각한 병에 걸렸다. 가브리엘은 병원비를 지불하고 농장 빚을 갚기 위해 그의 가족이 키우던 가축들 대부분을 팔았다. 그는 멕시코시티의 공사장으로 일하러 갔다. 그의 아내와 장남이 그 해에 자신들이 관리할 수 있는 가족 경작지의 최대한에서 옥수수, 콩, 호박을 재배했고, 나머지는 친척들에게 경작을 맡겼다. 불행하게도 토양은 산출력을 대부분 잃었다. 수확은 초라했다. 가족은 농장을 고수하기로 결정했지만, 또 다른 해의 빚, 가뭄, 질병이 그들을 파멸시킬 것임을 알고 있었다.[4]

가브리엘의 이야기는 농민들이 다수확 품종과 합성화학비료를 구입할 수 있도록 정부은행이 그들에게 신용대출을 확대한 녹색혁명의 둘째 단계의 전형적인 특징이다. 녹색혁명에 대한 공식적인 설명들은 규모가 더 커져서 더 생산적이 된 성공한 농부들을 소개하고 있지만, 파산하거나 농업에서 축출된 수백만 명의 농부들에 대해서는 좀처럼 언급하지 않는다. 몇몇 소규모 농부들이 대기업이 되고 그 나머지는 임금노동을 강요받았던 농업 이행 — 이는 자본주의 농업의 일반적인 특징이다 — 은 자주 자연발생적 현상이나 항상 승자와 패자가 있는 근대화의 불가피한 과정으로 제시된다. 사실이 과정은 여전히 뜨거운 논쟁의 대상이며, 계속해서 여러 논쟁의 주제가 되고 있다.

첫 번째 농업 이행과 두 번째 농업 이행 간의 차이는 그 강도에 의해 특징지어졌다. 다시 말해 산업혁명 동안 두 세기가 걸렸던 일이 녹색혁명하에서는 50년도 채 걸리지 않았다. 무엇이 그러한 차이를 만들어냈는가? 한마디로 말하면, **자본**이다. 첫 번째 이행 동안에는 자본이 대체로 공업에 집중적으로 투입되었던 반면, 두 번째 이행 동안에는 녹색혁명이 자본의 상당한 양을 농업에 투입시켰다.

기업 먹을거리 레짐

오늘날의 기업 먹을거리 레짐 — 이는 먹을거리의 생산에서 소비에 이르기까지 우리의 먹을거리 공급을 통제하는 글로벌 기업의 부상을 반영하여 붙여진 이름이다 — 은 그것에 선행한 먹을거리 레짐 위에 구축되었다. 베트남전쟁과 1972년의 석유파동은 이 새로운 레짐을 도입하게 만든 기폭제였다. 1972년에 아랍의 산유국들은 카르텔을 형성하여 석유 생산을 제한하고 가격을 올렸다. 동시에 은행들은 미국이 찍어낸 돈인 '오일달러'들로 가득했다. 베트남전쟁을 위해 지불된 자금도 국제금융체계로 진입하기 시작했다(Russi, 2013). 은행들은 이 모든 현금에 이자를 지급해야만 했기 때문에, 민간은행들은 투자에 열을 올렸고 그 돈을 지구 남부의 개발도상 국가들에게 좋은 조건으로 후하게 빌려주었다. 미국 정부와 유럽 정부들은 제3세계 국가들이 자국의 경제개발을 위해 북부의 기술을 구입하고 북부의 전문가들을 고용하도록 하기 위해 과중한 대출을 부추겼다.

농업 근대화는 이 개발전략에서 큰 부분을 차지했다. 녹색혁명은 국제농업연구 자문그룹Consultative Group on International Agricultural Research (CGIAR)의 국제농업연구소들의 도움을 받아 다수확 교배종 종자, 합성비료, 농약, 관개, 농업 기계류를 지구 남부에 밀어넣었다. 국제연합 식량농업기구United Nations Food and Agriculture Organization(FAO), 미국 국제개발처U.S. Agency for International Development(USAID), 그리고 민간개발기구 출신의 수많은 컨설턴트와 전문가가 개발 산업에서 수지맞는 계약을 맺고 일했다. 녹색혁명의 전성기 동안(1960~1980년) 개발원조를 통해 투입한 수십억 달러는 북부의 농업 기술을 위한 막대한 시장을 개척하는 데서, 그리고 글로벌 시장을 먹을거리로 넘쳐나게 하는 데서 성공을 거두었다. 먹을거리의 과잉공급은 가격을 계속해서 떨어뜨렸다.

그다음에는 베트남전쟁이 남긴 계속되는 인플레이션을 막기 위한 조치의 하나로, 1979년에 미국 연방준비제도이사회는 돈의 공급을 단단하게 조였다. 사용할 수 있는 현금이 줄어들자 이자율이 20%나 올랐다. 높은 이자율은 경제를 침체시켰고, 불황을 초래했다. 사람들은 세계시장에서 더 적은 재화를 구입했다. 높은 이자율은 또한 대출자들에게는 납입금이 더 많아진다는 것을 의미했다. 이는 글로벌 시장에서의 높은 곡물 가격을 기반으로 하여 개발차관을 상환할 수 있으리라고 믿었던 채무국들을 재정적으로 압박했다. 1982년 멕시코를 필두로 채무국들은 자신들의 채무를 갚지 못하기 시작했고, 지구 남부는 심각한 경제위기에 빠져 지불 불가능한 외채가 생겨났다(Sonntag, 2000).

상업은행들이 더 이상 신용대출을 늘리기를 거부했기 때문에, 세계은행World Bank과 국제통화기금International Monetary Fund(IMF)은 그 간극을 메우는 조치를 취했다. 세계은행은 (공적) 자금을 채무국에 대출하여 지구 북부의 민간은행에 대출금을 상환할 수 있게 했다. 거기에는 이들 국가가 구조조정정책structural adjustment policy(SAP)을 실시한다는 조건이 붙어 있었다. 그다음에 IMF와 세계은행은 SAP를 이용하여 남부의 나라들에게 국제금융자본에 대한 통제를 풀고 국가가 통제하는 산업과 서비스를 민영화하고 노동시장의 규제를 철폐함으로써 그들의 경제를 국제시장에 개방할 것을 강요했다(Gore, 2000; Pieterse, 1998). 세계은행은 또한 채무국들에게 곡물비축을 폐지하고 먹을거리 경작을 중단하고, 대신에 세계시장에서 달러를 받고 팔아서 은행에 대출금을 상환할 수 있는 '비전통적인' 수출품을 재배하라고 압박했다. 그러한 수출품들이 글로벌 무역을 통해 가격을 조정하여 더 값싼 먹을거리를 제공할 것으로 기대되었다. 동시에 SAP는 지구 남부로 하여금 지구 북부의 먹을거리에 의존하게 만들었다. 북부의 은행들은 자신들의 돈을 돌려받는 데 그치지 않고, 개발도상 국가들을 끝없이 상환할 수밖에 없게 가두어놓았다. SAP는 전 지구에 신자유주의적 경제정책을 계속해서 강요하는 '워싱턴

컨센서스Washington Consensus'로 알려진 글로벌 어젠다의 첫째 단서조
건이었다.

GATT(무역과 관세에 관한 일반 협정General Agreement on Trade and Tariffs,
1986~1994년) 협상의 우루과이 라운드에 이어서 1995년에 세계무역
기구World Trade Organization(WTO)가 결성되었고, 농업과 무역관련 지적
재산권Trade-Related Intellectual Property(TRIP)의 여러 측면이 공식적으로
무역 어젠다에 추가되었다. TRIP를 무역 어젠다에 포함시킨 것은
유전자 변형 옥수수와 콩이 전 지구적으로 급속하게 확장되는 데
아주 중요했다. 개발도상 국가들이 북부의 새로운 GMO들을 복제
하는 것을 막지 못했다면, 바이엘Bayer과 몬산토Monsanto 같은 화학
겸 종자 회사들은 지구 남부에서 사업을 하지 못했을 것이었다.
WTO는 1980년대와 1990년대 초의 구조조정정책을 자유무역협정
Free Trade Agreement(FTA)으로 불리는 국제조약으로 명문화했다(동시에
그 조약을 맺은 곳에서는 시민들이 그 조약을 무효화할 수 없다). WTO가
공식적으로 내세운 목적은 무역장벽을 제거하고 글로벌 무역규칙
을 강화하는 차별 없는 메커니즘을 확립하는 것이었다. 하지만 실
제로는 WTO는 미국과 유럽의 시장과 보조금을 보호하는 반면, 동
시에 지구 남부의 관세를 낮추었다.

미국과 다른 나라들 또한 WTO가 강요한 양자간 FTA와 지역
FTA에 서명했다. 1994년 북미자유무역협정North American Free Trade
Agreement(NAFTA)과 2004년 중앙아메리카-도미니카공화국-미국
자유무역협정Central America-Dominican Republic-United States Free Trade
Agreement(CAFTA-DR)은 미국이 체결한 14개 FTA 가운데 하나이다. 지

구 남부의 농부들은 FTA를 크게 반대했다. 왜냐하면 FTA가 북부의 덤핑 — 보조금을 받은 북부의 곡물을 생산비용에도 못 미치는 가격으로 남부에 파는 것 — 을 용인하기 때문이다. 또한 일자리 상실과 느슨한 노동·환경규제 — 자유무역협정의 핵심적 부분을 구성하는 — 를 우려하는 많은 시민들이 FTA에 반대했다. 실제로 FTA에 반대하는 시민들의 격분이 미국과 유럽에서 네오파시즘이 발흥하는 데서 상당한 부분을 추동하고 있다. 이 글을 쓰고 있는 시점에도 환태평양경제동반자협정Trans-Pacific Partnership(TPP)과 범대서양무역투자동반자협정Trans-Atlantic Trade and Investment Partnership(TTIP) — 엄격한 기업 비밀주의에 입각하여 협상된 — 이 정치적으로 보류되어 있다.

기업 먹을거리 레짐의 구축은 고통스러운 모순들을 수없이 산출해 왔다. 지구 남부는 1970년대에 매년 10억 달러어치의 먹을거리를 수출했으나 2001년에는 1년에 110억 달러어치의 먹을거리를 수입하게 되었다. 신자유주의 글로벌 먹을거리 체계에서 발생하는 환경비용은 치명적이었다. 산업 농업은 세계 농업 생물다양성의 75%까지 파괴했고, 지구 담수의 80%까지 사용했으며, 세계 온실가스의 20%까지를 배출했다. 수백만 명의 농민들이 생계를 잃었고, 일자리를 찾아 적대적인 국경을 넘고 위험한 바다를 건넜다. 먹을거리 가격 인플레이션이 100만 명의 사람들을 기아의 대열로 내몬 2008년과 2011년에 세계는 기록적인 수확량을 산출하고 있었다. 동시에 주요 금융회사들이 먹을거리 상품을 놓고 투기를 벌임에 따라 거대 농업관련 기업과 농식품 회사들은 기록적인 수익을 올렸다(Holt-Giménez, Patel and Shattuck, 2009).

기업 먹을거리 레짐은 독점적 시장권력과 농식품 기업의 엄청난 수익, 지구화된 육류 생산, 농업연료agrofuel의 출현, 그리고 야자나무와 콩 플랜테이션의 엄청난 확장에 의해 특징지어진다. 실제로 세계의 모든 먹을거리 체계는 기업 먹을거리 레짐과 연결되어 있으며, 하나의 광대한 농식품 산업복합체에 의해 통제받고 있다. 이 농식품 산업복합체를 구성하는 것이 바로 몬산토, 신젠타Syngenta, 바이엘(이 셋 모두 서로 다른 합병과정 중에 있다), 그리고 ADM, 카길Cargill, 야라Yara, 코카콜라, 테스코, 까르푸, 월마트, 그리고 심지어는 온라인 거물 아마존(최근에 홀 푸즈Whole Foods를 손에 넣었다) 같은 거대 독점체들이다. 이들 기업은 서로 협력할 경우 무역, 노동, 소유, 기술과 관련한 레짐의 규칙을 만들고 집행하는 정부와 다자간 기구를 지배하기에 충분할 정도로 강력하다. 이 정치적-경제적 파트너십은 세계은행과 국제통화기금, USAID, USDA, 세계무역기구와 같은 공적 제도와 빌 앤 멀린다 게이츠 파운데이션Bill and Melinda Gates Foundation과 같은 개인 재산에 의해서도 뒷받침받고 있다.

자유화와 개혁

글로벌 먹을거리 레짐은 자신이 속해 있는 자본주의 체계와 마찬가지로 자유화 시대(규제받지 않는 시장, 기업의 민영화, 막대한 부의 집중에 의해 특징지어지는)와 엄청난 금융불황의 시대(광란의 20년대와 1929년의 주식시장 붕괴와 같은) 사이를 오간다. 그러한 불황이 광범한 사회불안을 야기할 때(이윤과 통치가능성을 위협할 때), 정부는 위기를 벗어나고 먹을거리 레짐의 안정성을 회복하기 위해 시장, 공급, 소비를 규제하는 개혁주의 시대의 막을 연다. 전혀 규제받지 않는 시장은 결국에는 사회와 자연자원 ─ 먹을거리 레짐이 이윤을 위해 의존하는 ─ 모두를 파괴할 것이기 때문이다. 따라서 개혁의 '사명mission'은 기업 먹을거리 레짐의 환경적 외부효과를 줄이는 것이지만, 개혁의 '임무job'는 자유주의의 임무와 동일하다. 즉, 개혁의 임무는 먹을거리 체계에 대한 기업의 통제를 영구화하는 것이다. 자유화와 개혁이 정치적으로 다르게 보일 수는 있지만, 그 둘은 실제로는 동일한 체계의 양면이다.

1930년대의 대공황에서부터 로널드 레이건Ronald Reagan과 마거릿 대처Margaret Thatcher에 이르기까지 글로벌 먹을거리 체계를 지배한 개혁주의자들은 1980년대에 오늘날의 신자유주의적 '지구화' 시대 ─ 지구 전역의 먹을거리 체계에서 탈규제, 민영화, 기업 독점력의 증대와 공고화를 특징으로 하는 ─ 를 열었다. 2007년에서 2010년에 걸쳐 발생한 글로벌 먹을거리 위기 및 금융 위기와 함께 전 세계에서 개혁에 대한 절실한 요구가 분출했다. 하지만 실질적인 개혁은 거의 일어나지 않았고, 정부와 다자간 해결책의 대부분은 위기를 초래했던 동일한 정책 ─ 자유주의적인 (자유)시장을 확대하고, (숲과 대기 같은) 공동자원을 사유화하고, 독점적 집중을 보호하는 반면, 레짐의 부수적인 피해를 지역사회의 먹을거리 체계와 환경에 떠넘기는 ─ 을 더 많이 요구할 뿐이었다. 사회로부터 강력한 압력이 가해지지 않는 한, 개혁주의자들이 현재 기업 먹을거리 레짐의 신자유주의적 추세에 어떤 영향을 미칠 가능성은 없을 것이며, 그 추세를 역전시킬 리는 더더욱 없을 것이다.

결론: 먹을거리와 자본의 논리

자본주의의 발흥에서 농업이 수행한 역할과 먹을거리 체계에서 자본주의가 수행한 역할은 수세기를 거치며 이루어졌다. 이 역사를 이해하는 것은 먹을거리 체계를 이해하는 데 필수적이다. 왜냐하면 자본주의 먹을거리 체계는 자본주의가 작동하는 방식대로 작동할 것이기 때문이다. 먹을거리 ― 씨앗에서 한 접시의 요리에 이르기까지 ― 는 그 결과와는 무관하게 글로벌 현금이 가장 원활하게 흐를 수 있게 만드는 방식으로 조직화된다(Clapp, 2012). 자본주의의 역사는 하나의 전형적인 궤적을 예증하는데, 그 속에서 자본주의 체계는 (탈규제, 민영화, '자유무역', 기업 지배로 특징지어지는) 자유주의적 시장 시대에서 (공급과 무역이 규제되고 정부가 경제에 투자하고 공론장이 우위를 차지하는) 개혁주의적 시대로 이동한다. 세 가지 글로벌 먹을거리 레짐에 대한 우리의 탐구가 입증하듯이, 우리의 먹을거리 체계는 이 과정에서 중심적 위치를 차지한다.

나오미 클라인은 자신의 책『이것이 모든 것을 변화시킨다: 자본주의 대 기후This Changes Everything: Capitalism vs. the Climate』에서 현재와 같은 신자유주의적 형태의 자본주의 ― 이 형태는 단지 하나의 체계로서의 자본주의의 본질을 보여줄 뿐이다 ― 는 후진하는 기후변화와 양립할 수 없다고 지적한다(Klein, 2014). 그것은 또한 건강하고 공평하고 지속가능한 먹을거리 체계와도 양립할 수 없다.

자본주의는 항상 성장하고 팽창하고, 소수의 기업의 수중에 점점 더 독점력을 집중시키고, 자본의 사회적·환경적 비용을 사회(또는 시장)에 전가하고, 과잉생산과 주기적 위기 및 경제적 호황-불황을 경험하는 경향이 있다. 이것은 또한 자본주의 먹을거리 체계의 본질이기도 하다.

이것이 바로 "고장 난 먹을거리 체계를 수리하라"라는 요구가 잘못인 이유이다. 체계가 고장 났다고 칭하는 것은 그 체계가 한때 사람, 경제, 환경을 위해 잘 작동했다고 믿는다는 것이다. 이것은 첫 번째 먹을거리 레짐 이후 글로벌 먹을거리 체계를 특징지은 폭력과 파괴의 세 세기를 무시한다는 것을 의미한다. 먹을거리 체계는 고장 나지 않았다. 오히려 그것은 자본주의 먹을거리 체계가 작동하기로 되어 있는 대로 정확히 작동하고 있다. 이것이 바로 우리가 먹을거리 체계를 변화시키고자 한다면 우선적으로 깨달아야 하는 것이다.

제2장

/

먹을거리, 하나의 특별한 상품

상품은 자본주의에서 매우 중심적인 위치를 차지한다. 카를 마르크스는 세 권으로 이루어진 그의 저작 『자본론』을 상품에 대한 설명으로 시작한다.

> 상품은 우선 우리의 외부에 존재하는 하나의 대상, 즉 그 속성에 의해 인간의 이러저러한 종류의 욕구를 충족시켜주는 물건이다. 그러한 욕구의 본성은 그 욕구가 위胃에서 나오든 또는 어리석음에서 나오든 아무런 차이가 없다.(Marx, 1967, vol. 1)[1]

맞다. 자본주의 생산양식하에서 먹을거리는 다른 어떤 것과 마찬가지로 하나의 상품이다. 그 먹을거리가 신선한 유기농 아루굴라인지 아니면 빅맥인지, 에티오피아 고산지대의 테프인지 아니면 월마트의 치즈위즈인지는 중요하지 않다. 당신이 그것을 필요로 하는지 그렇지 않은지, 그것이 당신에게 좋은지 나쁜지, 그것이 지역에서 생산되었는지 아니면 아주 멀리에서 운송되었는지, 또는 그것이 가축우리에서 키워졌는지, 새장에 갇혀 있었는지, 방목되었는지, 아니면 행복하게 살았는지는 중요하지 않다. 만약 충분한 사람들이 그것을 **원하고** 그것을 살 돈을 가지고 있다면, 누군가는 그것을 상품으로 전환하여 판매할 것이다. 그리고 물론 사람들이 자신들이 원하는 것을 알지 못한다고 하더라도, 회사는 광고의 놀라운 효과를 통해 사람들이 그것을 사도록 설득하는 데 최선을 다할 것이고, 실제로 새로운 (또는 심지어는 약간만 변화된) 먹을거리 제품을 위한 시장이 창출될 것이다.

마르크스의 저술은 아마도 자본주의란 무엇이고 자본주의가 왜 그 같은 방식으로 작동하는지를 가장 철저하게 고찰한 저작일 것이다. 우리는 여기서 자본주의에 대한 마르크스의 탐구를 논의하지는 않을 것이다. (마르크스의 자본주의 이론에 관심이 있는 사람들을 위한 훌륭한 온라인 강의와 안내서들은 많다[이를테면 Harvey, vol. 1, 2010].) 하지만 여기서 우리는 『자본론』의 몇 가지 핵심 개념에 의지하여 왜 그리고 어떻게 자본주의 먹을거리 체계가 현재의 방식으로 작동하는지를 설명할 것이다. 마르크스처럼 우리도 상품에서 시작할 것이다.

먹을거리가 인간의 기본적인 먹기 욕구를 충족시키기 때문에, 먹을거리는 모든 사회에서 중심적 위치를 차지하고 있다. 먹을거리가 없다면 자본주의 또는 다른 어떤 경제체계도 서서히 멈추어 설 것이다. 우리는 먹을거리를 우리의 몸에 합체시키며, 그것 없이 오랫동안 살 수 없다. 먹을거리는 자신을 다른 모든 상품과 다르게 만드는 본질적 속성을 가지고 있는, 분명 하나의 특별한 상품이다. 비록 먹을거리도 사고파는 또 다른 생산물일 뿐이지만, 먹을거리가 갖는 차이는 중요하다(Rosset, 2006).

하나의 상품으로서의 먹을거리도 셔츠, 자동차, 또는 스마트폰처럼 시장에서 팔기 위해 생산된다. 먹을거리 상품의 생산과 판매는 시장의 수요에 반응하는데, 시장의 수요는 욕구와 다르다. 만약 당신이 충분한 돈을 가지고 있다면, 당신은 원하는 만큼의 먹을거리를 살 수 있다. 먹을거리를 필요로 하지만 그것을 살 수 있는 돈이 없는 사람은 먹을거리를 스스로 생산하거나 물물교환하거나 훔치거나 또는 자선기금에 의존해야만 한다. 아니면 전 세계에서 10억 명 이상의 사람들이 그러하는 것처럼, 그들은 굶을 수도 있다.

모든 상품처럼 먹을거리도 서로 다른 형태의 가치를 구현한다(이에 대해서는 나중에 이 장에서 다룰 것이다). 먹을거리는 인간의 노동에 불가결하기 때문에, 그리고 인간노동은 모든 상품이 지닌 가치의 일부이기 때문에, 먹을거리의 가치는 전체 경제체계로 배어든다. 그럼 먹을거리의 가치는 어떻게 결정되는가? 그리고 먹을거리의 가치가 그것의 가격에 어떤 영향을 미치는가? 왜 유기농 먹을거리가 전통적인 먹을거리보다 더 비싼가?[2] 왜 산업적인 대규모 단일경작을 통해 재배되거나 비좁은 가축 사육장에서 키워진 먹을거리가 소규모의 지속가능한 가족 농장에서 생산된 먹을거리보다 더 싼가? 먹을거리의 가치는 우리의 건강과 환경에 어떤 영향을 미치는가?

우리는 이 질문들에 대한 부분적인 해답을 수요와 공급의 법칙에서 발견할 수 있다. 이를테면 유럽과 미국의 풍요한 소비자들이 어느 날 퀴노아quinoa를 발견했을 때, 그들은 이 고대 안데스 사람들의 주요 작물의 공급이 상대적으로 제한되어 있기 때문에 기꺼이 높은 가격을 지불했다. '가난한 사람들의 먹을거리'가 가난한 사람들에게는 곧 너무 비싸졌고, 그리하여 그들은 영양분의 섭취를 값싼 수입 빵과 파스타에 의지할 수밖에 없게 되었다. 생산의 측면에서 그 곡물이 계단식 산비탈 — 그곳에서는 퀴노아가 복합경작과 가축 사육 윤작체계의 일부로 재배되었다 — 을 떠나 낮은 지대의 목초지 — 그곳에서는 퀴노아가 이제 대규모의 기계화된 경작지에서 단일 작물로 재배된다 — 에서 재배됨에 따라 전통적인 퀴노아 재배 농부들은 시장에서 밀려났다. 수천 년간 라마llama를 키우던 그들의 취약한 방목지역은 퀴노아 호황 속에 사라지고 있으며, 그 결과 침식이 일어나고 흙먼지 폭풍이 발생하고 전통적인 지역사회가 곤경에 처해 있다(Kerssen, 2013).

또 다른 이유는 '규모의 경제'이다. 대규모 농장이 빈번히 소규모 농장보다 에이커당 더 적게 생산함에도 불구하고, 대규모 농장은 소규모 농장보다 사고파는 데서 더 많은 시장권력을 가지고 있고, 차입금으로 더 많은 자본을 투자할 수 있고(대체로 낮은 이자율을 지급한다), 일반적으로 소규모 농장보다 직간접인 보조금으로부터 더 많은 혜택을 받는다. 대규모 산업 농장이 가능해진 것은 내연기관으로 인해 농부들이 노동비용 증가 없이 점점 더 많은 경작지를 운용할 수 있게 되었을 뿐만 아니라 석유와 천연가스가 싼 값에 공급되기 때문이다. 기계화 덕분에 대규모 농장은 소규모 농장보다 1에이커 농지당 또는 생산된 먹을거리당 노동비용이 낮다. 대규모 농장은 또한 질소고정 지피작물, 콩과류의 건초작물, 덩치 큰 동물의 분뇨를 농축 합성비료로 대체한다. 대규모 단일경작 생산은 표준화를 통해 대량 재배, 가공, 유통, 판매를 할 수 있게 하는데, 이 모든 것이 생산된 먹을거리의 톤당 시장거래비용을 낮춘다. 이는 다른 농장에 비해 산업 농장의 **노동생산성**을 증대시킨다. 그리하여 더 소수의 농부들이 더 많은 농지를 경작함으로써 더 많은 먹을거리를 생산할 수 있다. 미국에서 한 농부가 경작하는 평균 농지는 세계 평균의 50배이다(Weis, 2007).

물론 노동생산성의 이익은 산업 농업이 실제 대가를 지불하지 않는 고에너지 비용에서도 나온다.[3] '대량생산 먹을거리'는 산업적 먹을거리 생산 모델이 유발하는 사회적·환경적 비용 ─ 이를테면 공해, 온실가스 배출, 먹을거리 오염, 항생물질 내성균, 식생활 관련 질병, 빈곤, 침탈, 축출 ─ 을 전혀 지불하지 않는다.

소규모 농장 ─ 유기농 또는 비유기농 ─ 은 이러한 표준화된 '경작 공장factories in the field'보다는 많은 전문기술을 요구하는 복잡한 지식 집약적 체계와 유사하며, 따라서 재래식 생산물에 비해 노동비용이 많이 든다. 게다가 이들 농장 중 많은 농장으로부터 얻는 사회적·환경적 이익 ─ 이를테면 토양과 물의 보존, 높은 농업 생물다양성, 종의 풍부성, 농촌 고용 ─ 은 시장에 의해 인정되지도, 사회에 의해 보상되지도 않는다(Rosset, 1999).

우리는 여러 방식으로 먹을거리를 고찰할 수 있다. 즉, 우리는 먹을거리를 문화의 특별한 부분으로 살펴볼 수도 있고, 먹을거리를 생산하는 데 사용되는 에너지 양의 측면에서 살펴볼 수도 있으며, 토지에의 접근과 관련해서 살펴볼 수도 있다. 그리고 먹을거리를 풍요 속의 기아 현상과 관련해서 살펴볼 수도 있다. 그러나 자본주의 먹을거리 체계에서 먹을거리를 이해하는 데 가장 중요한 것은 먹을거리가 단지 먹는 것만이 아니라 잠재적 자본으로서의 가치를 갖는 하나의 상품이라는 사실이다. 먹을거리는 (사람들에게 영양분을 공급하는) **사용가치**와 (하나의 상품으로서의) **교환가치**를 가진다. 그러나 시장이 활성화되기 전에도 **사회적 필요노동 시간**의 양이 먹을거리 가격의 한도를 정해 왔다.

사용가치, 교환가치, 그리고 사회적 필요노동 시간

사용가치는 어떤 물건의 유용성에 대한 척도이다. 먹을거리의 유용성은 우리의 생명을 유지시키고, 먹는 즐거움을 주고, 우리가 살고 일하고 놀이하고 재생산하는 데 필요한 에너지와 영양분을 우리에게 제공한다는 것이다. 먹을거리, 즉 우리가 매일 먹는 상품의 사용가치는 셔츠, 자동차, 스마트폰의 사용가치와는 근본적으로 다르다. 그러나 모든 상품은 시장에서 특정한 종류의 공통 척도에 기초하여 거래되어야 한다. 돈은 이 교환이 일어나는 매개체이고, 따라서 **가격은 먹을거리의 교환가치에 대한 척도이다.** 한 상품의 교환가치는 대략적으로 그 상품의 생산비용에 이윤을 더한 것이다. 그러나 만약 상품들의 사용가치가 서로 다르다면, 일정 양의 먹을거리의 교환가치를 자동차나 스마트폰의 교환가치와 동등하게 만드는 것은 무엇인가? 이 문제는 우리 사회에서의 부와 소득의 막대한 차이에 의해 훨씬 더 당혹스러워진다. 굶주리는 사람들에게 먹을거리는 막대한 사용가치를 가지지만, 그들은 먹을거리를 구입할 충분한 돈을 가지고 있지 않다. 먹을거리의 가격은 낮은 지불능력을 지닌 사람들의 욕구, 즉 경제학자들이 **유효수요**의 부족이라고 칭하는 것을 고려하지 않는다(그리고 고려할 수도 없다).

모든 상품에 공통적인 가치는 무엇인가? 먹을거리를 포함하여 모든 상품은 인간노동의 산물이다. 지구상에서 궁지에 몰려 있는 벌들이 만들어낸 꿀조차 인간노동에 의해 수집되어 가공될 필요가 있다. 야생 버섯도 여전히 채집될 필요가 있다. 소금도 증발된 못에서 채굴되거나 생산될 필요가 있다. 젖소의 젖을 짜기 위해 설치된 완전히 자동화된 새로운 착유소조차 착유기를 만들고 유지하고 동물들을 돌볼 인간노동을 필요로 한다. 어떤 방식으로든 인간노동 ― 육체노동과 정신노동 ― 은 모든 상품에 공통적이고, 노동가치는 우리가 사고파는 모든 것에 직접적 또는 간접적으로 내장된다.

우리의 먹을거리에 내장된 노동가치는 쉽게 인식되지 않는다. 데이비드 하비David Harvey가 말하듯이, "당신이 슈퍼마켓에 갈 때, 당신은 교환가치[가격]는 볼 수 있지만 상품 속에 구현된 인간노동은 보거나 측정할 수 없다. 인간노동의 구현물은 슈퍼마켓 선반 위에 유령처럼 존재한다. 다음번에 슈퍼마켓에 있을 때 당신이 그러한 유령들에 둘러싸여 있다고 상상해 보라"(Harvey, 2010). 우리는 특정 제품이 (기업이 행하는 판매 노력의 중요한 일부인 제품을 포장하는 일을 포함하여) 슈퍼마켓 선반에 올라오기까지 투입된 노동의 양을 알지 못할 뿐만 아니라, 서로 다른 제품들은 서로 다른 가격인상액 또는 이윤율을 가지기도 한다. 이처럼 한 제품의 가격, 즉 그 제품의 교환가치는 그 제품의 생산에 필요한 노동과 관련한 정보를 거의 제공하지 않는다.

상품 속에 포함된 노동이 유령과도 같은 한 가지 이유는 그것이 추상적이기 때문이다. 사회적 노동가치는 캘리포니아 해안 계곡에서 브로콜리 1파운드를 생산하는 데 소요되는 노동시간의 양을 단순히 합산함으로써 계산될 수 있는 것이 아니라 그것을 생산하는 데 필요한 **사회적 필요노동 시간**의 양에 달려 있다. 한 상품 속에 포함된 노동가치는 특정 사회가 지닌 **노동자 생산성의 평균 수준**에 기초한다. 이것이 바로 우리가 더 많은 노동시간이 투여된 제품이라고 해서 더 적은 노동시간이 투여된 똑같은 제품보다 더 많은 돈을 지불하지 않는 이유이다. 당신이 당신의 집에서 재배한 브로콜리를 슈퍼마켓의 선반 위에 내놓을 때, 그 슈퍼마켓이 당신의 브로콜리와 산업 농업에서 생산된 브로콜리를 어떤 식으로든 구별할 수 없을 경우, 당신의 브로콜리는 산업 농업의 브로콜리와 거의 동일한 가격으로 팔릴 것이다.

이것이 바로 노동자 생산성의 평균 수준이 작동하는 방식이다. 미국에 있는 두 개의 가상의 농장을 비교해 보자. 하나는 유기농 농장이고 다른 하나는 재래식 농장이다. 10에이커의 유기농 농장은 연중 10개월 야채를 재배하고, 평균 열 사람을 고용한다. 그리고 그 농장은 에이커당 채소 10톤을 생산하여 연간 총 100톤을 생산한다. 이것은 한 사람의 노동이 연간 10톤, 또는 한 달에 1톤의 채소를 생산한다는 것을 의미한다. 따라서 각 1톤의 생산물은 노동자 한 명의 한 달 노동을 '포함한다.' 이제 이웃에 있는 100에이커의 재래식 농장을 살펴보자. 역시 10개월 동안 평균 열 사람을 고용한다. 가령 수확량이 에이커당 10톤으로 동일하다고 가정하면(미국에서 재래식 농장의 수확량은 유기농 농장보다 일반적으로 9%에서 20% 더 많다), 총 생산량은 1000톤이다. 각 1톤의 생산물에는 한 명의 노동자가 한 달 동안 수행하는 노동의 10분의 1만 포함되어 있다.

유기농 생산물이 종종 재래식 생산물보다 두세 배 비싸지만, 우리의 사례에서 노동비용을 곧이곧대로 계산하면 (물론 꼭 그런 것은 아니지만) 유기농 생산물에 10배 더 많은 비용이 들어갔다. 이것은 상품 – 유기농 상품 또는 재래식 상품 – 속에 포함된 노동가치가 기본적으로 (전체 사회에 최선일 수 있는 것과 관련해서가 아니라 자본주의적 생산체계의 틀 내에서 사회적인) 평균 수준의 **사회적 필요노동 시간**에 의해 결정되기 때문이다. 이 경우에서 사회적 필요노동 시간은 재래식으로 먹을거리를 생산하는 데 필요한 노동시간이다. 사회적 필요노동 시간의 양과 비용은 특정 사회에서 노동력을 생산하는 데 얼마나 많은 비용이 들어가는지 – 다시 말해 한 명의 노동자를 키우고 필요한 수준의 기술을 가르치는 데 얼마나 많은 기간과 자원이 소요되는지, 의식주를 해결하고 자신을 유지하는 데 얼마나 많은 비용이 드는지, 건강관리에 그리고 퇴직 이후에 얼마나 비용이 드는지 등등 – 에 달

그림 2-1 **사회적 필요노동 시간**

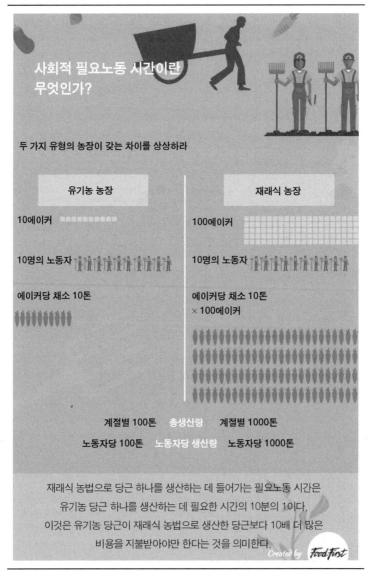

자료: Alyshia Silva, Food First.

려 있다. 이것은 노동자 노동의 **재생산**비용으로 일컬어진다.

일단 사회적 필요노동 시간의 가치가 그 상품과 관련하여 설정되면, 많은 다른 시장 요소들 - 특히 유기농 생산물에 기꺼이 더 지불하고자 하는 사람들의 마음과 능력, 재래식 농장의 기계류와 화학물질 투입에 들어가는 높은 비용, 대규모 농장의 낮은 거래비용, 소규모 농장의 농부들이 기꺼이 최저임금 이하로 일하고자 하는 마음, 직접 마케팅 가능성과 유기농 인증의 '프리미엄' - 이 작동하기 시작한다. 여하튼 유기농 생산물과 재래식 생산물 간의 가격차이에서 노동이 투입되는 양의 차이는 여전히 아주 일부일 뿐이다. 왜냐하면 상품의 가치는 개별 노동에 의해서가 아니라 사회적 필요노동 시간에 의해 결정되기 때문이다.

그러나 당신은 이렇게 말할 수도 있다. 유기농 당근은 재래식 농법으로 생산한 당근과 동일한 생산물이 아니지 않은가! 유기농 당근은 농약 잔유물이 전혀 없고, 합성비료도 사용하지 않았고, 환경에 독소를 방출하지도 않지 않았는가! 맞다. 충분히 타당한 지적이다. 그렇지만 유기농 농부가 외부 투입물을 **덜** 이용한 생산물을 **더** 높은 가격으로 팔아야만 한다는 것은 흥미롭지 않은가? 그 이유는 유기농 생산에 이용된 추가 노동력의 가격은 유기농 생산과정 자체에 의해서가 아니라 농업 일반에서 소요되는 사회적 필요노동의 비용에 의해 결정되기 때문이다. 그리고 훨씬 많은 농업 생산이 고도로 기계화되어 있기 때문에, 당근 한 개, 감자 한 개, 닭 한 마리를 생산하는 사회적 필요노동 시간은 매우 적은 양으로 축소되어 왔다.

우리가 (단지 상품의 가격이 아니라) 상품의 가치를 탐구할 때면, "왜 유기농 생산물이 그렇게 비싼가?"라는 질문은 "왜 유기농 생산물이 좀 더 비싸지 않은가?"가 된다. 그 답은 일단 유기농 생산물이 상품이 되면 그것의 교환가치는 대체로 유사한 재래식 생산물을 생산하는 사회적 필요노동 시간의 양에 의해 결정되기 때문이라는 것이다. 즉, 재래식 농업의 기계화가 사회적 필요노동의 가치를 낮추었기 때문이다. 그러나 이것은 이야기의 절반에 불과하다. 다른 절반은 먹을거리 체계에서도 노동이 **착취**되고 있다는 것이다. 노동의 가치는 실제로는 노동시장에서의 노동 가격보다 훨씬 더 높다. 이를 증명해 주는 것이 바로 농업 노동자와 먹을거리 생산 노동자들의 비참한 빈곤이다. 그들이 극도로 착취당하고 있다고, 다시 말해 평균적인 생활수준으로 자신과 가족을 부양할 수 없을 정도로 낮은 임금을 받고 있다고 말하는 것도 온당하다.

농민들이 토지로부터 축출되어 임금에 의존하게 된 이래로 줄곧, 농업 노동은 그것이 지닌 사회적 가치 — 농업 노동자들이 노동능력을 재생산하는 데 들어가는 비용 — 보다, 그리고 심지어 농업 노동이 먹을거리 생산물의 가격(교환가치)에 부가하는 가치보다 훨씬 덜 지불받아 왔다. 오늘날 미국과 서유럽에서 농업과 먹을거리 가공은 대체로 밀입국자 노동에 의존한다. 밀입국 노동자들은 정의상 범죄자이다(그러나 이들의 노동력이 없다면 먹을거리 체계는 붕괴될 것이다). 밀입국 노동자라는 지위는 그들이 생활임금과 노동기본권을 요구하기 극히 어렵게 만든다. 게다가 태어나서 노동연령에 이르기까지 한 노동자를 먹이고 양육하고 돌보고 교육하는 비용(재생산비용)은

BOX 5

이모칼리 노동자 동맹

멕시코만으로부터 50마일 떨어진 오지에 위치한 플로리다의 이모칼리Immokalee라는 소규모 농장 타운은 플로리다의 6500만 달러에 달하는 신선한 토마토 산업의 중심지이자, 그 주에서 최대 규모의 농업 노동자 공동체가 탄생한 곳이다. 노동자에 기초한 인권단체인 이모칼리 노동자 동맹The Coalition of Immokalee workers(CIW)은 1990년대 초반 이후 토마토 따는 일꾼들의 인권을 위해 조직되었다. 교회, 학생, 소비자 활동가들의 전국 네트워크에 의해 조직되고 후원받는 농업 노동자 공동체를 토대로 하여 구축된 CIW는 플로리다 농업 노동자들이 직면한 위태로운 상태 ─ 농업 노동자들의 빈곤, 직업적 위험, 실업에의 취약함, 노예적이고 불법적인 이민자 지위에의 예속 ─ 를 해결하기 위해 싸워왔다(Kandel, 2008). 이 단체는 광범위하고 서로 중첩되는 캠페인 ─ 공정 먹을거리 프로그램Fair Food Program(FFP), 노예제도 반대 캠페인Anti-Slavery Campaign, 공정 먹을거리 캠페인Campaign for Fair Food ─ 을 벌였다.

이 단체는 농업 노동자와 소비자 간의 동맹을 구축하여 주요 기업의 바이어들에게 공정 먹을거리 프로그램에 서명할 것을 요구한다. CIW의 공정 먹을거리 프로그램에 서명한 사람들은 자신들의 공급망에서 수확된 토마토에 '파운드당 1페니'의 형태로 임금 프리미엄을 부여해야 하고, 공정 먹을거리 행동규약Fair Food

Code of Conduct을 준수해야 하고, 노동자 대 노동자 교육 세션을 제공해야 하고, 노동자가 주도하는 불평해소 기구를 도입해야 하고, 모든 참여 농장에 건강과 안전 위원회를 설립하는 일에 헌신해야 한다(Siegmann, 2015). 지금까지 월마트, 맥도날드, 서브웨이, 타코벨 , 버거킹, 홀 푸즈를 포함하여 14개 주요 먹을거리 소매상이 FFP 협정에 서명했다. 캠페인의 중심에 노동자 기구가 위치한 것이 FFP가 성공을 거둔 열쇠이다.

공정 먹을거리 프로그램은 노동자들 스스로가 설계하고 모니터하고 강화한 노동자 권리 프로그램이다(CIW, 2017a). 먹을거리 소매상과 재배자 간의 직접 협약이 먹을거리 생산과 노동의 새로운 지정학 — 즉, 기업의 호의에 의존하는 것이 아니라 노동자가 직접 주도하여 플로리다 들판에 정의를 실현하고자 하는 지정학 — 을 형성하는 데 이바지하고 있다.

CIW의 노예제도 반대 프로그램은 미국 남동부 도처의 여러 주에 걸쳐 있는, 많은 노동자를 거느린 수많은 농장 노예제도 기업들을 폭로하고 조사하여 그들을 기소하는 것을 도왔고, 그리하여 자신들의 의지에 반하여 억류되어 있던 1200명 이상의 노동자를 해방시키는 데 일조했다. 미국 국무부는 CIW가 그러한 기소에서 노동자 중심적이고 다부문적 접근방식을 '개척'한 공을 인정하고, 초기의 일부 소송에서 CIW가 벌인 활동을 오늘날의 노예제도 반대운동에 불을 붙인 '불꽃'으로 묘사한다(CIW, 2017b).

이주자의 출신 국가들이 지고 있으며, 미국과 서유럽의 나라들 같은 부유한 국가들에서 그들을 고용하는 사람들은 그 비용을 면제받는다. 이주자 노동의 낮은 비용은 엄청난 보조금처럼 작동하고, 곡물과 농지에 가치를 부여한다. 먹을거리 사슬의 전 영역에서 노동자가 아니라 자본가들이 그 가치를 차지한다. 정부 또한 이를테면 조세와 사회보장제도 — 이주 노동자들도 돈을 치르지만 그 제도의 혜택은 거의 또는 전혀 받지 못한다 — 를 통해 그 가치를 차지한다. 이주자 노동의 범죄화는 이주자 노동력의 가치가 먹을거리 사슬을 거치는 동안 노동비용을 낮추어준다.

이것은 왜 유기농 농업이 소규모의 노동·지식집약적이고 다각화된 농장에서 대규모의 자본집약적인 유기농 단일경작으로 바뀌는 경향이 있는지를 설명하는 데 도움을 준다. 월마트, 테스코, 까르푸 같은 거대 슈퍼마켓들이 그러한 농장에서 생산물을 매입하는 이유는 단지 대규모 '규모의 경제'로 인해 거래비용이 낮기 때문만이 아니라 산업 유기농 농장의 생산물에 월마트가 돈을 덜 지불할 수 있기 때문이다. 그리고 그 생산물들은 정해진 스케줄에 따라 친숙한 표준화된 화물운반대로 배달될 것이다. 사회적 필요노동 시간의 임금 하향 압력은 또한 소규모 유기농 농장과 중간규모 및 대규모 유기농 농장 간에, 그리고 퀴노아 같은 최신 유행 상품을 판매하는 시장에 그 고대 작물을 공급하는 토착 소농 농부와 새로운 기계화된 농장 간에 갈등이 증대하는 이유를 설명하는 데에도 도움을 준다. 기계화와 대량 구매자, 그리고 대규모 생산과 유통에 유리한 규제의 결합은 사회적 필요노동 시간의 가치를 하락시키고(다시 말해 그

러한 결합은 하나의 상품을 생산하는 데 필요한 평균 노동량을 줄인다),
그리하여 대규모 농장 – 유기농 농장과 그 밖의 농장 – 에 유리한 상
황이 전개된다.

먹을거리가 갖는 상품으로서의 성격은 농업 부문을 분화시킨다.
대규모 농장은 중간규모의 농장을 매수하면서 점점 더 규모가 커진
다. 소규모의 재래식 농장들은 그 수가 훨씬 더 줄어들고, 농외소득
이 생계에서 점점 더 중요해진다. 미국 농장 부문에서의 '중간층 소
멸'은 농업에서의 자본주의적 분화를 반영한다. 대규모 거대 농장
들이 우리의 먹을거리의 점점 더 큰 몫을 재배하고 있다(Kusmin,
2013). 비록 미국에서 매우 소규모인 농장(특히 여성과 유색인종 농부
들에 의해 운영되는 농장)의 수가 증가하고 있지만, 그러한 농장들은
주로 틈새시장에서 판매하는 것을 목적으로 하고 있어, 전체 먹을
거리 생산에서 그 농장들이 차지하는 비율은 낮다.[4] 동일한 추세가
유기농 농장에서도 일어나고 있다.

대규모 산업적 경작이나 사회적 필요노동 시간의 가치 저하(재래
식 농장 또는 유기농 농장에서의)와 관련한 그 어떤 것도 환경적·사회
적 고려를 포함하는 지속가능성과는 아무런 관계도 없다는 것에 주
목하라. 대규모 농장들은 일반적으로 '투입물 대체input substitution'로
가장 잘 묘사되는 절차를 이용한다. 다시 말해 그러한 농장들은 미
국 농무부의 국가유기농기준위원회National Organic Standards Board가 승
인한 제품들을 대량으로 이용한다. 대규모의 기계화된 유기농 농장
들은 매우 많은 양의 석유를 이용하고, 유기질 농약과 비료를 과도
하게 쓰며, 북부 기후지대에서 생산한 동일 표준의 겨울 유기농 채

소들을 공급하기 위해 자신들의 생산물을 플라스틱 용기에 담아 수천 마일을 운송한다. 이러한 종류의 산업화된 유기농 농업은 라벨이 제아무리 녹색이더라도 '지속가능한' 것으로 고려될 수 없다.

그렇다면 소규모의 상업 농장 — 유기농 농장 또는 그 반대 농장 — 은 대규모 자본집약적 농장과 어떻게 경쟁하는가? 단순한 답은 대부분 경쟁하지 않는다는 것이다.

세계의 15억 명의 소규모 소농 농부들은 산업 농업과 경쟁하지 않는 틈새시장을 찾는다. 농민시장 같은 공동체 지원 농업community-supported agriculture(CSA), 지역 식당에 직접 파는 농장, 자신들의 생산물 중 적은 부분만 시장에서 팔고 주로 가족소비와 물물교환을 위해 생산하는 농장이 그 실례들이다. 그들은 또한 부불 가족노동을 이용함으로써 절약하고, 농업생태적 방법을 이용하여 토지의 산출력을 유지하고 해충을 관리함으로써 비용을 절감하며, 자신들의 농외 고용으로 농장의 수입을 보충한다. 대부분의 소농은 많은 돈을 벌지 못한다. 이는 그들 모두가 가난하게 산다는 것이 아니라(비록 많은 사람이 그렇기는 하지만), 그들이 자본의 순환 밖에서 일하고 그들의 생산물이나 그들 노동의 전부를 상품화하지 않는다는 것을 의미한다. 이러한 종류의 생계전략은 교환가치보다는 사용가치에, 즉 이윤이 아니라 사람을 위해 먹을거리를 재배하는 것에 기초한다.

물론 자신들의 사업 규모가 작음에도 불구하고 어떻게든 버젓한 삶을 살고자 하는 소농들도 많다. 그들은 서로 다른 **형태**의 생산과 교환(농업생태적 농업, 유기농 농업, 비유기농 농업, 시장지향 농업, 자급자족, 물물교환과 같은)을 결합하여 (비용을 낮추고 시장 위험에의 노출을 줄이는) 독특한 **농업방식들**을 만들어냄으로써 그렇게 한다(van der Ploeg, 2010). 더 큰 자본주의 경제 내에서 이러한 전략들이 효과적이기 위해서는 보통 특정한 지리적 조건과 규제 상태 — 박식한 농부뿐만 아니라 소농에게도 유리한(또는 덜 적대적인) — 가 요구된다. 노르웨이에서 소규모의 낙농조합 농부들은 우유와 치즈 생산에서 보호적 독점권을 가지고 있고, 이것이 그들에게 높은 수입을 제공한다(이들은 대부분 석유 수익에 의거해서 보조금을 받는다). 캘리포니아 새크라멘토 델타 지역의 아시아계 미국인 소농들은 비옥한 작은 농지를 소유하고 있으면서 새크라멘토와 샌프란시스코에 소재하는 철저하게 관리되는 민족시장을 위해 지역적으로 생산한다. 그들은 저지대의 작은 농장을 싸게 구입했다. 왜냐하면 그 지역이 계절적으로 범람하는 경향이 있기 때문이었다. 그다음에 델타 제빙 시스템이 확대되었을 때, 그들은 자신들이 주요 도심 가까이에 있는 최고의 농지를 소유하고 있다는 것을 알았다. 그곳에 있는 아시아 공동체들은 아시아 농산물을 간절히 사고 싶어 했다.

이들 농부는 이런저런 방식으로 먹을거리의 사용가치와 교환가치 간의 관계를 변화시키며, 자신들을 파산시킬 상품시장의 논리에 도전한다. 그렇게 하면서 그들은 상품보다는 재화로 유통되는, 게다가 상품자본의 글로벌 순환으로부터 보호받는 막대한 양의 사용가치를 생산하고 있다. 이것이 그들 농장이 일반적으로 기업 먹을거리 체계 속에서 기업과 단체에 의해 비방받는 이유 중 하나이다.

먹을거리의 사용가치와 교환가치는 상호의존적이다. 사회적 필요노동 시간이 하나의 상품으로 교환되기 위해서는 그 시간이 우리가 소비하는 상품을 생산하는 데 쓰여야 한다. 이 관계 사슬에서 어떤 고리를 끊을 때, 우리는 더 이상 상품이 아니라 정상적인 상품시장 밖에서 거래되는 '재화'에 대해 이야기할 수 있다. 만약 당신이 채소를 자가소비를 위해 재배하거나 그 채소의 일부를 이웃에게 준다면, 당신은 교환가치를 제거하는 것이다. 어떤 욕망이나 욕구를 충족시키지 않는 생산물을 생산한다면, 그것은 어떠한 사용가치도 가지지 않는다. 사회적 필요노동 시간을 쓰기는커녕 빈둥거리며 앉아 있다면, 당신이 월스트리트에서 일하거나 많은 돈을 투자하지 않은 한(그러나 이는 또 다른 이야기이다), 당신은 판매할 상품을 가지지 못할 것이다.

그래서 뭐가 어떻다고?

우리의 먹을거리 체계에서 가치를 이해하는 것이 왜 중요한가? 그것은 가치의 생산, 전유, 축적이 먹을거리 체계 자체를 결정하기 때문이다. 우리가 우리의 먹을거리 체계의 근원적인 가치관계 — 인간의 삶에 필수적인 것으로서의 먹을거리와 상품으로서의 먹을거리 간의 모순 — 를 변화시키지 않는 한, 우리는 구조적으로 욕구보다는 이윤을 위해, 공평성보다는 투기를 위해, 회복력보다는 추출을 위해 설계된 체계의 가장자리에서 일하게 될 것이다. 이것은 전 세계의 기업 먹을거리 체계의 불공평성과 외부효과에 도전하는 많은 사회적 혁신이 실행할 만한 가치가 없다는 것을 의미하지는 않는다. 반대로 우리의 먹을거리 체계는 혁신을 필요로 한다. 그러나 그러한 희망적인 대안들이 대규모 산업 농업에 구조적으로 유리한 먹을거리 체계 내에서 대안이 아니라 규범이 되게 하기 위해서는 우리는 먹을거리 체계의 구조적 부분들을 변화시킬 필요가 있다는 것을 알아야 한다.

많은 글로벌 먹을거리 운동이 좋은 건강한 먹을거리(그것의 사용가치)의 본질적 유용성과 중요성에 관심을 가지고 있다. 먹을거리 정의 운동은 적절한 가격의 건강한 먹을거리(사용가치와 교환가치)를 위해 싸운다. 이 상황의 반대편에 농업 노동자와 먹을거리 노동자들이 있다. 그들은 생활임금과 적절한 노동조건을 원한다. 이것들은 다른 무엇보다도 이윤을 위해 설계된 체계에 의해서는 인정되는 않는 측면이다. 그러한 체계에서는 1) 가장 노동 효율적인 기업의 노동시간이 덜 효율적인 기업의 노동가치를 지배하고, 2) 노동은 가능한 한 싸게 구매되며, 노동자들은 자신들의 효율성을 극단적으로 증대시키기 위한 조건(사회적 필요노동 시간)하에서 노동한다. 가족 농부들 역시 (자신들이 고용한 농장 노동자들의, 그리고 자신들이 수행하는 노동의) 사회적 필요노동 시간과 교환가치(농부에게 지불되는 가격)에 관심을 가지고 있다. 특정 곡물과 그 곡물의 관리방식은 농장과 사회에 생태학적 서비스(먹을거리 이외의 사용가치)를 제공한다. 그러한 서비스들(이를테면 토양의 탄소 격리, 수분작용, 보다 나은 수질, 또는 유전적 다양성) 모두가 교환가치로 전환될 수 있는 것은 아니며 전환되어야 하는 것도 아니다.

자본주의에서 가치는 팔 수 있는 상품 속에 그 가치가 구현될 때에만 인정된다. 먹을거리·노동·농업의 상품화는 우리에게 공평하고 건강하고 회복력 있는 먹을거리 체계를 가져다주지 않았다. 사용가치와 교환가치의 관계 — 그리고 사회적 필요노동 시간에 착근된 사회적 관계 — 는 먹을거리 운동에, 그리고 먹을거리 체계의 변혁을 위해 전략을 선택하는 데에 영향을 미친다. 비록 우리가 조만간 상품형태의 생산물을 없앨 수 있을 것 같지는 않지만, 우리는 사용가치와 교환가치 간의 관계를 변화시키기 위해 노력할 수 있고, 또 보다 지속가능하고 보다 공평한 먹을거리 체계 — 노동자들의 착취를 줄이고 생산자가 부담해야 하는 사회적 비용(외부효과)을 사회에 전가하지 않는 — 를 만들기 위해 사회적 필요노동 시간의 조건(과 노동조건)을 변화시킬 수 있다.

이를테면 소농 가족 농부들은 장시간 노동을 함으로써 자기착취를 하는 경향이 있다. 그 노동시간을 다 더하더라도 그들의 수입은 최저임금에도 미치지 못한다. 이들 농부가 자신들이 고용하는 계절 노동자보다 시간당 돈을 덜 버는 일도 자주 발생한다. 그들은 아이들의 교육이나 자신의 은퇴에 대비하여 많은 돈을 저축할 수도 없다. 농업 노동자들과 동맹을 맺어 모든 농장 — 대규모 농장과 소규모 농장 — 에서 최저임금을 끌어올리고 노동조건을 개선하는 것이 그러한 가족 농부들에게도 객관적으로 이익이 된다. 그 이유는 먹을거리 상품에서 사회적 필요노동의 가치(임금소득)를 끌어올리는 것이 상품에 내장된 농부 자신의 노동가치를 간접적으로 끌어올릴 것이기 때문이다. 만약 **모든** 농업 노동자가 생활임금과 기본적인 사회적 급부를 받는다면, 그것은 대규모 산업 기업과 소규모 생산 간의 경기장을 평등하게 만드는 데 도움을 줄 것이고, 이는 궁극적으로는 가족노동을 이용하는 농장에 이익이 될 것이다. 물론 그것이 도움은 되겠지만, 그럼에도 불구하고 그것은 분명 체계를 고치지는 못할 것이다. 대규모 생산자는 에이커당, 또는 생산물 1파운드당 훨씬 적게 노동을 이용하기 때문에, 그들에게는 임금증가가 소농 농부 ― 노동이 자신들의 비용의 훨씬 많은 부분을 차지하는 ― 만큼 크게 영향을 미치지 않을 것이다.

먹을거리 체계의 변화와 관련한 또 다른 사례와 유행하는 관념 ― 자유, 선택, 개인의 주체적 행위능력이라는 관념들과 아주 잘 부합하는 관념 ― 이 바로 값싼 정크 푸드를 불매하거나 신선한 지역 유기농 먹을거리를 구매함으로써 '포크로 투표하자'는 것이다. 실제로 이 전략은 의식 있는 음식 소비자들이 자신들이 선호하는 종류의 사용가치 ― 건강하고 가공되지 않고 유전자 조작을 하지 않고 고과당 옥수수 시럽이 들어가지 않은, 그리고 유기농법으로 지속가능하게 지역에서 재배하고 공정하게 거래되는 먹을거리 ― 에 관한 신호를 시장에 보내는 방식으로 먹을거리 체계의 교환가치와 선택적으로 싸움을 벌인다.

솔직히 전 세계의 대부분의 사람들은 먹을거리의 가치에 의거하여 먹을 수 있는 여유를 가지고 있지 못하지만, 할 수 있는 사람들이 그렇게 한다는 것이 중요하다. 그러나 다시 한 번 더 말하지만, 이것은 먹을거리 체계 속에서 상품이 갖는 기본적인 가치관계를 변화시키지 못한다. 그리고 이것은 대규모의 집약적인 '유기농' 생산자들이 더 작고 환경적으로 더 건전한 농부들의 삶을 어렵게 만드는 문제 역시 해결하지 못한다.

슈퍼마켓에 진열된 먹을거리 상품에 붙은 '지역의local'라는 라벨은 그 먹을거리에 유사한 다른 먹을거리 제품보다 더 많은 값을 치르게 할 수도 있고 그렇지 않을 수도 있으며, 생산자에게 더 높은 가격을 지불한다는 것을 의미할 수도 있고 그렇지 않을 수도 있으며, 그 먹을거리가 소매상에 의해 가까운 곳에서 왔다는 것(이는 소매상이 '지역의'를 어떻게 해석하느냐에 달려 있다)을 의미할 수도 있고 그렇지 않을 수도 있다. 인증된 유기농 제품과 공정무역 제품들 ─ 과일과 채소, 커피, 바나나와 같은 ─ 은 그러한 상품의 교환가치를 높임으로써 시장에서 가격 프리미엄을 얻기 위해 노력하는 상품들이다. 소비자들은 환경을 돕고 더 적은 농약을 사용하는 것으로 간주되는 소농들에게 더 많이 지불하기로 한 프로그램에 의거하여 그 제품에 보다 높은 가격을 지불한다. 유기농 인증 먹을거리 및 공정무역 시장이 주는 사회적·환경적 이득은 그간 많이 입증되어 왔다. 가족 농부들 ─ 유기농 체계와 공정무역 체계 모두 이들 가족 농부에 기초하여 수립된 것이다 ─ 이 자신들의 생산물에 대해 더 좋은 값을 받을 수 있었다는 것은 그러한 이득들 중 극히 일부일 뿐이다. 하지만 대규모 생산자들이 유기농 시장과 공정무역 시장으로 계속해서 진입하면서 이들 생산물이 갖는 사회적 필요노동 시간의 가치를 떨어뜨리고 있다. 대규모 소매상들은 이러한 현상을 환영한다. 왜냐하면 양이 많을수록 농부들에게 더 낮은 가격을 지불할 수 있고 또한 판매와 수익이 많아지기 때문이다. 그러나 불행하게도 이 과정은 궁극적으로는 최대 생산자들 이외의 모든 사람을 그 시장에서 몰아낼 것이다.

가치의 관점에서 보면, 소규모와 중간규모의 생산자들을 보호할 수 있는 다른 수단들도 존재한다. 그중 하나의 선택지가 유기농과 공정무역의 프리미엄을 현재의 관행인 협정가격이 아닌 생산비용과 연계시키는 것이다. 유기농과 공정무역 시장에서는 노동이 생산자에게 가장 큰 (상승) 비용이기 때문에, 그렇게 할 경우 생산물에서 노동의 가치가 증대되고, 따라서 소규모와 중간규모 생산자들에게 이득이 될 것이다. 하지만 이것은 오직 대규모 농장에 대해서는 인증이 거부될 때에만 작동할 것이다.

농업생태학 ― 작물과 동물들을 환경파괴 없이 키우는 생태적 기능을 하고 또 그 생태적 기능에 의존하는 ― 은 농부들로 하여금 가격의 하락추세에도 불구하고 사업을 유지할 수 있게 해주는 방법의 하나이다. 코스타리카에서는 공정무역 커피 시장에 판매할 목적으로 커피를 생산하던 많은 농부가 자신들의 커피 농장을 꾸준히 목장으로 전환시키고 있다. 왜냐하면 노동비용과 유기질 비료 및 농약의 비용이 극적으로 상승한 반면 커피 가격은 급락하여 공정무역 프리미엄으로 보상을 받더라도 수입이 더 줄어들었기 때문이다. 하지만 농업생태적 관행을 이용하는 농부들은 계속해서 커피를 생산하고 있다. 왜냐하면 그들은 그만큼 유기질 비료나 농약을 사용하지 않기 때문이다(Babin, 2014). 그리고 소농들은 해내기가 어렵고 그 판매량이 아주 적기는 하지만, 커피의 직접 마케팅(공정무역 유통체계를 거치는 것이 아니라 생산자가 소비자에게 직접 판매하는) 또한 농부들에게 훨씬 더 많은 프리미엄을 제공해 주기 때문이다.

노동의 저평가 ― 많은 노동자의 낮은 생계임금과 재래식 먹을거리 상품에서의 높은 기계화 수준 모두에서 기인하는 ― 는 하나의 무거운 수

BOX 6

가치의 가치

대부분의 사람들은 자본주의적 의미에서 가치를 고려할 때 어떤 것의 가격에 대해 생각한다. 오스카 와일드Oscar Wilde가 대부분의 사람들은 "모든 것의 가격을 알지만 그 어떤 것의 가치에 대해서는 알지 못한다"라는 설득력 있는 논평을 한 것은 이 때문이다(Patel, 2010). 가치는 다양한 형태를 취하고, 시간과 공간에 따라 그리고 세대와 문화마다 다르다. 사람들은 어떤 것을 단지 아름다운 저녁노을처럼 자신들이 매우 좋아하기 때문에 가치 있는 것으로 간주할 수도 있다. 이것은 자주 본질적인 가치로 분류된다. 게다가 개인적인 가치들도 존재한다. 이를테면 사람들은 정직, 공평함, 충성, 동정심과 같은, 자신들이 장려하기 위해 노력하는 도덕적 원리를 구성하는 것들을 중요한 것으로 고려하기도 한다.

자본주의의 재주는 이러한 무형의 가치들을 시장에서 사고팔 수 있는 교환가치로 전환시킬 수 있다는 것이다. 음식과 음료에서부터 자동차와 주택단지에 이르기까지 모든 것을 팔기 위해 노력하는 마케터들은 이 고수익전략을 이용하여 자신들의 제품과 브랜드에 건강, 희망, 행복, 심지어는 인간 영혼의 개선과 같은, 무형이지만 감정적으로 강력한 '가치'를 주입함으로써 그 제품과 브랜드에 대한 사람들의 욕망을 부추긴다(Lindstrom, 2010). 그러나 제품을 판매하기 위해 잠재의식적인 가치 메시지를 보내는

> 방법을 이용하는 것을 넘어, 자본은 무형의 가치를 직접 판매하기도 한다. 일단 공평함과 건강이 삶의 신조로 삼을 만한 가치로 고려되고 나면, 이제 그러한 가치들은 공정무역과 유기농 분류표시를 통해 구매될 수 있다. 기업들은 가치를 자신들의 제품 — 자신들이 프리미엄을 부과할 제품 — 을 차별화하는 마케팅 요인들로 전유하여 이용해 왔다.

평계로서, 왜 유기농 제품과 공정무역 제품이 주류 식품산업에서 그 눈금을 끌어올리는 데 실패했는지를 설명하는 데 도움을 준다. 포크로 투표할 때, 우리는 우리의 가치에 따라 먹을거리를 살 자유 그 자체가 우리의 먹을거리 체계에서 상품이 갖는 권력을 변화시키지는 않는다는 것을 기억해야만 한다. 만약 우리가 먹을거리 체계에서 상품이 갖는 권력을 변화시키고자 한다면, 우리는 우리가 우리의 먹을거리에 내장된 노동을 평가하는 방식 역시 변화시켜야만 할 것이다.

먹을거리 상품의 사용가치와 교환가치 간의 모순은 쉽게 해소되지 않는다. 유기농 제품 인증과 공정무역 같은 갭 메우기 조치들은 저소득 소비자들에게는 이익이 되지 않는다. 그러한 라벨들이 주류 슈퍼마켓에 진입함에 따라 농부들의 수익은 줄어들고, 소규모와 중간규모의 농부들보다 대규모 농업이 더 많은 혜택을 받게 된다. 이주자의 농장 노동 — 현재의 이민법하에서는 범죄인 — 은 먹을거리 체계에서의 또 다른 핵심적 모순이다. 이 모순은 초청 노동자 프로그램(낮은 임금을 유지시켜 주기 때문에)이나 사면 프로그램(노동자들이 즉각 농장 노동을 그만두어야 하기 때문에)을 통해서는 해소할 수 없다. 농장 노동자들을 위한 생활임금이나 농부들이 비용을 감당하고 버젓한 삶을 살 수 있게 해주는 패리티 가격은 항상 먹을거리의 가격을 끌어올리는데, 이는 사회의 나머지 부문도 좋은 먹을거리를 사기 위해서는 생활임금이 필요하다는 것을 뜻한다. 직접 마케팅 장치들이 하류 쪽에서 농부들을 일부 보호해 주는 것처럼, 농업생태학은 자본주의 먹을거리 체계의 상류 쪽에서 '원가 압박'으로부터 농부들을 일부 보호해 준다. 일부 농부들과 일부 소비자들은 이러한 방식으로 상품화의 손해로부터 자신을 보호할 수 있다. 이러한 희망적인 대안들이 주변에서 주류로 진입할 때, 사용가치, 교환가치, 노동력의 가치, 사회적 필요노동 시간의 구조적 기본 조건들이 변화될 수밖에 없을 것이다.

자본주의의 성배인 잉여가치에 대한 약간 따분한 설명

많은 사람들이 흔히 자본, 가치, 돈을 혼동한다. 돈은 교환가치의 척도이며, 따라서 자본을 나타내고 구매와 판매를 촉진하는 데 이용될 수 있다. 자본에 대해 고찰하는 하나의 방법은 자본을 '보다 많은 가치를 추구하는 가치'로 바라보는 것이다. 일정 정도의 부 — 일반적으로 현금뿐만 아니라 필요할 때 돈으로 쉽게 전환할 수 있는 주식, 채권, 그리고 다양한 금융수단 — 를 축적한 사람 또는 기업들은 그 부를 이용하여 더 많은 부를 생산하거나 획득한다. 자본주의하에서 돈은 통상적으로 이 과정에서 이용된다. 자본은 돈이 더 많은 돈을 벌기 위해 이 순환에 들어갈 때 출현한다(Harvey, 2010, vol. 1: 79).

'M'이 돈을 나타내고 'C'가 곡물, 케일, 원예용 갈퀴 같은 상품을 나타낸다고 가정하자. 어떤 사람이 돈을 가지고 있고, 그 돈으로 상품을 생산하고, 그다음에 그 상품을 돈을 받고 판다(M - C - M). 실제로 자본주의의 요점은 상품을 누군가가 그 상품에 투자한 것보다 더 많은 돈을 받고 판매한다는 것이다. 따라서 우리는 M - C - M'라는 등식을 가진다. 여기서 M'는 투자된 원래의 돈에 이윤을 더한 것을 나타낸다. 이 돈은 자본가의 더 높은 생활수준을 위해 일부 사용된 후 재투자될 자본이다.

그렇다면 자본은 단지 이윤일 뿐이지 않은가? 전혀 그렇지 않다. 자본은 그 전체 과정과 그 과정 속에 있는 것들(사고팔리는 상품과 그 상품 속에 구현된 노동을 포함하여), 그리고 노동자와 기계와 생산되고 있는 자본의 소유자 간의 사회적 관계 모두를 지칭한다. 자본은 항상 하나의 사회적 관계를 구현한다. 어쨌든 자본의 중심부에는 자본주의의 성배인 이윤이 자리하고 있다. 자본주의 체계에는 종점이 없다. 즉, 자본을 가진 사람들은 계속해서 점점 더 많은 자본을 축적하기 위해 노력한다. 대체로 이윤이라고 불리는 것을 묘사하기 위해 마르크스가 사용한 용어가 **잉여가치**였다.

우리의 등식을 다시 살펴보자. 만약 M - C - M'의 등식이고 M'가 투자된 원래의 돈에 이윤을 더한 것을 나타낸다면, M'에 포함된 추가 가치extra value는 어디에서 생기는가? 원래의 돈-자본인 'M'은 노동자를 고용하기 위해 사용되었고, 이 노동자들이 생산수단(기계류, 원료)을 이용하여 상품 'C'를 생산했고, 그 상품이 판매되어 'M''(즉, 원래의 투자된 자본에 자본의 증가분을 더한 것)가 되었다. 이 자본이 어떻게 변화했는가? 돈은 원료, 기계류, 노동에 대한 대금을 지불하기 위해 사용되었다. 그러나 그것들이 노동자들에 의해 상품으로 변형되었을 때, 추가 가치가 창출되었다. 이 추가 가치가 잉여가치이다.

문제는 그 잉여가치가 어디에서 생겨났는가 하는 것이다. 노동력과 생산수단 모두는 M으로 정당하게 대금을 지불받았는가? 그것들의 결합이 마법적으로 추가 가치를 창출했는가? 일부 사람들은 그렇게 생각하기를 좋아한다. 그러나 자본주의는 절대로 마법적 사고에 관한 것이 아니다.

자본가가 노동자에게 그 또는 그녀의 노동력에 대한 대금을 지불할 때, 그것은 마치 자본가가 전력을 사용하기 위해 발전기를 빌리는 것처럼 보인다. (만약 그것이 노예제도라면, 자본가는 발전기를 소유하게 될 것이다.) 자본가가 4시간의 전력 대금을 지불하지만 그 발전기는 실제로 8시간 돌아간다고 상상해보라. 상품생산에서 4시간의 추가 노동력은 상품에 잉여가치를 불어넣는 '잉여' 노동력이다. 이 추가 가치는 누구에게 돌아가야 하는가? 자본주의 체계에서 그것은 자본가의 몫이다. 자본가는 생산수단을 소유하고 노동력을 구매하여 바로 그 잉여가치를 생산한다. 그리고 자본가는 그 잉여가치가 자신의 자본을 사용한 것에 대한 '수익'이라고 묘사함으로써 잉여가치의 수령을 정당화한다. 그렇지만 자본가가 사업을 시작하기 위해 돈을 빌리고(이는 드문 일이 아니다) 관리자를 고용한다고(이 역시 드문 일이 아니다) 말해 보자. 이 경우에 자본가는 자신의 돈은 전혀 사용하지 않았고 생산을 감독하지도 않았다. 대부금에 이자가 지급되었고, 관리자는 봉급을 받았고, 노동자들은 임금을 받았고, 모든 원료는 그 대금을 지불받았다. 그렇다면 이 상황에서 이윤은 어떻게 기적처럼 생겨나는가? 모든 투입비용은 지불되었다. 그러나 기계류, 원료, 전력을 활용하여 그것을 팔 수 있는 상품으로 전환시키는 것은 바로 노동자이다. 달리 말해 노동자들은 생산과정 동안 자신들이 지불받은 것 이상의 가치를 부가했다. 이것을 고찰하는 또 다른 방식은 **만약** 노동자들이 부가한 가치에 해당하는 충분한 양의 돈을 지불받았다면 그들이 그 돈에 상응하는 충분한 양의 상품을 생산하는 데 요구되는 시간보다 더 오래 일했다는 것이다. 이런 방식으로 노동자들은 자신들의 생계를 유지하기 위해 상품을 생산하는 데 들여야 하는 시간보다 더 오래 노동한다. 그들의 임금은 그들이 노동을 강요받는 시간보다 더 적은 노동시간을 구현한다. 노동자들이 노동할 수밖에 없는 이유는 그들은 생산수단, 즉 자본을 소유하지 않고 있기 때문에 자본에 접근하지 않고는 살아갈 수 없기 때문이다.

하나의 상품으로서의 노동력은 분명한 사용가치와 교환가치를 가진다. 교환가치는 노동자들의 임금이고, (자본가에게) 사용가치는 잉여가치를 창출하는 능력이다. 노동자는 자신들의 노동의 교환가치를 유지할 수 있다. 그러나 그들은 사용가치를 생산수단의 소유자에게 넘겨주어야만 한다. 카를 마르크스가『자본론』제2권에서 설명했듯이, "노동력의 구매는 노동력의 가격(즉, 임금)을 대체하는 데 필요한 것보다 더 많은 양의 노동을 제공하기로 하는 하나의 판매계약이다"(Marx, 1967, vol. 2: 27).

노동자가 사용가치와 자신들의 노동의 산물 둘 다로부터 분리되는 것은 '소외'로 알려져 있는데, 그것이 바로 계급갈등의 근원이다. 물론 자본가들은 자신들이 잉여가치를 전유할 모든 권리를 가진다고 생각한다. 어쨌거나 그들은 자신들의 돈(빌리지 않은 것으로 가정된)을 사용하고 기꺼이 모험을 감수한 것에 대한 대가로 일정한 비율의 수익을 받는다. 노동자들은 자신들의 자유 의지로 자신들의 노동력을 판매했고, 자본가들이 그 노동력을 가지고 무엇을 할 것인지를 아주 잘 알고 있었다. 게다가 자본가가 일자리를 제공했으니, 그것은 좋은 일이지 않은가? 그렇다. 이것 또한 자본주의에 대해 생각하는 하나의 방식이다. 그러나 좀 더 숙고해야 할 것이 있다.

첫째, 노동자들이 그들 자신의 자유 의지로 자신들의 노동력을 판매한다는 허구를 파헤쳐 보자. 아주 오래 전에 인클로저는 엄청난 수의 농민들에게 자신 및 자기 가족의 의식주를 해결할 수 없게 만들어버렸다. 임금노동 능력 외에는 그들에게 어떠한 것도 남아 있지 않았다. 그리고 영국의 빈민법Poor Law — 이 법은 실업자들을 범죄화했다 — 은 노동자들이 자진해서 자신들의 노동을 자본가에게 팔도록 만들고자 했다. 보다 즐거운 다른 직업들을 포함하여 실질적인 선택지가 있었더라면, 대부분의 사람들은 직물을 생산하기 위해 죽도록 일을 하는 잉글랜드의 '악마의 공장Satanic Mills'으로 일하러 가지 않았을 것이다. 그 후 줄곧 노동자들로 하여금 임금에 의존하게 하는 것이 자본주의에서 중핵을 차지하고 있다. 따라서 대부분의 사람들에게 이것은 하나의 선택지가 아니라 조건이다.

둘째, 자본가들이 생산 프로젝트에 자신들의 자본(또는 빌려온 자본)을 투여한다는 것은 사실이지만, 그 자본이 어딘가에서 생겨나야만 한다는 것 역시 사실이다. 그것 역시 잉여가치에서 비롯된다. 누군가가 이전에 전유된 잉여가치에 대한 권리를 가졌다는 이유에서 더 많은 잉여가치에 대한 권리를 주장하는 것은 불필요한 말을 반복하는 것일 뿐이다.

셋째, 생산, 가치, 교환에 대해 고찰해 보자. 주류 경제이론에서 재화는 모든 상대방이 만족하여 거래가 중단될 때까지 사람들 사이에서 거래된다. 이것이 '파레토 최적Pareto optimality'이리고 불리는 것이다. 그 시점에서는 적어도 한 사람이 손해를 보지 않고는 어느 누구도 이익을 보지 못한다. 그럼 단순하게 아이다호에서 감자를 생산하는 농부가 베이징에서 만든 아이폰을 원하고 아이폰을 생산하는 노동자가 감자를 원한다고 상상해 보라. 농부와 노동자는 거래를 시작한다. 아이다호의 모든 농부가 아이폰을 가지고 있고 베이징의 모든 노동자가 자신들이 필요로 하는 만큼의 감자를 가질 때, 두 상대방은 만족하고 감자의 가치는 아이폰의 가치와 같아진다. 이제 생산된 모든 재화가 파레토 최적에 도달할 때까지 전 세계의 모든 실제 생산자들 사이에서 거래된다고 상상하라. 자본가들을 제외한 모든 사람이 만족한다. 왜 그러한가? 이 체계에는 **이윤**이 전혀 존재하지 않기 때문이다. 재화는 모든 사람이 자신들이 필요로 하는 것을 가질 때까지 그 재화의 사용가치에 의거하여 거래된다. 모든 사용가치가 균등해진다. 이런 일은 분명 자본주의하에서는 일어나지 않는다. 자본주의에서 모든 재화는 상품이고, 돈이 모든 거래의 매개물이다. 결국 가장 중요한 것은 거래가 중단될 때 어떤 사람들은 훨씬 더 부자가 되었다는 것이다.

이 여분의 부는 어디에서 생기는가? 그것은 잉여가치로부터 생겼다. 그렇다면 부를 어떻게 추출하여 누구의 소유로 할 것인지는 누가 결정하는가? 소비자인가? 아니다. 노동자인가? 아니다. 그것을 결정하는 것은 자본가이다. 그것이 바로 그 체계가 '노동주의' 또는 '노동자주의'라고 불리지 않고 자본주의라고 불리는 이유이다.

잉여가치의 추구는 자본주의의 핵심이다. 그것이 바로 전체 체계를 움직이는 힘이고, 체계로 하여금 항상 밖으로 진출하게 한다. 상품생산으로부터 점점 더 많은 잉여가치를 짜내는 것 – 자본주의의 배후에 자리하고 있는 동력 – 이 그 체계로 하여금 노동과 환경 모두를 착취하게 한다. 이것이 바로 '효율성'이라고 불리는 것이다. 개별 기업가(자본가)들은 보다 복잡하고 다양한 동기를 가지고 있을 수도 있지만, 다른 유사한 기업들과 경쟁해야만 하는 대기업의 소유자 또는 경영자의 역할을 하는 개인들은 거의 전적으로 순이익에 관심을 둘 수밖에 없다.

순이익을 끌어올리는 한 가지 방법은 노동력에 대해 동일한 임금을 지불하면서도 하루의 노동시간을 연장함으로써 **절대적 잉여가치**를 증대시키는 것이다. 우리는 이를 워싱턴주의 베리 밭에서 볼 수 있다. 그곳에서는 이주 노동자에게 수확한 바구니당 지급하던 성과급을 낮춤으로써 농장 노동자들로 하여금 같은 보수를 받기 위해서는 더 많은 상자를 수확하거나 더 긴 시간을 노동하게 만들었다.

다른 방법은 생산과정에서 기술혁신이나 조직변화를 꾀해 사회적 필요노동 시간을 단축하여 생산성을 향상시킴으로써 **상대적 잉여가치**를 증대시키는 것이다. 고기 가공 공장에서 작업라인의 속도를 높이는 것은 상대적 잉여가치를 증대시키는 방법의 한 사례이다. 엄청난 수의 사람들이 해고된 2007~2009년의 대불황 동안 기업이 내건 슬로건 중의 하나가 남아 있는 노동자들은 '더 적은 비용으로 더 많은 결과를 낼' 필요가 있다는 것이었다. 실제로 실업이 급증하는 동안에 노동자들은 자신들의 일자리를 잃지 않기 위해 점점 더 열심히 일했고 생산성 역시 급증했다.

자본주의 축산물 생산에서는 또한 '생물학적 가속biological speed-up'이라는 방법을 통해 상대적 잉여가치의 생산을 증대시켰다. 이를테면 공장식 농장에서는 선택 교배, 유전공학, 그리고 항생물질과 성장 호르몬의 이용을 통해 동물의 성장시간을 극적으로 줄였다. 그리고 젖소의 수유 시간과 수유 횟수를 줄였지만 각각의 소는 수유할 때마다 더 많은 젖을 생산한다. 그러나 소는 이전보다 더 많은 젖을 생산하지만, 단 몇 년 만에 에너지를 소진하고 훨씬 더 짧은 삶을 산다. 양계장에서는 이제 8주 만에 닭을 병아리에서 구이용 영계로 성장시킬 수 있다. 생물학적 가속이 초래하는 부정적인 생물학적·환경적 결과는 잘 입증되어 있다. 소는 세 번의 수유 후에 생물학적으로 소진되고, 그다음에 '도살되어' 대부분 햄버거가 된다. 밀집가축사육시설의 분뇨 웅덩이는 환경 위험이 되었다. 동물생산에 이용된 호르몬과 항생물질은 인간의 호르몬 성장과 내분비 기능을 방해하고, 저항성 박테리아 균주를 만들어낸다. 그러나 그 비용을 축산업이나 낙농업보다는 사회가 부담하기 때문에, 그 비용은 상대적 잉여가치의 증대에 영향을 미치지 않는다.

생물학적 가속은 땅에 기초한 축산에만 국한되지 않는다. 연어 생산은 바다 수확을 강화하던 것에서 유전자를 변형한 내륙 양식 물고기를 가두리에서 집약적으로 양식하는 것으로 꾸준히 이동해 왔다. 전매특허를 받은 아쿠어드밴티지AquAdvantage 연어는 치누크 연어(북태평양산의 큰 연어)와 대서양 연어의 유전자를 오션 파웃ocean pout(뱀장어와 비슷한 빨리 성장하는 물고기)과 결합하여 '알에서 요리로까지의' 생산시간이 3년에서 18개월로 줄어들었다. 유전자 공학이 만들어낸 '연어'는 환경적 돌파구이기는커녕 전 세계로 운송되기에 앞서 여전히 파나마 양어장에서 주로 어분을 먹고 성장할 것이다(Longo, Clausen and Clark, 2014).

자본처럼 우리의 먹을거리 역시 노동, 가치, 소유권, 전문지식, 생물학, 그리고 자본주의 체계의 권력관계를 구현하고 있는 하나의 **사회적 관계**이다. 자본의 논리 ─ 공평함, 동정심, 생태학, 보존, 또는 건강의 논리보다는 ─ 가 우리의 먹을거리를 지배한다. 먹을거리 체계를 변화시키거나 변혁하고자 하는 우리의 시도는 우리의 먹을거리에 뿌리내린 사회적 관계를 변화시키는 것에 달려 있다. 먹을거리는 상품이자 실존적 필수품이기 때문에, 그리고 우리 모두가 먹는 까닭에 우리의 먹을거리 체계가 우리의 사회·경제체계의 다른 모든 측면에 영향을 미치기 때문에, 먹을거리의 사회적 관계는 인간의 웰빙에서 매우 중요하다. 우리의 먹을거리 체계를 통제하는 기업들은 이를 아주 잘 알고 있다. 기업은 먹을거리의 공적 사용가치를 이용하여 자신들의 이익을 위한 교환가치를 추출한다. 먹을거리 체계의 실제적 변화는 전체 경제체계에 영향을 미칠 것이다. 아마도 이것이 바로 우리가 필요로 하는 것일 것이다.

BOX 7

동물에 대한 비인간적 대우

프레드 매그도프

대규모 공장식 농상에서는 동물들이 비인간적인 상태에서 사육된다. 고기용 닭(구이용 영계)은 수만 마리의 새가 사는 계사에서 사육된다. 닭들은 빨리 살이 찌도록 사육되고(물론 이는 보다 빠른 회전과 보다 많은 이익을 의미한다), 사람들이 흰 살코기를 선호하기 때문에 큰 가슴을 가진다. 그 닭들은 자신들이 소비하는 에너지의 아주 많은 양을 성장에 전환시키기 때문에 덜 활동적이고, 따라서 생의 대부분을 바닥에 앉아서 보내고(분뇨가 바닥에 쌓여 있을 때조차), 일반적으로 가슴의 깃털이 빠지고, 거의 항상 분뇨와 접촉하기 때문에 피부에 상처가 아주 잘 발생한다. 계사는 닭들이 운송되고 난 후에만 청소된다. 그러나 이전의 분뇨 위에 나무 부스러기 같은 신선한 깔짚을 얇게 덮기 때문에, 다음의 닭 무리에게 그 분뇨가 그냥 남기도 한다. 닭들은 흐릿한 불빛 아래에서 사육되고(회사는 자연채광을 금지하기도 한다), 완전히 축사에서만 6~8주의 짧은 생을 산다. 닭들은 성장을 촉진하는 항생물질과 같은 의심스러운 첨가제가 들어간 먹이를 먹지만, 많은 닭이 혼잡한 상태를 견디지 못하고 죽고 만다. 이 사육시설의 일자리 중 하나가 계사를 정기적으로 돌아보고 죽은 새나 기형인 새들을 제거하는 일이다.

고기용 새의 믿을 수 없을 정도의 급속한 성장 — 8주 동안 0.002파운드에서 8.8파운드로 성장하는데, 이는 태어날 때 6.6파운드였던 아기가 두 달 만에 약 660파운드로 성장하는 것과 유사하다 — 은 비정상적인 새를 생산한다. 닭이 인간보다 빠르게 성장한다는 것에는 의문의 여지가 없지만, '향상된' 유전학과 최적의 먹이에 의해 추가된 성장속도는 가장 불행한 동물 중 하나를 창조해냈다. 새들이 매우 빨리 자라도록 키워지기 때문에, 그 새들은 자신의 다리로 자신을 지탱할 수 없고, 따라서 거기에는 걸을 수 없는 불구의 새들이 항상 존재한다. 그러한 새들은 보통 안락사 당한다. 《뉴욕타임스》 칼럼니스트 니콜라스 크리스토프 Nicholas Kristof는 고기용 새의 대우에 대해 이렇게 논평했다. "단 한 마리의 닭을 괴롭혀도 당신은 체포된다. 수십 만 마리의 닭을 그것들의 전 생애 동안 학대한다면? 그것이 바로 농업 기업이다." 층층으로 만들어진 새장에 갇혀 있는 닭들은 훨씬 더 나쁜 상태에 처해 있을 수도 있다. 그것들은 일생을 작은 새장 안에서 살고, 땅에서 먹이를 쫄 수 있는 능력조차 없다.

이러한 문제는 가금류에만 국한되지 않는다. 임신한 돼지 —

암퇘지들은 새끼들에게 '보다 효율적으로' 젖을 먹이도록 하기 위해 몸을 돌릴 수도 없게 만든 우리 안에 갇혀 있다 ─ 는 사진으로 보는 것조차 괴롭다. 반추동물인 고기용 암소는 전체 에너지 먹이를 목초지로부터 섬유소 ─ 우리는 소화시킬 수 없는 식물의 구조적 요소 ─ 와 함께 얻도록 진화되어 왔다. 소는 반추위에 사는 미생물들의 활동을 통해 이 섬유소로부터 필요한 에너지의 대부분을 공급받는다. 수천 마리의 동물과 함께 사육장의 고기용 암소들에게는 빨리 살을 찌우기 위해 옥수수 낱알이 많이 든 먹이를 먹이고, 단백질을 공급하기 위해 콩을 먹인다. (옥수수와 콩을 재배하는 데에는 만약 소가 목초지에서 살았다면 필요하지 않았을 수도 있는 많은 양의 농약과 비료가 요구된다. 목초지에서 해충들은 그리 문세가 되지 않으며, 대부분의 자양분은 똥과 오줌으로 땅으로 직접 재순환된다.) 또 다시 한 번 항생물질과 호르몬이 가장 '효율적으로' 살을 찌우기 위해 체계의 일부가 된다.

이와 같이 산업적 조건하에서는 그러한 농장 동물을 사육하는 목적이 이윤추구이기 때문에, 유일하게 고려되는 문제는 어떻게 하면 가능한 한 빨리, 그리고 싸게 동물을 사육하는가 하는 것이다. (이는 Magdoff, 2015: 9~11을 개작한 것이다.)

제3장

/

토지와 소유

공유지에서 거위를 훔쳐가는 사람들을
법이 잡아 가두네.
하지만 거위에게서 공유지를 훔쳐가는
더 큰 악당은 마음대로 돌아다니네.

— 17세기 영국의 민속시[1]

　2012년 지구의 날에 200여 명의 학생과 지역사회 거주자들이 길 트랙트Gill Tract — 버클리 소재 캘리포니아대학교(UC 버클리)가 소유한 26에이커의 농업연구 기지 — 를 점거했다. 1500개 이상의 채소 모종을 심은 그 집단은 브라질의 무토지 노동자 운동Landless Workers Movement(MST)에 고무받아 천막을 설치하고 캘리포니아대학교 자본 프로젝트 사무국Office of Capital Projects에 민간 도시개발을 위해 길 트랙트를 판매하는 계획을 중지할 것을 요구했다. 대학은 주택 및 레크리에이션 프로젝트 가운데 하나로 길 트랙트의 일부를 홀 푸즈 슈퍼마켓 체인에 팔고자 했다. '농장점거Occupy the Farm'운동은 대학에 길 트랙트의 일부를 파는 대신 그곳에 캘리포니아와 샌프란시스코 베이 에어리어에서 성장하고 있는 도시농업운동의 공적 이익에 기여하기 위해 도시 공동체 농장을 세워줄 것을 요구했다. 23일의 점거기간 내내 저항자 팀들은 농장을 청소하고 식물을 심고 재배했다. UC 버클리는 협상하기는커녕 길 트랙트에 공급되는 물을 차단했다. 그러자 이웃들이 거대한 양동이 부대에게 물을 제공했다. 대학은 결국 연구기지에서 점거자들을 내쫓기 위해 폭동 경찰을 불렀다. 일 년의 투쟁 기간 동안 지역사회에서 국민투표, 법적 싸움, 불매운동 위협(이는 홀 푸즈로 하여금 그 프로젝트에서 손을 떼게 했다), 그리고 또 다른 단기간의 토지점거가 이어졌다. 2014년 봄에 대학은 적어도 10년 동안 길 트랙트의 판매를 중지한다고 공표했다. 농장점거는 샌프란시스코의 이스트 베이 도시지역에 마지막으로 남아 있던 대규모 최고 농지의 판매를 중지시키는 데 성공했다.

길 트랙트 점거는 전 지구를 휩쓴 **토지 정의**와 **토지 주권**의 요구를 상징적으로 보여준다. 이들 용어가 브라질에서 MST가 단행한 대대적 토지점거, 아프리카, 아시아, 라틴아메리카에서 채취산업과 토지 수탈에 대항하여 발생한 농민 저항, 그리고 모든 곳에서 증대하고 있는 민중의 농지 통제 압력을 자주 연상시키지만, 잘 먹고 상대적으로 풍요하고 주로 백인인 도시 저항자들의 운동이 먹을거리의 재배를 위해 공적으로 소유된 토지의 판매에 도전했다는 사실은 공적 자원의 민영화 및 먹을거리의 기업화에 대한 사람들의 거부가 얼마나 확산되어 왔는지를 잘 보여준다.

먹을거리와 소유

만약 개인과 기업이 어떤 것의 가치를 자신들의 배타적인 이익을 위해 전유할 수 없다면, 자본주의는 무의미할 것이다. 사적 소유는 상품의 사용가치와 교환가치 둘 다에 대해 독점적 소유권을 부여한다. 사적 소유가 공적·공동적 형태의 소유 없이는 존재할 수 없지만, 사적 소유는 자본주의적으로 부를 축적하기 위한 토대이다. 사적 소유가 근대 먹을거리 체계를 지배한다. 다른 형태의 소유로는 협동조합 소유, 전통적 이용, 집합적 소유가 있다. 이것들 각각은 교환가치를 금지하거나 제한하거나 재분배하고, 때로는 토지, 노동, 또는 자본을 시장에서 쫓아냄으로써, 즉 본질적으로 그것들을 '탈상품화'함으로써 사용가치를 공유할 수 있다.

'누가 무엇을 소유하는가?'는 정치경제학의 네 가지 핵심 질문 중에서 첫째 질문이다(Bernstein, 2010). 토지(그리고 점점 더 어장)의 사적 소유는 자본주의 먹을거리 체계에 근본적이다. 자본주의는 모든 것을 사유재산으로 전환하여 상품화한 다음 소유자가 적절하다고 생각할 때 사고 이용하고 파는 경향이 있다. 자본은 모든 것(이를테면 토지, 종자, 물, 유전정보, 탄소배출권, 지식)을 사유재산으로 전환시키기 위해 엄청난 **규제**를 하고자 노력할 것이지만, 일단 어떤 것이 상품으로 전환되고 나면, 자본가들은 자본이 관세, 노동법, 또는 환경보호정책과 같은 방해물 없이 거래될 수 있도록 하기 위해 자본을 **탈규제**하고자 할 것이다.

사적 소유의 목적은 부의 축적을 위해 잉여가치를 전유하는 것이다. 이것은 국가에게 소유권을 강화하고 화폐를 발행하고 자본의 자유로운 흐름을 보장하는 역할을 할 것을 요구한다. 그러나 이것은 지속가능하거나 공평한 먹을거리 체계로 이어지지 않는다. 사실 자본주의 시장은 소유권을 집중시키고 항상 성장하는 경향이 있기 때문에, 강력한 규제와 사회의 통제 없이는 정확히 정반대의 결과가 발생한다. 부자와 빈자 간의 간극이 커지고, 환경이 파괴된다 (Piketty, 2014; Magdoff and Foster, 2011).

우리의 자본주의 먹을거리 체계는 농장 투입물 쪽에 자리하고 있는 몬산토, 바이엘, 신젠타Syngenta에서부터 산출물 쪽에 자리하고 있는 카길과 스미스필드Smithfield 같은 거대 곡물 및 축산물 회사, 그리고 글로벌 식품 거인 월마트와 까르푸에 이르는 소수의 독점체에 연간 6조 달러에 달하는 산업의 부를 집중시켜 왔다. 그것은 또한 막대한 산림벌채, 사막화, 오염을 낳았다(Holt-Giménez, Patel and Shattuck, 2009). 동시에 현재의 먹을거리 체계는 많은 사람을 굶주리게 하거나 영양실조에 걸리게 만들었고, 이는 공정함, 지속가능성, 먹을거리 자체에 대한 권리를 요구하는 광범한 저항과 사회적 투쟁을 낳았다. 자본주의의 본성 때문에 조만간 토지와 소유는 이 저항의 진원지로 빨려 들어갈 것이다.

사적 소유, 공적 소유, 공동 소유

우리 대부분은 사적 소유, 공적 소유, 공동 소유 간의 차이를 알고 있다. 공적 재산은 모든 시민의 소유이고, 사유재산은 나의 소유이다. 공동재산은 협동조합과 같은 공동체에 의해 소유된다. 오픈 액세스 자원open access resource[누구나 접근할 수 있는 자원 _옮긴이]은 재산이 아니다. 오히려 그것은 공기, 공해公海, 우주공간과 같이 적어도 지금까지는 아무도 소유하지 않은 요소이다. 이러한 단순한 정의는 우리가 소유체계하에서 자원을 취급하는 서로 다른 방식을 묘사한다. 그러나 소유가 항상 이러한 방식으로 이해되지는 않았다. 실제로 소유와 관련한 규칙은 얼마간 연속성을 유지하고 있지만, 항상 수정되고 있다. 사적 소유와 관련한 주요 문제는 실제로는 개인 또는 가족이 가구, 가정용품, 또는 몸단장 제품을 소유할 수 있는가에 관한 것이 아니다. 실질적인 문제는 우리 모두가 살아가는 데 필요한 재화와 서비스를 생산하는 수단의 사적 소유권이다.

생명 특허(게놈 재산genome property으로 알려진), 법인corporate personhood, 사유화된 물, 토지 수탈을 둘러싼 갈등은 수세기에 걸친 부의 축적과정, 국가형성과정, 제국주의적 팽창과정에 그 뿌리를 두고 있다. 자원을 둘러싼 투쟁은 그간 사적 소유의 사회적·경제적·윤리적 정당화를 둘러싼 열띤 논쟁을 동반해 왔다. 그러한 역사적 주장들이 정치권력과 경제권력의 중심에 들어와 있다.

재산과 국가

기원전 4세기에 그리스 철학자 플라톤Plato은 공동 소유의 미덕을 극찬했다. 왜냐하면 플라톤은 공동 소유가 협동을 증진시키고 분열을 피하게 할 것이라고 믿었기 때문이다. 그가 죽고 나서, 그의 제자 아리스토텔레스Aristotle는 공유지에 반대했다. 왜냐하면 아리스토텔레스는 공유지가 무임승차를 부추긴다고 생각했기 때문이다. 그는 사적 소유를 지지했다. 왜냐하면 그는 사적 소유가 신중함과 책임감을 낳는다고 생각했기 때문이다. 재산은 시민권과 자유의 토대였다. 자유는 (노예로) 소유되기보다는 자기 자신을 소유하는 것을 조건으로 했다. 시민권은 재산(토지 또는 노예)의 소유에 달려 있었다. 그러나 문제는 만약 사물과 사람이 사적으로 소유될 수 있다면, 누가 또는 무엇이 사유재산권을 시행할 것인가 하는 것이었다. 답은 정부였다. 이 두 철학자는 재산을 강력한 국가의 중심에 위치시켰다. 그 후 내내 정부에 대해 제기된 문제는 국가권력이 재산 소유자의 권리에만 의존하는 것이 아니라 피지배자에 대한 강제는 물론 피지배자 **모두**(무산자까지)의 동의에도 의존한다는 것이었다.

이처럼 사유재산의 보호는 공적 재산 — 다시 말해 국가 — 의 존재에 결코 적지 않게 의존한다. 공적 재산을 확립하고 유지하는 것은 쉽지 않다. 즉, 피지배자가 지배받고 세금을 내고 군대에 복무하기로 동의해야만 한다. 만약 국가가 피지배자들에게 어떠한 이득도 제공하지 않는다면, 그들이 왜 그렇게 하겠는가? 잠시 동안은 강제가 작동할 것이지만, 사회계약이 존재하지 않는 한, 무력은 장기적으로 지속될 수 없다. 따라서 문제는 국가가 필수적인 재화와 서비스 생산의 사적 소유권과 공익을 어떻게 조화시킬 수 있는가 하는 것이었고, 지금도 여전히 그러하다.

[사유]재산은 끊임없이 공적 정당화를 필요로 한다. 왜냐하면 첫째는 재산은 희소자원을 다른 사람들의 욕구나 공익에 반드시 부합하지 않는 방식으로 사용하기로 결정할 수 있는 권한을 개인에게 부여하기 때문이고, 둘째는 재산은 단지 그렇게 하는 것을 허가할 뿐만 아니라 그것을 뒷받침하기 위해 공적 비용으로 공적 힘을 이용하기 때문이다.(Waldron, 2012)

개인과 기업은 국가권력 없이는 재산의 이용과 이익에 대한 자신들의 배타적 권리를 주장할 수 없다. 이것은 여전히 사유재산의 필수요소이다. 이론적으로 모든 시민의 소유인 공유재산 역시 공무원들이 공원, 학교, 도로, 숲 및 여타 자원들에 대한 접근을 관리할 수 있도록 하기 위해서는 국가권력을 필요로 한다. 이것은 모든 자본주의 소유 레짐은 플라톤과 아리스토텔레스 사이에서 일정한 균형점을 이루고 있다는 것을 의미한다.

로마인들은 그들 제국의 광대한 재산을 관리하기 위해 재산을 국가재산res publicae, 사유재산res privatae, 공유지res communes로 나누는 복잡한 법체계를 발전시켰다. 초개인적 재산extra patrimonium이라는 것도 있었는데, 그것은 누구도 소유할 수 없고 모두가 이용 가능한 (누구나 접근할 수 있는) 재산이었다(Environmental Commons, 2015). 로마인들은 사유재산과 정부를 결합하는 것만으로는 자신들의 하인들로부터 자원을 충분히 추출하지 못한다는 것을 아주 잘 알고 있었다. 피지배자들은 자신들의 생존을 공유지에 의존하고 있었다. 로마인들은 공동재산을 무산자들에게 남겨두었다. 왜냐하면 그렇게 하지 않으면 로마 군대의 힘에도 불구하고 제국이 무산자들을 통치하거나 무산자들로부터 부를 추출할 수 없었기 때문이다. 수천 년 동안 공유지는 사유재산과 정부가 공급하지 않는 또는 공급할 수 없는 먹을거리 안정성food security을 공동체가 확보할 수 있게 해주었다. 공유지는 많은 방식으로 그리고 전 세계 많은 곳에서 여전히 그렇게 하고 있다.[2]

사유재산은 민주적 정치체계와 자본주의 경제체계를 합체시키고 있는 **자유주의적 국민국가**의 초석이었다. '고전 자유주의의 아버지'인 철학자 존 로크John Locke(1632~1704)는 사유재산은 자연 대상 ─ 특히 토지 ─ 에 노동을 부가한 사람에게 소유권이 돌아가게 하는 자연 질서의 일부라는 유명한 주장을 했다. 18세기 상류 지주계급은 이 이론을 이용하여 교회, 국왕의 영토, 공동재산의 탈취를 합리화했다. 미국의 창건자들은 이를 이용하여 영국으로부터의 자신들의 독립투쟁을 뒷받침했고, 나중에는 이를 정교화하여 '명백한 운명Manifest Destiny' ─ 미국이 북미의 땅을 전유할 신성한 권리를 가진다는 주장 ─ 을 정당화했다. (노동을 통한 재산의 전유가 개인에게 공유지를 침입하거나 이미 사람이 살고 있는 땅을 탈취할 권리를 주지는 않는다는 로크의 단서조항은 새로운 부동산을 축적하고자 하는 욕구 속에서 편리하게 망각되었다.)

자본주의 체계에서의 공공재의 역할을 처음으로 다룬 것은 공리주의 사상가 존 스튜어트 밀John Stuart Mill(1806~1873)이었다. 그는 '인간적인 자본주의'(공적 지출과 자유주의적 시장의 결합)가 개인의 욕구를 가장 잘 충족시킬 수 있다고 생각했다. 그러나 자본주의 경제체계에서 공적 재산의 관념을 뒷받침한 사람은 아마 다른 누구보다도 영국 경제학자 존 메이너드 케인스John Maynard Keynes(1883~1946)였을 것이다. 케인스는 미국과 유럽이 대공황으로부터 탈출하기 위해서는 부자 과세, 공적 적자 지출, 일자리 프로그램, 이자율의 통제를 포함하여 국가의 강력한 경제개입이 필요하다고 주장했다. 케인즈의 경제이론이 토지와 재산 문제를 직접 다룬 것은 아니었지만, 그의 이론은 공적 삶에서 공공재와 국가에 중요한 역할을 부여했다. 케인스는 아마도 공적 토지의 필요보다는 공적 자금의 힘을 믿었을 것이지만, 케인스주의와 후일 그것의 반복은 자본주의 체계에서 공적 재산이 수행하는 경제적 역할에 이론적 근거를 제공하고 있다.

공유지, 그리고 상품화의 비극

누가 공유지에 찬성했는가? 카를 폴라니Karl Polanyi는 『거대한 전환The Great Transformation』(1944)에서 시장에 대한 사회적 통제와 자본·노동·토지의 탈상품화를 요구했다. 여러 세기에 걸친 역사를 분석하면서 그는 **공론장** ─ 민주적인 시민적 참여를 통해 공동체의 문제와 프로젝트가 논의되고 결정되는 사회적·문화적·제도적 공간 ─ 을 통한 자원의 합리적·온정적 할당을 주장했다. 그는 비록 재산 자체에 대해서는 반대하지 않았지만, 재산이 규제되지 않은 채 상품화되는 것에는 반대했고, 규제되지 않은 시장이 초래하는 피해로부터 사람과 공동체를 보호하는 사회제도들 - 공유지와 같은 - 을 유지하는 것을 지지했다.

폴라니는 무정부주의자 피에르 프루동Pierre Proudhon의 「재산은 도둑이다Property Is Theft」(1998)에서부터 엘리너 오스트롬Elinor Ostrom의 『공유지 지배하기Governing the Commons』(1990)에 이르는 오랜 그리고 중요한 전통의 일부였다. 이 전통은 시장보다는 공론장이라는 의사결정 공간에 중점을 두고 생산과 분배의 문제에 대한 해결책을 모색해 왔다. 프루동은 재산으로서의 토지에 대한 법적 권리를 거부했고, 재산이 "공정하고 가능하기 위해서는 반드시 그 조건에서 평등해야만 한다"라고 주장했다(Proudhon, 1840). 그는 개인의 토지 접근과 자신의 노동의 산물에 대한 권리를 지지했다. 그가 보기에는, 어느 누구도 다른 누구의 노동의 산물에 대해 권리를 주장할 수 없었다. 엘리너 오스트롬은 공유지와 '공동자원Common Pool Resources'에 대한 연구(Ostrom, 1999)로 2009년 노벨 경제학상을 수상했다(그녀는 노벨 경제학상을 받은 유일한 여성이다). 그녀는 전통사회를 현지조사한 후 공유된 자연자원이 정부의 규제 없이 지속가능하게 관리될 수 있다고 확신했다. 그녀는 또한 집합행위와 호혜성이 인간의 생존에서, 그리고 개인의 단기적 자기이익이 더 큰 이익을 훼손하는 사회적 딜레마를 해결하는 데서 결정적 요소라고 믿었다(Ostrom, 1997). 공유자원에 대한 오스트롬의 분석틀은 여전히 공유지에 대한 가장 포괄적인 기능적 정의로 기여하고 있다.[3]

하나의 자원이 공적으로도, 사적으로도, 그리고 공동적으로도 소유되지 않을 때, 그것은 '오픈 액세스open access'(초개인적 소유) 자원이라고 불린다. 생태학자 개럿 하딘Garrett Hardin은 그의 논문 「공유지의 비극The Tragedy of the Commons」에서 오픈 액세스 자원과 공유지를 혼동한 것으로 악명 높다(Hardin, 1968). 하딘은 과잉인구를 우려한 나머지 세계의 자원을 제한 없이 사용하는 것은 생태·문명의 붕괴로 이어질 것이라고 주장했다. 그는 이기적인 개별 목축지기들 각각이 자신들의 개인적인 물질적 이익을 증대시키기 위해 자신들의 양 무리에 가축을 추가로 방목하는 개방 목초지를 묘사한, 세상에 알려지지 않은 1833년 경제학 팸플릿으로부터 따온 단순한 은유를 이용했다. 개별 양치기 측면에서 내린 이러한 '합리적 선택'은 결국 공동 목초지의 퇴화와 붕괴, 그리고 양치기들의 소멸로 이어졌다.

> 그 점에서는 비극이다. 각자는 그로 하여금 자신의 가축 떼를 제한된 세계 속에서 무한히 증가시킬 것을 강요하는 체계에 갇혀 있다. 파멸은 모든 사람이 돌진해 가는 도착지이다. 공유지의 자유를 믿는 사회에서 각자는 자기 자신의 최고의 이익을 추구한다. 공유지에서의 자유는 모두를 파멸시킨다.

이것은 환경주의자들의 가슴에 공포심을 심어준 강력한 남성적 은유였다. 다른 한편 자본가들은 기뻐했다. 그들은 공유지의 비극을 공유 토지와 공공 토지 모두의 사유화를 밀어붙이는 데 이용했다. 아이러니하게도 자신의 가정에 강력한 인종차별적 함의를 담고 있는, 충실한 멜서스주의자인 하딘은 실제로는 그를 자신들의 지도자로 생각한 자유시장 자본가들에 대해 반대했다.

우리가 실용 인구학 분야에서 애덤 스미스의 유령을 확실하게 쫓아내지 않는 한, 우리는 최적 인구 규모를 산출하는 데서 별 진전을 볼 수 없다. 경제적 상황에서 『국부론』(1776)은 '보이지 않은 손', 말하자면 "자기 자신만의 이득을 꾀하는" 개인이 "보이지 않은 손에 의해 공익을 …… 증진시키게 된다"는 관념을 대중에게 널리 알렸다. 애덤 스미스는 이것이 항상 진실이라고 주장하지는 않았다. 그리고 아마 그의 추종자들 가운데 어느 누구도 그렇게 주장하지 않았을 것이다. 그러나 그는, 합리적인 분석에 기초한 적극적 조치를 줄곧 방해해 온 지배적인 사고경향, 다시 말해 개인적으로 이루어진 결정이 전체 사회를 위한 최선의 결정이 될 것이라고 가정하는 경향에 기여했다.

하딘은 결코 공유지를 실제로 보지도 않았고, 그것을 연구하는 시간을 갖지도 않았다. 그는 공유지가 사적으로 소유되지 않은 어떤 지역을 가리킨다고 가정했다. 그는 수많은 인류학자와 역사학자들의 혹독한 도전을 받았고, 그의 주장은 오스트롬에 의해 철저하게 반증되었다. 그럼에도 불구하고 하딘의 중심 테제 — 너무나도 많은 사람이 공유자원을 이용하는 것이 환경붕괴의 원인이라는 것 — 는 여전히 어장의 사유화에서부터 자연보존을 명목으로 원주민 땅에 울타리 치는 것에 이르는 모든 것을 정당화하기 위해 이용되고 있다. 이 '비극'이 발생하는 까닭은 너무나도 많은 사람이 제한된 자원을 손에 넣으려고 애쓰기 때문이 아니라 오히려 규제받지 않는 자본주의가 이윤추구를 위해 오픈 액세스 자원들을 착취하기 때문이라는 증거가 충분함에도 불구하고, 이 관념은 특히 대규모 자연보호단체들 사이에서 주장되어 왔다. 이를테면 어장의 쇠퇴라는 실제 문제가 발생하는 까닭은 많은 수의 어민이 물고기를 남획하기 때문이 아니라 오히려 글로벌 이익을 추구하는 거대 산업 트롤선들이 해저를 손상시키는 그물들로 물고기를 남획하기 때문이다.

자본주의하에서 '오픈 액세스'라고 우아하게 칭해지는 것은 실제로는 하나의 '**변경**frontier'이다. 변경은 자원을 놓고 분쟁이 벌어지고 있는 영토이다. 중앙아메리카의 '농업 변경'이 하나의 고전적인 사례이다. 녹색혁명의 결과 중 하나가 수백만 명의 농민이 보다 큰 규모의 농장들에 의해 축출된 것이었다. 그들이 도시로 가지 못하게 하기 위해 정부는 그들에게 토지소유권이라는 모호한 약속으로 열대우림을 개간할 것을 장려했다. 가난한 농부들은 땅과 먹을거리용 영양물에 접근하기 위한 필사적 시도의 일환으로 고목들을 베고 불태웠다. 약 2년 후에 잡초가 그들의 밭을 뒤덮었고, 이는 그들로 하여금 더 많은 나무를 베게 했다. 미국 '햄버거 혁명'이 낳은 수지맞는 시장에 의해 고무된 대규모 소목장 소유자들이 재빨리 들어와서 새로운 목초지를 빼앗았고, 그로 인해 소농 농부들은 더 깊숙한 열대우림으로 밀려들어갔다. '개량' ─ 숲 개간 ─ 을 전제로 주어진 토지소유권을 얻는 데에는 많은 돈이 들었고, 그리하여 그 토지소유권은 꾸준히 대토지 소유자들의 수중에 쌓여갔다. 열대우림은 접근하기 어려웠지만, 누구나 손에 넣을 수 있는 단단한 목재, 금, 그리고 다른 자원들로 가득했다. 1980년대와 1990년대에 전 세계에서 온 산업 투기꾼들이 중앙아메리카 열대우림의 오픈 액세스 레짐의 자원을 빼앗기 위해 뛰어들자, 그곳에서는 내내 난투극이 벌어졌다

(FUNDESCA, 1984). 처음에는 숲이 가난한 쫓겨난 농민들에 의해 개간되었기 때문에, 열대우림 파괴과정에 '농업 변경'이라는 이름이 붙여졌다.

이 과정은 오늘날에도 자원을 놓고 분쟁이 벌어지고 있는 오픈 액세스 변경들에서 일어나고 있다. 오늘날 세계시장에서도 자원이 약탈되고 사유화되고 상품화되고 거래되고 투기의 대상이 되고 있다. 인도네시아에 남아 있는 열대우림, 북극의 석유, 공기 중의 탄소, 바닷속의 물고기, 심지어는 우리 몸의 유전자까지도 오픈 액세스 변경의 일부가 되었고, 따라서 오픈 액세스 변경은 자본이 그곳을 소유하는 첫째 단계이다. 비극이 발생하는 까닭은 공유지 때문이 아니라 자연의 상품화와 자연자원의 무제한적인 사적 착취 때문이다(Longo, Clausen and Clark, 2014; Carrothers, 2010).

토지, 노동, 자본, 그리고 시장

시장은 오랫동안 존재해 왔지만, 19세기 이전에는 오늘날처럼 시장이 사회를 조직화하지 않았다. 봉건제와 상업 자본주의 내내 시장은 사회적 삶에 또 하나의 보충물 역할을 했다. 중상주의하에서 시장은 중앙집중화된 국가행정의 통제하에 확고하게 놓여 있었다. 그러한 시장제도가 제국의 면허와 특허 — 이를테면 영국과 네덜란드의 동인도 회사들, 매사추세츠베이 식민지Massachusetts Bay Colony[오늘날의 매사추세츠주에 있던 초기 영국인 정착촌의 하나 _옮긴이], 허드슨베이사

Hudson Bay Company, 그리고 현재의 멕시코, 미국 남서부, 캘리포니아인 곳에서의 막대한 스페인 무상토지불하 — 를 통해 전 세계로 퍼져나갔다. 카를 폴라니가 지적했듯이, "규제와 시장은 실제로 함께 성장했다"(Polanyi, 1944). '자유'시장 개념은 알려져 있지 않았을 뿐만 아니라 현실과 배치되는 것이었다.

시장경제 또는 '자기조절적 시장'의 출현과 함께 모든 것은 가격을 할당받았다. 이론적으로 말하면, 하나의 완벽한 자기조절적 시장은 모든 사람 — 생산자, 토지 소유자, 노동자, 은행가, 무역업자 — 에게 생산되는 모든 재화를 사기에 충분한 소득을 제공한다. 완전한 시장경제에서는 돈, 사람들의 노동력, 토지를 포함하여 모든 상품이 시장에서 사고팔린다.[4] 지대는 토지의 가격이고, 임금은 노동의 가격이고, 이자는 돈의 가격이다. 그렇다면 이것들이 실제로 상품인가?

상품은 그것을 생산하는 비용 이상의 가격으로 시장에서 팔기 위해 생산되는 어떤 것이다. 그러나 토지는 시장을 위해 생산될 수 없다. 토지는 단지 자연의 일부일 뿐이다. 노동은 실제로는 사람인데, 사람은 시장에서 거래되기 위해 '생산'되는 것이 아니라 태어나서 삶을 살아가도록 양육된다. 게다가 돈은 하나의 시장 재화로 기술적으로 생산되지 않으며, 단지 재화의 순환을 용이하게 하기 위한 교환의 매개체로서만 가치를 가진다(그것 또한 사용가치를 갖는다). 카를 폴라니가 지적하듯이,

노동은 삶 자체와 함께하는 인간 활동의 또 다른 이름일 뿐이다. 그리

고 인간 활동은 판매를 위해서가 아니라 전혀 다른 이유에서 생산되는 것으로, 그 활동은 삶의 나머지와 분리되어 저장되거나 동원될 수 없다. 토지는 인간에 의해 생산되지 않는 자연의 또 다른 이름일 뿐이다. 마지막으로, 현실의 돈은 단지 구매력의 표시일 뿐이고, 일반적으로 구매력은 결코 생산되는 것이 아니라 은행업이나 국가금융을 통해 생겨나는 것이다. 노동, 토지, 돈 중 그 어떤 것도 판매를 위해 생산되는 것이 아니다. 노동, 토지, 돈을 상품으로 묘사하는 것은 전적으로 허구이다.(Polanyi, 1944: 73)

금, 석유, 우라늄 같은 매장 자원에 대해서도 동일하게 이야기할 수 있다. 그것들은 상품이 아니다. 그러나 자원이 이용될 때 상품이 생산된다. 농지의 경우, 그 농지가 현명하게 관리될 때 영구히 자신의 생산능력을 유지할 수 있다. 그러나 시장경제에서 모두는 상품으로 취급된다. 토지, 노동, 돈 ― 이것들 모두는 농업과 먹을거리 체계에 필수적이다 ― 은 '허위 상품'으로 간주된다(Polanyi, 1944: 73). 그 이유는 그것들 중 어떤 것도 실제로는 소비를 위해 제조되지 않기 때문이다. 게다가 최근까지 그것들 중 어떤 것도 시장에서 정식으로 사고팔리지 않았다.

시장관계에 의해 지배되는 경제는 시간이 경과하면서 시장사회, 시장문화, 시장이데올로기를 생산한다. 오늘날 시장 논리는 다른 모든 형태의 생산, 교환, 정치, 일상생활에도 침투하고 있다. 이전에는 부와 권력의 척도이자 가치를 생산하는 수단이었던 농지는 지금은 하나의 금융자산으로, 그것의 가치는 세분화되고 재포장된 다

BOX 8

토지와 노동: 농장 노동자의 관점

로잘린다 귈렌Rosalnda Guillén(농장 노동자, 조직자, 생태페미니스트)

우리는 노동 캠프에 살고 있고, 거기에 우리의 것이란 아무것도 없다. 우리에게는 아무것도 없다! 우리는 땅이 없다. 멕시코에서는 우리의 거처가 있었다. 우리가 노동 캠프에 갔을 때 우리가 처음 깨달은 것은 우리의 것이 아무것도 없다는 것이었다. 우리는 어디에도 갈 수 없고, 어떤 것도 할 수 없고, 어떤 것도 만질 수 없었다. 우리에게는 아무것도 없다는 것이 아주 분명해졌다. 매우 혼란스러움을 느꼈다. 난 어디에도 없었다. 그것은 나에게 엄청난 충격을 주었다. 우리가 멕시코에 있는 우리의 땅에서 축출되었다는 것은 엄청난 일이었다. 나의 어머니는 매우 침울해했고, 우리는 어린아이들처럼 정신이 멍했다. 우리는 노동 캠프가 현실이라는 것을 받아들일 수 없었다.

미국에서 농장 노동자들은 먹을거리 체계에서 가장 큰 규모의 무토지 노동인구이다. 우리는 단지 우리가 일할 토지를 소유하고 있지 않다는 점에서만 땅이 없는 것이 아니다. 우리는 우리의 집조차 없다. 많은 농장 노동자에게 가장 큰 문제는 사람들이 우리가 농장 노동 캠프에서 살기를 바란다는 것이다. 노동 캠프는 면전에서 모욕을 주는 것과 같은 것이다. 그것은 실제로 우리가 얼마나 땅이 없는지, 즉 우리가 얼마나 가치 없는 존재인지를 만방에 알리는 것이다. 누군가가 노동 캠프에 살면, 소도시 사람들은 그 사람이 거기에 산다는 것을 안다. 그런 까닭에 그 사람은 공동체의 다른 모든 사람들보다 못한 존재이다. 왜냐하면 거처가 없기 때문이다. 다른 노동자들 중 일부는 자신들의 집을 소유하고 있다. 농촌의 소도시에 가면, 어떤 사람의 이름을 따서 명명한 공원, 어떤 사람의 이름을 딴 건물이 있다. 집이 있다는 것은 그 사람이 그 지역사회에서 어떤 것을 소유한 인간존재임을 인정받는 것과 같은 것이다. 농장 노동자들인 우리는 어디에도 없다. 우리는 어디에서도 보이지 않는다. 우리가 어떤 토지 소유자에게 가져갈 가치를 제외하면, 우리는 전혀 보이지 않는다.

먹을거리를 생산하기 위해서는 땅을 소유해야만 한다. 그 먹을거리를 포장하기 위해서는 땅을 소유해야만 한다. 땅을 가지고 있어야만 그곳에 냉장고를 놓을 수 있다. 일부 토지 소유자가 받아들이는 것은 우리의 노동가치뿐이다. 우리가 얻는 것은 그에게 가치를 제공할 기회이고, 그것이 전부이다.

농장 노동자들과 마찬가지로, 그런 일들은 모든 곳에서, 즉 우리가 가는 모든 지역사회에서 반복해서 발생한다. 우리가 어떤 지역사회에 가지고 가는 것의 가치는 노골적으로 무시된다. 우리는 보이지 않는다. 우리의 기여는 보이지 않는다. 이 나라에서 그것은 자본주의 문화의 일부이다. 우리는 이 나라에서 노예제도의 찌꺼기와도 같다. 그들은 그러한 노예제의 심성을 계속 고수하며, 자신들이 취할 수 있는 가장 값싼 노동으로부터 가치를 추출하고자 한다. 만약 그들이 우리를 계속해서 무토지 상태에 있게 한다면, 다시 말해 우리가 원하는 방식으로 지역사회에 뿌리내릴

> 기회를 가지지 못한다면, 그들은 우리에게 덜 투자하고도 우리로부터 쉽게 더 많은 가치를 추출할 수 있을 것이다.
>
> 우리는 이 나라에서 토지를 소유하고 있는 농업 노동자들을 주목해서 살펴볼 필요가 있다. 우리가 토지를 소유할 경우 우리는 생산할 수 있다. 이것이 바로 먹을거리 체계에서 우리에게 필요한 동적 변화이다.(Bacon, 2017: 162~163)

음에 글로벌 시장에서 컴퓨터의 키를 누르는 속도로 사고팔리며 유통된다. 물론 땅은 결코 움직이지 않지만, 땅의 소유권은 빠르게 바뀐다. 지대는 비농부 소유자들에게 안정적인 수입을 창출해 준다. 그 수입은 누군가가 금이나 은을 소유한다면 발생하지 않는 어떤 것이다.

이것이 우리의 먹을거리 체계에 대해 의미하는 것은 무엇인가? 이것은 농지가 젊은 신참 농부들에게는 엄청나게 비싸다는 것을 의미한다. 이것은 또한 농부들이 노령화되고 있다는 것을 의미한다. 미국에서 농부의 평균 연령은 58세이다. 유럽연합 농부의 3분의 1 이상이 65세 이상이다. 이들 농부 중 많은 사람은, 비록 자신들이 자주 지구 남부 출신 — 그곳에서 농부였던 — 의 농장 노동자들로 둘러싸여 있음에도 불구하고, 이제 농촌에는 토지를 경작할 농부들이 전혀 남아 있지 않다고 한탄한다. 농장 부문의 고령화는 지구의 다른 쪽에서도 마찬가지이다. 지구 남부의 많은 촌락에도 노인과 어린아이들만이 살고 있다. 그러나 전 세계에는 여전히 농사짓기를 원하지만 땅값이 너무 비싸고 자신에게 돌아오는 생산 수입이 너무 낮아서 농사를 지을 수 없는 젊은이들이 많고 많다. 대체 무슨 일이 일어났었는가? 농지가 왜 그렇게 비싸고, 농부가 되는 것이 왜 그렇게 어려운가?

지대에서 토지 수탈로

시장 관점에서 보면, 농지 가격이 오르는 이유는 먹을거리 가격이 오르고 이에 따라 농지가 더 가치 있어지기 때문이다. 무분별한 노시 확장과 인구증가 또한 농지의 가격을 끌어올린다. 농지 가격의 상승은 농지를 낮은 가격에 사서 높은 가격에 판매함으로써 '차익'을 노리는 금융투기자들을 유혹한다. 그러나 그것이 가능해진 데에는 보다 심층적인 구조적 이유들이 존재한다.

토지가 상품화될 때, 그 토지는 소유되고 임차되고 시장에서 거래되기 위해 전통적인 공동의 공공 소유지나 보유지에서 제외된다. 공공 토지 지역조차 차용계약과 인가를 통해 상품화될 수 있다. 토지 가치는 부분적으로 시장가격(교환가치)에 반영되고, 시장가격은 시장수요로부터 영향을 받는다. 그러나 토지의 사용가치 역시 토지의 시장가격에 영향을 미친다. 이 사용가치의 일부가 '지대'라고 불린다. 원래 이 용어는 무토지 소작농들이 지주에게 양도하던 수확물의 일부를 지칭했지만, 고전적인 정의에서 지대는 하나의 생산적

자산으로서의 토지로부터 파생된 소득을 지칭한다.

위치, 자연적 비옥도, 주변 자원, 노동의 이용가능성, 기술, 용도 변경 ― 이 모든 것이 지대에 영향을 미칠 수 있으며, 그리하여 부를 더 많이 생산할 수 있는 능력 때문에 일부 구획의 토지가 다른 구획의 토지보다 더 높은 가치를 지니게 된다. 한 구획의 땅에 지불되는 지대는 항상 최고의 잠재적 가치에 근거하여 평가된다. 하지만 지대가 항상 시장가격과 동일하지는 않다.

이론적으로는 시장에서 거래되는 어떤 구획의 토지가격은 그 토지가 가진 지대의 가치를 충실하게 반영한다. 그러나 자본주의하에서 토지가격은 요동칠 수 있다. 때때로 시장에서의 토지가격은 지대 가치 훨씬 아래로 떨어지기도 한다. 생산이 저평가될 때 그런 일이 발생할 수 있다. 과잉공급이 이루어져서 상품가격이 생산비용 아래로 떨어지는 경우가 그 일례이다. 만약 그런 일이 너무 오랫동안 발생한다면, 토지 경작이 이익을 내지 못하기 때문에 토지의 시장가격 역시 떨어질 것이다. 미국과 유럽연합에서 납세자들은 과잉공급으로 가격이 떨어질 때조차 농부들이 계속해서 사업을 유지할 수 있도록 하기 위해 보조금을 지급한다. 이 보조금이 토지가격이 지대와 조화를 이룰 수 있게 한다. 하지만 너무 많은 보조금은 지대 이상으로 토지가격을 부풀릴 수도 있다. 토지가격이 지대보다 훨씬 높을 때도 있다. 이런 일은 보조금, 사재기, 또는 투기를 통해 농산물 가격이 인위적으로 상승되어 금융'거품'을 만들어내고 그 금융거품이 토지가격을 부풀릴 때 발생할 수 있다. 미국 정부가 옥수수로 에탄올을 생산하는 것에 보조금을 지급함으로써 중서부 지역에서 발생한 토지가격 거품이 그 같은 사례 중 하나이다. 이 시나리오 아래에서 토지는 생산자산으로서보다 금융자산으로서 더 높은 가치를 가진다. 다시 말해 당신은 토지를 경작하기보다는 토지를 사고팔아 더 많은 돈을 벌 수 있다. 이것이 바로 오늘날 미국의 많은 농지에서 일어나고 있는 일이다.

지난 반세기 동안 전쟁과 석유파동에 의해 먹을거리 가격이 몇 차례 현저하게 급등하기는 했지만, 먹을거리의 주기적 과잉생산은 먹을거리 가격을 꾸준히 하락시켰고, 농지 가격은 지대와 거의 연동하여 유지되었다. 2007~2008년과 2011년의 먹을거리 가격 급등은 그 모든 것을 변화시켰다. 현재 먹을거리의 가격은 더 비싸졌고, 상품가격은 요동치고 있다. 토지 가격도 상승하고 있다. 수십 년 동안 농지를 무시했던 금융두사사들이 시금은 농시를 좋은 투자대상으로 바라보고 있다. 농업사회학자 매들린 페어베언Madeleine Fairbairn에 따르면,

비록 몇몇 보험회사가 수년간 농지를 보유했지만, 대부분의 금융투자자들은 농지 그리고 농업투자 일반을 금융시장에서 만들어지는 훨씬 더 큰 수익에 비해 매력이 없는 것으로 생각했다. 하지만 2007년경 농업 상품의 가격이 오르고 토지가격이 따라서 오르기 시작하자, 생각이 변하기 시작했다. 2008년 미국 주택 거품이 빠지면서 시작된 경기후퇴는 투자자의 이익을 일시적으로 감소시켰지만 또한 문제를 더욱 악화시켰다. 왜냐하면 투자자들이 자신들의 돈을 투자할 대안적이고 보다 안정적인 장소를 찾아 나섰기 때문이다.(Fairbairn, 2014)

BOX 9

바이오 연료

　바이오 연료는 재생 가능한 풍요라는 이미지를 불러일으키고, 이러한 이미지는 산업, 정치인, 세계은행, 국제연합, 그리고 심지어는 정부간 기후변화 협의체Intergovernmental Panel on Climate Change로 하여금 옥수수, 사탕수수, 콩 및 여타 곡물로부터 연료를 추출하는 것을 피크오일peak oil[원유 생산이 정점에 이르는 시점 _옮긴이]에서 재생 가능한 연료 경제로의 '청정·녹색' 전환으로 묘사하게 한다. 지속가능성과 풍요의 신화는 바이오 연료 생산의 확장이 가져올 다수의 파급효과와 음식, 사료, 에너지, 환경 간의 상충관계에 대한 논의를 회피할 수 있게 해줌으로써 이 바이오 연료로부터 이익을 얻는 강력한 경제적 이해당사자들에 대해 주목하지 못하게 한다. 이 상충관계는 지역적 그리고 지구적 함의 모두를 갖는 다차원적인 것이다.

　오늘날 미국에서 바이오 연료는 주로 기존의 농지에서 재배되는 옥수수와 콩으로부터 생산된다. 하지만 바이오 연료의 생산이 확대될 경우, 정부의 환경보존프로그램Conservation Reserve Program에 의해 보호받는 취약한 토지 중 약 1000만 에이커가 생산에 돌입할 수 있다는 우려가 증대하고 있다(Holt-Giménez, 2007a). 그것은 또한 다른 나라들에서도 토지이용에 간접적인 영향을 미치고 있다. 전문가들은 바이오 연료 명령이 가격에 영향을 미침으로써 그 명령이 작동하는 나라들을 훨씬 넘어서는 지역에서까지 토지이용에 (특히 목초지와 산림지의 보존에) 영향을 미칠 것이라고 오랫동안 우려해 왔다(World Bank, 2007). 이것은 이미 브라질, 인도네시아, 말레이시아 같은 나라에서 발생하고 있다. 이들 나라에서 숲은 바이오 연료 생산용 콩, 사탕수수, 오일-팜 플랜테이션을 확장하기 위해 개간되고 있다. 가장 직접적인 관련 효과 중의 하나가 미국의 농지 가치가 크게 상승해 왔다는 것이었다.

"미국 농지의 평균 가격은 2000년에서 2007년 사이에 74% 상승하여 헥타르당 4700달러를 기록했다. 옥수수의 주산지인 아이오와에서 농지 가치는 2003년에서 2007년 사이에 헥타르당 대략 2470달러에서 7900달러 이상으로 상승했다"(Rosamond et al., 2007: 35). 바이오 연료 시장의 급속한 성장은 곡물, 오일, 유전공학 분야에서 급속한 자본주의화와 함께 동빈자 관계에 있는 소수의 기업들 ─ 주로 카길, 아처 대니얼스 미들랜드, 몬산토 ─ 의 수중에 권력을 집중시켜왔다. 이러한 강력한 산업체들로의 자본과 권력의 집중은 전 세계 먹을거리 체계와 농촌경제를 변화시킬 것이다.

적어도 농지 취득의 4분의 1은 금융투기와 연계매매hedging의 결과이다. 사실 토지는 농장에 기초한 생산자산이라기보다 비농장 금융자산이 되고 있거나, 아니면 생산자산으로서보다 금융자산으로서 더 중요해지고 있다. 토지의 '금융화'라고 불리는 이러한 현상은 억만장자와 기관 투자자 — 연금기금, 헤지펀드, 대학 기부금, 민간재단, 국부펀드에서부터 8조 4000억 달러의 농지시장에 이르는 — 를 유혹한다. 투자자들은 이미 400억 달러에 이르는 농지자산을 소유하고 있다. 토지 수탈 때문에, 그리고 대규모 토지 — 그리고 대규모 투자 — 에 유리한 형태로 생산이 점차 변화하고 있기 때문에 농지가 통합되고 있다.

세계은행과 같은 기관들은 대규모 토지 거래가 농촌 투자를 가져올 수 있다고 주장하며, 이를 환영한다. 그러나 농지가 단기적인 금융수익에 관심을 둔 소수 소유자의 수중에 점점 더 집중됨에 따라, 농지는 실제 경작자들과 단절된다.

농지의 금융화는 다른 형태의 부동산 투기와 다르다. 왜냐하면 농지는 생산자산이기 때문이다. 농지의 교환가치가 그것의 사용가치보다 더 가치 있을 때, 농지의 사용방식을 지배하는 논리는 극적으로 변화한다. 하나의 금융자산으로서의 토지를 투기적으로 판매하고 구입하는 투자 시간지평은 몇 분의 1초이다. 왜냐하면 재산가치가 조각조각 나서 글로벌 금융시장에서 돌고 돌기 때문이다. 이를 여러 세대 동안 생산적으로 그리고 지속가능하게 토지를 경작하려는 계획을 세우고 있는 가족 농부의 투자 시간지평과 비교해보라. 농부들이 국제 투자자가 소유한 토지의 경작자와 관리자가 될 경우, 거기에는 토양 비옥도, 재식림, 보존, 그리고 세대 간의 책무를 요구하는 여타 지속가능한 관행에 투자하게 하는 유인은 전혀 존재하지 않게 된다. 유일한 유인은 그 환경 비용이 어떠하든 간에 투자자의 수익을 확실히 올려주기 위해 더 많은 생산을 하는

BOX 10

미국 심장부에서의 지대

농지 부문의 문제 대부분은 토지 소유 및 보유와 관련되어 있다. 생산 농지의 소유자가 반드시 농부가 아닐 수도 있고, 농사에 전혀 관심이 없을 수도 있다(비경작 지주라고 불리는 사람). 또는 경작지 중 일부만이 자신의 땅이고 나머지는 임차한 농부일 수도 있다(부분 소유자). 또는 자신이 경작하는 토지를 100% 소유한 완전 소유자일 수도 있다. 지난 30년 동안에 특히 미국 중서부의 농산물 생산 지역에서 소유권이 바뀌고 농장 규모가 커지면서 임차인(경작하는 토지의 100%를 임대한 농부)과 점점 더 많은 에이커를 경작하는 부분 소유자들이 증가해 왔다(Varble, Secchi and Druschke, 2016).

USDA의 농지 보유와 소유의 추이Tenure, Ownership, and Transition of Agricultural Land(TOTAL) 조사에 따르면, 2012년에 농업 생산자들은 거의 3억 5400만 에이커에 달하는 농지를 임차하여 경작했다. 이는 미국 전체 농지의 거의 40%에 달한다. 이 임차된 토지 중에서 개인 농부들의 소유는 20%에 불과한 반면, 나머지 80%는 비경작 지주들 ─ 개인이거나 서로 다른 소유제도의 참여자들인 ─ 로부터 빌린 것이다.

임차 농지의 비율은 미국 중서부 지역 전역에서 증가하고 있으며, 농지의 더 큰 부분이 소유자가 아닌 임차인들에 의해 관리되고 있다.

2012년에 옥수수 주산지인 아이오와주에서 농지의 53%(1600만 에이커)가 임차인들에 의해 경작되었다(1982년에는 48%였다). 그 기간 동안 부분 소유자와 임차인의 평균 농장 규모는 거의 두 배로 늘었다. 2007년 센서스에 따르면, 부분 소유자와 임차인이 거의 1500명이었고, 각각은 아이오와에서 2000에이커 이상을 경작했다. 1982년에 2000에이커 이상을 경작하는 부분 소유자와 임차인이 238명이었던 것에 비하면 가파르게 증가했다. 역으로 완전 소유자는 더 적은 에이커를 경작하고 있다. 이처럼 부분 소유자와 임차인들의 농장 규모가 커지는 것은 또한 전국적인 추세이기도 하다. 전국적으로 볼 때, 부분 소유자와 임차인들이 2000 에이커가 넘는 농장의 78%를 경작하고 있다.(Varble, Secchi and Druschke, 2016: 319)

이 추세에는 단일 인과적 요소가 작동하는 것이 아니라 다음과 같은 요소들이 복합적으로 영향을 미치고 있다. 1) 미국 농부들은 장비와 여타 투입물 비용이 상승함에 따라 이를 감당하기 위해 경작 면적을 확대하여 생산을 증대시키는 경우가 점점 더 많이 발생하고 있다. 2) 높은 상품 가격은 임차인들로 하여금 수익을 유지하기 위해 더 많은 토지를 경작하게 할 가능성이 크다. 3) 계속해서 오르는 토지 매매 가격은 새로운 농부들에게는 진입 장벽으로 작용하고, 오직 실행 가능한 선택지로 임차만 남게 된다(Varble, Secchi and Druschke, 2016).

농지를 임차할 경우, 특히 비경작 지주로부터 임차할 경우, 경작에 단기적인 실리적 접근방식이 적용될 가능성이 크다. 이 접근방식은 보다 지속가능한 생산체계를 요구하는 장기적인 관리 과정과 대비된다. 비경작 지주는 USDA의 환경보존프로그램이나 습지보존프로그램에 등록할 가능성이 낮다. 반면 경작지를 둘러싼 격심한 경쟁 — 농부들이 최고의 지대를 주겠다고 서로 더 비싼 값을 부름에 따라 초래되는 — 은 자주 최대 경작자들 — 유동자본이 많아서 임차 토지를 놓고 경쟁할 수 있는 사람들 — 만 남게 한다. 임차인과 지주 간에 토지보유권이 지닌 본질적으로 불평등한 성격 — 한 사람이 다른 사람의 생산수단을 소유하는 — 을 전제할 때, 양자간의 권력불평등은 제거되기가 극히 어렵다. 그리고 농지를 둘러싼 격렬한 경쟁과 함께, 아이오와에서 그리고 일반적으로 중서부 전역에서 흔히 그러하듯이, 그러한 불균형은 단지 악화될 뿐이다(Carolan, 2005).

것이다.

금융시장에서는 농지의 가치가 농지의 지대, 즉 생산자산으로서의 농지의 가치보다 훨씬 더 상승하기도 한다. 이러한 상황은 영속하지 않지만, 그것이 농업, 환경, 국가경제에 해를 끼치고 위험을 초래할 수도 있다. 어떻게 그런 일이 일어났는가?

과잉축적 위기에 대응한 토지 매수

1980년대 이후 미국 연방준비제도이사회는 민간은행에 대한 대출금리를 매우 낮게 유지하여 투자자들이 돈을 쉽게 빌릴 수 있게 해왔다. 은행업무의 규제는 금융투자를 촉진하기 위해 느슨해졌다 (Kerssen and Brent, 2014). 그러나 신자유주의적 규제 이면에는 자본주의에 고유한 친숙한 위기, 즉 과잉축적이 숨어 있다.

이러한 종류의 농지 투자 — 그리고 철저한 토지 수탈 — 는 전 지구적으로 확산된, 아주 오래된 자본주의 문제에 대한 기민한 해결책이다. 경기후퇴 시에 구매력은 실업과 불완전고용 때문에 감소한다. 재화는 팔리지 않고 쌓인다. 생산적 투자를 위한 매력적인 배출구가 전혀 존재하지 않기 때문에 은행은 현금으로 넘쳐난다. 2007~2009년의 대침체 동안에 많은 대기업이 비용을 철저하게 줄이고 노동자를 해고하고 남아 있는 종업원들로 하여금 더 열심히 일하게 했다. 더 적은 비용으로 더 많은 것을 해내는 것은 기업에게는 생산성을 증대시켰지만, 노동계급의 전반적 구매력을 감소시켰고, 이는 재화의 과잉축적으로 이어졌다. 아무도 자신들의 제품을 사지 않을 것 같은 경우, 투자자들은 생산활동에 투자하기를 꺼린다. 글로벌 기업들은 현금의 산 위에 앉아 있다. 수익성 있는 투자를 기다리는, 글자 그대로 수조 달러에 이르는 과잉 달러들이 세계의 은행 주변을 배회하고 있다. 이자율이 제로에 가까워짐에 따라 금리가 싸다. 그렇지만 은행은 투자 수익이 있을 것이라고 생각하지 않기 때문에 대출을 꺼린다.

이런 일이 발생할 때, 토지는 과잉자본의 좋은 피난처이다. 전해지는 바에 따르면, 마크 트웨인Mark Twain은 이렇게 말했다고 한다. "땅을 사. 그들은 땅을 더 이상 만들지 않고 있어." 땅에 부를 묻어둘 수 있고 그것이 잠재적으로 가치를 획득할 수 있을 때, (가치가 떨어지고 있는) 현금으로서의 부를 움켜지고 있는 것은 아무런 의미가 없다. 투자자들은 낮은 가격에 땅을 사서 경기침체가 끝날 때 높은 가격으로 팔고자 한다. 현재의 토지 구매 러시는 전 세계적으로 토지가격을 끌어올려 왔다. 오늘날 농지 가격은 농지의 금융가치가 그것의 생산가치를 앞지를 만큼 빠르게 오르고 있다. 토지는 그 토지가 생산할 수 있는 가치보다는 그것이 팔릴 수 있는 가치와 관련하여 더 높은 가치를 가지고 있다. 글로벌 투기업자이자 이머전트 애셋 매니지먼트Emergent Asset Management의 CEO인 수진 페인Susan Payne은 한때 이렇게 떠벌였다.

> 남아프리카와 사하라사막 이남 아프리카에서 우리가 구입하고 있는 경작에 알맞은 좋은 농지는 아르헨티나, 브라질, 아메리카의 유사한 토지 가격의 17분의 1이다. 이것만으로도 차익거래의 기회이다. 우리가 멍청할 수도 있지만, 우리는 아무것도 재배하지 않는다. 그러면서도 우리는 다음 10년 동안 우리가 여전히 돈을 벌 것이라고 생각한다.(Payne, 2013)

페인이 언급하고 있는 것은 남아프리카와 사하라사막 이남 아프리카의 토지 가격이 그 토지의 지대에 비해 아주 낮다는 것이다(그

BOX 11

토지 수탈

　최근 금융, 환경, 에너지, 먹을거리 부문 전반에 글로벌 위기가 심화되면서, 강력한 초국적 행위자와 경제적 행위자들 ― 기업에서부터 정부, 그리고 사모펀드에 이르기까지 ― 은 토지의 접근권과 통제권을 확보하는 데로 몰려들었다. 이런 일이 전 지구적으로 발생하고 있지만, 거기에는 식민지 시기의 토지 수탈을 반영하는, 분명한 북-남(그리고 심지어는 점점 더 남-남) 경계선이 존재한다(Toulmin et al., 2011). 토지 수탈이 발생하는 데에는 대규모 토지의 개인 간 직접 구매와 장기적 공공-민간 임차계약을 포함하여 다양한 메커니즘이 존재한다. 투자자들은 그러한 메커니즘들을 이용하여 대규모 농업관련 산업 및 채굴 기업을 세우고 그것들을 유지하거나 확장하고자 한다. "재정이 풍부하나 자원이 빈약한" 나라의 중앙정부들은 "재정이 빈약하나 자원이 풍요한" 나라들이 자국의 먹을거리, 그리고 특히 미래에 필요한 에너지를 확보하는 것을 도와주기를 기대하고 있다.

　다음 세 가지 핵심적 요인이 글로벌 토지 수탈의 최근 동력들을 뒷받침하고 있다. 1) 글로벌 인구 성장과 소득 증대로 인한 먹을거리, 사료 및 여타 산업 원료의 수요 증가, 2) 미국과 유럽연합 같은 핵심 소비 국가와 지역에서의 정책과 명령으로 인한 바이오 연료용 곡물 수요의 증가, 3) 이미 생산성 경계productivity frontier [어느 시점에 최고의 관행과 도구에 기초하여 이룰 수 있는 생산

능력의 한계 _옮긴이]상에서 작동하는 지역(미국과 중국 같은)에서 값싼 토지가 풍부한 지역(이를테면 라틴아메리카, 아프리카, 아시아)으로의 농업생산의 이전.

　많은 경우에 대규모 투자펀드를 포함한 민간 투자자들은 단지 투기적 동기에서, 다시 말해 경작 가능한 토지의 가격이 앞으로 계속해서 오를 것이라는 기대에서 토지를 획득하고 그곳에서 거주자와 사용자들을 쫓아냈다. 토지 수탈은 하룻밤 사이에 일어나지 않는다. 시장이 탈규제되어야만 (또는 창출되어야만) 하고, 국가의 법이 변화되어야만 (또는 폐기되어야만) 하고, 하부구조가 발전되어야만 한다. 이것이 바로 투자 자본이 진입할 토대를 마련하는 작업이다. 이러한 점에서 토지 수탈은 그것이 어떤 형태를 띠든 더 큰 규칙, 시장, 풍경을 재구성하는 것의 일부일 뿐이다. '수탈'은 '영토 재구조화territorial restructuring'라고 불리는 더 큰 정치적·경제적 변환의 긴 사슬에서 하나의 고리이다(Holt-Giménez, 2008).

토지가 생산할 수 있는 것과 관련한 가치). 낮은 토지 가격과 높은 지대 간의 차액 획득(차익거래)은 투자자들에게 상당한 이익을 가져다줄 것이다. 실제로 곡물을 경작하는 것으로부터 얻는 어떤 이익도 거래 이익에 비하면 부차적이다. 이것이 바로 아무것도 생산하지 않고 가치를 획득하는 능력이 자주 '지대추구 행동rent-seeking behavior' 또는 '신지대주의neo-rentism'라고 지칭되는 이유이다.

거의 모든 글로벌 통화의 가치가 하락하면서, 금채굴과 광물채취 같은 토지 인플레이션의 옛 동력들 역시 대거 복귀되었다. 자연보호는 고사하고, 탄소시장에 접근하고 농산연료를 심기 위한 토지의 '녹색 수탈green grabbing' 또한 증가하고 있다. 그러나 상대적으로 소수의 토지 수탈만이 실제로 생산 프로젝트로 귀결되었고, 이는 많은 논평자로 하여금 "토지 러시가 단지 하나의 거대한 투기 거품이 아닌가"라고 묻게 한다.

영토 재구조화: 자본주의 발전을 위한 장소와 공간의 식민화

시장이 토지를 거래 가능한 하나의 상품으로 바라보지만, 토지는 경제적·공동체적 결정이 이루어지는 사회적 공간이다. 토지는 이웃, 문화, 생계의 장소이다. 토착민들에게 토지는 그들의 영토이다. 토지는 그들의 고향이다.

토지 차익거래의 기회는 새로운 토지 — 매력적인 지대와 함께 — 가 글로벌 토지시장으로 들어옴으로써 생긴다. 그곳에서 지대는 실제로 자본화될 수 있다. 자본주의가 지대를 추구하는 자연적 경향을 가지지만, 그러한 지대는 획득하기가, 다시 말해 판매용으로 시장에 끌어들이기가 항상 쉽지는 않다. 다른 사람 또는 공동체가 토지를 이미 소유하고 있을 수도 있다. 하부구조가 제대로 갖추어져 있지 않을 수도 있다. 법, 조약, 신탁, 보존에 의해 토지 사용이 엄격히 규제되거나 토지 판매가 막혀 있을 수도 있다. 구매하고 난 다음에, 투기(지대추구) 자본이 되팔기 위해 가격을 올리는 데서 어려움에 봉착하기도 한다. 기존에 토지시장이 존재하지 않았을 수도 있고, 아니면 기존 토지시장이 경제붕괴, 전쟁 또는 부패에 의해 파괴되었을 수도 있다. 사람들과 공동체가 그들 토지의 상품화에 저항할 수도 있다.

주어진 지역으로부터 토지 가치(지대)를 획득하고 이윤(잉여)을 추출하기 위해서는 자본주의적 투자에 유리한 일련의 물리적·정치적 조건이 필요하다. 만약 그러한 조건이 존재하지 않는다면, 민간부문은 그러한 조건을 창출할 국가를 필요로 한다. 만약 국가가 약하거나 내켜하지 않는다면, 민간부문은 다국간 개발기구들로부터 도움을 받을 수도 있다.

세계은행, 미주개발은행, 아시아개발은행, 아프리카개발은행, 유럽개발은행 모두는 자본주의의 발전을 촉진하기 위해 창립되었다. 개발은행들은 개별적으로, 서로 함께, 또는 다른 다국간 기구, 정부, 초국적 기업들과 협력해서 특정 지역, 나라, 또는 영토에서 자본주의의 발전, 지대 획득, 그리고 잉여추출을 위한 조건을 창출할 수 있다. 우리는 이 과정을 **영토 재구조화**라고 지칭한다(Holt-Giménez, 2006a; 2007b).

영토 재구조화는 '영토의 논리' 또는 '자본의 논리'를 따른다(Harvey, 2003). 영토의 논리에는 민영화, 환경 인클로저(자연보호지역과 같은), 그리고 전통적 또는 공동체적 토지 소유를 개인의 사적 소유로 전환시키는 토지소유권 프로그램과 같은 활동들이 포함된다. 자본의 논리는 금융, 투자, 시장자유화, 환경 탈규제의 수단들을 활용한다. 전자는 자본이 이익을 얻기 위해 개발에 관심을 두고 있는 물리적 **장소**와 관련되어 있다면, 후자는 기업이 이익을 얻을 수 있게 해주는 자원들과 관련한 정치적 결정이 이루어지는 사회적 **공간**과 관련되어 있다.

계획 및 규제 능력이 취약한 나라가 많기 때문에, 하부구조 – 도로, 전기, 또는 개발 – 역시 영토 재구조화 수단의 하나이다. 만약 이미 사람들이 살고 있는 곳에서 영토 재구조화가 일어나면, 그것은 좋든 싫든 간에 지역사회를 완전히 변화시킬 수도 있다. 만약 영토 재구조화가 인구가 별로 없는 지역에서 일어나면, 그것 역시 좋든 싫든 간에 식민화를 촉진할 수 있다. 토지개혁과 토지소유권 프로그램들은 영토 재구조화의 일부인 경우가 많다. 일단 토지에 대한 공식 소유권이 박탈되어 원래의 거주자들에게 또는 보다 현실적으로는 통제권을 가지고 있는 소유자들에게 부여되면, 그 소유권은 판매할 수 있는 하나의 상품이 될 수 있다. 정치적 목적에 따라 영토 재구조화 프로젝트는 퇴행적일 수도 있고, 아니면 재분배적일 수도 있다.

이를테면 세계은행은 북부의 광산회사들이 금 채굴을 할 수 있게 하기 위해 과테말라 고산지대를 재구조화하는 일에 공을 들였다. 국제 금 가격이 1온스에 277달러에서 400달러 이상으로 급등한 2001~2004년 이전에는 그 부문이 소생할 가능성은 희박했다(Solano, 2005). 급이 낮고 이미 채굴되었거나 접근하기 어려운 전 세계의 옛 광산들이 갑자기 잠재적으로 수익을 낼 수 있게 되었다. 과테말라에서 금광은 그 나라의 궁핍한 토착민들 대부분의 고향인 서부 고산지대에서 발견된다.

과테말라가 수십 년에 걸쳐 내전을 겪는 동안 고산지대는 널리 알려진 섬뜩한 정부 에피소드들과 준군사적 인권 침해의 현장이었다. 1996년 평화협정에 서명한 후 세계은행은 재빨리 아르주Arzú 정부에 국가의 광산부문을 현대화하라고 충고했다. 이것은 1821년 과테말라가 스페인으로부터 독립한 이후 가장 제국주의적인 광산 규약의 하나로 이어졌다. 새로운 광산법하에서 외국인들이 회사를 100% 소유하는 것이 가능해졌고, 6% 수준의 법정 사용료가 단지 1%로 대체되었으며, 58%의 이득세가 31%로 줄었다. 가난한 소비자들이 물 값으로 매달 140달러를 내야 하는 나라에서 금광석을 소유하는 데 필요한 실제 금액은 광산회사에게는 거저나 마찬가지였다. 인가는 간소화되었고, 비록 일부 환경규제가 강화되었지만, 광업과 환경을 관장하는 부처의 규제능력을 증대시킬 수 있는 조항은 전혀 없었고, 따라서 그러한 개선은 실제로는 상징적일 뿐이었다.

1997년에 세계은행은 국가소유의 전화회사, 도로, 항만을 민영화하기 위한 조건을 준비하기 위해 설계된 1300만 달러짜리 프로젝트를 시작했다. 그것은 곧 총 1억 3300만 달러가 넘는 세 개의 프로젝트로 이어졌다. 이들 프로젝트 모두가 동일한 기간에 실시되었다. 1997년부터 2005년까지 은행은 총 8억 5900만 달러에 달하는 24개의 개별 프로젝트를 실행하며, 9년간 과테말라에 지난 40년 동안 대부된 것보다 더 많은 돈을 빌려줬다. 세계은행의 협약 이후에 실시된 프로젝트들에는 그 은행의 민간부문 대출기관인 국제금융공사

International Finance Corporation(IFC)로부터 총 1억 3900만 달러에 달하는 돈을 대출한 일곱 개 투자 프로젝트가 포함되어 있었다. 그중 최대 규모의 프로젝트 — 4500만 달러 — 는 주민들 대대수가 토착민들인 산마르코스San Marcos시에 있는 마린광산Marlin Mine을 재가동하기 위해 캐나다의 글래미스 골드 코퍼레이션Glamis Gold Corporation의 손에 돌아갔다.

세계은행 프로젝트 대출의 거의 3분의 1이 부의 흐름을 바꾸고 광물채굴의 사회적·환경적 결과 — 재건, 토지소유권, 도로 — 를 완화시키는 다양한 프로젝트를 수행하기 위해 직간접으로 서부 고산지대에 투여되었다. 그중 하나의 대규모 자연자원관리 프로젝트가 특히 기만적이었다. 세계은행이 수행한 자연자원 감사보고서는 재식림이 서부 고산지대 토착 지역사회들의 수익 창출에 가장 유망할 것이라고 판단했다. 그 프로젝트는 지역사회가 잠재적 탄소시장의 이익을 얻을 수 있도록 하기 위해 지역사회와 함께 사적 토지소유권을 공식화하는 작업을 추진했다. 이 탄소시장은 결코 현실화되지 않았다. 은행의 감사보고서는 금이 그 지역에서 중요한 자연자원이라는 것을 언급하지 않았다. 또한 그 보고서는 그 지역사회 내의 지하에 매장되어 있는 금으로부터 나온 수익의 극히 일부만 공유하더라도 탄소시장보다 그들의 부를 몇 배 더 증대시킬 것이라는 것을 언급하지도 않았다. 환경 서비스를 위한 그 가짜 시장은 그곳에 걸린 실제 수익으로부터 주의를 다른 곳으로 돌리기 위한 하나의 계략이었다.

주변 지역사회의 토착 거주민들은 마린광산을 강력하게 반대했다. 그들은 광범한 공적 회의를 개최했는데, 인터뷰한 사람들의 90%가 반대표를 던졌다. 토착 지도부의 대표단이 워싱턴으로 가서 IFC에 항의하고 세계은행에 프로젝트 자금의 지원을 중단할 것을 탄원했다. 비록 그들이 법적·물리적 재구조화가 외국의 광물채굴에 맞게 서부 고산지대를 바꾸어놓을 것이라는 점을 인식하지는 못했지만, 그들은 노동자의 유입과 시안화물 노천채굴로 인한 오염이 자신들의 토지를 황폐화시킬 것이라는 것은 알고 있었다.

토착 공동체들은 마린광산과의 싸움에서 졌다. 그 무렵에 그들은 광산이 들어오고 있고 자신들의 영토에서 이미 자본주의적 재구조화가 한창 진행되고 있다는 것을 깨달았다. 채광을 용인하는 것은 그 지역을 외국 광산업자들에게 개방하기 위해 설계된 일련의 프로젝트와 협정에서 실제로는 마지막 단계였다. 그들이 먹을거리를 재배하며 수세기 동안 살아온 토지가 다른 논리, 즉 그들이 방해물이 되는 논리의 일부가 되었다(Holt-Giménez, 2007b).

실제의 비극: 공유지와 공론장의 상실

세 세기 동안 자본은 자유로운 개발을 위해 공유지와 오픈 액세스 지역을 전유하는 전쟁을 벌여왔다. 시장팽창기에 자본은 또한 모든 형태의 공적 소유를 사유화하고 공적 결정의 권력을 자본의 욕구에 예속시키고자 해왔다. 자본이 토지, 시장, 정치로 끊임없이 진군해 왔음을 감안할 때, 4반세기 동안 신자유주의의 민영화와 탈규제가 이루어졌음에도 불구하고 오늘날 아직 전유할 공유지 또는 그것의 공론장이 남아 있다는 것은 놀랄 만한 일이다.

전 세계적으로 공론장이라는 의사결정 공간의 많은 부분이 신자유주의에 의해 파괴되어 왔음에도 불구하고, 세계 먹을거리 체계의 많은 부분이 여전히 사적 시장의 논리보다는 공동체의 논리를 따른다. 일부 나라들은 자신들의 먹을거리의 상당한 양을 외국으로부터 수입해야만 하고, 그 나라의 주민들은 국제시장의 가격 변화에 곧바로 영향을 받는다. 하지만 전체적으로 먹을거리의 약 15%만이 국경을 넘으며, 세계 먹을거리의 절반을 훨씬 넘는 양이 소농과 소작농들에 의해 생산된다. 현재 투기자와 농산연료 생산자가 8600만 에이커의 토지를 수탈했으며, 이는 광범한 저항을 불러일으켰다. 이러한 저항은 전 세계에서 사람들이 토지를, 그리고 자본의 논리 밖의 생계를 완고하게 고집하고 있다는 것을 말해 준다. 게다가 보아하니 사람들은 모든 역경에도 불구하고 자본주의 먹을거리 체계에 저항하는 하나의 수단으로 공유지를 재확립하기 위해 애쓰고 있다.

그러한 저항의 최대 사례 중 하나가 멕시코의 에히도 제도ejido system이다. 에히도는 집단적으로 관리되는 토지로, 보통 가족별로 나뉘어 있다. 1917년 멕시코 헌법에 의해 확립된 멕시코 에히도 제도는 아즈텍의 칼풀리calpulli[토지에 기반을 둔 지역의 정치사회조직 _옮긴이]와 17세기 스페인의 집단 토지관리에 그 뿌리를 두고 있다. 멕시코의 에히도는 스페인 식민주의 시대의 유물인 하시엔다hacienda 제도(봉건적 제도)[채무노예에 기초한 대토지 소유제도 _옮긴이]를 대체했다. 에히도는 토지 과두제에 대항하여 유혈혁명을 일으킨 농민들에게 토지를 제

공했다. 에히도의 성원들은 토지를 경작할 권리를 가지지만 사적 소
유권은 없었다. 공동농장의 모든 농부들ejidatarios이 소속된 에히도 의
회asamblea ejidal는 에히도의 이용 및 관리와 관련한 최고 기관이고, 의
회의 책임자들은 에히도 성원들에 의해 민주적으로 선출된다. 멕시
코의 방대한 에히도 제도는 70년 이상 동안 농민들이 토지, 먹을거
리, 생계에 접근하는 것을 보장했다. 이 제도는 멕시코 먹을거리 체
계의 중추였다. 에히도의 생산력은 산업적 먹을거리 생산부문을 훨
씬 능가했고, 1960년대에 녹색혁명을 도입한 이후에도 그랬다. 멕시
코의 대토지 이익집단들은 언젠가 자신들이 멕시코혁명에서 잃은
토지, 특히 친빈민 개혁가인 라사로 카르데나스Lázaro Cárdenas의 대통
령 재임기간(1934~1940년)에 배분된 방대한 넓이의 토지를 되찾을
수 있을 것이라는 희망을 결코 포기하지 않았다.

1991년 미국, 캐나다, 멕시코 간 북미자유무역협정North American
Free Trade Agreement(NAFTA)의 서명을 준비하면서, 멕시코 대통령 카를
로스 살리나스 데 고르타리Carlos Salinas de Gortari는 헌법으로 에히도를
폐지하고 농부들에게 개별 소유권을 부여했다. 이는 실제로는 공공
토지였던 수백만 에이커의 땅을 사유화하는 것이었다. 미국 하버드
와 케네디 스쿨에서 대학원 과정을 수학한 신자유주의 현대화론자
인 살리나스 데 고르타리는 북부 투자자들에게 (소농의 농장을 시작으
로) 멕시코 경제를 기업에 개방한다는 강력한 신호를 열심히 보냈다.
그가 바란 것은 공동농장의 농부들이 자신들의 토지를 멕시코와 북
미의 농업관련 기업들에게 팔고, 그리하여 자본주의 농장이 발전하
게 하고 멕시코 농업이 지구화된 먹을거리 레짐에 편입되게 하는 것

이었다. 너무나도 스캔들이 많았던 살리나스 데 고르타리 재임기간의 신자유주의적 정책들이 1994년 멕시코 경제를 붕괴시켰지만, 에히도 토지의 대대적인 판매로 이어지지는 않았다. 에히도의 소농들이 농업 서비스의 민영화와 함께 버려졌지만, 그리고 NAFTA가 수백만 명의 농부들을 파산시켰지만(이것은 멕시코 사람들이 일을 찾아 미국으로 이주하는 물결을 낳았다), 대부분의 에히도 농부들은 자신들의 농장을 팔지 않았다. 농장을 팔지 않게 만든 강력한 요인 중의 하나가 토지를 내놓는 것에 대한 여성들의 거부였다. 여성 공동농장 농부 ejidataria인 알리시아 사르미엔토스Alicia Sarmientos는 이렇게 진술한다.

우리는 우리가 토지에 대한 권리를 가진다는 것을 발견했다. 왜냐하면 우리가 결혼했다면, 우리의 남편들이 에히도를 팔기를 원한다고 하더라도, 그들은 우리의 동의 없이 그것을 팔 수 없기 때문이다. …… 우리는 우리가 그러한 힘을 갖는다는 것을 깨달았다. 그 힘은 엄청났다. 많은 여성이 자신의 남편이 에히도를 파는 것을 허락하지 않았기 때문이다. 게다가 남자들을 경제적 필요 때문에 일자리를 찾아 이동했다. 그들은 땅을 팔기를 원해지만, 그건 아니다! 우리는 토지를 경작할 수 있다. (Holt-Giménez, 1996a: 121)

토지와 재산의 재구조화: 공론장의 재구축

항상 팽창해야 하는 글로벌 자본의 필요성 때문에, 글로벌 자본

BOX 12

브라질의 무토지 노동자 운동(MST)

몇 가지 문제가 현대 브라질 정치에서 토지개혁만큼이나 논쟁의 대상이 되어왔다. 1970년대와 1980년대 동안 브라질 군사정부가 강요한 경제계획에 저항하며 발생한 일련의 대중운동이 브라질 국가의 개혁을 압박했다. 1984년에 여러 운동조직이 하나로 합쳐져서 강력한 조직인 브라질 무토지 노동자 운동Movimento dos Trabalhadores rurais Sem Terra(MST)을 결성했다. 1964년 토지법 ─ "토지는 '사회적 목적'에 기여해야만 한다"라고 규정하고 있는 ─ 을 이용하여, MST는 라티푼디오latifundio(대규모 사유 토지)에 속해 있는 사회적으로 비생산적인 유휴토지를 점거하는 것에서 시작했다.

사회주의적 행동주의, 해방신학, 그리고 파울로 프레이리Paulo Freire의 민중교육이론에 뿌리를 두고 있는 MST는 지금은 농업개혁을 위한 사회적 행동에 앞장서고 있다. MST는 과소활용토지와 공한지를 확인하고 점거하여 법적 소유권을 획득하고 그것들을 농업생태학을 이용하여 생산적 용도로 바꾸었다. 일단 과소활용토지가 MST가 조직한 가족들에 의해 성공적으로 점거되면, 학교, 협동조합, 신용조합이 설립되고, 토지가 과일, 야채, 곡물, 커피, 가축을 키우기 위해 경작된다. 현재 브라질 25개 주 가운데 23개 주에서 100만 명이 넘는 회원들과 함께 그 운동은 2000개의 정주지를 인가받아 37만 가족이 정착했고, 약 8만 가족 이상이 정착을 기다리고 있으며, 약 2000개의 초등·중등학교가 네트워크를 형성했고, 13개 공립 대학, 160개의 농촌 협동조합, 4개 신용조합과 협력관계를 맺고 있으며, 식품가공 공장과 소매점을 시작했다. 최근 MST는 세계사회포럼World Social Forum과 초국적 농민단체 라 비아 캄페시나La Via Campesina(LVC) 같은 국제 옹호단체 네트워크에서 하나의 영향력 있는 대변자로서 확고히 자리잡고 있다.(Carter, 2015; Wright and Wolford, 2003)

이 토지에 과잉이윤을 비축하는 경향 때문에, 그리고 현재 금융부문의 팽창 때문에, 지구 북부와 지구 남부의 농촌과 도시 모두의 먹을거리 체계에서 토지와 자원을 둘러싼 투쟁이 발생하고 있다. 사유재산 관계가 기업 먹을거리 레짐을 지배하지만, 사유재산은 공적 부문(다국간 은행, 경찰력, 하부구조, 그리고 사적 축적을 강화하고 보장하는 공적 정부권력) 없이 존재할 수 없다. 유사하게 세계의 많은 먹을거리 생산자는 공동재산 없이 생존할 수 없다. 그리고 어느 누구도 공공 영역 없이 생존할 수 없다. 오픈 액세스 자원은 공적 재산, 사적 재산, 또는 공동 재산으로 전환될 수 있다(이것이 바로 그러한 자원들이 항상 분쟁의 대상이 되고 있는 이유이다). 자본주의하에서 서로 다른 재산 형태들의 상호작용은 복잡하고 유동적이며, 서로 다른 계급 이해관계 ― 계급지배의 일부일 수 있는 ― 와 서로 다른 형태의 저항을 반영한다.

공유지는 소규모 농부·목축민·어민의 먹을거리, 섬유 및 기타 필요 자원을 보충하고, 그들의 생계비를 낮추고, 그들로 하여금 자신들의 생산물을 싸게 팔 수 있게 하고, 그리하여 그들이 대규모 자본주의화된 생산과 경쟁하는 것을 도와준다. 하지만 이러한 공유지가 주는 '보조금'은 상반된 결과를 낳을 수 있다. 만약 공유지가 생계를 위한 재화보다는 시장을 위한 재화를 생산하는 데 이용된다면, 시장에서의 낮은 가격이 공유지의 과잉착취를 낳을 수 있다. 또한 소규모 생산자나 그들의 가족 성원들이 산업 임금을 위해 일할 때, 공유지는 산업이 노동력을 보다 싸게 획득하게 해줄 수 있고, 이는 본질적으로 산업이 공유지의 보조금을 전유할 수 있게 한다. 따라서 어떤 조건하에서는 시장과 사적 부분이 공유지로부터 간접적으로 이득을 얻기도 한다. 경기후퇴나 디플레이션의 시기에 자본가들은 자본을 돈으로 소유하기보다는 자신의 부를 토지에 묻어두기 위해 공유지를 사유화하고자 하기도 한다. 만약 자본이 토지를 원하거나 노동을 필요로 한다면, 자본은 국가권력을 이용하여 공유지를 봉쇄하고 소규모 자작농들에게 자신들의 땅을 팔고 노동시장에 진입하도록 강요할 수도 있다. 따라서 공유지는 먹을거리 체계에서 전자본주의적 관계의 피난처이기도 하지만, 자본의 조작을 항상 피하지는 못한다.

자본주의 역시 마찬가지로 공공 영역과 유동적인 기회주의적 관계를 맺는다. 민간부문은 자원에 접근하고 자원을 전유하거나 훔치기 위해서는 국가의 경제적·강제적 권력을 필요로 한다. 자본주의 위기의 시기에(이를테면 수익성 있는 투자기회가 결여되어 있을 때) 민간부문은 자본을 보다 유연하게 운용하고 수익을 얻을 기회를 확보하기 위해 국가에 규제를 폐지해 줄 것을 요구한다. 그리고 금융공황이 발생할 때, 국가는 "너무 커서 망하지도 않고 너무 커서 감옥에 가지도 않는" 거대한 회사들에게 납세자들의 돈으로 긴급구제를 해준다. 호경기에조차 민간부문은 국가 보조금(이를테면 혜택의 대부분이 농식품 기업으로 돌아가는 미국 농업법)과 공공재의 민영화(공립 대학에서의 연구)에 의존하고, 민영화와 재화의 규제 없는 유통을 보장하기 위해 공적 규제 기관들(이를테면 미국 식품의약국)과 공모한다. 민간부문은 또한 사업을 하기 위해 하부구조 형태의 공적 자산에 광범위하게 의존한다.

오픈 액세스 자원들은 때때로 그 자체로 남겨지거나(이 경우 그 자원들은 자주 서로 다른 사용자들 간에 분쟁의 대상이 된다), 국가의 통제 하로 들어가서 사유화되거나, 공공 영역에 자리를 잡기도 한다. 북극의 석유시추 개시, 탄소배출권 매매, 사하라와 적도 열대우림의 방대한 '무인 토지'가 그러한 사례들이다. 어떤 경우에는 자본이 외부효과에 대해 비용을 지불하지 않기 위해 또는 규제를 받지 않고 부를 추출하기 위해 오픈 액세스의 무한경쟁을 선호하기도 한다. 때때로 자본은 자원에의 접근을 용이하게 하기 위해 국가의 자원과 규제력을 필요로 하기도 한다.

자유자본주의 국가의 사적 소유 관계하에서 모든 경제적 행위자는 사업을 할 **동등한 권리**를 갖는다. 공적 소유 관계와 함께 모든 행위자는 **동등한 투표권**을 갖는다. 공동 소유 관계에서 모든 행위자는 **동등한 권력**을 갖는다. 이것은 자본주의하에서조차 공유지가 지속되는 이유를 설명하는 데 도움을 준다.

사유재산을 교환하는(사고파는) 메커니즘은 시장이다. 공적 재산과 공유지 모두에 발생하는 것을 결정하는 메커니즘은 공론장이다. 시장이 없다면 사유재산은 시들거나 죽을 것이다. 공론장이 없다면 공적 재산과 공유지는 결국 모두 사라질 것이고 사회의 미래는 어떤 기업이 대부분의 시장권력을 장악하는지에 달려 있을 것이다. 신자유주의적 민영화가 진행된 지난 30년 동안 우리는 공적 및 공동 재산 자원 가운데서 수조 달러가 기업이 지배하는 민간부문으로 이전되는 것을 목도하기만 한 것은 아니었다. 그 기간 동안 우리는 또한 공론장 ― 공동체 생존의 토대인 ― 이 계속해서 부식하는 것을 목도하기도 했다. 마을사람들이 하나가 되어 토지에 기초한 자원들을 관리하던 멕시코 에히도 의회가 사라졌다. 아이들의 교육에 지역사회가 관여하던 부모-교사 협의회가 사라졌다. 환경건강 및 기타 많은 문제들을 다루던 지역사회 건강위원회도 사라졌다.

소유는 사회적 관계만을 반영하는 것이 아니다. 그것은 하나의 사회적 관계이다. 공적 소유와 공동 소유를 복원하고자 하는 모든 프로젝트는 반드시 공론장을 되찾고 강화하기 위한 일을 해야만 한다. 우리의 시민적 삶을 재구축하고자 하는 모든 노력은 또한 소유를 재구조화해야만 한다.

제4장

/

자본주의, 먹을거리, 그리고 농업

광산으로 부자가 된 한 사람 때문에

수백 명이 가난해졌다는 것을 알았기에

나는 농사를 짓기로 마음먹었다네.

유일하게 확실한 그 일을!

— 미국 북서부의 민요 「늙은 정착자의 계획」,

1874년경에 프랜시스 D. 헨리가 쓴 곡

유럽에서 자본주의가 출현한 지 200년이 지나서도 '자본주의 농업'라는 용어는 여전히 대체로 모순어법이었다. 양털을 빼고는, 그리고 가죽, 면화, 담배, 커피, 차, 설탕의 식민지 무역을 제외하고는 농업에서 자본주의적 직접 투자는 거의 없었다. 먹을거리는 싸게 팔리는 어떤 것(그리고 농지는 고가로 임차되는 어떤 것)이었지만, 농업 자체는 신흥 자본가계급에게 현명한 투자대상으로 고려되지 않았다. 오늘날 세계의 많은 부분에서, 그리고 많은 점에서 자본주의 농업은 여전히 용어상으로는 하나의 모순이다. 그 이유는 투입물

(종자, 도구, 기계류, 비료)을 판매하는 기업은 아주 수지맞을 수 있지만, 농업 자체는 자본주의적 투자에 일정한 장애물이기 때문이다.

한편 농업과 자본주의 간의 이러한 긴장은 사회적·환경적 난제로 가득 찬 비합리적인 자본주의 농업을 산출해 왔다(Magdoff, 2015). 다른 한편 그것은 전 세계적으로 "소농[과 소규모 상품생산을 지속"시켜 왔다(Edelman, 2000). 오늘날 수세기 동안 자본주의가 지속되었음에도 불구하고, 대규모 자본주의 농업은 세계 먹을거리 공급의 3분의 1도 생산하지 못한다. 그것도 대부분 수백만 달러의 보조금과 보험 프로그램에 의해 가능한 것이었다. 소작농과 소규모 자작농들이 경작 가능한 땅의 4분의 1 이하를 경작하고 있음에도 불구하고, 그들이 여전히 전 세계 대부분의 사람들을 먹여 살리고 있다(GRAIN, 2014).

농업에 대한 자본주의적 투자의 장애물들

농업은 위험한 사업이다. 가뭄, 홍수, 한파, 해충 발생과 같은 환경 요소들이 농업을 좋지 않은 내기의 대상으로 만든다. 농부들은 값싼 원료를 생산하기 위해 값비싼 산업화된 생산물들(기계류, 화학물질, 유전자 변형 종자)을 구입해야만 하고, 이는 일반적으로 낮은 수익으로 귀결된다. 자본주의하에서 농업은 과잉생산되는 경향이 있다. 지난 반세기 동안 세계는 지구상의 모든 남자, 여자, 아이를 먹여 살리는 데 필요한 먹을거리의 1.5배를 생산해 왔다. 지구 북부에서의 과잉생산은 농업상품의 가격을 꾸준히 떨어뜨려 왔다. 대부분의 산업에서 상품은 서로 간에 '가격전쟁'을 피하기 위해 노력하는 소수의 독점기업에 의해 조작된다. 농업에는 너무나도 많은 농부가 존재해서 그 같은 기업 간 행동을 할 수 없고, 어떤 단일 농부나 농부 집단도 공급을 줄이거나 늘림으로써 가격에 영향을 미칠 수 있을 만큼 먹을거리의 공급을 충분히 통제할 수 없다. 농부들은 자신들이 받는 가격을 받아들일 수밖에 없다. 개별 농부들은 자신들의 고정비용을 충당해야만 하고, 가격을 올리기 위해 스스로 생산을 억제할 수도 없다. 정부 프로그램이나 마케팅 위원회가 상품가격이 떨어지는 시기에 생산을 제한하지 않는 한, 농부들은 정반대로 할 것이다. 즉, 그들은 고정비용을 충당하기 위해 더 많이 생산할 것이다. 농부들이 낮은 가격에서 '벗어나려고' 노력하면, 그 결과 가격은 훨씬 더 낮아진다.

상품가격을 안정시키기 위해 자본주의 정부는 가격지원 및 공급관리 프로그램들을 실행한다. 그러한 정책들은 토지를 생산에서 제외시키기 위한 '휴경농지 보상제도', 곡물비축, 그리고 시장공급을 관리하기 위한 마케팅 위원회와 상품협정 같은 형태를 취할 수 있다. 정부는 과잉곡물을 수매하여 그 곡물이 시장에 공급되는 것을 막을 수도 있다. 이것은 과잉공급을 흡수하여 농부들에게 가격을 올려주는 데 도움을 준다. 관세와 보조금 역시 가격을 관리하는 데 이용된다. 보조금은 특히 곡물회사와 가공업자들이 좋아한다. 왜냐하면 보조금은 납세자들로 하여금 직접 지불 형태로 농부에게 돈을 지불하게 하여 곡물회사와 가공업자들이 농산물을 싸게 매입할 수 있게 해주기 때문이다.

보조금은 환경단체들에 의해 자주 비판받는다. 환경단체들은 보조금이 값싼 농산물의 과잉생산을 부추기고 그 보조금이 주로 대규모 경작 농부들에게 돌아간다고 주장한다. 진실은 낮은 가격이 과잉생산을 하게 만들고 그 결과가 보조금이라는 것이다. (공급 및 가격과 관련한 다른 주요 구조적 변화 없이) 보조금을 없애는 것은 소규모와 중간규모 농부들을 폐업하게 만들 가능성이 크고, 따라서 점점 더 큰 농장들로 농장이 통합되는 것을 촉진한다. 그러한 수단들 모두는 인기를 끌다가 지지를 잃었고, 기본적으로는 동일한 모순을 해결하고자 하는 곡물보험과 같은 다른 수단들로 대체되었다. 일정한 형태로 공급 및 가격을 관리하지 않으면 농부들은 일반적으로 자신들의 생산을 늘리고, 따라서 상품가격은 훨씬 더 떨어진다. 그다음에 농민들은 가능하다면 더 높은 가격을 받는 작물로 경작품목을 바꾸고, 그리하여 호황-불황의 사이클이 다시 시작된다.

농장 프로그램들이 농부들에게 안정적인 적정 수입을 보장하고 그들로 하여금 적절한 가격의 건강한 먹을거리를 공급하게 할 수 있는가? 물론 그렇게 할 수 있다. 하지만 불행하게도 자본은 농부들의 적정 수입을 보장하는 데 투자하는 것이 아니라 농업으로부터 이윤을 얻는 데 투자한다. 은행은 대출을 해주고, 종자회사와 화학회사는 교배종 종자, GMO, 비료, 농약을 판매한다. 곡물회사는 옥수수, 밀, 콩을 사서 가공한다. 그들 모두는 개별 농부의 흉작을 걱정할 필요가 없다. 하지만 위험을 감수하는 자본가들이 행운을 얻는 것 아닌가! 아마 그것이 사실일지도 모른다. 그러나 농업에는 위험이 산재하고 운은 드물다.

자본이 일반적으로 농업에 직접 투자하기를 피하는 이유 중 하나는 토지에 기초하는 생산의 '고정성' 때문이다. 농부들은 자신들의 땅, 울타리, 헛간, 농장건물, 지역 지식을 통해 토지와 결합되어 있다. 어떤 농장이 손해를 보고 있을 때, 노동착취 공장처럼 그 농장은 곧바로 사업을 접고 해외의 '자유기업 지대'로 이전할 수 없다. 또 다른 큰 어려움은 숙련된 계절노동과 제때에 계약을 맺는 일이다. 매년 시즌 내내 온종일 곡물을 수확하는 데 필요한 지구력과 기민함을 겸비한 사람은 거의 없다(Bardacke, 2011). 또한 농부들은 가격 결정자이기보다는 가격 수용자이다. 왜냐하면 대부분의 농산물이 쉽게 부패하기 때문에, 농부들은 가격을 올리기 위해 시장에 자신들의 생산물을 내놓는 것을 유보할 수 없으며, 어떤 일이 일어나더라도 (그것이 설사 손해를 의미한다고 하더라도) 그 상황을 받아들일 수밖에 없기 때문이다. 이 모든 요소가 자본의 직접 농업투자에 역逆유인으로 작용한다.

그러나 자본의 입장에서 보면, 농업에는 그보다 훨씬 더 큰 장애 요인이 존재한다. 농업생산 과정의 중심에는 노동시간과 생산시간의 분리라는 골치 아픈 문제가 자리하고 있다.

> 노동시간은 항상 생산시간, 다시 말해 자본이 생산영역에 매여 있는 시간이다. 그러나 반대로 자본이 생산과정에 관여하는 모든 시간이 반드시 노동시간인 것은 아니다.(Marx, 1967, vol. 2: 238)

이것이 농업에 의미하는 바는, 노동과 자본이 땅을 준비하고 곡물을 심기 위해 '선불로' 투자되고, 그다음에는 관개하고 경작하고 농약을 주는 등의 일을 위해 단지 간헐적으로만 투자된다는 것이다. 그러한 노동을 필요로 하는 모든 활동의 총합이 '노동시간'이다. 그러나 하나의 곡물을 수확하는 데까지는 노동시간의 총합보다 더 오랜 시간이 걸린다. 왜냐하면 농업생산은 또한 물, 자양물 흡수, 광합성과 같은 느린 자연과정에 의존하기 때문이다. 가축이 시장에 출하할 몸집에 이를 때까지 성장하기 위해서는 시간이 걸린다. 따라서 완전한 농업생산 시간은 곡물을 생산하는 데 투자하는 노동시간의 양보다 훨씬 더 많다.

이 자연시간의 소비과정은 농업생산에서 필수적인 부분이다. 하지만 이 기간 동안 자본은 움직이지 못하고 생산과정에 결박되어 있다. 한 시간 또는 하루를 단위로 하여 속도를 빠르고 느리게 조절할 수 있는 공장과 달리, 농장은 항상 가격 신호에 맞추어 농장의 운용을 세밀하게 조정할 수 없다. 농업 연도 내에 시장 변화에 따라 노동과 투입비용을 조정하는 것이 어렵거나 불가능하다. 그러나 훨씬 더 기본적인 사실은 잉여가치 – 자본주의의 성배 – 가 **노동이 상품으로 흡수될 때에만 창출된다는 것이다.** 잉여가치는 농부와 노동자가 손으로든, 도구와 기계 – 과거 어느 땐가 노동에 의해 만들어진 – 를 이용해서든 노동을 수행할 때 발생한다. 노동이 생산과정에 이용되지 않을 때, 자본은 그 본질상 놀고 있다.

자본주의 농업은 농장을 공장처럼 운영하기 위해 할 수 있는 모든 것 – 노동과 전문지식을 기계로 대체하는 것에서부터 쉽게 수확하고 빨리 성장하고 오랫동안 저장할 수 있게 만들기 위해 곡물의 표현형phenotype[유전자와 환경의 영향에 의해 형성된 생물의 형질 _옮긴이]을 표준화하는 것에 이르기까지 ─ 을 다 한다. 그러나 자본주의 농업의 핵심 목적은 노동시간과 관계된 생산시간을 단축하는 것이다. 수전 만Susan Mann과 제임스 딕킨슨James Dickinson은 자신들의 독창적인 논문 「자본주의 농업 발전의 장애물들Obstacles to the Development of Capitalist Agriculture」에서 그러한 목적이 어떻게 한편에서는 매우 독특한 형태의 고도로 자본주의화된 대규모 생산을 낳으면서도 다른 한편에서는 소규모의 '소상품 생산'을 지속시켜 왔는지를 설명한다.

> 농업의 자본주의화는 생산시간을 성공적으로 줄일 수 있는 영역에서 가장 급속하게 진척된다. 역으로 …… 생산시간과 노동시간이 일치하지 않는, 융통성이 거의 없는 영역은 대규모 자본에 매력적이지 않은 것으로 판정될 가능성이 크고, 따라서 거의 소생산자들의 수중에 남아 있게 된다.(Mann and Dickinson, 1978: 473)

이를테면 자본주의 축산기업은 닭고기, 돼지고기, 소고기가 시장에 출하될 때까지 걸리는 시간을 선택 번식, 항생물질, 호르몬을 이용하여 크게 줄여왔다. 전통적인 가축 품종과 전래된 곡물 품종은 더 맛이 있을 수는 있지만, 산업화된 가축과 곡물 품종보다 자라는 데 훨씬 더 많은 시간이 걸린다. 새로운 GMO 연어는 맛이 더 좋지는 않지만(그리고 환경에 더 좋지도 않지만), 그 물고기가 시장에 출하하는 크기로 자라는 데 야생 연어의 절반의 시간밖에 걸리지 않기 때문에 개발되었다.

만과 딕킨슨이 지적하듯이, 노동시간과 생산시간이 분리되어 있다는 것의 이면이 바로 '소생산자들' — 자본주의 농업의 가장자리에서 경작하는 소작농, 소규모 자작농, 가족 농장 — 의 지속이다. 이러한 경작 단위들이 산업 농장보다도 (헥타르당 킬로그램과 에이커당 파운드에서) 더 생산적일 수 있다. 왜냐하면 소규모 자작농들은 매우 작은 구획의 토지에서 자신들이 할 수 있는 일을 최대한 해야만 하기 때문이다(Rosset, 1999). 이들 농부는 산업 농업과는 달리 자신들이 점점 더 많은 지역을 경작함으로써 전반적인 생산을 증대시킬 수 없기 때문에 생산성을 강화한다. 그들은 가족노동을 이용하고 낮은 외부 투입물을 이용하여, 즉 농업생태적 방법을 이용하여 비용을 절감한다. 그들은 틈새시장을 발견하는 재주를 가지고 있다. 그러나 저자본주의화된 소규모 농장이 전 세계에 15억 개나 존재한다는 것 — 그중 많은 것이 산업 농장보다 덜 생산적이다 — 은 또한 노동시간과 생산시간의 분리 때문에 최소한 지금까지는 자본이 그저 다른 곳에 투자되어 왔다는 사실을 보여준다.

자본의 실제 경작 회피와 농업의 기술적 발전은 또한 전적으로 상품생산에 종사하는 대규모 가족 농장 부문을 낳아왔다. 미국의 경우 농장의 97%가 가족 소유이고, 전체의 87%가 대체로 가족노동에 의존한다. 3%의 비가족 기업농장의 대부분은 소수의 동업자들로 단단하게 결합되어 있다(MacDonald, 2014).

오늘날 지구 남부뿐만 아니라 지구 북부의 소규모 자작농들은 자신들이 생산한 곡물의 일부 또는 전부를 상품으로 팔기 때문에 자본

BOX 13

농업 쳇바퀴

지난 100년 동안 농부들은 랜드그랜트 대학land-grant university [정부로부터 무상으로 토지를 불하받아 설립된 대학 _옮긴이], 미국 농무부, 농업관련 대기업들로부터 수익증대의 약속과 함께 새로운 기술을 계속 제공받아 왔다. 윌러드 코크런Willard Cochrane은 그러한 새로운 기술의 계속적인 적용이 결국에는 농부들이 생존하기 위해서는 올라타야만 하는 '기술 쳇바퀴technology treadmill'를 만들어냈다는 것을 발견했다(Levins and Cochran, 1996). 존 이커드John Ikerd 교수는 2002년 미주리 농부연합 연례회의Missouri Farmers' Union Annual Conference 발표에서 그 쳇바퀴의 내적 작동을 다음과 같이 요약했다. "그러한 기술은 항상 더 많은 자본을 요구하지만 노동과 관리를 줄여서 각 농부들이 전체 생산을 늘리면서도 단위당 생산비용을 줄일 수 있게 해준다. 하지만 점점 더 많은 농부가 그러한 새로운 기술들을 채택함에 따라 생산이 증가하고, 그리하여 가격이 떨어진다. 가격 하락은 다시 초기 채택자의 수익을 없애버리고, 채택을 거부하거나 너무 늦게 채택한 사람들을 퇴출시킨다. 이 '기술 쳇바퀴'가 주기적으로 되풀이되는 과잉생산을 야기해 왔고, 수십 년 동안 농부들로 하여금 토지를 떠나게 해왔다"(Ikerd, 2002).

선진 산업 기술들은 경작 규모를 계속해서 확대하게 만든다. 자신들의 경작지를 넓히기로 결심한 농부들 중 많은 사람이 새로운 기술에 요구되는 대부분의 자본투자금을 조달하기 위해 큰 빚을 진다. 전문화된 기계에 대한 이 같은 투자는 단일작물을 재배하게 하고 윤작을 포기하게 한다. 왜냐하면 농부들이 동일한 작물을 베고 거두어들이도록 설계된 자신들의 비싼 장비를 최대한 이용하고자 하기 때문이다. 이 기술 쳇바퀴와 유사한, 그리고 이 기술 쳇바퀴에 내재하기조차 하는 것이 '화학 쳇바퀴chemical treadmill'이다.

농업에서 화학 농약이 전체 비용을 낮출 것이라는 (화학회사의) 말에 처음에는 많은 농부가 화학 농약을 채택했다. 하지만 화학 농약과 비료의 계속된 사용은 결국에는 비용을 증가시킨다. 왜냐하면 해충이 화학물질에 내성을 갖게 되고 비료가 지극히 중요한 자양물을 토양에서 고갈시키기 때문이다. 2차 해충(전에는 주요한 해충이 아니었지만 표적 농약의 사용으로 인해 그 해충의 천적이 전멸함에 따라 주요 해충이 된 생물체)의 창궐과 비료 남용으로 인한 토질 변화는 작물들을 질병과 피해에 더욱 취약하게 만든다. '슈퍼 박테리아'와 '슈퍼 잡초'가 화학물질의 광범하고 계속된 사용에 대응하여 진화함에 따라, 농부들은 작물 손실을 표준 비율로 유지하기 위하여 매년 점점 더 많은 농약을 구입하는 것 말고는 선택지가 거의 없게 된다.

농부, 농장 노동자, 농촌 거주자는 결국 새로운 기술 및 화학물질과 관련된 위험 — 그 위험이 경제적이든 것이든, 환경적이든 것이든, 또는 건강과 관련된 것이든 간에 — 을 부담하는 사람이 된다. 그와 함께 금융 이득은 농외 자본에 비대칭적으로 축적된다. 농부와 달리 농장 투입물 공급 부문은 농부들의 생산소득과는 무관하게 자신들의 제품이나 기술을 팔 때 수익을 얻는다. 그렇다면 왜 그 쳇바퀴에서 그냥 뛰어내리지 않는가? 산업 농업 쳇바퀴에서 내리는 것은 결코 간단한 일이 아니다. 소규모 가족 농장들이 폐업하고 생산이 점점 더 대규모 상업 농장들에 집중됨에 따라, 농부들로 하여금 맨 처음에 쳇바퀴에 올라타게 만든 비용-가격 압박은 그 강도가 감소하기보다는 오히려 증가해 왔다.

주의 시장과 상호작용한다. 하지만 남부에서 (그리고 점점 더 북부에서도) 그들은 또한 글로벌 시장을 피하기 위해 노력한다. 왜냐하면 그들이 산업 농업과 경쟁할 수 없기 때문이다. 오히려 그들은 지방이나 지역적으로 구축된 시장에서 팔거나 물물교환하거나 가치를 부가하기 위해 소규모로 자신들의 생산물을 가공한다. 그중 많은 사람이 자본주의화 도식과 산업적 강화를 피함으로써 비용과 위험을 낮추고자 한다. 이는 시장에서 판매할 산출물은 더 적게 생산하지만 농장에 더 높은 수입을 제공할 수도 있는 여러 경작 양식을 낳는다. 그리고 그러한 경작 양식은 엄청나게 이질적인 관행들에 반영되어 있다(van der Ploeg, 2010). 전 세계 농부들의 대다수를 구성하는 이 소상품 생산자들은 자본주의 농업이 시작된 이래 존재해 왔다. 전체 생산에서 그들이 차지하는 비율이 감소해 왔지만, 오늘날 전 세계에는 한 세기 전만큼이나 많은 소규모 자작농이 존재한다.

투자 기회: 경작하지 않기

다른 한편 농업에서 작동하는 자본주의적 발전의 장애물들은 머지않아 먹을거리 체계에서 자본주의적 발전의 기회가 된다. 농식품 부문은 실제로 경작의 위험과 한계에 부딪치지 않고도 이익을 낼 수 있는 기술이나 서비스를 발명하는 데 대단히 능란하다(Walker, 2004). 자본은 금융화를 통해 위험을 떠맡지 않고도 토지를 수익을 창출하는 데 이용할 수 있다. 금융화는 투자자와 투기자들에게 실제로 경작을 하지 않고도 토지와 작물로부터 수익을 얻을 수 있는 기회를 제공한다(Fairbairn, 2014).

농업의 시장 위험조차 자본에는 하나의 기회이다. 농산품 **선물**거래가 하나의 예이다. 상품 구매자는 수확기에 농부의 생산물에 특정 가격을 지불하기로 약속한다. 농부들은 수확하기 오래 전에 가격을 보장받을 수 있다. 선물 구매자들은 자신들이 농업상품(밀, 옥수수, 또는 삼겹살 같은)을 판매할 때의 실제 가격이 자신들이 선물을 샀을 때의 가격보다 더 높을 것으로 추측한다. 이것은 계절별 가격 차이에서 돈을 벌거나 잃는 방법의 하나이다. 심지어는 선물 상품의 가치가 오르거나 떨어지는 것에 대해 돈을 거는 시장도 있다. 이 금융화된 시장의 가치는 2008년 글로벌 먹을거리 위기 이후 기하급수적으로 증대해 왔다. 먹을거리 상품의 엄청난 변덕이 이 시장기회를 추동해 왔다.

노동시간과 생산시간의 분리 때문에 자본이 농업에 침투하는 가장 손쉬운 방법은 **전유주의**appropriationism와 **대체주의**substitutionism라

BOX 14

먹을거리의 금융화

먹을거리 가격의 극단적이고 급격한 상승으로 인해 거의 30개 국에서 시민소요와 폭동이 발생했던 2007~2008년 글로벌 먹을거리 위기는 전 세계적 관심의 대상이 되었다. 이 위기는 기관, 학자, 활동가들 사이에서 위기의 근본적인 체계적 원인에 대한 국제적 논쟁을 유발했다. 분석가들은 먹을거리 가격 상승의 원인을 여러 요인이 한데로 수렴하는 '퍼펙트 스톰perfect storm'[매우 드문 일들이 겹쳐서 일어나면서 상황을 극단적으로 악화시키는 사태를 일컫는 말 _옮긴이]에서 찾았다. 그러한 요인들 중 하나가 농업상품 시장에서 일어난 금융투기현상이었다. 세계 먹을거리 경제는 농업상품 선물거래를 통해 수세기에 걸쳐 금융시장과 연계되어 있었지만, 국제금융기관들 － 은행, 금융서비스 회사, 대규모 기관 투자자들 － 이 이전에는 분리되어 있던 상품시장에 개입하기 시작함에 따라 '금융화' 추세가 증가하기 시작했다.

150년 전에 미국에서 발전한 농업 선물시장은 1920년대 이후 연방(미국 상품선물거래위원회)의 규제를 받았다. 선물시장은 두 당사자 － 미래에 정해진 가격에 인도하기로 하고 특정 상품을 사고파는 데 합의한 판매자(농부)와 구매자(식품 가공업자와 제조업자, 제분소, 정육업자) － 간에 중요한 연결고리를 제공하기 위해 발전했다. 가장 기본적인 수준에서 보자면, 농업 선물시장은 농부가 공급이 많고 가격이 낮은 수확 시기에 자신의 모든 작물을 팔아야만 하는 것을 피할 수 있게 해준다(Food and Water Watch, 2009). 대신에 판매자와 구매자 모두는 교환 시점에 앞서 정해진 가격을 보장받기 때문에 선물시장은 당사자 모두로 하여 금 변덕스러운 가격과 계절적 파동에 대비하고 그 위험을 줄일 수 있게 해준다.

1990년대 이후 상품시장의 탈규제는 상품에 대해 물질적 관심을 가진 사람들(농부와 식품 가공업자)과 상품에 대해 금융적 관심을 가진 사람들(순전히 투기적인 투자은행가와 금융자산 관리자) 간의 구분을 모호하게 만들었고, 그리하여 그 두 집단이 동일하게 취급되었다. 투기적 투자자의 경우, 농업 파생상품은 그 상품이 표상하는 농업생산물과 관련된 것이 아니라(그들은 옥수수, 콩, 또는 밀과 전혀 접촉하지 않을 것이다) 그것이 제공하는 금융 기회와 관련된 것이다. 글로벌 먹을거리 위기 직전에 월스트리트의 투기적 투자는 유동성뿐만 아니라 시장의 변동성까지도 증가시켰다. 2006~2008년 동안 쌀의 세계 평균 가격은 217%, 밀은 136%, 옥수수는 125%, 콩은 107% 폭등하여 전 세계에서 수백만 명의 사람들을 극단적 빈곤층과 기아민으로 만들어버렸다(Clapp, 2012). 미국에서는 2008년에 식료품점의 식품가격이 6.6% 올랐고, 시리얼과 빵 가격이 11.7% 올랐다. 이는 근 30년간에 가장 크게 오른 것이었다(Food and Water Watch, 2009).

비록 보편적으로 받아들여지지 않지만, FAO, UNCTAD, G20, EU, 세계은행을 포함한 많은 주요 글로벌 기구들은 금융투기가 먹을거리 가격 변동성에 중요한 몫을 하고 이로 인해 수입의 4분고 불리는 것을 통해 생산과정의 상류지점과 하류지점에 투자하는 것이다(Goodman, Sorj and Wilkinson, 1987). 상류(생산) 쪽에서 자본은 농업생태적 관리관행(이를테면 녹비, 지피작물, 가축에 기초한 시비施肥, 생물학적·생물다양성 형태의 해충통제, 농장재배 종자의 사용)을 합성비료, 농약, 유전자 조작 종자로 대체함으로써 농장 노동과정을 꾸준히 **전유한다.**

경작의 하류 쪽(상품화, 가공, 소매, 소비)에서는 자본은 생산자-소비자의 직접 관계를 구매자, 도매업자, 운수업자, 중개상, 포장업자, 협동조합, 그리고 (슈퍼마켓의 선반, 레스토랑의 접시, 패스트푸드 용기에 놓이기 전에 농장 생산물을 통조림 제조업자, 병입자, 포장업자에게 보내는) 재배자-수송업자의 복합체로 **대체한다.** 농장 생산물 역시 기본 성분(단백질, 탄수화물, 오일)으로 분해되어 청량음료, 가공식품, 또는 화장품과 같은 산업 제품으로 재조합된다. 농장 부문에서 발생하는 과잉생산 경향은 계속해서 증가하는 생산량에 대처하여 새로운 시장이 개발되어야만 한다는 것을 의미한다. 캘리포니아 농업에 대한 리처드 워커Richard Walker의 획기적인 연구가 지적하듯이, 대체주의의 수익성은 양질의 작물을 싸게 그리고 믿고 사고, 생산물을 경로를 따라 효율적으로 이동시키고, 공장과 레스토랑에서 가공을 통해 가치를 부가하는 것에 달려 있다(Walker, 2004). 농업의 복잡한 가치사슬value chain의 어느 한쪽을 따라 수직적으로 통합할 수 있는 기업은 더 큰 자본 효율성으로 보상받는다.

　하류의 대체과정은 농장 생산물을 생산자 - 생산물 - 소비자의 직접 관계를 강력한 슈퍼마켓 부문에 의해 판매되는 일련의 방대한 식품을 위한 기본 성분들로 **외파**explode한다. 상류, 즉 전유는 복잡한 농장 노동과정을 점점 더 적은 투입물로 **내파**implode함으로써 정반대로 작용한다. 이를테면 몬산토는 GMO 종자에 바킬루스 투링기엔시스Bacillus thurengensis(Bt)[토양 내에 사는 그램 양성 박테리아로, 흔히 생물학적 농약으로 사용된다 _옮긴이] 유전자와 글리포세이트glyphosate(강력한 세초제)에 내성이 있는 유전자를 삽입해 왔다. Bt 유전자는 농약을 대체하고, 글리포세이트 내성 유전자는 제초제에 잘 견딜 수 있게 한다(적어도 곤충이 Bt에 내성을 발전시키고 잡초가 글리포세이트에 내성을 발전시킬 때까지). 심지어는 '황금 쌀'과 'GM 바나나' 같은 작물을 **생물영양강화**하고자 하는 인도적 노력 — 작물에 비타민을 주입하고자 하는 시도 — 조차도 다양화된 식생활(그리고 다각화된 경작체계)을 대체하기 위한 것이다. 이것은 점점 더 비타민이 풍부한 소수의 품종을 재배하게 하고 식생활의 다양성 역시 상실하게 한다. 유전자 조작을 통해 해충과 잡초에 강하고 비타민을 포함하고 가뭄에 견디는 (여러 도입된 특성을 갖는) 보다 '강화된' 종자를 도입하고자 하는 충동은 전유주의가 다양한 경작체계와 복잡한 농장, 노동, 관리과정을 어떻게 대체하여 농장들이 하나의 단일 종자 상품을 생산하게 만드는지를 보여주는 하나의 고전적 실례이다.

농업관련 사업과 농식품 부문으로의 자본집중은 신용, 농장 투입물, 서비스, 가공, 유통, 소매를 통제하는 수십억 달러의 독점체들을 낳아왔다. 그러한 기업들이 끝없이 팽창하면서 농업의 노동과정과 생산과정으로 하여금 자본주의의 전유와 대체의 논리, 그리고 점점 더 글로벌 금융자본의 논리에 순응하게 만들어왔다. 이것은 농업생산의 가치에서 농부가 차지하는 몫을 꾸준히 감소시켜 왔다. 1910년에는 미국 농부가 먹을거리 달러의 40% 이상을 차지했으나, 1990년경에는 그들의 몫이 10% 이하로 떨어졌다(Gliessman, 1998; Altieri, 1990).

계약 경작

자본이 경작 위험에 개입하지 않고 농업으로부터 수익을 얻는 한 가지 방법은 계약 경작 제도를 이용하는 것이다. 소작과 차지 경작의 근대적 형태인 계약 경작은 농부가 특정 기업에 자신들의 생산물의 배타적 매입권을 주는 기한부 협약의 하나이다. **시장특화 계약**market-specification contract을 통해 기업은 가격과 품질과 관련한 협약에 기초하여 생산자에게 구매자가 된다는 점을 확약한다. 그리고 **자원제공 계약**resource-providing contract을 통해 기업은 또한 생산자에게 투입물(비료, 갓 부화한 새끼, 또는 기술적 지원과 같은)을 제공한다. 기업이 모든 투입물을 제공하고 모든 생산물을 구매할 경우, 기업이 본질적으로 생산과정을 통제하는 반면, 농부는 기본적으로 토지와

BOX 15

계약 축산과 가금류 생산

가금류 생산자들은 자주 수년 간 닭을 기업에 인도하기로 확약하는 계약을 맺고 사업을 시작한다. 그 계약에 기초하여 그들은 자주 연방정부의 지원으로 많은 대출을 받아 자신들의 땅에 계사를 짓는다. 가금류 회사는 닭과 사료를 인도하고 농부에게 닭을 어떻게 키울지에 대해 말한다.

이 교환에서 농부는 닭의 배설물을 처리해야 하고, 더 많이 생산하는 농부가 파운드당 더 많이 지불받고 더 적게 생산하는 농부가 덜 지불받는 '토너먼트' 시스템 속에서 이웃들과 경쟁해야 하며(Charles, 2014), 닭 사육 사업을 시작하기 위해 진 빚을 갚기 위해 노력해야만 한다. 농부들은 일반적으로 가금류 무리별로 계약을 맺는다. 그들은 건축비 대출금을 갚기 전에 계약을 해지당할 수도 있다. 이것은 회사로 하여금 농부에게 엄청난 영향력을 행사할 수 있게 해준다. 왜냐하면 기본적으로 양계장은 닭을 키우는 것 이외에는 무용하고, 농장은 갚아야 할 건축비 대출금을 안고 있기 때문이다.

이러한 난제가 가금류 농부에게만 영향을 미치는 것이 아니다. 그것은 양돈업에서도 발견된다. 그러나 가금류에서 문제가 가장 심각하다. 왜냐하면 닭 생산이 가장 오랫동안 통합된 시스템하에서 운영되어 왔기 때문이다. 실제로 많은 사람이 돼지에서 일어나고 있는 일을 양돈업의 '치킨화chickenization'라고 부른다. 유사한

> 변화의 징후가 우시장에서도 발생하기 시작하고 있다(National
> Sustainable Agriculture Coalition, 2016).

노동을 제공한다.

> 계약 경작은 농업상품 체인 내의 수직적 통합의 한 형태로, 기업이 수
> 량, 품질, 형질, 생산시기뿐만 아니라 생산과정을 통제한다. 다양한
> 형태를 취하는 계약 경작은 기업으로 하여금 직접 생산에 참여하지
> 않은 채 생산과정과 생산물에 대해 일정 정도 통제할 수 있게 해준다.
> (Prowse, 2012: 9)

인도의 파인애플, 브라질의 패션 플루트, 태국의 아스파라거스,
캐나다의 육우용 송아지 농장, 그리고 전 세계적으로는 곡물, 야채,
아몬드, 초콜릿, 사탕수수, 야자유, 소, 가금류, 돼지가 자주 가족 농
부 또는 '소생산자'와 거대 기업 먹을거리 가공업자(펩시, 캐드버리
Cadbury, 델몬트, 퍼듀Purdue, 타이슨Tyson 같은) 간의 계약하에 재배되고
사육되고 있다. 거기에는 신용, 설비, 투입물, 수량, 품질, 가격과 관
련한 서로 다른 유형의 많은 제도가 존재한다.

모든 계약 경작에는 두 가지 공통적인 특징이 있다. 첫째, 농부가
생산물과 관련한 모든 위험을 떠맡는다. 작물이 나쁘거나 흉작일
경우, 또는 가금류 무리가 제대로 성장하지 못하거나 죽을 경우, 회

사가 아니라 농부가 손실을 떠안는다. 둘째, 농부가 토지, 설비, 장비에 장기적·중기적 투자를 한다면, 기업은 단지 (종자, 비료, 또는 병아리에) 계절적으로 투자한다. 이것은 농부들이 자주 장기 투자금을 갚는 동안 자신들이 받는 가격과 무관하게 여러 시즌 동안 계약에 '묶여' 있게 된다는 것을 의미한다.

계약 경작은 보통 농부가 구매자에게, 그리고 구매자가 농부에게 공급을 보장하는 '윈-윈'제도로 제시된다. 미국에서는 계약 경작이 가금류 산업을 지배하고 있다. 세계은행은 계약 경작을 소작 농부들과 글로벌 시장을 이어주는 기본 수단으로 간주하고, 아시아, 라틴아메리카, 아프리카에 널리 장려하고 있다(World Bank, 2007).

계약 경작에서 구매자에게 불리한 면은 거의 없다. 때때로 농부들이 자신들의 생산물을 보관하는 방법이나 그 생산물을 더 나은 가격으로 다른 곳에 파는 방법을 발견할 수도 있다. 그러나 그 농부는 많은 차입금을 안고 있는 파트너이기 때문에, 위험이 많을 수 있다. 구매자는 계약갱신을 중단하고 다른 곳에서 구매할 수도 있고, 표준화된 투입물을 제공하면서 품질이나 설비개선과 관련한 부당한 요구를 할 수도 있으며, 투입물 가격이 상승할 때조차 가격을 낮추거나 그냥 유지할 수도 있다. 이 모든 것이 농부로 하여금 일종의 부채속박에 묶이게 할 수 있다. 이는 너무나도 소작과 차지농업을 연상시킨다.

신진대사 균열

카를 마르크스는 그 이전의 애덤 스미스와 데이비드 리카도처럼 자본주의의 초기 발전, 그리고 자본주의와 농업의 관계를 아주 면밀하게 추적했다. 그는 농업의 초기 자본주의화를 목도했고, 그리하여 자본주의 농업이 존재할 수 없다고 제시하지 않았다. 오히려 그는 자본주의 농업은 생물학적·사회적으로 비합리적이라고 믿었다. 왜냐하면 자본주의가 사람들을 시골에서 도시로 몰아낼 때 '신진대사의 균열metabolic rift'이 초래되기 때문이다. 도시 집중은 영양물들이 시골에서부터 도시로 일방적으로 흘러들게 했고, 도시에서 그 영양물들은 먹을거리와 재화로 소비되었다. 이러한 영양물들은 시골로 되돌아가지 않고 강과 해양에 쓰레기로 버려졌다. 마르크스는 영양물의 흐름과 사람의 흐름 모두를 자본주의의 본질적이지만 파괴적이고 착취적인 부분으로 보았다.

> 자본주의 생산은 인구를 거대한 중심지들로 집결시키고, 도시 인구가 늘 증가하는 다수를 차지하게 한다. 이것은 두 가지 결과를 초래한다. 그것은 한편으로는 사회의 역사적 동력을 집중시키고, 다른 한편으로는 인간과 지구 간의 신진대사적 상호작용을 교란시킨다. 즉, 그것은 인간이 음식과 옷의 형태로 소비하는 토양의 구성요소들이 토양으로 되돌아가는 것을 가로막는다. 그리하여 그것은 토양의 비옥도를 유지하는 영원한 자연적 조건이 작동할 수 없게 한다. …… 자본주의 농업에서 일어나는 모든 진보는 노동자를 수탈하는 기술에서의 진보일 뿐

만 아니라 토양을 수탈하는 기술에서의 진보이다. 일정 기간에 토양의 비옥도를 높이는 데 있어서의 모든 진보는 보다 오랫동안 지속되는 비옥도의 원천을 파괴하는 데로 나아가는 진보이다. …… 그러므로 자본주의 생산은 모든 부의 원천인 토양과 노동자를 동시에 훼손시킴으로써만 생산기술을 발전시키고 생산의 사회적 과정을 얼마간 결합시킨다.(Marx, 1967, vol. 1: 637~638)

초기 자본주의 농업은 신진대사 균열이 유발한 농지 비옥도 하락 문제에 봉착하자, 뼈를 비료로 쓰기 위해 묘지를 파헤치고 나폴레옹 전쟁의 옛 전쟁터를 뒤졌다. 새로운 땅이 정복되었다. 식민지는 풍부한 자연자원과 자양물을 제공했다. 구아노가 발견되었을 때, 유럽 제국들은 수백 개의 섬을 합병했고, 실산엄이 풍부한 수천 톤의 비료를 채굴했다. 이것들이 세계의 농지가 메마르는 것을 늦추었지만, 신진대사의 균열 문제를 해소하지는 못했다. 그것들은 주요 강과 대수층帶水層과 하천을 더욱 오염시켰다.

자본주의 경제 ─ 우크라이나의 밀밭에서부터 아메리카들의 담배 밭까지 ─ 에서 농지 비옥도 하락 문제는 오늘날에도 여전히 우리와 함께하는 환경문제를 야기했고, 우리가 농업, 인구, 부에 대해 생각하는 방식을 틀지었다. 데이비드 리카도와 토머스 로버트 멜서스 Thomas Robert Malthus는 빈약한 비옥도는 자연적으로 비옥한 토지에 영구적인 프리미엄(지대)을 줄 뿐만 아니라 대량 아사를 피하기 위해 인구통제를 하게 만든다고 생각했다. 이러한 견해는 스코틀랜드 농학자이자 농부인 제임스 앤더슨James Anderson에 의해 도전받았다. 그는 농부들은 빈약한 토양에서도 거름, 배수, 보존, 그리고 주의 깊은 경작 관행을 통해 토양 비옥도를 끌어올리고 유지할 수 있다고 주장했다. 하지만 그런 일은 일어나지 않았다. 거름이 없거나 지식이 없기 때문이 아니라, 상층 지주계급이 그러한 투자를 하는 데 관심이 전혀 없었고 대신 자신들의 땅을 경작하는 가난한 농부들로부터 받는 지대로 살아가는 것을 좋아했기 때문이다. 임차한 토지를 경작하는 농부들에게는 소유자 땅의 토질을 끌어올리는 데 투자할 유인이 전혀 없었다. 이러한 견해에서 볼 때, 농업과 사회가 직면한 문제는 과잉생산과 제한된 비옥도가 아니라 사유재산이었다. 토지개혁, 시골에서 사람들이 떠나지 않게 하기, 인분과 축분의 재활용이 오염과 신진대사 균열의 해결책이었다. 그러나 합성비료의 발명과 다른 토지의 식민화는 유럽 자본주의로 하여금 토지개혁을 회피할 수 있게 해주었다.

1840년에 독일 화학자 유스투스 폰 리비히가 그의 저서 『유기화학과 그것의 농업과 생리학에의 응용』에서 질소, 인, 칼륨을 식물 생장의 기본 요소로 규명했다. 이것은 칼륨과 질소가 생산을 제약할 때까지 빈약한 토양에서 초기 생산성을 증가시켜 주는 수용성 '과인산비료'를 생산하는 것으로 이어졌다. 인과 칼륨이 채굴될 수 있었고, 그리고 구아노에 질소와 인이 많이 포함되어 있었기에, 합성 질소비료가 발명되기까지는 70년이 넘게 걸렸다. 그리고 결국 그것이 상업적 비료산업의 출현을 낳았다.

대부분의 정치경제학자, 화학자, 농학자는 합성비료의 도입을 환영했지만, 그것을 토양 비옥도 문제의 해결책으로 간주하지는 않았다. 리비히는 합성비료의 아버지로 간주됨에도 불구하고, 자양물의 재순환을 주장했다. 그는 "합리적 농업은 비옥한 상태를 들판에 되돌려"줄 것이라고 주장했다. 리비히와 마르크스를 따라 카를 카우츠키Karl Kautsky는 합성비료의 사용 없이 이루어지는 '경작에서의 진보'에 대해 논급하면서 농업생태학이라는 과학을 예견했다.

> 보충 비료들은 …… 토양 비옥도 감소를 피할 수 있게 해주기는 하지만, 점점 더 많은 양의 보충 비료를 사용해야 하기 때문에 농업에 더 많은 부담을 줄 뿐이다. …… [그것들은] 기껏해야 토양을 비옥하게 하는 일을 하지만, 토양의 메마름을 방지하지는 못한다. 경작에서의 진보는 인공 비료를 첨가하지 않더라도 토양에서 수용성 자양분들의 양이 증가하는 것을 의미할 것이다.(Kautsky, 1988: 214~215)

제2차 세계대전 이후 거의 반세기 동안 합성 농업 투입물의 사용이 널리 퍼졌기 때문에, 도시화의 문제와 신진대사 균열의 문제는 대체로 잊혔다. 오늘날 합성비료 없는 자본주의 농업은 생각조차 할 수 없다. 하지만 멕시코만의 저산소 '데드존dead zone'이 입증하듯이, 자본주의의 신진대사 균열이 도시에 기반한 오염을 낳았을 뿐만 아니라 자본주의 농업은 현재 농촌 및 해양 오염의 주요한 원인이 되고 있다. 그러나 오염은 자본주의 농업의 비합리성을 보여주는 징후 중 하나일 뿐이다. 합성비료에 대한 대대적 의존 ― 그리고 신진대사 균열에 대처할 수 없음 ― 은 단일경작의 확산, 대규모 소유자로의 농지 집중, 그리고 많은 사회적·환경적 외부효과를 낳았다.

그 이유는 무엇인가?

　농지에 질소, 인, 칼륨을 활용하는 능력은 지피작물 재배, 간작, 콩과류 식물과의 릴레이 경작 관행을 없앴다. 그것은 곡물재배와 축산을 분리시켰고, 단일경작과 사육장을 낳았다. 그것은 또한 가축 분뇨를 토양 조정제와 보충 자양물(특히 식물이 곤충과 질병의 피해에 내성을 가지는 데 도움을 주는 미세자양물들) 공급원으로 이용하지 않게 했다. 농약이 도입되었고, 농약에 대한 곤충의 내성이 커짐에 따라 농약의 사용이 꾸준히 늘었다. 축산농장들은 가공공장 ― 이 공장들은 환경과 노동에 대한 규제가 거의 또는 전혀 없는 경제불황 지역에 위치하는 경향이 있다 ― 근처에 집중되었다. 미국에서 거대 종자 및 화학물질 공급업체, 곡물회사, 축산 가공업이 더욱 커지면서, 통제권이 특정 지리적 영역을 지배하는 소수의 과점체의 수중으로 집중되었다. 남부 대평원Great Plains에 거대한 밀집가축사육시설들이 들어섰다면, 델라웨어, 메릴랜드, 버지니아는 가금류로 특화되었다. 돼지 생산은 중서부 지역과 노스캐롤라이나에 집중되어 있다. 자본주의가 농업에 초래한 순신진대사는 처음에는 인간과 농업을 분리시키고 그다음에 동물과 식물을 분리시켜, 1차 및 2차 생산자와 소비자 간의 자양분 순환을 단절시키는 결과를 낳았다(Magdoff and Foster, 2000). (〈그림 4-1〉을 보라.)

　인간, 동물, 식물의 분리는 다시 경작과정의 상류와 하류(전유와 대체) 모두에 자본이 수익성 있는 투자를 할 수 있는 기회를 창출했다. 프레드 매그도프는 미국 중서부 지역에서의 곡물 생산을 예로 들면서 그것은 환경(그리고 많은 농부)에 재앙이 되었다고 지적한다.

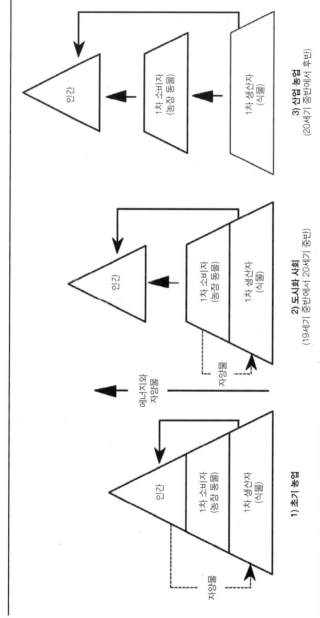

그림 4-1 식물, 동물, 인간의 공간관계 변화

1) 초기 농업

2) 도시화 사회
(19세기 중반에서 20세기 중반)

3) 산업 농업
(20세기 중반에서 후반)

자료: Magdoff, Lanyon and Liebhardt(1997)를 수정함.

1. 한두 작물에 집중하기로 한 첫 번째 결정은 자동적으로 생태학적으로 보다 건전하고 복합적인 작물 윤작이 불가능해졌다는 것을 의미한다.

2. 옥수수 다음에 또 옥수수를 심거나 옥수수와 콩을 번갈아 심을 경우, 일 년 중 절반 이상 동안 토양을 식물이 살지 않는 채로 방치하게 된다.

3. 그 작물에 대한 에이커당(헥타르당) 수익이 적기 때문에, 가족을 현재의 경제적 기준으로 부양하기에 충분할 만큼의 총 농장 수익을 창출하기 위해서는 더 많은 토지가 요구된다.

4. 더 큰 농장은 넓은 지역을 감당하기 위해 더 큰 기계류를 필요로 한다.

5. 옥수수와 콩으로의 특화는 농약을 더 많이 사용하게 한다.

6. 옥수수와 콩으로의 특화는 보다 복잡한 윤작에서, 또는 가축과 작물 모두를 키우는 통합 농장에서 필요로 하는 것보다 더 많은 비료를 사용하게 한다. 두 작물, 즉 옥수수-콩 시스템은 특히 '침출구를 만들어서', 통상적으로 더 많은 질산염이 지표수와 표층수에 도달하게 한다.

7. 더 큰 지역을 경작하기 때문에, 시스템을 단순화시키는 것이 농부들에게 매력적이며, 그것은 농부들로 하여금 더 큰 지역을 경작할 수 있게 해준다. 그리고 그곳에 GM 종자가 파종된다.

8. 지난 10년 동안 농업에 하나의 새로운 차원이 도입되었다. 즉, 농부들이 준비·재배·수확을 하기 위해 경작지를 둘러볼 때 계속 전자정보를 수집하는 장치가 개발되었다. 이러한 경작 장비

를 추가하는 데 돈이 많이 든다는 것은 그러한 전체 전자장치 세트가 주로 매우 큰 농장에 유익하다는 것을 의미한다(Magdoff, 2015).

지구온난화

농업과 자본주의를 연구한 고전 정치경제학자들은 신진대사 균열의 가장 되돌릴 수 없는 결과인 것으로 보이는 지구온난화를 예측하지 못했다.

농업, 축산 및 기타 관련 토지 이용(삼림 벌채와 같은)이 전 세계 온실가스의 4분의 1에 조금 못 미치는 양을 배출하고 있다.[1] 그러나 모든 농업체계가 평등하게 만들어져 있는 것은 아니다. **산업** 농업이 전 세계 농업 온실가스의 대다수를 배출하는 반면, 소규모 농민들이 주로 이용하는 생태계에 기초한 관행들은 더 적게 배출할 뿐만 아니라 더 많은 탄소와 기타 온실가스를 격리시킨다(Lin et al., 2011). 그럼에도 불구하고 대규모의 에너지 집약적인 단일경작을 늘리게 하는 자본주의 유인이 농업을 다각화하고 자연자원을 보존하려는 유인보다 훨씬 더 크다. 더 극심해진 가뭄과 홍수 같은 기후변화의 영향으로 인한 작물 손실은 소농들에게 가장 심한 타격을 가하고 그들의 토지보유를 위협한다. 기후변화는 또한 이를테면 양질의 사료를 감소시키고 수온 상승으로 해양 생물을 변화시키는 등 축산과 어업에도 영향을 미친다(EPA, 2014). 하지만 많은 투자자가 기후변화를 기회로 바라본다. 기후 불안정성, 토지 황폐화, 물 부족의 심화가 그들에게는 수익을 급격히 증대시켜 줄 수도 있다. 유명한 투자자인 제러미 그랜탐Jeremy Grantham은 "부족한 공급 속에서 좋은 토지는 가격이 올라 토지 소유자들에게 이익이 될 것"이라고 논평한다(Oakland Institute, 2014).

합리적 농업

프레드 매그도프는 합리적 농업을 오늘날 자본주의 농업의 안티테제로 묘사한다.

> 합리적 농업은 개별 농부나 농민단체(협동조합)에 의해 수행되며, 충분한 수량, 품질, 다양한 먹을거리를 전체 주민에게 공급하면서도 동물과 인간에게 인도적인 방식으로, 그리고 생태적 교란을 최소화하는 방식으로 농장과 목초지를 관리하는 것을 목적으로 한다. 거기에 노동착취는 전혀 없을 것이다. 농장에서 일하는 어느 누구도 다른 모든 사람들, 즉 농부와 같을 것이다. 혼자 일하는 개별 농부가 도움을 필요로 하면, 그곳이 다수의 사람들이 일하는 농장으로 전환되는 일이 일어날 수도 있다. 관리되지 않는 자연 시스템의 장점을 농장과 그 주변 환경에 구축하기 위해 토지에서의 실제 먹을거리 생산은 (농업 생태계를 지배하는 대신에) 농업 생태계와 함께 작동하고 그것을 인도하는 방식으로 이루어질 것이다. (Magdoff, 2015)

합리적 농업은 이러한 생산, 유통, 그리고 시장 기능을 농장과 공동체에 되돌려 놓음으로써 전유주의와 대체주의를 **파기**하고, 사이 심기, 섞어 심기, 지피작물 심기, 릴레이 심기 및 여타 농업생태적 방법을 이용함으로써 생산시간을 줄이기보다는 오히려 **늘린다**. 합리적 농업은 또한 자양물을 재활용·보존하고 물을 보전하고 탄소를 고정시킴으로써 신진대사 균열을 줄이거나 원상태로 되돌린다. 합리적 농업의 제안은 대규모 산업적 플랜테이션을 분산시키는 것과 (시골에서 사람들이 떠나게 하는 것이 아니라) 사람들이 시골에 다시 거주하게 하는 것을 포함한다.

농업생태학

농업생태학은 지속가능한 농업의 과학이자 관행이다. 농업생태적 농부들은 농장의 생태적 기능을 (전유주의의 화학적 투입물로 대체하는 것이 아니라) 작동시키고 강화한다. 농업생태학과 더불어 농부들은 주로 가축 분뇨, 콩과류 식물, 지피작물을 이용하여 자양물을 공급한다. 잡초는 땅 갈기, 지피식물 심기, 사이 심기, 짚 깔기(살리거나 말라죽이기 위해)를 통해 관리된다. 해충은 섞어 심기를 하여 포식자를 끌어들임으로써, 다시 말해 윤작과 간작(일년생 작물이 다년생 나무와 관목과 함께 줄을 지어 자란다)을 하고 해충 유인 작물과 방제 작물을 이용하여 해충 주기와 해충 매개체를 차단함으로써 관리된다. 이것들은 서로 다른 농업생태적 관리 관행의 한 표본일 뿐이지만, 농업생태학이 왜 자본주의 농업을 증오하는지를 보여준다. 농업생태학은 (자본집약적이라기보다는) 지식집약적이며, 따라서 농업관련 기업이 수익을 전유할 기회를 제공하지 않는다.

농업생태학은 생태학자와 인류학자들이 소농농업체계 — 그중 일부는 수천 년 동안 먹을거리를 지속가능하게 생산해 왔다 — 를 신중하게 관찰하면서 처음으로 하나의 과학으로 발전되었다(Altieri, 1990; Gliessman, Garcia and Amador, 1981). 그들은 토양, 식물, 미생물, 기후 패턴 및 미시기후microclimate[주변 지역과는 다른, 특정한 좁은 지역의 기후 _옮긴이]에 대한 농부들의 방대한 지식이 농부들로 하여금 농장생태계 과정(물의 순환, 미네랄 순환, 에너지 흐름, 그리고 생태계 유기체들 간의 공동체 동학)을 관리할 수 있게 해준다고 지적했다. 그러한 관리방식이 그러한 농업체계에 엄청난 환경 회복력을 제공했고, 농부들로 하여금 잉여를 생산하고 자양물을 재활용하고 물과 자원을 보존할 수 있게 해주었다. 그 농업체계의 많은 것이 지역 간 유목·목축·거래 네트워크의 일부를 형성했고, 사람들은 그 네트워크를 통해 재화를 거래할 뿐만 아니라 자양물도 재활용했다.

녹색혁명의 파괴적 결과가 문서를 통해 잘 입증된 이후, 농업생태학의 관행이 소농 농부들 사이에서 수십만 헥타르에 달하는 피폐화된 농지의 생산성과 생태계 기능을 복원하는 방법으로 꾸준히 퍼져나갔다(Pretty, 1995; Holt-Giménez, 1996; Bunch, 1985). 이러한 관행 중 일부는 더 많은 노동을 필요로 하지만(특히 그 관행들이 잘 확립되기 이전의 전환기에), 많은 관행은 농업 연도 동안 노동을 줄이거나 노동을 보다 균등하게 분산시킨다.

오늘날 농업생태학은 많은 대학에서 가르치고 있으며, 여러 과학 잡지에서 다루고 있다. 농업생태학은 많은 농촌 개발 프로젝트에서 선호되는 농업방법이며, 전 세계에서 소규모 자작농들에 의해 널리 채택되어 왔다. 흔히 '지속가능한 농업의 과학'으로 지칭되는 농업생태학은 개발을 위한 농업 지식·과학·기술의 국제평가International Assessment of Agricultural Knowledge, Science and Technology for Development (McIntire et al., 2009)와 전직 국제연합 먹을거리 권리 보고관United Nations Rapporteur on the Right to Food(de Schutter, 2010)에 의해 기아를 끝내고 빈곤을 제거하고 기후변화에 대처할 최고의 농업 방법으로 인정받았다. 그 이유는 실제로 농업생태학이 인간과 생태적 측면에서 볼 때 '합리적인 농업'이기 때문이다.

그러나 농업생태학은 미국 국제개발처Agency for International Development, 국제농업연구자문그룹Consultative Group on International Agricultural Research (CGIAR), 아프리카 녹색혁명 동맹Alliance for a Green Revolution in Africa, 영국 국제개발부Department for International Development(DFID), 세계은행, 또는 아프리카·아시아·미주 개발은행에서 수행하는 농업개발 프로그램의 일부가 아니다. 미국 국립과학재단National Science Foundation (NSF)의 농업생태학 연구기금은 재래식 농업에 제공되는 기금의 1%에도 미치지 못한다.

농업생태학이 그렇게 중요하다면, 왜 농업 개발기관들이 그것을 지원하지 않는가? 간단하게 답하면 그러한 기관들의 목적이 **자본주의** 농업을 발전시키는 것이기 때문이다. 자본주의 농업은 전유주의를 통해 자본주의적 투자기회를 확대함으로써 이룩된다. 농업생태학은 자본이 농업의 노동과정을 전유하는 길들을 좁히기 때문에 자본주의 농업의 목적과는 반대로 작용한다.

그렇다면 대체주의, 즉 농업생산의 하류 쪽은 어떠한가? 대체주의의 장기적인 글로벌 먹을거리 가치사슬은 소수의 소매점 과점체들(월마트, 테스코, 까르푸 같은)이 글로벌 먹을거리 시장을 지배하는 '슈퍼마켓 혁명'을 낳았다. 미국에서는 약 300만 명의 농부가 7000가지가 넘는 농산물을 생산한다. 그 농산물들은 2만 8000명의 제조업자에 의해 가공되고, 그다음에 3만 5000명의 도매업자를 통해 15만 개의 매장에 판매되어, 거기서 **3억 명의 소비자들**의 손에 건네진다(Holt-Giménez, Patel and Shattuck, 2009). 농부에게서 소비자로 이동하는 수조에 달하는 먹을거리 달러에 대한 지배력은 가공업자, 도매업자, 소매업자에게 집중되어 있다. 이들 회사의 관심은 먹을거리 달러에서 더 많은 몫을 차지하기 위해 먹을거리 가치사슬을 대체하는 쪽을 확장하고 통제하는 것이다.

도덕경제

농업생태학과 마찬가지로 **도덕경제**는 자본주의를 밀쳐낸다. 도덕경제 개념은 역사학자 톰슨E. P. Thompson의 영국 자본주의 출현에 관한 연구에서 비롯되었다. 처음에 도덕경제는 먹을거리 위기 동안에 곡물 사재기와 바가지 가격이라는 비난받을 만한 추세로 인식되었던 것에 대한 광범한 저항과 관련하여 정의되었다.

[도덕경제에 대한] 나의 용법은 일반적으로 '필수품' — 필수적 먹을거리 — 에 대한 접근(또는 권리)을 둘러싸고 시장에서 벌어지는 대결에 국한되어 있었다. 기근의 시기에는 먹을거리의 시장거래에 그것과 관련한 일단의 식별 가능한 믿음, 관례, 형식 — 이것들은 하나의 공통의 용어로 묶는 것이 편리하다 — 만 존재하는 것이 아니다. 거기에는 또한 기근이 유발한 깊은 감정, 그러한 위기 속에서 군중이 당국에 제기하는 주장, 그리고 생명을 위협하는 비상상황에서 부당한 폭리 취득이 유발하는 격분도 존재한다. 이것들이 저항에 특별한 '도덕적 책무'를 부여한다. 나는 이 모든 것을 통틀어서 도덕경제로 이해한다.(Thompson, 1991: 338)

톰슨은 18~19세기에 자본주의의 출현을 괴롭힌 주기적인 먹을거리 반란이 자신의 사회적 정당성을 발견한 것은 자본주의가 먹을거리의 가격, 통제, 유통 및 토지와 노동과 관련한 오랜 사회적 합의를 깨뜨렸을 때였다고 주장했다.

자본, 자원, 시장, 권력 간의 관계를 연구하는 정치경제학과 달리, **도덕경제**는 공동체가 규범적 원칙에 의거하여 결정을 내리는 방식을 이해하고자 한다. 도덕경제의 근본 논리는 전체 공동체의 회복력이다. 따라서 거기에는 단지 하나의 도덕경제만 존재하는 것이 아니다. 오히려 그 용어는 공동체가 뿌리내리고 있는 정치·경제 체계보다 더 깊고 더 광범위한 사회적 상호작용의 영역을 묘사하기 위해 사용된다.

도덕경제 접근방식은 농민사회가 왜 반란을 일으키는지를 이해하고자 하는 농촌 연구자들에 의해(Wolf, 1969; 1966; Scott, 1976; 1987), 그리고 (과잉개발, 상호부조, 시장 혐오와 같은 경제적 합리성으로는 설명될 수 없는) 공유지의 관리, 소규모 자작농의 의사결정, 마을 사람들의 행위와 상호작용을 이해하고자 하는 개발 연구자들에 의해 응용되어 왔다.

최근에는 도덕경제가 상품(시장)관계에 비해 사회적으로 규제되는 호혜관계를 우선시하는 일련의 접근방식과 활동 − 이를테면 가치기반 협동조합, 농민시장, 공동체 지원 농업, (먹을거리를 상품이 아니라 공공재로 간주하는) '푸드 커먼스Food Commons'(Yee and Cochran, 2015; Vivero-Pol, 2015; 2013), (기업이 아니라 시민이 농업을 책임지는) '시민 농업civic agriculture'(Obach and Tobin, 2014), 그리고 먹을거리 체계에 대한 여타 목적의식적 접근방식 − 을 기술하는 데 사용되어 왔다. 이러한 점에서 새로운 도덕경제는 사회제도의 무차별적 민영화와 사회조직의 원리로서의 '시장'을 밀쳐낸다. 도덕경제는 이윤보다 사람을 우선시한다.

경작 양식

도덕경제에 대한 평가는 오늘날의 먹을거리 체계와 농업체계의 이질성을 이해하는 데 필수적이다. 실제로 전통적인 경제학자들이 묘사하는 많은 시장실패 − 그리고 농부와 공동체가 자본주의 먹을거리 체계에 대한 대안들을 찾아내고자 하는 오랜 경향 − 는 도덕경제에 대한 성찰에 기초한다.

농업 연구가 얀 다우 판 데르 플루흐Jan Douwe van der Ploeg가 설명하듯이, 도덕경제가 정치경제학과는 다른 규칙에 의해 지배되지만, 그것이 정치경제학 외부에 존재하는 것은 아니다.

> 일상생활에서 복잡성은 …… 서로 다른 상황에 대한 특정한 반응을 권장하는 문화적 레퍼토리들 ― 가치, 규범, 공유된 신념과 경험, 집합 기억, 경험법칙 등으로 구성되는 ― 에 의해 지배된다. …… 도덕경제는 '경제 기구economic machine' 바깥에 존재하지 않는다. 도덕경제는 그 '기구의' 작동에 필수적이다.(van der Ploeg, 2014)

판 데르 플루흐는 자신이 '자본가적', '기업가적', '농민적'으로 묘사한 서로 다른 경작 양식을 관찰해 왔다. 우리는 전 세계에서 그 같은 경작 양식들이 매우 다른 논리를 가지고 있고 자주 매우 다른 결과를 낳지만 서로 나란히 작동한다는 것을 발견한다. **자본가 농장**은 상품을 생산하고 또 전적으로 상품에 의존한다. 다시 말해 토지, 물, 노동, 에너지, 투입물은 모두 시장에서 구매되고 모든 농장 생산물은 상품으로 판매된다. 자본가 농장은 규모가 크고 상대적으로 적은 육체노동에 의존하는 경향이 있다. **기업가 농장**은 좀 더 중간 규모이다. 그것들 역시 '상품화'되어 있지만, 더 많은 가족노동을 이용한다. **농민 농장**(또는 농민 논리로 운영되는 소규모 가족 농장)은 농장 투입물(거름, 가축의 힘 등)과 가족노동을 이용함으로써 비료와 대형 트랙터 같은 상품 투입물에 대한 의존을 줄인다. 이 경우 농업

생산물의 상당 부분은 농장에서 소비되거나 상품시장 외부에서 거래된다. 세 가지 경작 양식 모두가 더 큰 자본주의 먹을거리 체계에 착근되어 있지만, 그 경작 양식들은 환경과 시장에 매우 다른 형태로 개입하고 환경위험과 시장위험에 매우 다른 전략으로 대처한다. 농민 양식 경작은 보통 소규모 농장에서 이루어지기 때문에, 전체 산출량은 자본가 또는 기업가 농장보다 적다. 하지만 그것의 토지 **단위당** 산출량(헥타르당 톤, 에이커당 부셸)은 더 높은 경향이 있다(Rosset, 1999). 그 이유는 자본주의 농업이 농민 양식의 농장을 기업가 농장과 자본가 농장으로 전환시킴에 따라 그 규모가 커진 결과 개별 농장의 생산이 증가함에도 불구하고 자주 생산성이 떨어지기 때문이다(van der Ploeg, 2014).

서로 다른 경작 양식은 극단적인 기후 사태 및 시장 변동성에 직면할 경우 서로 다른 정도의 환경적·재정적 회복력을 보인다. 네덜란드에서는 투입물 가격의 상승과 우유 가격 하락이 많은 자본가 농장과 기업가 농장을 파산시킨 (그리고 정부의 긴급구제를 낳은) 반면, 농민 양식 농장은 덜 영향을 받았다. 일반적으로 이러한 더 소규모이고 덜 자본주의화된 생산자들은 다른 양식을 이용하는 생산자보다 한계수익점이 더 높다(van der Ploeg, 2014). 중앙아메리카에서 농업생태적 관행을 이용하는 농민 농장은 허리케인 미치Hurricane Mitch 이후 재래 농업(농약, 비료, 교배종 종자)을 행한 기업가적 가족 농장보다 더 적은 손실을 입었다. 많은 재래식 농부들은 대규모 재난으로부터 결코 회복하지 못했다(Holt-Giménez, 2001).

자본주의 농업의 막다른 길을 넘어서

 자본주의 농업의 정치경제학을 잠시 동안만 탐구해 보더라도, 우리는 농업을 묘사하기 위해 종종 사용되는 "세계를 먹여 살린다"는 목가적인 서사와는 달리 농업이 갈등, 투쟁, 저항의 영역이고 항상 그러해 왔다는 것을 알 수 있다. 자본주의 농업의 엄청난 힘이 그것의 결점과 약점을 쉽게 가릴 수 있기 때문에, 자본주의 농업은 무적이거나 적어도 "너무나도 커서 망하지도 않는다"는 인상을 준다.

 자본주의 농업에 다가오고 있는 추세는 전혀 고무적이지 않다. 만약 현재의 농업 이행이 계속해서 되풀이된다면, 우리는 결국에는 시골의 인구가 절멸하고 농업 생산이 전 세계적으로 5만 개 정도에 달하는 거대 농장의 수중에 들이갈 것으로 예상할 수 있다. 그 농장들이 지구에 산업적 먹을거리를 공급할 수 있을지도 모르지만, 현재 시골에 살고 있는 25억 명의 소작농, 소규모 농부, 그리고 그들의 가족을 고용하지는 않을 것이다. 이 사람들이 인류의 3분의 1을 차지한다. 그 어떤 새로운 산업혁명도 이 많은 사람에게 일자리를 제공하지는 못한다. 만약 농촌 지역사회들이 없어진다면, 그들은 도시 슬럼가로 몰려들 것이다. 이들 노동 전체의 단 3분의 1만 흡수하는 데에도 글로벌 경제가 다음 반세기 동안 7%의 비율로 성장해야 할 것이다. 이것은 불가능하다. 자본주의 농업 이행은 인류의 3분의 1을 축출하고 해고하고 불행하게 만들 뿐만 아니라 필시 전 세계를 혼란에 빠뜨릴 것이다(Holt-Giménez, 2017).

 농업에서의 공급과 수요의 법칙이 궁극적으로 이 문제를 해결하지는 않을까? 자본주의 농업이 어떻게든 스스로를 교정할 것이라는 관념은 300년 동안의 농업 역사에 반한다. 먹을거리 체계의 개혁이 절실히 필요하다. 기존의 글로벌 먹을거리 체계 바깥에 존재하는 대안적 먹을거리 체계를 확산시키는 것은 "또 다른 농업이 가능하다"는 것을 입증하는 데뿐만 아니라 먹을거리 레짐 내에 심층적인 변혁적 개혁을 이루기 위한 정치적 의지를 구축하는 데에도 필수적이다. 분명 미국 농업을 보호하는 미국 입법부와 위원회에는 자신들의 정치적 의지를 창출하기에 충분할 만큼의 농민들이 없다. 농업을 변화시키기 위해서는 자본주의 농업을 분명하게 이해하고 농장의 보다 나은 미래에 대한 강력한 비전을 지닌 강력한 소비자-농부-노동자 동맹이 구축되어야만 할 것이다.

/

제5장

먹을거리 체계에서의 권력과 특권: 젠더, 인종, 계급

계급주의, 인종차별주의, 성차별주의는 자본주의에 선행하지만, 식민지 먹을거리 레짐이 형성되던 시기에 강력하게 합체되었고 그 후 계속해서 공진화해 왔다. 노예제도, 착취, 그리고 전 대륙에 걸친 토지와 노동의 수탈과 여성·빈민·유색 인종 생산물의 수탈은 기아, 영양실조, 식생활 관련 질병 및 유독한 화학물질에의 노출과 마찬가지로 여전히 자본주의 먹을거리 체계의 근간을 이루고 있다. 유색인종의 가난한 여성과 아이들(특히 소녀들)은 이러한 불평등의 타격을 정면에서 받고 있다.

많은 사람이 이러한 부정의를 우리의 먹을거리 체계의 불행한 비정상상태로 생각하거나, 이전의 '저발전' 단계가 남긴 기분 나쁜 흔적으로 생각한다. 일부 사람들은 취약한 지역사회들을 괴롭히는 높은 기아율과 영양실조는 시장의 실패 때문이며, 더 나은 정보, 혁신,

또는 기업가정신을 통해 시정 가능하다고 생각한다. 또 다른 사람들은 개인들의 잘못된 선택이 토지상실, 식생활 관련 질병, 실업, 저임금, 그리고 시골에서의 수백만 농민 가족의 절망적 이주를 유발한다고 생각한다. 더 나은 먹을거리 체계를 구축하기 위해서는 좋은 정보, 진취적 기상, 올바른 개인적 선택이 필요하다는 데에는 의심의 여지가 없지만, 그 체계의 구조를 감안할 때, 슬프게도 그러한 것들만으로는 기아, 빈곤, 환경파괴를 결코 끝낼 수 없다.

글로벌 먹을거리 체계는 계급에 따라 층화될 뿐만 아니라 인종차별적이고 젠더차별적이다. 그러한 불평등이 토지와 생산자원의 접근에 영향을 미치고, 먹을거리 생산 일자리와 농장 일자리에서의 노동조건에 영향을 미치며, 누군가에게는 오염된 먹을거리, 공기, 물로 고통받게 하고, 누군가에게는 건강한 먹을거리에 접근할 수 있게 한다. 이러한 불평등은 지역사회와 개인의 회복력 – 즉, 지역사회와 개인이 기후변화에 의한 홍수와 가뭄 같은 재난으로부터 회복할 수 있는 능력 – 에 영향을 미친다. 편중된 자원배분과 먹을거리 체계의 외부효과에 대한 불평등한 노출은 서로 뗄 수 없게 연결되어 있는 제국주의, 식민주의, 가부장제의 역사에 뿌리를 두고 있다.

그러나 각각의 억압형태는 노동자, 농민, 여성, 유색인종들로부터 여러 형태의 저항을 초래한다. 정의를 위한 투쟁은 시간이 경과함에 따라 사라지기는커녕 새로운 전략과 전술을 취하고, 새로운 지도자를 생산하고, 새로운 대안을 만들어내고, 생존과 저항과 인권 투쟁을 위한 새로운 조건을 창출한다. 오늘날의 자본주의 먹을거리 체계에 의해 가장 착취받고 혹사당하는 사람들을 위한 투쟁의 구조적 조건을 이해하는 것은 그 체계의 심대한 변화의 필요성뿐만 아니라 변혁의 길을 이해하는 데에도 필수적이다.

젠더, 가부장제, 그리고 자본주의 먹을거리 체계

2009년 글로벌 먹을거리 위기와 경제 위기 기간에 1000명의 출산아 가운데 위기경제가 아니었더라면 살아남았을 남아 1~2명이 사망했다. 여아에 대한 수치는 1000명의 출생아당 7~8명이 추가로 사망했음을 보여준다(Wallhagen and Strawbridge, 2015). 21세기에 들어와서조차 위기 시대 동안에 여아가 남아보다 4~8배 더 사망했다는 사실은 세계가 젠더 평등에 도달했다고 생각하는 누군가에게는 아주 충격적인 사건이었을 것이다. 이 소름끼치는 통계의 배후에서 작동한 동력 가운데에는 먹을거리에 대한 접근, 의료서비스, 공정한 소득, 소유권을 둘러싼 젠더 불평등이 포함되어 있다. 이는 또한 여성이 폭력에 과다 노출되고 있다는 점과 공식 권력구조로부터 배제되어 있다는 점을 반영한다. 이것은 개발도상국에서만 나타나는 현상이 아니다. 미국의 경우 여성의 30% 이상이 빈곤임금을 받고 있고(이에 비해 남성의 경우는 24%가 그러하다), 여성은 같은 일을 하는 남성의 78%에 불과한 임금을 지불받는다. 이 통계는 심각한 구조적 부정의를 보여주는 것이다.

그러나 단지 여성이 남성을 '따라잡을' 필요가 있는 것은 아니다. 먹을거리 체계에서의 여성의 불공평한 위치는 실제로 먹을거리 체계를 작동시키는 요인 중 일부이다. 어떻게? 가부장제를 통해서 그렇게 한다.

　가부장제는 자본주의보다 수천 년은 더 일찍 등장했다. 농업의 출현, 사회적 위계, 남성 특권은 서로 협력하면서 자본주의 먹을거리 체계가 된 것의 기둥들 중 일부를 세웠다. 요컨대 초기 신석기 시대 동안에 농사(아마도 여성이 발명했을)와 목축(주로 남성이 통제한)은 수렵-채집사회 내에서 저장할 수 있는 잉여 먹을거리를 생산하고 인구의 급격한 증가를 낳았을 뿐만 아니라, 잉여 먹을거리의 소유권과 통제를 둘러싼 사회적 투쟁을 촉발했다. 이 투쟁은 남성과 여성 사이에서 시작되었다.

　농업 잉여에 대한 초기의 통제는 인간 문명에서 하나의 결정적 순간이었다. 유목생활을 하는 수렵-채집사회 — 아버지 중심적인 만큼 자주 어머니 중심적이기도 했던 — 에서 정치는 '최소한도irreducible minimum'의 법칙 — 이는 공동체 또는 씨족의 모든 사람이 성, 연령, 또는 능력과 무관하게 먹을거리에 대해 동일한 권리를 갖는다는 것을 의미했다 — 을 축으로 하여 돌아갔다(Bookchin, 1982). 상호부조와 협동이 생존의 주요 도구였다. 사유재산은 기본적으로 존재하지 않았다. 남녀 간의 성별 분업은 여성에 비해 남성에게, 또는 남성에 비해 여성에게 권력을 부여하지 않았다. 농업으로의 점진적인 편입 및 반半유목적 공동체와 정주적 공동체로의 전환이 새로운 생산양식과 새로운 분업을 도입했다.

　남자들은 주로 큰 사냥감을 사냥했는데, 그 활동이 그들에게 무기류를 전문화할 수 있게 해주었다. 남자들은 정주지에서 멀리까지 돌아다녔고, 여자들은 정주지에서 채집, 작은 사냥감 사냥, 경작, 어린아이 돌보기를 책임졌다.

> 수렵-채집사회와 원시농경사회에도 성별 분업이 존재했다. 즉, 남성과 여성에게 일단의 책임이 엄격하게 규정되어 있었다. 그러나 남녀 모두 그 업무를 수행하는 데서 높은 정도의 자율성을 가지고 있었다. 게다가 …… 많은 경우에 [여성이] 모성과 생산노동을 [결합하여] 먹을거리 대부분을 공급했다. …… 많은 경우에 여자들은 채집하거나 식물을 심는 동안 어린아이들을 데리고 다닐 수도 있었고, 아니면 아이들을 한 번에 몇 시간씩 다른 성인에게 맡겨둘 수도 있었다. 또한 많은 재화가 가정에서 생산될 수도 있었다. 여성이 이러한 전前계급 사회에서 생산의 중심적 위치에 있었기 때문에, 남녀 간의 체계적 불평등은 존재하지 않았고, 노인 여성은 상대적으로 높은 지위를 누렸다.(Smith, 1997)

그러나 농업이 공동체 활동을 지배하게 되면서, 생산과 재생산의 역할이 변화하기 시작했다. 농업은 더 많은 시간과 더 많은 노동을 요구했다. 수렵사회는 제한된 사냥감 공급에 맞게 인구를 조절하기 위해 성원의 수를 제한하고자 했지만, 농업사회는 경작지에서의 더 많은 노동 수요를 충족시키기 위해 신체가 건강한 가족성원의 수를 늘리고자 했다. 남자들이 사냥보다는 농업에 꾸준히 더 많은 시간을 헌신함에 따라, 여자들은 양육과 가사활동을 전문으로 하기 시작했다.

대부분의 초기 농업사회는 일부다처적이거나 일처다부적이었고, 모계적이었다. 아이들은 자신의 어머니가 누구인지는 알았지만 자신의 아버지는 알지 못했다. 이것은 아이들에게 문제가 되지 않았다. 아버지 일가의 남자들은 모두가 '아버지'였고 어머니 일가의 이모들 역시 '어머니'로 간주되었다. 한 남자가 죽었을 때, 그가 축적한 농업의 부는 여성 일가의 '어머니의 권리'를 통해 아이들에게 전달되었다. 남자들은 어떤 '부'를 가지고 있었는가? 그것은 주로 가축이었다.

남자들은 가축의 대부분을 통제했고, 가축의 먹이를 찾기 위해 정착지에서 멀리 떨어진 곳까지 돌아다녔다. 가축은 우유, 피, 살아 있는 상태의 잉여 고기를 공급했다. 남성이 점점 더 많은 잉여를 통제함에 따라 문제가 발생했다. 누가 자신의 자식인지를 정확히 알지 못할 경우, 자신의 축적된 부를 어떻게 자식에게 물려줄 수 있겠는가? 남자들이 농업 잉여를 세대 간과 **세대 내**에 분배하는 방식을 통제하는 하나의 방법으로 가부장제와 사유재산이 출현했다. 여성이 지녔던 '어머니의 권리'가 파괴되면서, 남성의 가축은 여성 일족보다 남성 일족이 상속받게 되었다. 미국 학자 루이스 헨리 모건Lewis Henry Morgan이 이로쿼이Iroquois족의 세네가Seneca 공동체를 대상으로 하여 수행한 연구에 의지하여 프리드리히 엥겔스Friedrich Engels는 다음과 같이 기술했다.

따라서 한편에서는 부의 증가에 비례하여 가족 내에서의 남성의 지위가 여성의 지위보다 더 중요해졌고, 다른 한편에서는 자신의 자식들에게 유리하도록 전통적인 상속질서를 전복시키기 위해 그러한 강화된 지위를 이용하고자 하는 충동이 생겨났다. …… 그러므로 어머니의 권리는 전복되어야 했고 결국 전복되었다. …… 어머니 권리의 전복은 여성이라는 성의 세계사적 패배였다. 남성은 집에서도 지배권을 확보했다. 여성은 강등되어 노예상태로 돌아갔다. 여성은 남성의 육욕의 노예가 되었고, 단지 아이 생산을 위한 도구가 되었다.(Engels, 1884)

　나머지는 가부장제, 재산, 자본주의에 대해 많은 사람이 알고 있는 그대로이다. 부계상속과 소유권은 일족에서 개별 남성으로, 그리고 결국은 장자상속으로 전환되었다. 유일한 생물학적 자손이 아버지의 부를 물려받는 것을 보장하기 위해 (여성을 위한) 일부일처제가 강요되었다. 자본축적, 국가, 가부장제적 핵가족이 확립되었다. 농업 잉여의 거래가 증가했고, 그것은 훨씬 더 많은 부의 축적으로 이어졌다. 이것은 교환을 위해 더 많은 생산을 하게 했다. 더 많은 생산은 더 많은 노동을 요구했고, 노동은 남성이 소유하고 통제하는 대가족과 노예의 형태로 공급되었다. 여성은 훨씬 더 예속되었고, 여성의 생식 부담이 증가했다.

　세계 인구를 폭발적으로 증가시킨 신석기시대 농업혁명은 국가를 수립하고 남성과 여성 간의, 그리고 계급 간의 사회적 위계를 확립하는 토대를 마련한 사회·정치혁명이었다. 국가의 발전과 계급 차별은 가부장제 사회의 형성을 동반했다. 물론 모든 농업사회가 가부장제 사회가 된 것은 아니었다. 이로쿼이족과 여러 다른 토착 사회는 가부장제가 분명 불가피하지 않다는 것을 보여주는 사례들이다. 그러나 모든 **자본주의** 사회는 계급지배의 위계적 토대로 가부장제의 규칙을 수립했다.

여성의 예속적 지위는 먹을거리 체계에 대한 여성의 참여에 종말을 고한 것이 아니라 가정 안팎에서 여성의 일을 평가절하시켰다. 이것은 오늘날에도 아주 분명하게 드러난다. 여성이 전 세계 먹을거리의 많은 몫을 생산하고 우리의 식사의 대부분을 준비하고 거의 모든 사람을 먹여 살리고 돌보지만, 여성은 토지와 생산수단에 남성보다 덜 접근하고, 경작지와 공장에서 일을 하더라도 남성보다 적은 돈을 번다(Doss, 2011). 이러한 불평등이 가부장제를 반영하는 것임은 분명해 보이지만, 젠더와 계급의 교차점을 이해하기 위해서는 다음과 같은 질문을 던질 필요가 있다. **자본주의 가부장제**가 먹을거리 체계에서 어떻게 작동하는가?

생산과 재생산

생산과 재생산이라는 두 가지 과정이 자본주의의 핵심에 자리 잡고 있다. 엄격한 자본주의적 의미에서 생산은 상품을 이익을 남기고 파는 것과 관련된 것이고, 재생산은 인간의 노동력을 자본에 제공하는 것과 관련된 것이다. 상품을 생산하는 노동자에게는 음식, 옷, 그리고 집이 필요하다. 노동자가 생산적 삶을 살아가는 동안 소요되는 그러한 '재화와 서비스'의 비용 — 노동인구를 재생산하는 비용

― 이 재생산비용이다.

그러나 이러한 이해방식은 노동자를 자연의 선물로 간주한다. 노동자들은 어디에서 왔는가? 누가 그들을 먹이고 입히고 돌보면서 그들을 노동할 수 있는 연령까지 키웠는가? 성인이 된 그들이 병에 걸렸을 때 누가 그들을 위해 요리하고 청소하고 그들을 돌보아서 그들이 긴 시간 동안 생산적 삶을 살 수 있도록 보장하는가? 이들 돌보미의 상태는 어떠한가? 돌보미들의 경제적 지위는 어떠하고, 사회에서 그들은 어떠한 역할을 하며, 그들은 문화에 어떠한 기여를 하는가? 그들은 생산과 재생산의 조건을 변화시키는 데서 어떤 잠재력을 지니고 있는가? 이러한 질문을 다루는 것은 우리를 **사회적 재생산**의 영역으로 인도한다. 왜냐하면 노동자는 단지 '생산'되는 것이 아니기 때문이다. 노동자는 특정 생산양식에 상응하는 사회에서 생겨난다. 자본주의 생산양식에 의해 지배되는 사회는 계급, 인종, 젠더에 의해 크게 분할된다.

먹을거리 체계는 자본의 사회적 생산에서 필수적인 부분이다. 왜냐하면 그 체계가 모든 사람이 먹는 먹을거리를 생산하고 어떤 다른 경제 부문보다 더 많은 사람을 생산활동에 고용하기 때문이다. 여성, 가사노동, 성생활, 출산은 먹을거리 체계의 생산과 재생산에서 중심적이다. 여성은 먹을거리 체계 도처에서 일하고, **그리고** 대부분의 먹을거리 체계 노동자와 그 가족을 돌본다.

산업혁명의 초기 동안에 재생산 영역은 사실상 무시되었다. 18세기 영국의 직물공장은 문자 그대로 죽을 정도로 일하는 남자, 여자, 아이들의 노동으로 굴러갔다. 노동은 무궁무진한 일회용 자원으로 간주되었다. 자본은 노동의 재생산에 전혀 투자하지 않았다. 자본주의가 중공업으로 전환하고 기계의 운영과 유지가 더욱 복잡해짐에 따라, 쓰고 버릴 수 없는 보다 숙련된 노동자가 요구되었다. 그러한 노동자들은 공급이 부족했기 때문에 그러한 노동인구를 재생산하기 위해서는 자본가 측의 더 많은 투자(훈련)가 요구되었고, 이는 전문화된 노동의 가치를 끌어올렸다. 그러나 그것이 여성에 의해 수행된 재생산 노동(집안일, 요리, 출산, 자녀양육, 가족 돌보기)이 충분한 가치를 지불받았다는 것을 의미하지는 않았다. 반대로 임금노동과 마찬가지로 여성의 재생산 노동의 대부분은 노동자가 생산한 잉여가치를 전유함으로써 자본가에게로 넘어갔다. 달리 말해 자녀를 양육하고 여타 집안일을 하는 등의 여성의 부불노동은 실제로는 남성 노동자들의 부인이 제공하는, 고용주를 위한 보조금이었다. 여성의 가사노동은 자본주의 생산양식의 일부로, 자본주의 생산양식이 특정한 형태를 취하도록 요구한 것이었다. 노동자가 시간당 임금을 받고 자신들의 노동의 산물을 포기하도록 자본이 규율해온 것처럼, 자본주의 생산양식은 여성의 가사노동이 생산과정에서 보조적인 역할을 하도록 규율했다.

실비아 페데리치Silvia Federici는 이것을 19세기에 있었던 "절대적 잉여가치에서 상대적 잉여가치로의 전환"으로 기술한다. 우선, 자본가들은 노동자에게 지불하는 임금 외의 이윤(**절대적 잉여가치**)을 증가시키기 위해 노동일의 길이를 단순히 늘렸다. 노동자와 자본가 사이의 폭력적 충돌은 하루 노동시간을 16시간에서 8시간으로 줄였다. 이것은 자본축적전략을 **상대적 잉여가치**를 증가시킴으로써 이윤을 추출하는 전략으로 전환시켰다. 이는 생산성을 증대시키거나(기계화 또는 자동화를 통해) 또는 임금을 낮춤으로써 성취된다. 노동자들을 굶주리게 하지 않으면서 임금을 낮추기 위해서는 임금재화wage goods(음식, 의복, 주거)의 비용을 줄여야만 한다. 그러나 획기적인 기술적 진보 없이 노동자들이 구매하는 임금재화의 가격을 낮추는 것은 상품가격을 낮추는 것을 의미하며, 이는 이윤을 감소시킨다. 자본주의는 임금을 줄이는 데 필요한 절약 요인을 어디에서 발견했을까? **여성의 재생산 노동(가사노동, 돌봄노동)에서** 찾았다. 여성이 수행하는 청소, 급식, 신체적·감정적 돌봄은 노동인구 ― 그리고 노동력의 원천 ― 를 유지하기 때문에 자본주의 생산에 대해 가치를 지닌다. 그것은 자본가들에게 항상 무료였지만, 경쟁과 기술 발전이 기업으로 하여금 이윤추구과정에서 비용을 줄이고 절약할 곳을 찾아 나서게 함에 따라 더욱 중요해졌다. 이것은 자본주의가 공장 노동자로서의 여성 착취에서 전업 주부로서의 여성 착취로 전환한 것을 상당 부분 설명해 준다(Federici, 2012).

농업에서 기계화가 절대적 잉여가치에서 상대적 잉여가치로의 전환을 이끄는 데까지는 또 다른 한 세기가 걸렸다. 오히려 식민주의는 정복한 새로운 땅으로 농업을 확대했고, 그곳에서의 비옥한 토양과 풍부한 자원의 착취가 자본주의 먹을거리 시장과 섬유 시장에 (최저생활임금 이하를 버는 노동자가 제공하는 '보조금' 외에) 자연의 '보조금'을 제공했다. 농업에 제공되던 자연의 보조금이 필연적으로 줄어들면서, 생산과정을 강화하기 위해 비료, 살충제, 기계류가 도입되었다. 이것은 여성의 활동이 경작지에서 벗어나 가내(재생산)

노동으로 꾸준히 옮겨가게 했다.

마리아 미즈Maria Mies는 그녀의 독창적인 저작 『가부장제와 세계적 규모의 축적: 국제분업 속의 여성Patriarchy and Accumulation on a World Scale: Women in the International Division of Labor』에서 젠더 분업의 사회적 기원을 이해하는 데서 정통 마르크스주의가 드러내는 편견에 도전한다. 미즈는 이 분업이 **언제** 발생했는지보다는 그것이 **왜** 위계적인 가부장제적 억압구조로 귀착되었는지에 관심을 두고 있다. 미즈는 다음과 같이 쓰고 있다. "이 분업의 원인을 남성의 보편적 성차별주의 자체에 귀속시킬 수는 없지만, 그것은 자본주의 생산양식의 한 결과이다. 자본주의 생산양식은 인체 중에서 노동도구로 직접 사용될 수 있는 부분이나 기계의 확장의 한 부분이 될 수 있는 부분들에만 관심을 가진다"(Mies, 1986: 46).

자본주의는 잉여가치를 생산하기 위해 노동자의 머리, 손, 다리 등을 노동력으로 요구한다. 여성의 머리, 손, 다리 등도 노동시장에 진입하지만, 생명을 주는 그들의 자궁과 젖샘은 이윤을 만들어내는 것으로 간주되지 않는다. 자본의 이러한 결정은 여성의 생식기능을 **자연의 영역**으로 이관한다. '인간노동'과 '자연활동' 간의 자본주의적 구분은 남성의 육체 노동력을 생산적인 것으로 평가하지만, 여성의 생식활동은 생산적이지 않은 것으로 평가절하한다. 이 엄격한 의미에서의 '생산적'이라는 것은 잉여가치의 생산만을 지칭한다. 잉여가치를 생산하는 노동 — 노동자를 생산하는 생식활동보다는 — 만을 가치 있게 여기는 사고방식이 자본주의 체계에서 드러나는 젠더 편견의 핵심에 자리하고 있다.

마리아 미즈는 노동생산성에 대한 이러한 협소한 해석을 거부하고, 여성이 수행하는 삶의 생산을 비임금 '생존subsistence'노동 — 즉, 삶의 생산에 필요한 노동의 양 — 으로 간주한다. 그녀는 여성의 착취를 노예제도, 식민주의, 먹을거리의 일차적 생산자(농민)의 착취와 연결시킨다.

> 일반적인 삶의 생산 또는 생존생산 — 주로 여성 비임금 노동자와 노예, 계약 노동자, 식민지 농민과 같은 기타 비임금 노동자를 통해 수행되는 — 이 "자본가들이 말하는 생산적 노동"이 구축되고 착취될 수 있는 영원한 토대를 구성한다. 비임금 노동자들(주로 여성)의 지속적인 '생존생산'이 없다면, 임금노동은 '생산적'이지 못할 것이다. 마르크스와 달리, 나는 자본주의 생산과정을 두 가지 — 비임금 노동자들(여성, 식민지, 농민)의 **초착취**superexploitation와 그것에 근거하여 가능한 임금노동 착취 — 로 구성된 하나로 파악한다. 내가 그들이 당하는 착취를 초착취로 정의하는 까닭은 그것이 '필요'노동 시간 이상의 시간과 노동, 즉 잉여노동의 (자본가에 의한) 전유에 기초하는 것이 아니라 사람들 자신의 생존 또는 생존생산에 필요한 시간과 노동의 착취에 기초하기 때문이다. 초착취는 임금 — 즉, 그 액수가 노동자에게 '필요한' 재생산비용에 의거하여 계산되지만 주로 무력 또는 강압적 기관에 의해 결정되는 — 에 의해 보상되지 않는다.(Mies, 1986: 48)

이주자 농장 노동은 또 다른 근대적 '초착취'의 사례이다. 미국에서는 제2차 세계대전 동안 백인 농장 노동자들의 노동이 대부분 사

BOX 16

여성 농장 노동자들

농업 부문은 역사적으로 전 세계 여성의 최대 고용주 중 하나였고, 지금도 여전히 그러하다. 개발도상국과 선진국 모두에서 농업에 종사하는 여성은 남성보다 생산자원과 기회에 그리 접근하지 못한다(FAO, 2012). 미국에서 여성 농장 노동자들은 교차정체성 때문에(그들이 상시 노동자이든 임시 노동자이든 또는 밀입국자이든 간에 농장 노동자, 유색인종, 여성, 이주자이기 때문에) 작업장에서 훨씬 더 차별과 학대로 고통받았다. 여성 농장 노동자들 — 이들은 미국 농업 노동인구의 24%를 차지한다 — 은 몇 가지 이유로 남성 노동자들보다 적은 돈을 번다. 그것은 그들이 더 적은 시간을 일하고(때로는 동일한 일을 하고도 남성보다 적은 돈을 지불받는다) 직업적으로 더 낮은 임금을 지급받는 '여성의 일자리' 지위로 격리되기 때문이다. 일부 고용주들은 여성을 고용하거나 승진시키는 것을 거부하고, 다른 고용주들은 남성에게 제공되는 혜택(이를테면 주택)을 여성에게 주기를 거부해 왔다.

육아는 실제로 농업 노동의 고용지원 대상이 전혀 아니기 때문에, 농업 노동자의 아이들은 부모가 일하는 동안에 들판에서 '놀거'나 보통 집에서 할머니, 고모, 또는 형제자매의 돌봄을 받는다. 다른 초국적 이주자의 고용주들과 마찬가지로 농업 고용주들도 일부 여성의 무급 돌봄 노동에 크게 의존하여 다른 여성과 남성이 임금노동을 할 수 있게 한다. 여성 농장 노동자들이 보유하고 있는 소수의 권리마저 순전히 젠더에 근거하여 자주 침해받는다. 이를테면 남부빈곤법률센터Southern Poverty Law Center는 일부 고용주들이 여성의 혼인 지위를 이용하여 여성에게 개별 급여를 지불하는 대신 불법적으로 배우자의 급료명세서로 여성의 급여를 지불한다고 보고한다(Bauer and Ramirez, 2010). 이러한 불법적 관행은 고용주로 하여금 여성에게 최저임금 지급을 거부할 수 있게 해주고 사회보장연금과 같은 추가 지급금을 회피할 수 있게 해준다.

여성의 재생산이 1) 저임금, 저급부, 노동착취에 뿌리를 둔 빈곤, 2) 여성의 무급 가사노동을 크게 증가시키는 이주 노동, 3) 농약에의 노출과 성폭력 피해 가능성을 비롯한 위험한 노동조건, 그리고 4) 그러한 위험을 막는 노동 및 안전 규제의 취약함에 의해 영향을 받는 한, 재생산의 압박은 지속된다. 작업장소가 젠더별로 분리되어 있지는 않지만, 남성이 미국 농장 노동자의 대다수를 구성하고 있고 감독 지위의 대부분을 차지하고 있기 때문에 농업이 가부장 지배 문화를 조장할 수 있다는 점을 인식하는 것이 중요하다. 농장 노동의 노동/직업조건, 농장 노동자에 대한 미국의 의료보호 상태, 만연한 낙인찍힌 사회적 관계가 함께 상호작용하면서 여성 농장 노동자들을 규제하고 통제하고 착취하는 상황을 창출한다. 요컨대 여성들은 재생산의 압박을 받는 상황에서 노동한다.

라졌다. 남성들은 전쟁터로 갔고 여성들은 공장으로 이동했기 때문이었다. 멕시코의 소농 농부들이 브라세로 프로그램에 따라 미국의 농작물을 수확하기 위해 수입되었다. 멕시코 농장 여성들은 대체로 뒤에 남아 가족들을 돌봤다. 농장 노동자들은 그 이후 쓰고 버릴 수 있는 존재로 취급되어 왔으며, 생산성의 증가와 함께 노동시간은 증가하고 임금은 상대적으로 감소했다. 이주 노동자들은 무궁무진하다고 생각했기 때문에, 21세기에조차 이주 노동인구의 재생산에 대해서는 전혀 생각하지 않았다.

하지만 지난 30년간의 신자유주의적 지구화는 멕시코 농촌의 가정경제와 마을경제를 꾸준히 파괴했고, 이는 여성들로 하여금 일자리를 찾아 북부 국경을 넘게 했다. 생산 노동인구와 재생산 노동인구 모두가 남부에서 북부로 대량 이주한 것은 미국 먹을거리 체계의 여러 부분, 특히 과일과 야채를 생산하는 대규모 기업 농장, 가공기업, 레스토랑이 번창할 수 있게 해주었다. 궁핍해진 남성, 여성, 어린아이들이 북아메리카와 서유럽으로 일을 찾아 몰려들었고, 비슷한 패턴이 라틴아메리카, 아시아, 아프리카의 다른 지역에서도 일어났다.[1]

먹을거리 체계의 생산영역과 재생산영역에서 발생한 '착취의 지구화'는 먹을거리 가치사슬의 위와 아래에서 사회정의를 위한 다양하고 광범위한 운동을 발생시켜 왔다. 이를테면 미국의 농장 노동자 4~5명당 1명은 여성이다. 이들 운동에서 여성들의 우위 ― 그리고 호전성 ― 는 놀랄 정도이며, 그것이 여성들의 상태와 그들의 현 존재를 반영하는 방식으로 사회 정의의 어젠다를 변화시켜 왔다.

BOX 17

땅의 사람들

로잘린다 귈렌

[나의 아버지는] 자신이 농장 노동자인 것을 좋아했다. …… 아버지는 먹을거리를 키우고 식물을 재배하는 것을 좋아했다. 아버지는 우리에게 그것들에 관해 말했고, 그것들에 관한 일지를 썼다. 그 일지에 아버지는 다음과 같이 쓰곤 했다. "나는 오늘도 들판에 앉아 있었다. 나는 언제나처럼 들판으로 나갔다. 그리고 땅 냄새가 났다. 새소리가 들렸다. …… 구름도 떠 있고, …… 공기도 맑았다. 나는 흙을 만지면 기분이 좋아진다. 그것은 나를 건강하게 만든다." 아버지는 땅의 사람이었다. 아버지는 말했다. "우리는 땅의 사람들이다. 그것을 부정할 수는 없다. 우리는 땅의 사람들이며, 우리는 그곳에 있어야 한다." 나의 아버지는 독학으로 공부한 사람이었다. …… 아버지는 이렇게 말하곤 했다. "너는 땅의 사람의 자식이다. 너는 농장 노동자이다. 그렇다고 해서 부끄러워하지 마라."

산업 농업은 농장 노동자의 목소리를 빼앗아갔다. 그래서 우리는 그들이 스스로를 땅의 사람이라고 밝히는 말소리를 듣지 못한다. 우리는 기계, 즉 짐 나르는 짐승으로 규명되어 왔다. 사람들이 우리를 그런 식으로 인식하는 것이 편리한 까닭은 그래야 우리를 착취하기 쉽기 때문이다. 그러나 자신을 먹을거리를 키우는 올바른 방법에 대한 지식과 지혜를 가진 땅의 사람이라고 말할 수 있는 사람을 착취하기란 쉽지 않을 것이다.

　많은 가족 농부와 경작자들은 먹을거리를 키우고 땅을 다루는 자신들의 방식이 잘못되었다는 것을 알고 있다. 그들은 죄책감을 느낀다. 그리고 그들은 자신들과 현실 ─ 기회가 주어진다면 농장 노동자들은 그 현실에 대해 말할 것이다 ─ 간의 완충물을 원한다. 여러분은 자신이 잘못하고 있다는 것을 아는 사람들을 매일 보고 있다.

　나의 아버지는 이렇게 말하곤 했다. "이 일은 특별하다. 네가 하는 일은 은총받은 일이다. 왜냐하면 네가 하는 일이 다른 누군가를 건강하고 온전하게 만들 것이기 때문이다. 너는 인간들을 먹여 살리고 있고, 먹을거리나 가축을 키우는 사람을 제외하고는 다른 어느 누구도 그 일을 하지 않는다." 내가 들에서 일할 때 나는 그 일을 좋아했다고 생각한다. 나의 아버지는 쟁기로 땅을 갈면서 "딸아, 여기에 서서 냄새 맡아봐. 숨을 깊이 쉬어"라고 말하곤 했다. 그리고 우리는 그렇게 하곤 했다. 그리고 아버지는 "네가 이 냄새를 맡을 수 있는 유일한 시간이야"라고 말하곤 했다. 그 다음에 물을 댈 때면 같은 땅이지만 또 다른 냄새가 난다. 땅은 스스로 자양분을 공급한다. 그때마다 다르다. 사람들은 식물이 성장할 때 내는 식물의 냄새를 알고 있고, 들판에 앉아 식물을 만져봄으로써 그 식물이 무엇인지를 식별한다. ……

　우리는 차를 몰고 가서 들판에 나가서 고용되어 일을 한다. 그리고 우리는 들판에 앉아 태양이 솟아오르는 것, 안개가 땅에서 피어오르는 것, 냄새가 바뀌는 것, 산들 바람이 이는 것, 땅이 살아나는 것을 본다. 그리고 사람들은 에너지를 느낀다. 그 다른 어떤 것도 사람들에게 그 에너지를 줄 수 없다. 그리고 사람들은 괭이질을 하러 가거나 또는 무슨 일이든 하고 싶어 한다. 그것은 사람들을 기분 좋게 해준다. 땅의 아름다움이 사람들 주변을 맴돌고, 새들이 날고 벌들이 윙윙거린다. 세상에 그것과 같은 것은 없다. 여러분은 그것을 알고 있으며, 나는 우리가 그것을 알고 있고 그것을 느낀다는 것을 여러분도 알기를 원한다. 그리고 우리가 여러분과 같다는 것을 여러분이 알지 못한다면, 그것은 잘못된 것이다.(Bacon, 2017)

먹을거리 – 체계 – 인종차별주의

인종차별주의 — 즉, 민족성 또는 피부색에 근거하여 실행되는 사람들에 대한 체계적 학대 — 는 우리의 먹을거리 체계를 포함하여 우리 사회의 모든 측면에 악영향을 미친다.[2] 인종차별주의는 어떠한 생물학적 토대도 가지고 있지 않다. 그러나 유색인종을 쫓아내고 착취하는 사회경제구조와 정치구조가 인종, 문화, 민족집단에 대해 널리 퍼져 있는 그릇된 정보와 결합하고, 거기에다 유색인종이 백인주민들과 일자리와 교육기회를 놓고 잠재적으로 경쟁을 벌임에 따라 인종차별주의는 더욱 다루기 힘든 부정의 중 하나가 되었다. 인종차별주의는 단지 사고방식에 의거한 편견이나 개인적 행동에 불과한 것이 아니다. 그것은 우리의 제도에 깊숙이 뿌리내린 역사적 유산의 하나로, 다른 집단의 사람들에 비해 한 집단의 사람들에게 특권을 부여한다. 인종차별주의 — 개인적, 제도적, 구조적 — 는 또한 공정하고 지속가능한 먹을거리 체계를 구축하기 위한 선의의 노력들을 방해한다.

인종차별주의는 그 만연함에도 불구하고, 식량원조와 농업개발을 위한 국제 프로그램에서 거의 전혀 언급되지 않는다. 반瘓기아와 먹을거리 안정성 프로그램이 빈번히 충격적인 통계를 인용하고 있기는 하지만, 인종차별주의는 엄청나게 높은 기아율, 먹을거리 안정성, 농약중독, 식생활 관련 질병의 원인으로 좀처럼 규명되지 않는다. 건강한 먹을거리, 공동체 지원 농업, 농민시장, 구멍가게 개조를 위한 무수한 프로젝트 등과 함께 널리 환영받는 '좋은 먹을거리 운동'조차도 인종차별주의의 문제를 제대로 다루지 않는 경향이 있다(Alkon, 2012).

일부 단체들은 먹을거리 체계에서 인종차별주의를 해체하는 데 헌신하고 **있으며**, 그것을 자신들의 활동의 중심으로 삼고 있다. 다른 단체들은 그 문제에 동정적이지만 적극적으로 나서지는 않는다. 하지만 많은 단체가 인종차별주의를 다루기가 너무 어렵거나, 자신들의 업무와 별로 관계가 없거나, 분열을 일으키는 피해야 하는 문제로 바라본다. 먹을거리 운동이 인종차별주의의 상처, 분노, 공포, 죄책감, 슬픔, 절망을 전혀 다루지 않는 것은 아니지만, 다루는 것을 거북스러워한다.

인종 카스트

인종 카스트racial caste는 "법과 관습에 의해 열등한 위치에 고착된 낙인찍힌 인종집단"을 묘사하는 용어이다(Alexander, 2011). 인종 카스트는 경제적·정치적·사회적 권력의 위계적 불균형이 낳은 하나의 결과이다(성차별주의와 계급주의는 인종 카스트의 또 다른 결과들이다). 북아메리카와 유럽의 많은 지역에서 이 인종 카스트 체계는 북유럽인을 조상으로 하는 얼굴색이 흰 사람들에게 특권을 부여한다. (인종 카스트는 힌두 카스트 체계와 몇 가지 사회적 유사점이 있지만, 역사적으로 매우 다르다.)

북부 식민주의를 겪은 모든 국가는 '백색'에 사회적 특권을 부여하는 인종 카스트 체계에 의해 구조화되어 왔다. 이 체계는 원래 유럽의 식민주의를 정당화하고 아메리카, 아프리카, 아시아의 방대한 토지를 경제적으로 착취하기 위해 개발되었다. 대량학살적 군사 정복과 정부조약을 통한 노골적인 강탈은 미국의 서부 확장 시기 동안에 1500만 명의 토착민에게 악영향을 미쳤다. 식민지화는 주로 백인 개척 이민자들과 야심찬 백인 소小소유자-정착자들에 의해 수행되었다(Dunbar-Ortiz, 2014).

아메리카 대륙에서 유럽인들과 유럽 출신의 사람들은 원주민을 살해하고 그들의 자연자원을 강탈했고, 때로는 그들을 노예로 삼았다(이를테면 스페인 가톨릭 선교단). 서부 아프리카 지역 출신 사람들은 노예가 되어 강제로 대서양 건너로 보내졌으며, 주로 설탕, 담배, 면화 플랜테이션에서 대단히 힘든 노동을 하기 위해 동산動産으로 판매되었다. 전쟁과 거래를 통해 획득된 노예가 수천 년 동안 많은 사회의 일부를 이루어왔지만, 자본주의의 도래와 유럽의 정복 이전에는 인간의 거래가 광범하게 이루어지지 않았다.

플랜테이션에서 자행된 노예화된 인간에 대한 초착취는 200년 이상 동안 노예제도가 농업 임금노동보다 더 우세하게 해주었다. 노예제도하에서 인간은 재산으로 매매되고 저당 잡혔다. 노예제도가 낳은 엄청난 부는 북부 은행으로 보내졌고, 그곳에서 군사 정복, 더 큰 플랜테이션, 궁극적으로는 산업혁명을 위한 자금 마련에 사용되었다(Baptist, 2014).

인간의 상품화는 재산으로 이용된 사람들이 생물학적으로 열등하다는 근거 없는 주장과 그들의 소유자가 신에 의해 우월하다고 규정되었다는 가정에 근거하여 사회적으로 정당화되었다. 권력, 소유권, 노동의 이 같은 분할은 폭력과 테러를 통해 고착되었다. 그것은 또한 항상 종교적·과학적 정당화를 요구했고, 상대적으로 새로운 '인종'개념을 만들어냈다. 노예가 된 사람들은 인종적·문화적으로 서로 다른 서아프리카 지역들에서 왔지만, **흑인**으로 분류되었다. 노예 소유자는 스키타이족, 켈트족, 갈리아족, 게르만족과 같은 모호한 부족의 이름으로 알려진 유럽의 서로 다른 지역에서 왔지만, **백인**으로 분류되었다.

노예제도는 한 세기 동안 인간의 신체적 특성에 근거하여 인간을 분류하는 그릇된 '과학적' 정보를 생산했다. 결국 사람들은 몽골 인종, 흑색 인종, 백색 인종이라는 세 가지 주요 범주로 인종차별화되었다. 백인은 뛰어난 지능, 신체적 아름다움, 도덕적 성격을 부여받았다. 과학자들은 핀란드인, 말레이인, 그리고 아메리카 대륙의 대부분의 원주민과 같이 이들 범주에 부합하지 않는 많은 사람을 분류하는 방법을 놓고 논쟁을 벌였다. 그 범주가 엉망이라는 점은 인종차별주의의 정치적·경제적 목적에서는 중요하지 않았다. 신화적인 백색 인종을 끌어올리면서도 세계 민족의 독특한 인종적·부족적·문화적 배경을 체계적으로 지우는 것은 지독하게 나쁜 과학이 수행한 수치스러운 일이었지만, 세계의 토지, 노동, 자본을 통제하는 강력한 엘리트들이 지지했기 때문에 계속되었다(Painter, 2010).

노예제도는 전 세계 먹을거리 체계와 노동체계에 막대한 영향을 미쳤고, 노예제도가 19세기 후반에 대체로 폐지될 때까지 자본주의의 인종 카스트 체계의 중심적 지주였다. 미국에서 거의 3년 동안 피의 내전이 벌어진 후, 1863년에 있었던 해방선언은 남부 연합 Confederate states에 살고 있던 아프리카계 미국인들을 노예제도로부터 해방시켰다. 하지만 해방된 노예가 자유롭게 자신이 속해 있던 플랜테이션을 떠나기까지는 거의 2년의 전쟁이 더 필요했다(Ignatiev, 1995). 미국 수정헌법 제13조는 마침내 1865년 미국의 노예제도를 법적으로 종식시켰다. 그러나 '잠시 주목받는 순간'이 지난 후, 옛 남부 연방에 사는 아프리카계 미국인들은 '짐 크로 법'을 통해 곧 격리되고 권리를 빼앗겼다. '짐 크로 법'은 이전에 노예였던 아프리카계 미국인을 범죄화하고 차별했으며, 노예제도가 부재하는 상황에서 인종 카스트 체계를 유지시켰다(Alexander, 2011).

400만 명이 넘는 멕시코 농장 노동자들이 미국으로 보내졌던 제2차 세계대전 동안처럼, 인종 카스트가 특히 노동력 부족 기간 동안

BOX 18

짐 크로 법

짐 크로 법은 미국 남부에서 인종차별을 강행하던 주州법과 지방법을 총칭하는 말이었다. 재건 기간 후에 제정된 이 법들은 1965년까지 계속 시행되었다. 1890년에 아프리카계 미국인에게 "분리되지만 동등한" 지위를 부여하는 것으로 시작된 이 법들은 미국의 옛 남부 연방의 주들에서 법에 의거하여 모든 공공시설에서 인종차별을 할 것을 명령했다.

아프리카계 미국인을 위한 시설은 유럽계 미국인이 이용할 수 있는 시설에 비해 항상 열등했고, 자금 부족을 겪었다. 때로는 시설이 전혀 존재하지도 않았다. 이 법체계는 많은 경제적·교육적·사회적 불이익을 제도화했다. 법에 따른 차별은 주로 남부 주들에 적용되었지만, 북부에서도 차별은 일반적으로 사실이었다. 그곳에서도 사적 계약, 은행대출 관행, 그리고 (차별적 노동조합 관행을 포함하여) 직업 차별에 의해 주택 분리가 강요되었다.

짐 크로 법은 (때때로 플로리다에서는 주 헌법의 일부로) 백인과 흑인이 이용하는 공립학교, 공공장소, 대중교통을 분리시키고 화장실, 식당, 식수대도 분리시킬 것을 명령했다. 1913년 우드로 윌슨Woodrow Wilson 대통령하에서는 연방 작업장과 마찬가지로 미군도 분리되었다. 그의 행정부는 지원자들에게 사진을 제출할 것을 요구함으로써 고용에서 인종차별을 실시했다. 이 짐 크로 법은 이전에 아프리카계 미국인의 시민권과 시민적 자유를 제한

했던 1800~1866년 흑인법을 따랐다. 공립(주가 지원하는)학교의 분리는 1954년 브라운 대 교육위원회Brown v. Board of Education 판결에서 미국 대법원에 의해 위헌으로 선언되었지만, 경우에 따라서는 이 결정이 실행되는 데에는 수년이 걸렸다. 남아 있던 짐 크로 법들은 1964년 민권법과 1965년 투표권법에 의해 대체로 파기되었지만, 수많은 제도적 차별수단을 제거하기 위해서는 수년간의 소송과 법정 저항이 필요했다.

먹을거리 체계를 체계적으로 틀지었다. 멕시코 노동은 값이 쌌고 무자비하게 착취당했다. 멕시코인을 열등한 것으로 분류한 인종규범 체계가 그러한 대우를 사회적으로 용인하게 만들었다(Center for History and News Media, 2014).

오늘날까지 미국과 유럽의 먹을거리 체계의 중요한 부문들은 지위를 빼앗기고 착취당한 지구 남부 출신 이주 노동자들에 의해 규정되고 있다. 그들에 대한 체계적 학대는 수세기 동안 이어진 인종 카스트 체계에 의해 정당화되고 있다.

먹을거리 체계 속의 인종차별주의

"고장 난 먹을거리 체계를 고치"라는 요구는 자본주의 먹을거리

BOX 19

백색의 탄생과 변형

인종 개념은 항상 유동적이었고, 자본과 지배계급의 변화하는 요구를 수용하여 바뀌면서 평등과 해방을 위한 정치투쟁의 토대를 약화시켜 왔다. 이를테면 식민지 미국에서는 아프리카 노예와 유럽인 계약 하인 간에 사회적 차이가 거의 없었다. 이주 영국인과 영국계 미국인 주민들은 이민자와 노예를 구별되지 않는 똑같이 열등한 지위를 갖는 사회집단으로 격하시켰다. 그러나 노예들이 자신들의 식민지 지배자들에 대항하여 함께 조직화하기 시작하자, 버지니아주의 하원은 1705년 버지니아 노예법을 제정했다. 이 법은 노예 소유자를 위해 새로운 재산권을 확립했고, 노예의 합법적이고 자유로운 거래를 허용했고, 백인과 흑인을 위한 별개의 1심 법원을 설립했고, 흑인이 무기를 소유하거나 백인을 공격하는 것을 금지했고, 자유 흑인이 백인을 고용하는 것을 금지했고, 도망자로 의심되는 사람을 체포하는 것을 허용했다.

19세기와 20세기 초반 내내 미국에서 살아온 가난하고 피부색이 하얀 아일랜드 가톨릭 이민자들은 처음에는 열등한 인종으로 취급받았으며, 비백인으로 차별받았다. 그 당시의 미국 만화가들은 아일랜드인을 자신들이 아프리카계 미국인들에게 적용한 것과 동일한 인종차별적 스테레오타입으로 묘사하면서, 그 두 민족집단을 비인간화하고 미국인들의 착취를 정당화하기 위해 그들을 인간에 가까운 원숭이로 그렸다.

역사가 노엘 이그나티에프Noel Ignatiev가 진술했듯이, 미국의 아일랜드인은 자신들을 아프리카계 미국인들과 함께 경제 사다리의 가장 낮은 칸에 위치시키는 구조적 장벽을 극복하기 위해서는 백인이 되어야만 했다.

아일랜드인들은 민주당 및 노동조합과 적극적으로 제휴하고 악성 변종 인종차별주의를 채택함으로써 아프리카계 미국인과 자신들을 차별화하는 전략적 선택을 했다. 노동조합은 특정 직무를 백인에게만 적합한 것으로 규정하고, 아일랜드인이 가질 수 있는 낮은 직무에서 흑인을 배제했다. 노예 소유자들은 자유민들이 북부로 와서 아일랜드인들과 일자리를 놓고 경쟁할 것이라고 주장함으로써 아일랜드계 미국인들로 하여금 노예제도를 지지하게 했다. 아일랜드인들은 본질적으로 백인이 '되었다'. 그 과정에서 그들은 흑인들을 체계적으로 차별함으로써 '백색 인종'이라는 현대 개념을 창조하는 데 일조했다. 지중해인, 동유럽인, 피부색이 흰 라틴아메리카인들도 미국으로 이주했을 때 비슷한 과정을 겪었다.

체계가 잘 작동하곤 했다고 가정한다. 이 가정은 먹을거리 체계가 유색인종 학대라는 오랜 인종차별의 역사를 가진다는 점을 무시한다. 먹을거리 체계가 불공평하고 지속가능하지는 않지만, 고장 난 것은 아니다. 자본주의 먹을거리 체계가 작동하는 까닭은 바로 그

BOX 20

인종차별주의에 대한 정의

- **인종차별화**racialization: '인종'(그리고 인종과 관련된 의미들)이
어떤 것 — 개인, 공동체, 지위, 관행, 또는 제도 — 에 귀속되는
과정. 중립적인 것으로 보이는 제도가 이전의 인종 관행과 그
결과에 의해 인종차별화된 형태로 틀지어져 있을 경우, 제도가
인종 격차를 영속시키거나 더 악화시키기도 한다. 이는 형사사
법제도, 교육제도, 보건제도 등에서도 사실이다.

- **대인간 인종차별주의**interpersonal racism: 인종에 기초한 편견과 차
별행동들로, 그러한 편견과 행동들에 근거하여 한 집단이 다른
집단의 능력·동기·의도에 관한 부정적인 가정들을 만들어낸
다. 이러한 일단의 편견은 다른 집단에 대한 의도적인 또는 의
도하지 않은 잔인한 행위로 이어진다.

- **내면화된 인종차별주의**internalized racism: 한 집단이 사회를 정치
적·사회적·경제적으로 지배할 때, 자신의 능력과 본질적 가치
에 관한 부정적인 메시지들로 포격당한 낙인찍힌 집단의 성원
들은 그러한 부정적 메시지를 내면화할 수 있다. 내면화된 인종
차별주의는 사람들이 자신들의 잠재력을 최대한으로 실현하는
것을 방해하고 부정적 메시지를 강화함으로써 그러한 억압체
계를 강화한다.

- **제도적 인종차별주의**institutional racism: 이는 인종에 대한 특정한
가정들이 우리 사회의 사회적·경제적 제도에 구조화되어 있는

경우이다. 제도적 인종차별주의는 조직, 기업, 그리고 (학교와 경찰서 같은) 기관이 특정 집단 사람들의 권리를 제한하기 위해 그 사람들을 의도적으로 또는 간접적으로 차별할 때 발생한다. 이 유형의 인종차별주의는 지배집단의 문화적 가정을 반영한다.

- **구조적 인종차별주의**structural racism: 법에 기초한 형태의 인종차별은 대부분 불법화되었지만, 다양한 제도와 관행에서 비롯된 많은 인종 격차가 경제구조와 정치구조, 그리고 문화적 전통 속에서 주요한 힘으로 지속되고 또 축적된다. 구조적 인종차별주의는 시간이 지남에 따라 사회구조와 사회제도가 인종에 기초한 불평등을 누적적으로 생산하고 영속화시키는 방식을 일컫는다. 이것은 개인이 인종차별주의적 의도를 가지고 있지 않은 경우에도 발생할 수 있다.

- **역인종차별주의**reverse racism: 비록 잘못 쓰이는 말이기는 하지만, 때때로 차별철폐조처affirmative action 프로그램을 특징짓기 위해 사용되었다. 차별철폐조처 프로그램은 인구의 모든 부문에서 자격을 갖춘 지원자를 찾아내기 위해 가이드라인을 설정하고 그 절차를 확립함으로써 제도화된 인종차별주의의 결과를 시정하고자 하는 시도이다. '역인종차별주의'라는 용어는 또한 때로는 개별 백인들이 유색인종에 의해 겪었을 수도 있는 학대를 특징짓기 위해 사용되기도 한다. 이것 역시 잘못 쓰인 것이다. 어느 누구도 다른 누군가를 학대할 자격이 없기 때문에 다른 사람을 해하는 사람은 그 누구든 옳지 못하지만, 우리는 유색인종

에 의해 백인이 이따금 겪는 학대와 백인에 의해 유색인종이 겪는 체계적이고 제도화된 학대를 혼동해서는 안 된다.

• **인종 정의** racial justice: 인종 정의는 집단과 개인이 인종 차이를 강화하고 영속화하는 법, 정책, 관행, 관념을 바꾸기 위해 투쟁하는 다양한 방법을 일컫는다. 무엇보다도 인종 정의 운동은 유색인종이 공평한 결과를 보장받을 수 있도록 선도적으로 투쟁한다.

것이 항상 그랬던 것처럼 특권 있는 소수의 손에 권력을 집중시키고 인종적으로 낙인찍힌 집단에 사회적·환경적 '외부효과'를 불균등하게 전가시키기 때문이다.

미국의 통계는 먹을거리 체계에서 인종 카스트가 지속되고 있음을 확인해 준다. 1910년에 아프리카계 미국인은 1600만 에이커의 농지를 소유했다. 그러나 지난 수십 년간 짐 크로 법, 여러 번의 농업불황, 농무부의 전반적인 무신경(또는 방해)을 겪고 난 1997년경에는 2만 명이 안 되는 흑인 농부들이 단지 200만 에이커의 땅만을 소유했다(Daniel, 2013). 흑인의 토지상실 비율은 백인의 토지상실 비율의 두 배였으며, 오늘날 그들은 100만 에이커도 되지 않는 땅을 경작하고 있다(Mittal and Powell, 2000; Powell, 2012). 농무부의 2012년 농업센서스에 따르면, 미국의 210만 명의 농부 중 단지 8%만이 유색인종 농부이며, 그중 단지 절반만이 토지 소유자이다. 유색인종 농장의 몫이 특히 라틴계 농부들(이들은 현재 6만 7000명이 넘는다) 사이에서 커지고 있지만, 유색인종은 연간 판매를 통해 1만 달러 미만을 벌고 있고, 농업 가치의 단 3%만을 생산하며, 농장 토지의 단 2.8%만을 경작한다(Holt-Giménez, 2014).

백인 농부들이 경영자-소유자로서 농장을 지배하지만, 농장 노동자와 먹을거리 노동자들 ― 경작지에서부터 식탁에 이르기까지 ― 은 유색인종이 압도적이었다.[3] 그들 대부분이 빈곤임금을 받고 있고, 먹을거리 불안정성의 수준이 과도하게 높으며, 임금 절도wage theft를 당하는 수준이 백인 노동자의 거의 두 배이다. 백인 먹을거리 노동자는 연평균 수입이 2만 5024달러이지만, 유색인종 노동자들은 연간 1만 9349달러를 벌 뿐이다. 백인 노동자들은 먹을거리 체계에서 관리직의 거의 75%를 차지하고 있는 반면, 라틴계 미국인은 13%, 흑인과 아시아인은 6.5%를 차지하고 있다(Food First, 2014).

보수가 좋지 않은 일자리로 인해 초래된 빈곤은 인종차별적인 형태를 보인다. 미국에서 빈곤선 아래에 살고 있는 4700만 명의 사람들 중에서 백인은 10% 미만인 반면, 아프리카계 미국인이 27%, 아메리카 원주민이 26%, 라틴계 미국인이 25.6%, 아시아계 미국인이 11.7%이다(DeNavas-Walt, Proctor and Smith, 2015).

빈곤은 유색인종에게 높은 수준의 먹을거리 불안정을 초래한다. 미국에서 먹을거리가 불안정한 5000만 명의 사람들 중 10.6%가 백인, 26.1%가 흑인, 23.7%가 라티노, 23%가 아메리카 원주민이다. (자신들이 필요로 하는 모든 먹을거리에 접근할 것이 틀림없는) 식당 노동자들 ― 유색인종이 지배하는 직업 ― 조차도 먹을거리 불안정의 정도가 전국 평균의 두 배에 달한다(Elsheikh and Barhoum, 2013).

인종, 빈곤, 먹을거리 불안정은 비만 및 식생활 관련 질병과도 밀접하게 관련되어 있다. 아프리카계 미국인의 거의 절반과 라틴아메리카계 미국인의 42% 이상이 비만으로 고통받고 있다. 비히스패닉계 백인은 8% 미만이 당뇨병을 앓고 있는 반면, 아시아계 미국인은 9%, 히스패닉계 미국인은 12.8%, 비히스패닉 아프리카계 미국인은 13.2%, 아메리카 원주민은 15.9%가 당뇨병을 앓고 있다. 당뇨병으로 인한 국가 의료비 지출과 생산성 감소는 연간 2450억 달러로 어마어마한 규모이다(Centers for Disease Control and Prevention, 2014). 당뇨병과 식생활 관련 질병이 저소득 가정에 주는 인적·경제적 부담은 실로 엄청나다.

트라우마, 저항, 그리고 변혁: 공평한 먹을거리 체계는 가능하다

인종차별주의를 오늘날 자본주의 먹을거리 체계의 기반으로 인식하는 것은 왜 유색인종이 사회적·환경적 '외부효과' — 노동 혹사, 자원 불평등, 식생활 관련 질병 — 의 고통을 불균등하게 받는지를 설명하는 데 도움을 준다. 그것은 또한 토지신탁, 농민시장, 공동체 지원 농업과 같은 유망한 많은 대안이 왜 백인이라는 이유로 특권을 부여받은 사람들에 의해 지배되는 경향이 있는지를 설명하는 데에도 도움을 준다(Guthman, 2012). 이러한 대안에 유색인종이 쉽게 접근할 수 있게 만들기 위해서는 인종 공평성에 대한 사회적 헌신과 사회정의에 대한 대담한 헌신이 요구된다. 건강한 먹을거리, 자원, 당당한 생활 임금 일자리에 동등하게 접근할 수 있게 하는 것은 먹을거리 체계를 '고치는' 데 크게 도움이 될 것이다.

인종차별주의가 낳은 트라우마는 피할 수 없다. 인종차별적 학대로 인한 고통과 모욕에 더하여, 유색인종은 그릇된 인종 정보를 내면화하여 인종 스테레오타입을 강화할 수 있다. 백색 특권은 백인 공동체에 이익을 가져다주지만, 죄책감, 공포, 절망으로 인해 그들을 무기력하게 만들 수도 있다. 내면화된 인종차별주의와 백인의 죄책감 모두는 사회적·감정적 마비상태를 유발하며, 인종차별주의와 대결하고 그것을 가로막는 것을 어렵게 한다.

그 일은 어렵지만 불가능하지는 않다. 1800년대 중반의 노예제도 폐지운동과 언더그라운드 레일로드Underground Railroad[남북전쟁 이전에 노예의 탈출을 도운 비밀조직 _옮긴이] 이전부터 사람들은 인종 분할을 뛰어넘는 동맹을 구축하는 방법을 모색해 왔다. 미국 먹을거리 체계의 역사는 남부차지농연합Southern Tenant Farmers Union의 초기 투쟁에서부터 블랙팬서스Black Panthers[1965년에 결성된 미국의 급진적인 흑인결사단 _옮긴이]의 먹을거리 프로그램, 그리고 농장노동자연합United Farm Workers의 보이콧과 파업에 이르기까지 저항과 해방의 사례들로 가득 차 있다. 보다 최근에는 식품체인노동자동맹Food Chain Workers Alliance이 보다 나은 임금과 온당한 노동조건을 위해 싸웠다. 디트로이트 식품정책협의회Detroit Food Policy Council는 유색인종이 운영하는 지역식품정책협의회가 증가하고 있음을 보여주는 사

BOX 21

억압받는 사람들의 교육학

파울로 프레이리는 1968년에 포르투갈어로 처음 출간된 『억압받는 사람들의 교육학Pedagogy of the Oppressed』에서 억압의 메커니즘을 상세하게 분석하고, 자신이 '억압자' 또는 식민자로 정의한 사람들과 '억압받는 사람들'(즉, 피식민자)로 정의한 사람들 간의 관계를 조사했다. 하지만 그는 '침묵의 문화' ― 억압받는 사람들을 침묵시키고 포섭시키는 지배적 사회관계의 체계 ― 에 빠진 모든 사람이 어떻게 억압자들이 자신들에게 부여한 가치, 규범, 문화적 조건에 의문을 제기하고 도전할 수 있는 비판적 의식을 발전시킴으로써 점차 자신들의 사회적 현실을 지각할 수 있게 되는지를 상세하게 설명한다. 프레이리는 억압받는 사람들의 교육 속에 해방이 자리하고 있으며, 따라서 그들은 교육을 통해 계급구조를 인식하고 그것을 극복할 수 있다고 주장했다.

억압받는 사람들의 인본주의적이고 역사적인 위대한 임무는 스스로와 그들의 억압자들 또한 해방시키는 것이다. 자신들의 권력에 의거하여 억압하고 착취하고 강탈하는 억압자들은 그러한 권력 속에서 억압받는 사람들이나 자신들을 해방시킬 힘을 발견할 수 없다. 억압받는 사람들의 약함에서 생겨난 권력만이 둘 모두를 해방시킬 만큼 충분히 강할 것이다. 억압받는 사람들의 약함에 경의를 표하는 방식으로 억압자들의 권력을 '약화'시키고자 하는 모든 시도는 거의 항상 거짓 관용의 형태로 스스로를 드러낸다. 그러한 시도는 실제로 그러한 관용을 넘어서지 않는다. 억압자들이 '관용'을 표현할 수 있는 기회를 계속해서 가지기 위해서는 또한 부정의를 영속시켜야만 한다. 부정의한 사회질서는 그러한 '관용'의 영원한 원천이며, 그러한 관용은 죽음, 절망, 빈곤에 의해 자양분을 공급받는다. 이것이 바로 거짓 관용을 베푸는 사람들이 그 근원에 대한 사소한 위협에도 목숨을 거는 이유이다.(Freire, 1970)

레이다. 그리고 그로잉 파워Growing Power[건강한 먹을거리를 통해 건강한 지역사회를 만들고자 노력하는 도시농업 단체로, 위스콘신에 소재해 있다 _옮긴이]에 소속된 도시농업 집단이 확산되고 있는데, 이는 일부 사람들이 '먹을거리 인종격리정책food apartheid'이라고 지칭했던 체계를 변화시키는 것을 가장 큰 목적으로 하는 공동체들이 지도력을 획득하고 있음을 보여준다. 원주민과 다른 억압받는 공동체들은 역사적 트라우마를 치유하는 방법을 개발해 왔으며, 내면화된 억압, 공포, 절망, 죄책감과 같은 무력감을 유발하는 감정을 치유하는 기술을 갖춘 동료 상담 집단들도 존재한다. 우리는 이러한 자원과 역사적 교훈 모두를 먹을거리 운동으로 가져올 수 있다.

인종차별주의는 여전히 좋은-먹을거리 혁명을 방해한다. 먹을거리 운동이 먹을거리 체계와 먹을거리 운동 자체 내에서 인종차별주의를 폐지하기 시작할 수 있다면, 그것은 먹을거리 체계를 변혁시키는 길뿐만 아니라 인종 카스트 체계를 끝내는 길도 열 수 있을 것이다.

계급, 먹을거리, 그리고 권력

먹을거리 체계는 항상 일정 형태의 사회적 분할을 포함하고 있지만, 우리가 살펴보았듯이, 그것은 어떤 사람들이 다른 사람들보다 먹을거리 공급에 더 많은 권력을 가지고 있다는 것을 항상 의미하지는 않았다. 먹을거리를 둘러싼 권력은 축산업, 관개농업의 확산, 업무의 분화(공예, 의례, 전쟁, 육아), 그리고 농업 잉여를 통제하기 위한 투쟁과 함께 시작되었다. 수렵-채집사회가 농업에 의해 대체됨에 따라 씨족은 동족에 기초한 종족체계로 대체되었고, 그것은 다시 군주 국가들로 대체되었다(Flannery, 2001). 국가는 사회를 왕족, 귀족, 평민, 노예라는 계급들로 분할했다. 성직자·정치·군대의 카스트가 메소아메리카, 유럽과 지중해, 아시아, 그리고 나일강 계곡의 농촌 문명에서 권력을 장악했다. 이 엘리트들은 노예, 농노, 소작농들이 생산한 먹을거리를 엄격하게 통제했다.[4] 이 옛 사회적 분할을 하위 사회계층으로 삼아, 자본주의는 친족이나 카스트, 혈통이 아닌 자본 자체에 기초한 완전히 다른 형태의 사회적 분화를 형성해 냈다.

자본주의는 이전의 모든 사회적 관계를 혁명적으로 변화시켰다. **귀족**은 **부르주아**에 의해 전복되었고, 부르주아는 농민을 쫓아내어 산업 **프롤레타리아**와 막대한 불완전 고용 **룸펜**-프롤레타리아트(최하층 계급)를 만들어내어 '노동예비군'을 확보했다. 기존 사회질서의 이러한 변혁은 토지, 노동, 자본에 의해 규정되었다. 이를테면 노동자(프롤레타리아트)는 임금을 받고 파는 노동력을 소유한 사람들이었다. 지주(상층 토지계급)는 토지를 소유하고 토지에서 지대를 받았다. 자본가(부르주아)는 자본을 소유하고 생산이나 거래를 통해 이윤으로부터 소득을 얻었다. 소규모 재산 소유자, 가게 주인, 상인, 전문가, 공무원들로 구성된 **프티**부르주아라는 집단이 출현했다. 이들은 보다 강력한 부르주아 이데올로기를 따르지만, 많은 자본을 축적할 수는 없었다. 그다음으로 자본주의에는 영원히 '어색한 계급'인 농민이 존재했다. 그들은 그러한 변화에 저항했고, 자신들이 하던 대로 자신들의 잉여와 노동을 시장에 내놓지 않았다. 자본의 생산물 측에서 볼 때, 농민은 보잘것없는 시장이었다(Shanin, 1972).

사회과학의 세 명의 창시자 카를 마르크스, 막스 베버Max Weber, 에밀 뒤르켐Emile Durkheim은 계급에 대해 유사하지만 다른 생각을 가지고 있었다. 마르크스(와 엥겔스)는 경제학자 데이비드 리카도의 연구를 따라 계급갈등의 중심에 사유재산과 생산수단의 소유권을 위치시켰다. 그들은 "지금까지 존재해 온 모든 사회의 역사는 계급투쟁의 역사"라고 믿었다(Marx and Engels, 1978). 베버는 재산이 계급갈등의 추동력이라는 데에는 동의했지만, 계급은 신분과 정치를 포함하는 사회계층화의 여러 측면 중 하나라고 생각했다. 이것은 계급분석을 복잡하게 만든다. 이를테면 계급들이 모순적 이데올로기를 채택하여 예측할 수 없는 방식으로 동맹을 결성할 수 있기 때문에, 마르크스의 계급전쟁은 가능할 수는 있지만 불가피하지는 않게 된다. 규범, 신념, 가치가 뒤르켐의 '집합의식collective consciousness' 이론을 떠받치고 있다. 집합의식이라는 객관적인 이데올로기적 접착제가 사회를 하나로 묶지만, 동시에 계급갈등이 사회를 분열시킨다. (베버와 뒤르켐의 생각은 왜 계급들이 선거에서 자신들의 이해관계에 반하여 투표하는지, 그리고 사회문화적 습속에 호소하지만 자신들을 궁핍하게 만드는 경제정책을 입안하는 정치인들을 지지하는지를 설명하는 데 도움을 준다.) 세 학자 모두는 자본주의 사회가 공동체적 삶에 일으킨 격변을 설명하기 위해 노력했다. 계급에 대한 그들의 연구는 사회학이라는 학문의 토대가 되었다. 후일 20세기 초에 혁명의 도가니 속에서 로자 룩셈부르크Rosa Luxemburg(Peter and Anderson eds, 2004)와 엠마 골드만Emma Goldman(Shulman, 1996)과 같은 연구자이자 행동주의 사상가이자 지도자들은 제국주의, 계급투쟁, 그리고 국가 자체의 성격에 대해 정교한 논의를 진전시켰다.

또 하나의 중요한 개념이 안토니오 그람시Antonio Gramsci의 '헤게모니hegemony'라는 관념이다. 헤게모니란 지배계급이 피지배자들의 정치적·사회적 동의를 획득하기 위해 국가와 시민사회에 자신의 이데올로기적 권력을 행사하는 여러 방식을 일컫는다(Gramsci, 1971). 지식인들이 지배계급의 세계관을 나머지 사회로 확장시키는 데서 근본적인 역할을 수행하기 때문에, 지배계급의 세계관은 자주 자연법칙으로 받아들여진다. 이를테면 오늘날 자유시장 자본주의하에서는 자유(자유화된)시장이 자연적 사태라는 관념이 대체로 사실로 받아들여지고 있다. 자유주의 시장은 실제로 자유롭지 않을 뿐만 아니라, 그것과 관련하여 검증할 수 있는 유일한 사실은 자유주의 시장이 노동시장이나 환경규제에 의해 방해받지 않고 자본이 국경을 넘어 이동할 수 있게 하려는 다국적기업의 계급이익에 봉사한다는 것뿐이다. 에드워드 허먼Edward Herman과 노엄 촘스키Noam Chomsky가 지적하듯이, 미디어는 계급 헤게모니를 진전시키는 데서 결정적인 역할을 수행한다. 왜냐하면 "미디어는 다른 기능들[을 수행하면서] 자신들을 통제하고 자신들에게 자금을 공급하는 강력한 사회세력의 이해관계를 위해 봉사하고 선전하기 때문이다"(Herman and Chomsky, 1988).

실제의 계급관계는, 그리고 사회계층에 관한 이론들은 사회학의 아버지들이 자신들의 독창적인 텍스트들을 출간한 이후 훨씬 더 복잡해졌다. 하지만 아이러니하게도 오늘날 계급에 대한 언급은 일반적으로 소득, 소비유형, 생활양식 선택에 한정되어 있다. 서구 자유민주주의 사회는 계급에 대해 많은 이야기를 하지 않는다. 다시 말해 계급 이해관계는 자본주의의 번영과 함께 사라졌다고 가정된다. 그러나 불평등, 빈곤, 기아가 악화됨에 따라 '무계급 사회'에 대한 헤게모니적 이데올로기가 무너지기 시작하고 있다. 계급분할과 계급동맹 모두가 특히 먹을거리 체계 속에서 증가하고 있다.

먹을거리: 어떤 차이가 계급을 만드는가

먹을거리 체계에서 주요 계급분할은 여전히 노동자(경작·포장·

가공·소매·식당 노동자)와 생산수단 소유자(먹을거리·곡물·화학물질의 독점체) 간에 이루어진다. 우리는 일반적으로 전자를 '먹을거리 프롤레타리아'로, 후자를 '먹을거리 부르주아'로 부르지는 않는다. 그러나 여타 소수의 근대 산업들은 자본과 노동 사이에 그 같은 고전적인 분할을 가지고 있다.

그러나 농부는 보다 복잡한 집단이다. 세계의 대부분의 농부들은 자신과 (보통 지역의) 시장을 위해 아주 작은 농장에서 먹을거리를 생산하는 소농 여성이다. 전 세계 먹을거리의 절반 이하가 대규모의 고도로 자본주의화된 산업 농장에서 글로벌 시장을 위해 생산된다. 이들 생산자 중 상당수가 대규모의 기업적 가족 농장이다. 다른 생산자들은 규모가 그리 크지 않다(그리고 단지 몇 번의 흉작으로 파산한다). 이들 농부 중 일부 – 가금류 생산자들처럼 – 는 단지 보잘것없는 의미에서의 생산수단의 소유자일 뿐이다. 그들은 제퍼슨Jefferson의 가르침에 등장하는 자작 농부보다는 '먹을거리 농노'에 더 가깝다. 다른 농부들은 자신의 토지와 기계류를 소유할 수 있지만, '시장을 위한' 유전자 조작 옥수수, 콩, 또는 사탕무와 같은 상품의 경작에 많은 차입금으로 매어 있다. 저자본주의화되어 있지만 매우 헌신적인 소규모 가족 농부들로 구성된 하위계급이 지구 북부에서 공동체 지원 농업과 농민시장을 위해 경작하고 있다. 하지만 이들은 지구 남부의 농민들과 거의 같은 정도로 불안정한 상태에서 확대가족이나 마을 지원 네트워크 없이 살고 있다.

다음으로는 소규모 식당주인과 소매상, 고급 틈새시장을 위한 생산자, 농업 부서의 기술자와 관료, 중간규모의 자선재단, 그리고 (액체 식사liquid meal 대체물과 도시락boxed meal 재료에서부터 와인제조기와 스마트폰 먹을거리 앱까지 온갖 것을 생산하는) '먹을거리 사업가'로 구성되는 '먹을거리 프티부르주아'가 있다. 이들은 생산 자체에서 수행하는 실제 활동보다 매개체로서 훨씬 더 존재 가치를 지닌다.

'먹을거리 지식인들'은 또한 이 계급의 일부를 구성한다(그리고 때로는 부르주아 계급의 일부를 구성한다). 먹을거리 체계에서 일하는 유명인사 셰프, 개인 과학자, 기술자, 교수, 저자, 평론가들을 독자적인 사상가로 바라보는 일이 유행하고 있지만, 그들 모두는 특정 계급의 요구에 봉사한다. (일부 유명인사 셰프는 수백만 달러를 소유한 완연한 자본가이다.) 그람시는 농민을 제외한 모든 계급이 자신들의 계급의식을 진전시키는 데 도움을 주는 그들 자신의 '유기적' 지식인 집단을 가지고 있다고 믿었다. 그는 "지식인들은 스스로를 자신들만의 특성을 부여받은 독립적이고 자율적인 존재라고 생각한다"라고 썼다(Gramsci, 1971). 그러나 그람시가 볼 때, 지식인들은 그들이 수행하는 활동의 본질적 성격보다는 그들이 속해 활동하는 일단의 사회적 관계에 의해 특징지어졌다. 우리는 이것을 근대 먹을거리 체계에서도 찾아볼 수 있다. 일부 과학자, 교수, 인터넷 트롤internet troll, 음식 블로거들은 거대 식품 독점체들의 계급이익을 위해 일하는 반면, 다른 지식인들은 소규모 농부와 농장 노동자 및 먹을거리 노동자들의 이익을 위해 일한다. 그리고 또 다른 사람들은 프티부르주아의 이익을 위해 노력한다.

이것이 모든 계급이 궁극적으로는 부르주아라는 지배계급의 이익에 봉사하도록 운명지어져 있다는 것을 의미하는가? 반드시 그런 것은 아니다. 가난한 사람들은 적절한 가격의 먹을거리를 원한다. 자본가들은 먹을거리 체계에 투자하는 조건으로 평균성장률compound growth rate과 15%의 수익을 요구한다. 농부들은 패리티를 원한다. 노동자들은 최소한의 생활임금을 원한다. 그리고 대부분의 지식인은 충분한 봉급과 사회적 인정을 원한다.

카를 폴라니는 "사회의 운명이 계급의 요구에 의해 결정되기보다는 계급의 운명이 사회의 요구에 의해 결정된다"라고 썼다. 우리는 폴라니의 정식화를 우리의 먹을거리 체계에 적용함으로써 그것을 더 잘 이해할 수 있다. 폴라니는 계급, 계급 이해관계, 계급투쟁, 계급전쟁을 일축하지 않았다(그리고 젠더 또는 인종 형평성 투쟁을 묵살했을 것 같지도 않다). 반대로 자본주의가 사회에 미치는 영향에 대한 자신의 연구에서, 그는 **계급동맹이 — 계급들 자체의 독자적 투쟁보다 — 사회변화의 근본적인 측면**이라는 것을 발견했다. 탐욕적인 자유주의 시장에 대항하는 투쟁에서 계급동맹의 성공은 가장 부정적으로 영향받는 계급이 다른 계급들과 동맹을 맺는 능력에 달려 있다. 이것은 다시 "자신의 이익보다 더 넓은 이익"을 위해 일하는 능력에 달려 있다. 계급에 대한 이 같은 사고방식은 특히 우리의 먹을거리 체계의 변혁을 이해하는 데서 중요하다.

먹을거리는 계급의 관심뿐만 아니라 젠더와 인종의 관심도 포함한다. 이것은 먹을거리가 "우리 자신의 이익보다 더 넓은 이익"에 근거하여 동맹을 구축할 수 있는 기회를 제공한다는 것을 의미한다. 문제는, "어떤 종류의 동맹이고 누구와의 동맹인가?", "어떤 세력 또는 사회계급이 오늘날의 먹을거리 체계를 변혁시킬 것이고,

어떤 세력 또는 계급이 먹을거리 체계의 변혁을 위한 동맹을 구축할 수 있는가?" 하는 것이다.

먹을거리와 농업 부문이 세계 최대의 고용주라는 점을 감안할 때, 먹을거리 체계의 어떠한 변혁도 모든 변화전략에서 '먹을거리 프롤레타리아'의 이익을 우선적으로 고려해야만 한다는 것은 분명한 것처럼 보일 수도 있다. 그러나 이것은 사실이 아니다. 매우 소수의 농장 노동자 조합과 식품 소매 및 식당 종사자 연합을 제외하고는 대부분의 먹을거리 운동이 **먹을거리 접근**에서 중점을 두고 있는 것은 슬로푸드Slow Food 창시자 카를로 페트리니Carlo Petrini의 표현으로 "질 좋고 깨끗하고 공정한" 먹을거리이다. 주류 매체, 인터넷, 소셜 미디어 모두는 먹을거리 운동이 똑똑한 음식 앱을 발명하는 기업가, 진정한 음식 경험을 추구하는 소비자, 또는 건강한 먹을거리를 추구하는 취약한 지역사회의 공동체 중 어떤 것과 관련되어 있다는 인상을 준다. 그러한 먹을거리 운동에서 농부들은 물질적·사회적 요구를 지닌 하나의 계급이라기보다는 개인으로 제시되고, 노동자는 대체로 무시된다.

일부 분석가들이 '지배적인 먹을거리 서사'라고 부르는 것 속에서 지식인, 기업가, 무계급적 소비자가 부각되는 까닭은, 그러한 서사가 농부와 블루칼라 먹을거리 노동자들이 다국적기업과의 관계에서 권력을 상실한 먹을거리 체계를 이데올로기적으로 반영하고 있기 때문이다(Slocum and Cadieux, 2015; Guthman, 2008). 그것은 또한 자본주의의 체계가 과잉생산과 불완전고용이라는 만성적 위기를 해결할 수 없다는 것을 반영한다. 따라서 한편에는 소수의 혁신적인 농부와 식품 사업가의 성공담이 전파되는 가운데, 수만 명의 은퇴 농부들은 농장을 팔 것을 강요당하고 있고, 수백만 명의 먹을거리 노동자들은 불완전하게 고용되고 학대당하고 저임금을 받는다. 기업이 생산관계(그리고 먹을거리 체계의 부)를 확고하게 통제하는 상황에서, 성공한 '먹을거리 혁명'이 텔레비전 음식 채널에서, 인터넷에서, 대학 강의에서 극구 칭찬받고 있다. 공정무역과 같은 표면상으로 농부들에게 이익이 되는 프로그램들조차도 농부가 아닌 경영자와 유통업자에 의해 운영된다. 그리고 이는 공정거래 프리미엄이 왜 생산비용보다 시장가격에 근거하는지를 설명하는 데 도움을 준다. 무엇보다도 가장 기본적인 생산요소 — 토지 — 의 소유권은 의심할 바 없이 자본주의 사유재산 체계에 뿌리를 두고 있으며, 이것이 새로운 농민, 특히 여성과 유색인종이 토지에 접근하는 것을 경제적으로 차단하고 있다.

먹을거리 물신과 억압의 종말

미디어에서의 음식의 인기와 음식 혁명 이야기들은 사회가 개선된 기술, 파괴적 발상, 의식적 먹기를 통해 먹을거리 체계를 변화시키고 있다는 인상을 준다. 시장에 기초하여 수립된, 농부, 식당 경영자, 창업지원센터 주방을 지원하기 위한 전략들은 우리로 하여금 여성, 유색인종, 빈민이 더 나은 자본가가 될 수 있도록 돕는다면 먹을거리 체계에서 가부장제, 인종차별주의, 계급착취가 사라질 수 있을 것이라고 믿게 한다. 중간계급이 전 세계적으로 사라지고 있는 시대에 중간계급의 경제발전이라는 행복한 서사를 위해 생산수단 — 토지, 노동력, 자본 — 의 독점적 소유권이 증대하고 있다는 사실이 아무렇지 않게 무시되고 있다. 이 헤게모니적 먹을거리 담론은 기업 먹을거리 레짐의 지배 이데올로기를 반영할 뿐만 아니라 자본주의 먹을거리 체계가 여성·유색인종·노동자들의 억압 및 착취와 뗄 수 없게 결합되어 있다는 것을 은폐한다. 더 나쁘게는 이러한 지배적인 먹을거리 서사는 우리로 하여금 역사적으로 뿌리내려온 자본주의 체계를 바꾸지 않고서도 먹을거리 체계를 변화시킬 수 있다는 마술적 믿음에 빠져들게 한다. 이것이 바로 먹을거리의 정치적 물신화이다.

우리는 자본주의를 변혁시키지 않고서는 먹을거리 체계를 바꿀 수 없다. 하지만 우리는 먹을거리 체계를 바꾸지 않고서는 자본주의를 변화시킬 수도 없다. 그리고 우리는 가부장제, 인종차별주의, 계급주의를 종식시키지 않고서는 자본주의 먹을거리 체계 그 어느 것도 바꿀 수 없다. 따라서 우리가 더 나은 먹을거리 체계를 원한다면, 우리는 모든 것을 바꿔야만 한다. 이것은 어떠한 사회운동에도 아주 어려운 요구임이 틀림없다. 그러나 먹을거리 운동에 대해 우리가 던지는 질문은 "우리가 모든 것을 어떻게 바꿀 것인가?"가 아니라 "체계의 변화에 영향을 미치기 위해서는 먹을거리 체계를 어떻게 전략적으로 배치해야 하는가?"이다.

분명 진정한 먹을거리 혁명은 먹을거리 체계와 전체 사회에서 가부장제, 인종차별주의, 계급주의라는 사회적 관계들을 뒤엎는 것이다. 먹을거리 혁명은 또한 독점 권력의 메커니즘 — 기업의 인적·지적 재산권, 기업사면(산업적 먹을거리 생산모델에 대한 건강 및 환경 비용 지불의 면제), 기업의 토지 금융화, 먹을거리 투기, 선거에서 표를 매수하여 먹을거리·노동·환경 정책을 결정하는 능력 — 을 무력화시킴으로써 생산수단의 독점 소유권을 분쇄할 것이다.

먹을거리 체계에서 가부장제, 인종차별주의, 계급주의를 없애기 위해서는 그러한 권력 도구들에 대처해야만 한다. 그것들이 바로 억압이 자리 잡고 있는 곳이다. 먹을거리 체계를 변혁하기 위한 투쟁에서 먹을거리 운동이 갖는 전략적 이점은 그 체계 내의 주요 억압들이 자본주의 자체의 주요 억압들이라는 것이다. 기아, 먹을거리 불안정, 빈곤, 사회적 권리 박탈을 기존 먹을거리 체계 내에 '고착된' 문제가 아니라 젠더·인종·계급 억압에 기초하여 역사적으로 구축된 자본주의의 일부로 바라볼 경우, 먹을거리 체계 내에서의, 그리고 그 체계를 넘어서는 변혁적 변화의 길이 무엇인지가 점점 더 분명해진다.

다음 질문은 물론 "누가 그러한 변혁을 주도할 것인가?" 하는 것이다. 역사는 체계 변화에 가장 큰 이해관계가 걸려 있는 사람들이 가장 유력한 지도자라는 것을 알려준다. 농민들은 농업개혁을 위한 운동을 주도해 왔다. 노동자들은 임금과 작업장 개선을 위한 투쟁을 이끌어왔다. 여성들은 평등과 참정권을 위한 투쟁을 이끌었다. 아프리카계 미국인들은 미국에서 민권운동을 주도해 왔다. 이 운동들 모두가 성공하는 데 필수적이었던 두 가지 요소가 바로 초계급적 동맹과 정당한 '유기적' 지도부였다.

세계 도처에서 견인력을 획득한 좋은 먹을거리 운동, 먹을거리 정의 운동, 먹을거리 민주주의 운동, 먹을거리 주권 운동은 자주 여성, 유색인종, 노동자, 농민이 주도하고 있다. 하지만 먹을거리 운동을 지배하는 담론의 문지기는 주로 백인 남성인 전문가, 학자, 지식인, 관료들이다. 이러한 분리는 먹을거리 운동의 관심을 자본주의로부터 다른 곳으로 돌리게 하여 효과적인 동맹을 맺는 일 — 이것은 최고의 상황하에서도 어려운 일이다 — 을 방해하면서 궁극적으로는 먹을거리 운동을 탈정치화한다. 여성, 유색인종, 소작농, 농부, 먹을거리 노동자의 급진적 지도부를 지원하는 것 — 그리고 자본주의 변혁 내에서 먹을거리 체계의 변화를 중심에 위치시키는 것 — 은 이러한 장애물들을 극복하는 데 큰 도움이 될 것이다.

/

제6장

먹을거리, 자본주의, 위기, 그리고 해결책

산업 농식품 복합체는 점점 더 많은 기술(현재 기술로 인해 야기된 문제를 해결하는 데 필요한 기술을 포함하여)을 가진 거대 산업 농업만이 2050년경에 100억 명의 인구에 도달할 것으로 예측되는 전 세계 인구를 먹여 살릴 수 있는 유일한 방법이라고 우리에게 말한다. 이 '교훈적 사실Golden Fact'은 실제로는 '새빨간 거짓말Big Lie'이다. 우리는 지구상에 있는 모든 사람에게 충분한 먹을거리보다 1.5배 더 생산한다. 이미 100억 명의 인구를 먹여 살리기에 충분하다. 그러나 10억 명이 넘는 사람들이 너무나도 가난해서 생산되고 있는 먹을거리를 살 수 없기 때문에 여전히 굶고 있다. 상품을 더 많이 생산하는 것만으로는 그들에게 도움이 되지 않을 것이다. 그럼에도 불구하고 기업 판매원들은 농부들에게 GMO와 화학물질로 생산을 늘리라고 말한다. 나의 협동조합조차 압축공기탱크에 주방 싱크대를 제외한 모든 것을 던져넣음으로써 농부의 수확량을 어떻게 증대시킬 것인지를 입증하기 위해 노력한다. 왜 주방 싱크대는 아닌가? 몬산토가 주방 싱크대는 팔지 않기 때문이다.

— 아이오와 농부 조지 네일러(Naylor, 2017)

2015년에 국제연합은 밀레니엄개발목표Millennium Development Goals [2000년 UN총회에서 채택한 결의안으로, 2015년까지 절대빈곤과 기아를 없애자는 내용을 담고 있다 _옮긴이]가 충족되어 가고 있으며, 우리는 기아와 빈곤을 끝내는 일을 착착 진행하고 있다고 발표했다(Holt-Giménez, 2016). 어쨌든 세계는 모든 사람을 충분히 먹여 살릴 수 있는 먹을거리보다 실제로 1.5배 많은 양을 생산하고 있었다. 그와 동시에 FAO는 100억 인구를 먹여 살리기 위해 앞으로 30년 동안 먹을거리 공급을 두 배 늘려야만 한다고 주장했다.

우리가 대체 이것을 어떻게 이해해야 하는가? 너무나도 많은 먹을거리가 있음에도 불구하고, 거의 10억 명의 사람들이 굶고 있다. 우리가 이미 먹을거리를 과잉생산하고 있다면, 먹을거리를 더 많이 생산하는 것이 어떻게 기아를 극복할 수 있는가? 먹을거리를 더 많이 생산하라고 요구할 때는 기아가 늘어난다. 반면 자본주의 먹을거리 체계의 효과에 대해 말할 때면 놀랍게도 기아는 줄어든다. 이 상한 나라의 앨리스가 말한 것처럼, 그녀의 몸이 작아지고 커짐에 따라 사태는 "점점 더 기이해진다"(Carroll, 1865).

이 기이한 먹을거리 수요를 충족시키기 위한 시장 주도적인 신자유주의적 접근방식은 먹을거리 부족에 관한 가정과 기업·기술·자유무역의 능력에 대한 확고부동한 믿음에 근거한 정책에 기초한다. 이 견해에 따르면, 기아를 해결하기 위해서는 우리는 자본주의와 자유시장이 제공할 것임이 틀림없는 최고의 것과 최신의 것 ― 즉, 거대 농업과 빅 데이터, 정밀 농업과 나노기술, 합성생물학, 유전공학, 글리포세이트, 에이전트 오렌지Agent Orange[미국이 베트남전에서 사용한 고

엽제 _옮긴이], 밀집가축사육시설, 성장 호르몬, 항생물질 및 자유화된 무역 ― 에 의존해야 한다.

　신자유주의적 접근방식은 산업 기술로 인해 어떤 위해가 초래되었다는 증거가 전혀 없다거나 더 새롭고 보다 효율적인 기술이 곧 종래의 기술들을 대체할 것이라고 주장함으로써 건강 및 환경에 대한 우려를 덜 심각해 보이게 하는 경향이 있다. 시장 실패에 대해 신자유주의가 내놓는 해결책은 (10억 명의 사람이 먹을거리를 살 만할 여유가 없었던 2008년에 그랬던 것처럼) 더 많은 것을 생산하고, 무역을 더더욱 자유화하고, 시장이 더 효율적으로 작동할 수 있도록 하기 위해 기업의 시장독점 집중을 수용하고, 슈퍼마켓을 자동화하고, 주요 곡물과 값싼 가공식품에 영양소를 첨가하는 것이다. 너무나도 가난해서 먹을거리를 살 수 없다고? 걱정하지 말고, 기업가적이 되라.

　기아에 대한 개혁주의적 접근방식은 가난한 사람들의 어려운 처지에 대해 신자유주의와 다소 미묘한 차이를 보이고 좀 더 공감한다. 개혁주의자들은 먹을거리 부족에 대해 신자유주의와 동일한 전제에 입각해서 활동하고 있지만, 먹을거리 체계의 일부 사회경제적·환경적 실패를 인정하는 경향이 있다. 이를테면 그들은 신자유주의의 기술적 제안과 시장 제안에 동의하지만, 식량원조와 개발 프로그램들이 충분한 칼로리를 확보하고 신기술과 글로벌 시장에 접근할 수 있게 함으로써 가난한 사람들을 도울 것이라고 믿는다. 그들은 때때로 기아 문제가 너무나도 중대하고 긴급하기 때문에 유기 농업을 포함한 '모든 해결책'이 기아와 환경악화에 맞서 싸우는 데 이용되어야 한다고 (조지 네일러George Naylor의 '주방 싱크대' 접근방

BOX 22

기아의 실상: FAO가 우리에게 말하지 않는 것

1996년에는 전 세계에서 8억 4000만 명의 사람들이 굶주렸다. 185개국의 지도자들이 이탈리아의 세계식량정상회의World Food Summit에서 만나서 2015년까지 빈민과 굶주린 사람들의 전체 수를 그 절반인 4억 2000만 명으로 줄이기로 약속하는 로마선언 Rome Declaration의 초안을 작성했다.

4년 후인 2000년에 발표한 밀레니엄선언Millennium Declaration은 로마선언에서 내놓은 약속을 희석시켰다. 밀레니엄정상회의에서 지도자들은 숫자 게임을 활용하여 궁극적으로 기아 줄이기 약속을 더 약화시켜 달성하기 더 쉽게 만들었다. 기아를 겪는 사람들을 특정한 숫자(4억 2000만 명)로 줄이겠다는 약속을 고수하는 대신에 굶주리는 사람들의 비율을 줄이겠다는 것으로 목표를 바꾸었다. 인구증가로 인해 이 조정은 단지 2억 9600만 명의 사람들에게서 기아를 종식시키겠다는 것을 의미했다. 이 술책은 기아종식을 위한 싸움이 실제로는 어느 누구도 인정하고 싶지 않을 정도로 느리게 진행되고 있었을 때 지도자들로 하여금 서류상으로 기아가 빠르게 종식되고 있다고 주장할 수 있게 해주었다.

공식적인 기아 줄이기 목표는 기준연도가 2000년에서 1990년으로 소급되자 다시 완화되었다. 이로 인해 중국은 원래 밀레니엄선언의 대상에 속해 있지 않았음에도 불구하고, 1990년대에 수백만 명이 빈곤과 기아로부터 벗어난 중국의 성과가 포함되었다.

새로운 목표는 또한 인구증가 기간을 확대했고, 그 결과 기아에서 구한 사람들의 비율이 늘었다. 이 수정된 시간 틀로 인해 실제로는 굶주리는 사람들로 '인정되는' 사람들의 수가 4억 2000만 명에서 5억 9100만 명으로 증가했다.

골대를 이동시킨 것이 전혀 상황을 호도하는 것이 아니라는 듯이, 국제연합 식량농업기구Food and Agriculture Organization(FAO)는 기아 자체에 대해 부정확한 정의를 사용함으로써 세계 기아의 실상을 거짓 전달했다. FAO는 1년 이상 동안의 칼로리 섭취가 주로 앉아서 일하는 생활양식에서 최소한도로 요구되는 양을 충족시키지 못하는 경우에만 굶주리는 사람으로 계산한다. 그러나 우리는 굶주리는 사람들 대부분이 힘든 육체노동에 종사하는 소농 농부들이며, 그들이 FAO가 제시한 '앉아서 일하는' 생활양식의 최소 칼로리 기준치보다 훨씬 더 많은 양을 필요로 한다는 것을 알고 있다. 믿을 수 없게도, FAO는 11개월 동안 굶주린 사람들은 굶주리는 사람으로 분류하지 않는다.

우리가 격렬한 활동에 요구되는 칼로리 수준으로 기아를 측정할 경우, 오늘날 굶주리는 사람들의 수는 25억 명에 근접한다. 그리고 이것은 심각한 비타민 결핍과 영양 결핍으로 고통받는 사람들이나 계절에 따라 또는 한 번에 몇 달씩 (그러나 1년 미만으로) 굶주리는 사람들은 계산하지 않은 것이다. 이 추정치는 FAO가 우리에게 믿으라고 제시한 수치보다 두 배 많은 수치이다.

밀레니엄개발목표를 통해 FAO는 기아의 실상을 거짓 전달했다. 실제로는 15억 명에서 25억 명 사이의 사람들이 적절한 먹을

> 거리에 접근하지 못하고 있다. 이 숫자는 줄어드는 것이 아니라
> 늘어나고 있다.

식과 조금은 유사하게) 주장한다. 이 관점은 먹을거리 체계의 문제가
자본주의 자체에서 기인하는 것이 아니라 자본주의를 잘못 운영한
데서 기인하는 것으로 파악한다. 미국국제개발처USAID의 '미래를
먹여 살리자Feed the Future' 프로그램(정부가 후원하는 해외 농업개발 프
로그램)과 같은 전형적인 개혁주의 계획들은 자본주의 먹을거리 체
계의 이익을 가난한 사람들에게 확장할 것을 주장한다. 기아를 끝
내기 위해 음식 쓰레기를 줄이고 음식 쓰레기의 용도를 변경하는
것과 같은 다른 개혁주의적 제안들은 사람들이 **왜** 가난한지, 또는
먹을거리 체계가 **왜** 애초에 그렇게 많은 쓰레기를 만들어내는지를
결코 묻지 않는다. 개혁주의 정책은 토지소유권의 집중, 먹을거리
와 토지의 금융화, 기업집중, 또는 시장 근본주의와 같은 자본주의
구조에 도전하지 않는다. 그러한 정책은 또한 먹을거리와 같은 기
본적인 인간의 욕구를 다른 어떤 것과 마찬가지로 하나의 상품으로
(다시 말해 사람들에게 보수가 좋은 일자리 또는 심지어 어떤 일자리도 보
장하지 않는 경제체계의 일부로) 간주하는 것이 사회적으로 정당한지
에 대해서도 검토하지 않는다.

기업 먹을거리 레짐에서 제기된 신자유주의와 개혁주의의 제안
들을 살펴보자.

그림 6-1 로마선언

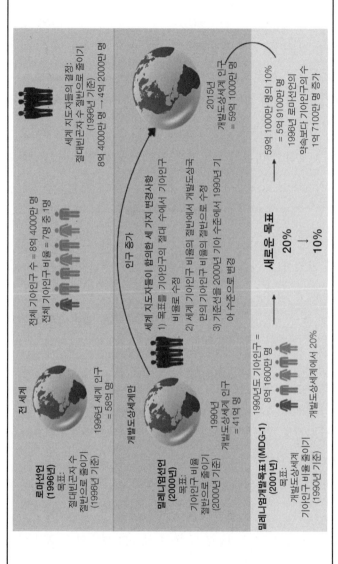

**로마선언
(1996년)**
목표:
절대빈곤자 수
절반으로 줄이기
(1996년 기준)

전 세계

1996년 세계 인구
= 58억 명

전체 기아인구 수 = 8억 4000만 명
전체 기아인구 비율 = 7명 중 1명

세계 지도자들의 결정:
절대빈곤자 수 절반으로 줄이기
(1996년 기준)
8억 4000만 명 → 4억 2000만 명

**밀레니엄선언
(2000년)**
목표:
기아인구 비율
절반으로 줄이기
(2000년 기준)

개발도상세계만

1990년
개발도상세계 인구
= 41억 명

인구 증가

세계 지도자들이 합의한 세 가지 변경사항

1) 목표를 기아인구의 절대 수에서 기아인구
비율로 수정
2) 세계 기아인구 비율의 절반에서 개발도상국
만의 기아인구 비율의 절반으로 수정
3) 기준선을 2000년 기아 수준에서 1990년 기
아 수준으로 변경

2015년
개발도상세계 인구
= 59억 1000만 명

59억 1000만 명의 10%
= 5억 9100만 명
1996년 로마선언이
약속보다 기아인구의 수
1억 7100만 명 증가

밀레니엄개발목표1(MDG-1)
(2001년)
목표:
개발도상세계
기아인구 비율 절반
(1990년 기준)

1990년도 기아인구 =
8억 1600만 명

개발도상세계에서 20%

새로운 목표

20%
→
10%

자료: Infographic by ⓒEva Perroni in "The True Extent of Hunger: What the FAO Isn't Telling you." Food First, Food First Backgrounder. Vol. 22, no.2A, Summer 2016.

지속가능한 강화: 더 적은 것으로 더 많은 것 생산하기

개발 전문가들은 환경을 해치지 않으면서 더 많은 먹을거리를 생산할 수 있는 해결책으로 '지속가능한 강화sustainable intensification'라는 관념을 발전시켜 왔다. 지속가능한 강화는 "인구가 증가하는 복잡한 세계에서 더 많은 산출량을 획득하기 위해 보다 효율적인 투입물을 이용하고 바람직하지 않은 투입물을 줄이는 것 — 강화 — 이 지속가능성을 달성하기 위해 근본적으로 요구된다는 원칙에 기초한다"(Garnett and Godfray, 2012: 17). 구체적으로 말하자면, "지속가능한 강화는 '환경에 악영향을 미치지 않고 또 더 많은 토지를 경작하지 않고서도 산출량을 늘리는' 형태의 생산[이다]"(Garnett and Godfray, 2012: 8).

이러한 원칙들은 표면적으로는 지구 북부와 지구 남부의 큰 농장과 작은 농장, 가난한 사람이나 부유한 사람, 여성이나 남성 모두에게 적용된다. 지속가능한 강화는 환경에 부정적인 영향을 더 주지 않으면서 더 적은 토지에서 더 많은 먹을거리를 생산하기만 한다면, 나노기술, 빅 데이터, 정밀 농업, 농약, 유전공학, 상업 비료, 유기 농업, 농업생태학, 영속농업을 포함하여 모든 기술을 포괄하는 큰 바구니 접근 방식big-basket approach이다. 지속가능한 강화는 일반적으로 주어진 특정 형태의 생산을 가정하고, 그다음에 그것을 개선하고자 한다. 지속가능한 강화는 하나의 형태의 농업과 다른 형태의 농업을 비교하거나 그것들의 충돌을 다루지 않는다.

가장 중요하게는 지속가능한 강화는 더 많은 사람을 먹여 살리고

자 하면서도 동시에 '토지'(주로 숲과 습지)가 더 이상 농업에 잠식되는 것을 '막고'자 한다. 수많은 경제적·환경적 가정이 토지 절약land sparing 주장에 근거하여 수립되었다. 토지 절약 주장은 자본주의 농업과 농업생태계의 실제 작동방식과 정면으로 배치된다. 우리의 농부 친구인 조지 네일러는 다음과 같이 지적한다.

> 교훈적 사실/새빨간 거짓말은 또한 우리가 기존 농지에서 산출량을 증가시킴으로써 처녀지 ─ 열대우림, 습지대, 또는 대초원과 같은 ─ 를 상품생산으로 전환시키지 않게 할 수 있다고 주장한다. 실제로는 그 반대가 사실이다. 당신이 산출량을 늘릴 때마다 당신의 생산비용은 줄어들 것이고, 아마도 당신은 훨씬 더 많은 한계 토지를 개간하게 될 것이다.(Naylor, 2017)

현재의 자유시장 조건하에서 농부들이 산출량을 증가시킬 수 있는 방법을 찾을 경우, 그들은 당연히 더 많은 돈을 벌기 위해 경작지역을 줄이기보다는 늘릴 것이다. 화학물질, 종자, 빅 데이터, 농기계 공급자들은 더 많은 투입물을 판매할 수 있어 기뻐할 것이다. 은행과 금융 투자자들 또한 기꺼이 더 많은 돈을 빌려주거나 수익성 있는 농지의 점점 더 많은 구역을 금융화할 것이다. 그리고 많은 농부가 더 많은 생산을 하여 농업 상품 가격이 하락하면, 그 농부들은 고정비용을 지불하기에 충분한 수입을 얻기 위해 생산을 늘리려고 노력할 것이다.

지속가능한 강화는 화학물질 투입량의 감소에 따른 헥타르당 단

BOX 23

토지 절약

토지 절약이란 농지에서 생산이 강화되면 농지를 숲, 습지 및 여타 자연 지역으로 확장하려는 압력이 감소하여 농업 개발로부터 그러한 지역을 보호할 것이고 그리하여 생물다양성이 보존될 것이라는 관념이다.

토지 절약적 환경 논의는 윌슨E. O. Wilson과 로버트 맥아더 Robert MacArthur가 발전시킨 '섬 생물지리학island biogeography' 이론에 느슨하게 근거한다(Wilson and MacArthur, 1967). 섬 생물지리학은 해양의 섬들에서 일어나는 종 식민지화와 멸종의 비율에 관한 모형을 만들었다. 섬이 본토에 더 가깝고 더 클수록 생물다양성 ― 새와 식물의 수와 종류 ― 이 더 컸다. 보존 생물학자 conservation biologist들은 그 이론을 숲 생물다양성에 적용했다. 그들은 숲을 종들이 풍부한 '본토'로, 그리고 이웃하고 있는 농지를 비활성 '바다' ― 그들은 이를 하나의 매트릭스로 불렀다 ― 로 간주했다. 이 농업 매트릭스에서 숲의 단편들이 숲의 '본토'에 더 가깝고 더 클수록 생물다양성이 더 풍부했다. 이 농업 매트릭스에서는 또한 종과 생물다양성이 전혀 없는 것으로 가정되었다. 이것은 하나의 종 ― 상품 작물 ― 의 성장만을 허용하는 대규모 산업 농업에서 대해서는 실제로 사실이다.

하지만 이 이론은 산업 농업에는 적용될 수 있지만, 작고 다양한 농업생태적 농장들이 대규모로 모여 있는 곳에는 적용되지 않는다. 연구자들인 밴더미어Vandermeer, 퍼펙토Perfecto, 라이트 Wright는 자신들의 저작 『자연의 매트릭스Nature's Matrix』에서 농업생태적 농장이 생물다양성이 풍부하고 실제로 주변 숲의 생물 다양성을 보충하고 풍부하게 하는 역할을 한다는 사실을 양적으로 증명했다(Vandermeer, Perfecto and Wright, 2009).

순 산출량 증가만을 협소하게 계산하는 것에서부터 물, 생물다양성, 온실가스 배출, 동물복지, 영양, 시장수요, 거버넌스를 보다 폭넓게 고려하는 것에 이르기까지 다양한 형태를 취하고 있다. 그러나 어쨌든 지속가능한 강화는 이전의 영국의 집약경작 및 녹색혁명과 마찬가지로 기존의 정치적 문제 및 규제 문제에 도전하지 않는다. 지속가능한 강화는 마찬가지로 애초부터 산업 농업이 확산된 것의 배후에 자리하고 있는 추동력 - 즉, 자본주의 - 에 대처하고자 하지 않는다. 생산의 사회적 **조건**은 국민, 정부, 민간 부문이 협상한 대로 현 상태로 방치된다. 최종 생산물, 즉 먹을거리의 상품적 성격도 그대로 유지된다.

지속가능한 강화는 본질적으로, 생산**양식**(자본주의), 생산**수단**(토지, 자본)의 불공평한 배분, 또는 소득과 부의 불평등한 분배(사람들로 하여금 충분한 양의 건강한 먹을거리를 구매할 수 없게 하는)를 문제 삼지 않는다. 오히려 지속가능한 강화는 기존 정치와 기업 먹을거리 레짐 구조 내에서 생산**형태**나 생산**기법**을 기술적으로 변화시킬 것을 요구한다. 지속가능한 강화는 기본적으로 새로운 농업 기술을 도입하거나 기존 기술의 적용방식을 변화시킴으로써 기아와 환경 악화의 문제를 충분히 해결할 수 있을 것이라는 전제에 기초한다. 이 입장을 취하는 사람들은 지속가능한 강화가 궁극적으로는 새로운 혁신을 추동할 것이라고 보거나, 아니면 지속가능한 강화를 우리가 현재 자본주의 농업 내에서 달성할 수 있는 최선의 것이라고 본다.

지속가능한 강화는 자본주의를 강화의 범위 밖에 안전하게 놓아둠으로써 자본주의 농업을 긍정하고 정상화한다. 또한 지속가능한 강화는 자본이 어째서 다른 형태의 생산에 비해 특정 형태의 생산을 선호하는지에 대해서도 다루지 않고, 특정 형태의 생산이 어떻게 다른 형태의 생산을 할 수 있는지도 무시한다. 이를테면 사료와 연료 작물을 생산하는 대규모 농업은 먹을거리를 재배하는 소규모 자작농들에게 생계의 손실을 보상하기 위한 일자리를 제공하지 않은 채 그들을 몰아낸다. 계약 경작은 강화가 얼마나 지속가능한지와는 무관하게 농부들을 농노와 같은 형태의 채무 속박에 빠뜨린다. 대규모 단일경작과 밀집가축사육시설은 그것들에 내재하는 생태적·경제적 위험에도 불구하고 지속가능한 강화의 틀과 아주 잘 부합한다. 대규모 단일경작과 밀집가축사육시설이 해야 하는 것이라고는 분뇨 웅덩이를 줄이는 것과 엄청난 양의 화학물질, 호르몬, 항생제, 물, 에너지를 사용하여 효율성을 높이는 것뿐이다. 지속가능한 강화는 먹을거리의 질과 소비자의 식생활에는 아무런 관심이 없으며, 산업 농업에 종자, 비료, 농약, 서비스를 공급하는 독점체들과 그러한 형태의 생산을 계속하는 데 필요한 자금을 공급하는 독점체들에게 권력과 부가 착착 집중되는 것에도 아무런 관심이 없다.

그렇다고 하더라도 모든 농장이 더 적은 땅에서 더 많은 먹을거리를 생산할 수 있다면, 그러면서도 더 지속가능할 수 있다면 더 좋지 않은가? 아마도 그럴 것이다. 하지만 거대한 농장에서 밀집가축 사육시설, 계약 경작, 단일경작이 유지되도록 하는 것이 우리가 **원하는** 것인가? 아니면 환경과 조화를 이루는 (그리고 먹을거리 체계 내에서 부를 재분배하는) 관행을 이용하여 이미 높은 산출량을 생산하고 있는 소규모 농업생태적 농장이 우리가 바라는 것인가? 지속가능한 강화는 우리로 하여금 이러한 질문들에 대한 논의를 회피하게 한다.

기후변화, 농업, 그리고 자본주의의 두 가지 주요 모순

자본주의 먹을거리 체계는 자신을 파멸시키는 씨앗을 뿌리고 있지 않을 수는 있지만, 우리를 파멸시키는 씨앗을 뿌리고 있을 수도 있다. 자본주의는 위기로 고통받는 체계일 뿐만 아니라 스스로 위기를 유발하기도 한다. 자본주의에 내재된 두 가지 주요 모순이 주기적 위기를 낳는다.

첫째 모순은 자본과 노동 간의 모순이다. 자본은 잉여가치를 추출하고 이윤을 계속해서 증대시키기 위해 임금을 낮게 유지한다. 경쟁적 환경에서 자본가들은 노동자들에게 임금을 덜 지급하거나 더 적은 노동자들을 이용하여 동일한 양의 상품을 생산함으로써 (즉, 노동자들을 착취함으로써) 생산성을 강화한다. 그러나 저임금 노동자들은 살 수 있는 것이 별로 없다. 그리하여 재화가 팔리지 않고 쌓이거나 손해를 보고 처분할 수밖에 없을 때, 축적 위기 또는 '실현 realization'의 위기가 발생한다. 자본주의는 자주 새로운 시장으로 뻗어나가 자신들의 생산물을 살 여유가 있는 소비자들을 찾아냄으로써 이 위기를 해소한다. 이 해결책은 새로운 시장이 포화상태에 달할 때까지 효과를 발휘한다. 이때 또 다른 메커니즘이 실행되기도 한다. 자본은 임금이 훨씬 더 낮은 노동이 존재하는 새로운 지역을 찾아내어 그곳에서 더 높은 임금을 받는 노동자들을 위한 제품을 생산할 수도 있다. 더 많은 것을 팔기 위해 광고를 이용하기도 한다. 가공식품(특히 정크 푸드) 영역에서는 실험실에서 수많은 노력을 통해 인공 향료, 소금, 설탕, 지방을 적절하게 조합하는 방법을 찾아내어 보다 매력적이고 중독성 있는 제품을 만들어낸다. 기업은 정부가 원료의 공급원이나 시장을 보호하기 위해 수행하는 전쟁을 지원하고, 그 부수효과로 정부가 재정을 지원하는 일자리을 공급하여 더 많은 가처분 소득을 창출할 수도 있다. 자본주의 전쟁은 수익을 창출하는 데서 매우 효율적이다. 전쟁 산업의 생산물들 – 무기, 탄약, 선박, 차량, 화학물질 – 은 전쟁 중에 파괴되기 때문에 쌓이지 않고, 따라서 과잉생산의 위기가 해소된다. 자동화를 통해 재화의 가격을 낮추는 것은 더 싼 제품을 파는 데 도움을 줄 수 있지만, 노동자들이 기계로 인해 일자리를 잃고 결국 실업자가 되거나 저임금 일자리에서 일하게 될 경우, 그들은 이전만큼 많은 것을 살 수 없게 된다. 신용거래는 소비자의 구매력을 끌어올리는 훌륭한 발명품이지만, 곧 청구서의 지급기일이 돌아온다. 이 모든 해결책은 일시적이고, 결국 장기적으로는 불가피한 위기를 악화시킬 수 있다.

자본에 있어 또 다른 문제는 세계 인구증가가 안정화되고 있고 또 일부 국가에서는 심지어 인구가 감소하고 있다는 것이다. 이것은 시장과 수익의 성장 잠재력을 감소시킨다. 그것은 기업들로 하여금 미래 성장을 수출시장에 더 많이 의존할 수밖에 없게 하고, 또 소비자 수요를 유지하기 위해서는 부를 아래로 재분배할 수밖에 없게 한다. 자본주의 기관들이 먹을거리 공급의 산업화를 정당화하기 위해 우리에게 인구과잉이 초래할 위협을 계속해서 경고하고 있지만, 사실 선견지명이 있는 자본가들은 2050년에 인구증가가 **끝날** 것이라는 예견에 두려워하고 있다.

경제가 성장할 때, 기업은 항상 생산을 확대하거나 새로운 시도를 함으로써 수익성 있는 투자 기회를 찾을 수 있다. 하지만 지난 수십 년처럼 경제성장이 느릴 때 문제가 발생한다. 독점(또는 과점)권력은 기업으로 하여금 수익을 유지할 수 있게 해준다. 그러나 이 경우에는 축적된 부를 사용하는 방식이 문제가 된다. 기업들은 또 다른 방식으로 더 많은 자본을 축적하기도 한다. 금융부문을 제외하고도 미국 기업은 1조 5000억 달러 이상의 현금 및 현금과 마찬가지인 자산을 가지고 있다. 주기적인 축적 위기 동안 자본가들은 일반적으로 합병, 다른 기업 인수, 평가절하와 규제완화 압박 등을 통해 산업 및 사업 부문을 재구조화하여 자신들의 기업의 과잉자본을 사회의 비용으로 해소한다. 그러나 자본은 또한 **생산관계** 역시 재구조화한다. 즉, 자본은 노동집약적인 제조에서 자동화로 분업을 재구조화하거나 해외 외주offshoring를 통해 국내 노동을 해외 노동으로 대체한다. 또는 자본은 노동조합에 속한 노동을 이를테면 '자유'(조직되지 않은) 노동으로 대체한다. 그리고 자본은 가족관계와 시민관계를 재구조화하거나(교육과 교도소를 민영화할 때처럼) 자연을 개조하거나 파괴한다.

이것은 우리를 자본주의의 둘째 모순, 즉 부자와 기업의 무한한 욕망이라는 한편과 토양, 산림, 지하수면, 해양, 생물다양성, 심지어는 사람과 공동체의 생명활동의 유한한 양과 질이라는 다른 한편 간의 모순으로 인도한다. 다시 말해 (계속해서 성장을 해야만 하고, 자연자원 공급의 어떠한 한계도 인정하지 않고 생산과 관련된 오염물질을 흡수하고 희석시키는 '소택지'의 유효성도 인정하지 않는) 자본주의와 (사람들이 사회적으로 살아가고 스스로를 재생산하는 데 필요한) 환경적·사회적 조건 간에는 체계적 모순이 존재한다(O'Connor, 1998).

자본의 일부 모순 — 방대한 양의 생산된 재화를 폐기하면서도 새로운 수익성 있는 투자 기회를 찾고 산업에 필요한 새로운 자연자원을 찾는 것 — 은 새로운 영토를 개척함으로써 역사적으로 해결되었다. 하지만 제2차 세계대전 이후 대부분의 옛 식민지들이 독립했고, 노골적인 식민주의는 눈 밖에 났다. 그리하여 자본주의의 식민화 기능을 수행하고 시장을 개방하고 기존 생산양식을 전유하고 새로운 노동, 토지, 자원을 북부 자본주의의 회로로 끌어들이는 일을 위해 '개발'이 발 벗고 나섰다. 오늘날의 세계에서 문제는 쉽게 식민지화할 수 있는 영토가 동이 나고 있다는 것이고, 이는 자본으로 하여금 북극

해와 사하라사막 이남의 아프리카와 같이 자본주의가 발전하기 어렵다고 판명 난 지역을 다시 방문하게 하고 있다.

자본주의의 가장 큰 모순 중 하나는 극적이고 광범위한, 이른바 전 지구적인 기후변화이다. 자본주의 체계의 작동방식이 유발하는 다른 부정적인 환경적·사회적 부수효과와 함께 기후변화는 '외부효과'라고 지칭된다. 그것들이 기업의 대차대조표 바깥에 존재한다는 의미에서만 그것들은 '외부효과'이다. 그러나 이로 인해 인류와 생물권이 자본주의 체계의 환경적 비용과 사회적 비용을 떠맡게 된다. 먹을거리 체계가 온실가스에 큰 몫을 한다는 것이 중요하다. 산업 농업, 특히 가축은 온실가스 배출에서 상당한 몫을 한다. 글로벌 먹을거리 체계를 특징짓는 플라스틱 포장과 평균 2500마일에 달하는 먹을거리 운송거리food miles도 온실가스 배출에서 일정한 역할을 한다. 지구 온도의 상승과 일정하지 않은 기후 패턴이 이미 전 세계, 특히 지구 남부의 농업에 지장을 주고 있다. 이것은 사람들에게 끔찍한 고통을 가져다주었지만, 아이러니하게도 기업이 수익을 낼 수 있는 새로운 기회를 창출해 왔다.

기후-스마트 농업

지구온난화에 대한 해결책으로 제시된 방법은 이산화탄소의 배출을 기꺼이 받아들이기(식물은 이산화탄소를 좋아한다!)에서부터 탄소상쇄carbon offset[이산화탄소를 배출하는 양만큼 온실가스를 감축하는 활동을 하거나 환경기금에 투자하는 것 _옮긴이], 탄소시장, 탄소세, 그리고 지구공학에서의 전 지구적인 비가역적 실험 등 다양하다. 먹을거리 체계 내에서 세간의 이목을 끄는 한 가지 접근방식이 '기후-스마트 농업climate-smart agriculture(CSA)'이다. FAO에 따르면, 기후-스마트 농업은 "생산성을 지속가능한 방식으로 증대시키고, 회복력을 강화하고(적응), 온실가스를 줄이거나 제거하고(완화), 개별 국가의 먹을거리 안정성과 개발 목표의 달성을 강화하는 농업"이다(Lipper et al., 2010: ii).

지속가능한 강화와 기후-스마트 농업의 차이는 무엇인가? 적용의 측면에서는 둘 다 아주 모호하기 때문에, 큰 차이는 없다. 그러나 지속가능한 강화가 주로 대규모 산업 농장의 지속을 정당화하는 전략인 반면, 기후-스마트 농업은 일반적으로 가난한 소규모 자작농들을 위해 마련된 것이다.

세계 빈민의 대다수가 농촌지역에 살고 있으며, 농업이 그들의 가장 중요한 수입원이다. 소규모 자작농들의 작물, 가축, 어류, 임업 생산체계에서 생산성과 소득을 증대시킬 수 있는 잠재력을 개발하는 것이 향후 20년 동안 글로벌 먹을거리 안정성을 확보하는 데서 핵심이 될 것이다. 기후변화는 개발도상국을 가장 어렵게 만들 것으로 예상된다. 그 결과, 기온이 더 상승하고, 강우 패턴이 변화하고, 해수면이 상승하고, 극단적인 기상 사태들이 빈번하게 발생할 것이다. 이 모든 것이 농업, 먹을거리, 물 공급에 위험을 초래한다. 그러므로 회복력은 주요한 관심사이다. 농업은 온실가스 배출의 주요 원천이다. 완화는 자주 적응을 강화하고 먹을거리 안정성을 강화하는 데 공히 이익이 되는 중요한 조치이며, 따라서 국가의 농업개발 우선순위와 양립하는 완화 조치는 기후-스마트 농업의 중요한 측면이다.[1]

기후-스마트 종자

기후-스마트 농업이 산업(특히 비료와 화학물질 독점체들)에 의해 전적으로 받아들여져 왔지만, 농민단체와 시민사회는 이 개념에 크게 반발해 왔다.[2] 이 반대세력의 대부분은 기후-스마트 농업에 대한 규제가 유전공학, 그리고 특히 종자기술에 유리하게 되어 있다는 것을 우려한다. 기후-스마트 농업의 실체를 분명하게 보여주는 것이 아프리카 대륙이다. 아프리카를 위한 새로운 녹색혁명 동맹 Alliance for a New Green Revolution for Africa(AGRA), USAID의 '미래를 먹여 살리자' 프로그램, 산업이 주도하는 기후-스마트 농업 글로벌 동맹 Global Alliance for Climate-Smart Agriculture, 아프리카농업기술재단African Agricultural Technology Foundation(AATF)에 협력하는 아프리카 정부들은 가뭄에 강한 옥수수를 비롯한 기후-스마트 종자들을 개발하고 있다. '아프리카를 위한 물 절감 옥수수The Water-Efficient Maize for Africa(WEMA)' 프로젝트는 케냐에 근거지를 둔 AATF가 주도하고 빌 앤 멀린다 게이츠 파운데이션, 하워드 G. 버핏 재단Howard G. Buffett Foundation, USAID가 자금을 지원하는 공공/민간 협력사업이다.

AATF는 재래식 육종, 유전자 표지 이용 육종marker-assisted breeding,

생명공학기술을 사용하여 WEMA를 개발하는 것을 옹호하며, 케냐, 모잠비크, 남아프리카 공화국, 탄자니아, 우간다 등 사하라사막 이남 지역의 소규모 자작농들에게 그러한 품종을 제공할 계획이다. 아직 상업적으로 이용 가능하지는 않지만, WEMA 종자는 로열티 없이 제공될 예정이다. 그러나 이것은 종자가 무료라는 것을 의미하지 않는다. 그것은 몬산토가 그 종자가 지닌 가뭄에 강한 형질에 대해 프리미엄을 부과하지 않을 예정이라는 것을 의미한다. 그러나 WEMA 종자에는 해충방제를 위한 바킬루스 투링기엔시스Bt 유전자와 글리포세이트 및 기타 몬산토 잡초 살충제에 내성이 강한 유전자들이 '잔뜩 쌓일' 것이다. 농부들이 다른 형질에 대해 로열티를 지불해야 할지는 불분명하지만, 이들 종자에 요구되는 글리포세이트와 비료는 분명 무료가 아니다. 기후-스마트 종자 뒤에 숨어 있는 목표는 종자회사, 화학물질회사, 비료회사들이 아프리카 시장에 몰래 침입할 수 있는 길을 찾는 것이다. 가뭄에 강한 유전자를 가진 무료 WEMA 종자는 몬산토의 다른 제품을 판매하기 위한 훌륭한 패키지일 뿐만 아니라 **모든** 아프리카 종자의 상품화에 요구되는 규제 틀을 예고하는 것이다. 자본은 이 종자들이 장기적으로 소규모 농부들을 실제로 도울 것인지에는 관심이 없다. 일단 아프리카의 종자가 상품화되면, 기업들은 대규모 농부들에게 그 종자를 팔 수 있을 것이고, 대규모 농부들이 결국 대륙의 소규모 자작농들을 몰아낼 것이다. 고전적 농업 이행과 유사하게 신젠타와 같은 산업체들이 추구하고 세계은행과 빌 앤 멀린다 게이츠 파운데이션이 보증한 농업개발 모델은 소규모 자작농들 대부분을 돕

그림 6-2 신젠타의 농업발전 구상

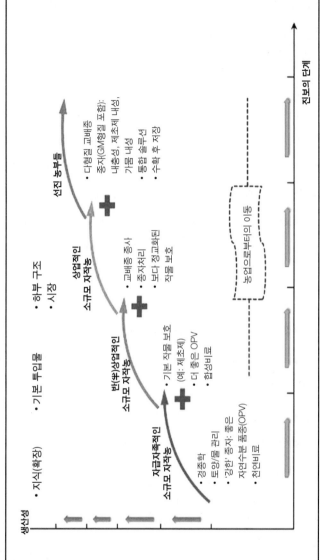

생산성

자급자족적인
소규모 자작농

• 경종학
• 토양/물 관리
• '강한' 종자: 좋은
  자연수분 품종(OPV)
• 천연비료

반(半)상업적인
소규모 자작농

• 기본 작물 보호
  (예: 제초제)
• 더 좋은 OPV
• 합성비료

상업적인
소규모 자작농

• 교배종 종사
• 종자처리
• 보다 정교화된
  작물 보호

선진 농부들

• 다형질 교배종
  종자(GM형질 포함):
  내충성, 제초제 내성,
  가뭄 내성
• 통합 솔루션
• 수확 후 저장

• 지식(확장)

• 기본 투입물

• 하부 구조
• 시장

농업으로부터의 이동

진보의 단계

자료: yuan Zhou, "Smallholder Agriculture, Sustainability and the Syngenta Foundation," Syngenta Foundation for Sustainable Agriculture(Basel, Switzerland), April 2010, 4.

는다는 계획에 의거하여 그들을 농업으로부터 몰아낸다(〈그림 6-2〉를 보라)(Holt-Giménez, Williams and Hachmyer, 2015).

자선단체, 금융, 산업, 정부와 같은 다양한 자본 형태가 결합하는 현상은 새로운 것이 아니다. 그러나 이 '민간-공공 협력사업'과 이들 부문이 일하는 범위 – 나노 입자에서부터 전 대륙까지 – 는 전례 없는 것이다. 정부가 공립대학을 통해 연구 어젠다를 설정하는 힘이 약화되고 산업과 투기자본이 제품 중심의 연구를 수행하는 힘이 커지는 것은 신자유주의적 발전의 특징 중 하나이다.

자본주의는 유전물질과 새로운 유전공학 생산물에 투자하여 그것들을 사적으로 점유하고 규제함으로써, '생체자본biocapital' – 즉, 생명체의 구성요소들 자체의 상품화에 기초한 형태의 가치 – 을 창출한다(Kashik, 2006). 종자 형태의 생체자본은 농업관련 기업에서 투기자본이 투자능력을 발휘할 수 있게 할 뿐만 아니라 과학자, 기술자, 확장주의자, 투자회사, 재단, 개발기관, 홍보회사들로 하여금 미래의 유전자 조작에 투자하게 하고 그들로 이루어진 거대한 사회경제적·정치적 네트워크를 창출한다.

이 중 어떤 것이 실제로 기아를 종식시키는 것과 관련이 있는지를 따져볼 필요가 있다. 왜냐하면 특히 기아는 부와 소득을 보다 균등하게 배분함으로써 급속히 일소될 수 있을 것이기 때문이다. 세계은행, CGIAR, 빌 앤 멀린다 게이츠 파운데이션, USAID, 몬산토, 바이엘, 신젠타가 기아퇴치에 정말로 관심이 있다면, 그들은 아프리카에서가 아니라 아시아에서 새로운 녹색혁명에 착수했을 것이다. 어쨌든 세계의 굶주리는 사람들 대부분이 실제로 거주하는 곳은 아시아이다. 왜 아프리카를 고집하는가? 아시아는 이미 녹색혁명을 **겪었**지만, 여전히 굶주리고 있다. 그러한 기관과 기업들에게 기아는 중요한 것이 아니다. 아시아의 녹색혁명 생산물 시장은 이미 포화상태이다. 아프리카는 거대한 미개척 지역이다.

그렇다고 하더라도 아프리카의 농부들에게 기후변화에 적응할 수 있는, 가뭄에 강한 새로운 종자가 필요하지 않은가? 기후변화가 사하라사막 이남의 가뭄과 폭염을 증가시키기 때문에, 아프리카의 농부들이 보다 가뭄에 강한 종자를 환영할 것임은 틀림없다. 그러나 이것이 아프리카 농부들에게 유전자 중심적이거나 상품 중심적 접근 방식이 반드시 적합하다는 것을 의미하지는 않는다. 왜냐하면 그들은 그러한 농업에 필요한 투입물과 기계류를 구입할 수 있는 돈이 없고 글로벌 상품시장에서 일반적으로 가난하게 살아가고 있기 때문이다.

기후 회복력에 대한 농업생태학적 접근방식에 따르면, 전체 농업생태계(토양 비옥도와 보존, 작물 다양성, 혼농임업, 생물량 관리, 물 저장, 생물학적 해충 관리)는 아프리카 소규모 자작농들의 생계 요구와 경작 양식과 더 잘 부합할 수 있다. 기후-스마트 농업의 유전자별 접근방식보다는 농업생태학의 전체 농장 접근방식이 적응과 완화 측면에서 소규모 자작농에게 더 많은 것을 제공한다. 농업생태학의 문제는 그것이 자본주의적 발전 모델과 부합하지 않는다는 것이다. 왜냐하면 농업생태적 농부들은 상업적 투입물을 더 많이 이용하기보다는 오히려 더 적게 이용하기 때문이다. 바로 이것이 농민운동의 지지를 받고 산출량 증대 능력을 입증받았음에도 불구하고 농업생태학이 대부분의 대규모 개발 프로그램에서 왜 하급 지위를 차지하고 있는지를 설명해 준다.

숨어 있는 기아와 영양강화 상품이라는 트로이 목마

2016년에 마리아 안드레이드Maria Andrade, 로버트 므왕가Robert Mwanga, 잔 로Jan Low, 하워스 보이스Howarth Bouis는 미국 국무부 기념 식장에서 2016년 세계식품상 수상자로 선정되었다(Barreca, 2016). '생물영양강화biofortification 개척자들'로 칭송받은 이들의 공동 노력은 **생물영양강화** ― 주요 작물에 과학적으로 비타민과 영양소를 심어주는 과정 ― 를 통해 아프리카, 아시아, 라틴아메리카 전역에서 1000만 명의 농촌 빈민에게 잠재적으로 영향을 줄 것으로 예고되었다. 연구원인 안드레이드와 므왕가가 비타민 A를 위해 재배되는, 카로틴이 풍부한 오렌지 과육의 고구마orange-fleshed sweet potato(OFSP)를 개발했다면, 잔 로는 이 생산물을 홍보하여 아프리카에서 200만 명을 설득하여 그 고구마를 작물로 채택하게 했다. 하워스 보이스는 비타민 A가 풍부한 카사바, 옥수수, OFSP와 함께 철분과 아연의 영양을 강화한 콩, 쌀, 밀, 진주 기장을 장려하는 데 25년을 보냈다. 곡물의 생물영양강화는 국제농업연구센터의 과학자들에 의해 수행되고 공적 자금과 거대 자선 자본가들로부터 대규모 자금을 지원받는다. 생물영양강화 지지자들은 자신들이 40개국 이상에서 사람들의 식생활을 개선하고 있다고 주장한다.

먹을거리 레짐의 상류에서 과학자들은 전 세계 20억 명의 사람들에게 악영향을 미치는 숨어 있는 기아를 해결하기 위해 작물의 품종을 개량하고 유전자 조작 작물을 개발하고 있다. 숨어 있는 기아는 지구 남부의 가난한 나라들에만 국한되지 않는다. 비타민과 미네랄 결핍은 지구 북부의 고밀도 저영양 식생활에서도 발생한다. 북부에서는 자주 비만이 영양결핍을 숨기기도 한다. 숨어 있는 기아의 참화는 사회적·경제적 삶의 모든 측면에 악영향을 미칠 수 있다. 세계기아지수Global Hunger Index에 따르면,

> 숨어 있는 기아의 결과로는 아이와 어머니의 사망, 신체적 장애, 면역체계 약화, 지능 손상을 들 수 있다. 숨어 있는 기아가 뿌리 내린 곳에서는 사람들이 살아남아 사회의 생산적인 성원으로 성장하는 것을 막을 뿐만 아니라 국가로 하여금 영양 부족, 건강 악화, 생산성 저하, 빈곤 지속, 경제성장 감소라는 사이클로 다시 빠져들게 한다. 이것은 왜 먹을거리에 대한 권리뿐만 아니라 적시에 적절한 유형의 먹을거리에 접근하는 것이 개인의 웰빙과 국가 전체에 중요한지를 보여준다.(von Grebmer, Saltzman, Birol, Wiesmann, Prasai, Yin, Yohannes and Menon, 2014: 3)

생물영양강화 네트워크는 미량영양소에 대한 개입을 도시 거주자들이 먹는 영양강화 먹을거리에서 자신들의 먹을거리를 재배하는 농촌 인구(기존의 영양강화 먹을거리에는 '접근하기 어려운')의 먹을거리로 전환하라는 명령으로부터 성장했다. 그리하여 쌀과 옥수수와

함께 고구마, 기장, 콩, 수수, 카사바, 바나나와 같은 소위 가난한 사람의 작물이 생물영양강화 프로그램의 대상이 되었다(Daño, 2014). 영양강화 작물품종들은 외딴 농촌지역들에서조차 '영양이 풍부한' 작물품종의 도입을 통해 미량영양소 문제를 해결할 수 있는 새로운 기적의 종자로 소개되었다(Brooks, 2010).

이 프로젝트는 공공 연구기관, 자선단체, 다국적 종자기업 간의 20년에 걸친 협력에서 비롯되었다. 이를테면 유전자 조작 '황금 쌀'의 베타카로틴beta-carotene 수준을 높이기 위한 수십 년간의 선구적인 연구와 개발은 주로 록펠러재단Rockefeller Foundation과 농업관련 거대 기업 신젠타가 자금을 대고 지원했다. 듀퐁DuPont은 비영리단체인 아프리카 하베스트 바이오테크 파운데이션 인터내셔널Harvest Biotech Foundation International(Africa Harvest)과 협력하고, 몬산도는 도널드 댄포스 센터Donald Danforth Center의 바이오카사바 플러스BioCassava Plus(BC+) 프로그램에 기부한다. 빌 앤 멀린다 게이츠 파운데이션은 생물영양강화 프로그램의 최대 자선 기부자로, 전 세계적으로 1억 6000만 달러 이상을 기부해 왔다(Daño, 2014).

이 프로그램의 주창자들은 생물영양강화를 영양공급의 묘책으로 프레임 짓는다. 다시 말해 그들은 생물영양강화를 상수도 급수시설에 불소를 투입하는 것과 마찬가지로 작물에 인위적으로 확장 가능한 일반적 영양물을 주입하는 것으로 본다(Bouis, 2005: 4). 이러한 생물영양강화의 추진은 다국적 농업생명공학 기업, 국제 규제 기관, 정부 ─ 이들은 "시장지향적인 빈곤퇴치 전략 내에서 근대 과학적 지식과 관행을 이용하여 농촌의 농업공동체들을 글로벌 농업체계에 통합시키는 것을 목적으로" 한다 ― 가 지지하고 지원하는 보다 광범위한 '자비로운 생명공학' 담론과 부합한다. 생물영양강화 작물을 장려하는 것은 현재 여전히 농부에게서 농부에게로 전해지는 종자체계에 의해 종자가 공급되고 있는 주요 작물 종자시장에 기업들이 진출하는 유망한 방법이다. 이러한 맥락에서 생물영양강화는 여전히 자신들의 통제를 벗어난 상태로 운영되는 먹을거리 체계를 기업이 합병하여 통제할 수 있게 해주는 하나의 수단이다(일부 사람들은 이를 트로이 목마라고 말한다)(Daño, 2014).

생물영양강화 담론에서는 농부들이 왜 영양이 부족한지를 묻는 사람이 아무도 없다. 영양 부족은 영양물을 주요 작물에 주입하여 치료할 수 있는 일종의 자연상태인 것으로 가정된다. 소규모 자작농 농장들이 다각화된 경작체계에 기초하여 균형 잡힌 식생활을 할 수 있는 능력을 어떻게 그리고 왜 상실했는지는 생물영양강화의 관심사가 아니다.

영양강화와 영양주의

하류에 있는 산업 식품기업들은 자신들의 식품들에서 소금, 설탕, 방부제를 줄일 뿐만 아니라 표준 가공식품 식생활에서 상실한 영양분을 포함시키기 위해 자신들의 제품에 '영양을 강화'하고 있다. 영양강화는 요오드가 첨가된 소금과 유아용 유동식만큼이나 오래되었다. 1960년대에는 수출농업의 확산으로 빈민들의 식생활이 크게 악화되자, 개발도상국에서는 정부 식품 보충 프로그램을 통해 밀가루, 기름, 설탕, 마가린 같은 주요 제품에 미량영양소를 첨가했다. 오늘날 식품 영양강화의 임무는 네슬레, 유니레버Unilever, 펩시코PepsiCo, 켈로그Kellogg, 다농Danone, 제너럴 밀즈General Mills 같은 식품산업 거인들에게 넘어갔다. 이들 식품산업은 영양 부족자들에게 영양분을 공급하기 위해 시장을 이용한다. 이러한 추세를 지원하기 위해 2005년에 세계은행은 식품영양강화기업연합Business Alliance for Food Fortification (BAFF)을 출범시켰다. 코카콜라가 의장을 맡은 이 협력사업에는 네슬레, 하인즈Heinz, 아지노모토Ajinomoto, 다농, 유니레버 같은 글로벌 식품산업의 주요 선수들이 참여하고 있다(GAIN, 2005).

그러나 영양이 강화된 식품은 자주 빈민 중 가장 가난한 사람들, 즉 시장경제의 주변에 사는 사람들에게 나아가지 못한다. 그들의 구매력이 낮고 유통경로가 저발전되어 있기 때문에, 가공된 영양강화 식품 품목들은 자급자족적 농부와 현지에서 생산된 먹을거리를 소비하는 농촌 사람에게는 제한적으로만 다가가고 영향을 미친다. 그럼에도 불구하고 자본주의 먹을거리 체계는 영양강화에 엄청난 지원을 한다. 과학은 이 과정에서 중요한 역할을 수행한다.

전체 먹을거리의 영양분 함량을 강화하기 위해 특별하게 조작된 먹을거리의 영양학적 우수성을 주장하는 데 이용되는 과학적 틀을 '영양주의nutritionism'라고 부른다. 영양주의라는 용어는 특히 새로운 초영양강화된ultra-fortified 상품의 소비를 지원하기 위해 만들어졌다. 녹색혁명이 농업상품(비료와 농약 같은 투입물을 필요로 하는)의 과잉 생산을 정당화하기 위해 '먹을거리 부족의 과학science of scarcity'을 생산한 것처럼, 영양주의는 농부들이 먹는 주요 먹을거리와 글로벌 독점체들이 빈민들에게 파는 식품에 영양물을 억지로 집어넣는 것을 정당화하기 위해 '영양분 부족의 과학science of insufficiency'을 생산해 왔다. 영양주의는 영양실조의 **원인**을 밝히기를 회피한 채 식생활 건강에서 영양분의 역할을 단순화하고 과장하는 환원주의적 형태의 과학이다(Scrinis, 2013). 이데올로기적으로 영양주의는 영양분이 부족한 이유를 묻지 않고 세계 기아를 부족한 영양분의 문제로 환원하고, 시장이 제공하는 영양분이 풍부한 제품을 판매하기 위한 공간을 개척한다.

숨어 있는 기아가 미량영양소 결핍의 문제로 축소될 때, 기아를 해결하는 것은 정치적·경제적 기능을 한다. 첫째, 그것은 미량영양소를 제공하는 기업에 권력과 수익을 제공한다. 둘째, 그것은 글로벌 먹을거리 체계가 전통적인 영양분 공급원과 궁핍한 사람들의 식생활을 파괴해 온 방식을 숨겨준다. 극단적으로는 영양강화의 옹호자들은 심지어 인간은 다양하고 완전하고 신선한 먹을거리로 구성된 건강한 식생활을 함으로써 자신에게 필요한 영양분들을 얻을 수 없기 때문에 식품산업이 개인을 대상으로 하여 생산하는 영양분이 필요하다고까지 주장한다.

페터 브라벡 레트마테Peter Brabeck-Letmathe 네슬레 명예 회장은 영양강화 먹을거리 제품에 기초하여 "과학적으로 설계된 에덴동산"에 대해 네슬레가 가지고 있는 비전을 펼치면서 이렇게 주장한다. "자연은 인간에게는 좋지 않다. 자연은 인간을 죽일 것이다. 우리가 호모사피엔스가 된 것은 자연을 극복하는 방법을 배웠기 때문이다"(Purdy, 2016). 정치경제학은 영양강화의 이면에 자리하고 있는 또 다른 이야기를 들려준다. 많은 독점체와 마찬가지로 네슬레의 기업 성장률은 지난 5년간 50%나 하락했고, 이는 네슬레로 하여금 식품의 대량생산에서 보다 수익성 있는 제약 부문으로 사업을 전환함으로써 수익을 꾀하게 했다.

이처럼 인간이 스스로 먹고살 수 없다는 것과 영양분 '부족'으로 허덕인다는 것에 초점을 맞추는 것은 식품산업과 생명공학 기업으로 하여금 더 많은 제품을 팔고 더 나은 수익을 얻음으로써 주주를 만족시킬 수 있게 해준다. 그것은 또한 정부와 산업계로 하여금 세계 기아와 영양부족의 원인을 토지개혁, 농업생태적 경작방식의 장려, 시장개혁, 생활임금 같은 구조적 조치보다는 기술적 방법에 의해 해결해야 할 기술적 문제로 재조명하게 함으로써 기아와 영양부족 문제를 탈정치화할 수 있게 해준다. 생물영양강화의 개척자와 최신 기술에 정통한 식품회사들은 우리들로 하여금 기아 종식은 단순히 과학을 적절히 이용하는 것과 관련된 것이라고 믿게 만들고 싶어 한다. 이것은 기아가 어느 누군가에 의해 그리고 무엇에 의해 유발되는 것이 아니라 그냥 발생하는 것이며, 과학과 산업이 기아를 종식시킬 수 있다는 것은 우리에게 행운이라고 생각하게 한다.

사람들이 굶주리는 까닭은 과학이 그들을 먹여 살릴 그 무엇을 발견하지 못했기 때문이 아니라 그들에게는 먹을거리를 살 여유가 없기 때문이다. 농부들에게서 영양이 부족한 까닭은 그들에게는 균형 잡힌 먹을거리를 재배할 충분한 땅이 없기 때문이다. 이것들은 기술적인 문제가 아니라 정치적인 문제이다.

음식 쓰레기의 문제

미국과 전 세계에서 재배되는 먹을거리의 40%가 '낭비'되고 있어, 음식 쓰레기의 사회적·환경적 비용에 대한 우려가 전 세계적으로 일고 있다. 음식 쓰레기를 바라보는 방식에서 나타나는 차이는 욕구와 수요 간의 차이, 그리고 음식과 상품 간의 차이에서 비롯된다. 첫째 경우에서 쓰레기는 먹을 사람이 '없는' 먹을거리이다. 둘째 경우에서 음식 쓰레기는 그저 다 쓰고 남은 생산 요소이다.

쓰레기waste라는 용어는 '비어 있는unoccupied' 또는 '개간되지 않은 uncultivated'을 의미하는 라틴어 vastus에서 온 말이다. 우리가 먹을거리 – 우리의 음식물 – 를 낭비하는 것에 대해 생각할 때, 우리는 그 용어를 동사로, "부주의하게, 함부로, 또는 헛되게 사용하거나 써버리는 것으로, 또는 충분히 또는 잘 이용하지 못하는 것"으로 사용한다. 그러나 자본주의는 음식 쓰레기를 형용사로, 즉 "가공이 끝난 후에 더 이상 유용하거나 필요하지 않아 폐기되거나 버려진 재료, 물질, 또는 부산물"로 취급하는 경향이 있다.[3]

미국의 음식 쓰레기 챌린지Food Waste Challenge는 2030년까지 음식 쓰레기를 50% 줄이기 위해 실행하는, USDA와 농식품 산업 간의 민간-공공 프로젝트이다.[4] 농식품 산업은 포장, 선적, 가공 과정에서 '버려지는 것'을 줄이고 있다. 슈퍼마켓은 유통기간이 지난 제품을 푸드 뱅크에 제공하거나 오래된 농산물을 동물 사료로 판매한다. 월마트와 다른 상점들은 '못생긴 과일'을 판매하고 있다. 이러한 노력은 국제적 추세이다. 프랑스는 최근 식료품점에서 유통기간이 지난 먹을거리를 버리는 것을 금지하는 법안을 통과시켰다.

미국은 먹을거리 공급에 미국 전체 에너지 예산의 10%, 전 국토의 50%, 전체 담수 소비량의 80%를 사용하며, 이것은 미국인들이 매년 1650억 달러에 달하는 자원을 버리고 있다는 것을 의미한다(Gunders, 2012). 이론적으로는 먹을거리 손실량을 15%만 줄여도 해마다 2500만 명 이상의 미국인을 충분히 먹여 살릴 수 있다. 이 계산은 USDA와 주요 자선 재단들이 음식 쓰레기를 줄이거나 다른 용도에 맞게 만드는 프로젝트에 자금을 지원하게 하는 동시에, 환경오염을 줄이고 일자리를 창출하고 먹을거리 안정성을 끌어올렸다. 음식 쓰레기의 지리학은 젠더와 연령, 공급망의 위치, 그리고 사회가 산업사회인지 농업사회인지의 여부에 의해 영향을 받는다. 사회경제적 지위에 따라서도 음식 쓰레기의 종류가 달라진다. 이것은 다양한 반응을 낳았다. 퇴비화와 에너지 생산에서부터 푸드 뱅크와 가공처리에 이르기까지 모든 부문에서 음식 쓰레기 문제를 해결하는 데 나서고 있다.

이러한 조치들 대부분은 음식 쓰레기와 관련된 몇몇 외부효과(쓰레기 매립지, 온실가스 배출, 자연자원의 과잉사용)를 줄이는 데 도움을 줄 수 있다. 그러나 음식 쓰레기에 대처하는 방안들과 관련하여 기이한 것은 그 방안들이 그 **효과**에만 초점을 두고 있을 뿐 음식 쓰레기의 주요 **원인** 중 하나인 과잉생산에 대해서는 전혀 관심을 두지 않는다는 것이다.

자본주의를 규정짓는 특징 중의 하나는 그것의 과잉생산 경향이다. 먹을거리 체계도 예외는 아니다. 우리의 저곡가 정책은 농부들

BOX 24

음식 쓰레기 한눈에 보기

추측컨대 전 세계 먹을거리의 30~50%가 먹지 않고 버려진다. 미국에서는 먹을거리의 40%가 낭비된다(Gunders, 2012).

음식 쓰레기는 전 세계적으로 한결같지 않다. 전 세계 먹을거리 손실과 쓰레기 가운데 28%가 산업화된 아시아에서 발생했다. 그리고 남아시아와 동남아시아에서 23%, 북아메리카와 오세아니아에서 14%, 유럽에서 14%, 사하라사막 이남 아프리카에서 9%, 북아프리카와 서아프리카 및 중앙아프리카에서 7%, 라틴아메리카에서 6%가 발생했다. 개발도상 국가들에서는 생산과 저장 단계에서 먹을거리가 더 많이 손실되는 반면, 선진국에서는 소비 단계에서 음식 쓰레기가 더 많이 발생한다(Lipinski, Hanson, Waite, Searchinger, Lomax and Kitinoja, 2013).

특히 전환기 경제(브라질, 러시아, 인도, 중국)에서 가계 소득이 증가함에 따라, 탄수화물이 많은 음식의 소비가 감소하고 신선한 과일과 야채, 유제품, 육류 및 어류의 소비와 함께 식생활이 다양화된다. 유통기한이 더 짧은 먹을거리 품목으로의 이러한 전환은 음식 쓰레기를 증가시키고 자원을 더 많이 이용하게 한다(Parfitt, Barthel and MacNaughton, 2010).

성인들은 아이들보다 먹을거리를 더 많이 낭비하며, 규모가 큰 가구가 작은 가구보다 1인당 먹을거리를 덜 낭비한다. 저소득 가구가 고소득 가구보다 먹을거리 낭비가 적으며, 젊은 사람들이 나이 먹은 사람들보다 더 많이 낭비하는 경향이 있다. 미국의 히스패닉 가구는 비히스패닉 가구보다 먹을거리를 약 25% 덜 낭비한다. "미국의 평균적인 4인 가구는 음식 쓰레기로 연간 1350달러에서 2275달러의 손실을 보는 것으로 추정된다"(Gunders, 2012: 12).

농업에서의 생산 손실은 신선한 농산물에서 가장 크다. 해충, 질병, 날씨, 또는 낮은 시장가격으로 입은 손해 때문에 농산물을 수확하지 못하기도 한다. 농부들이 수요에 맞는 정확한 양을 재배하기란 어렵기 때문에, 너무 많은 먹을거리를 재배하기도 한다. 미국에서 작물을 심은 들판의 약 7%가 매년 수확되지 않아, 약 1억 4000만 달러의 작물 손실이 발생한다(Gunders, 2012: 12).

손실은 서상과성과 부석설한 포상에 의해서도, 그리고 식품 가공업자, 중개인, 도매업자의 잦은 취급으로 인해서도 발생한다. 몇몇 연구에 따르면, 일반적인 식품은 소비자의 손에 들어오기 이전에 평균 33회 취급된다. 1995년에 소매 수준에서 폐기된 약 54억 파운드의 먹을거리 중에서 손실의 거의 절반이 유제품과 신선한 과일 및 야채에서 발생했다(Kantor et al., 1997).

소비자 낭비의 20%는 날짜 표시 혼동으로 인해 발생한다(Leib et al., 2016). 대부분의 경우 사람들은 날짜가 지나면 음식을 버린다. 왜냐하면 사람들은 그 날짜가 더 이상은 먹기에 안전하지 않다는 것을 나타낸다고 오해하기 때문이다. 사실 그 날짜는 그 먹을거리가 최고 품질 상태를 유지할 수 있는 기간에 대한 제조업자의 생각을 나타낸다. 그 음식물 표시의 날짜 범위는 '유통기한'

에서부터 '그 날짜 이전까지가 최고의 품질 상태임', 그리고 '사용기한'까지 다양하며, 따라서 소매업자와 소비자 모두가 혼란스러워하는 것은 전혀 놀랄 일이 아니다.

로 하여금 과잉생산을 하도록 유도한다. 농부들은 가격이 높을 때 (자본주의의 규범이 그러하듯이) 생산을 증가시키는 경향이 있지만, 그들은 또한 가격이 낮을 때에도 생산을 증가시킨다. 이는 농장이 해야 할 일과 정반대되는 것처럼 보일 수도 있다. 하지만 농장에는 고정비용이 너무 많기 때문에, 수익이 적거나 전혀 없을 때조차도 더 많은 산출량이 적어도 그러한 비용을 충당할 수 있다는 것을 의미한다. 이것은 날씨로 인해 수확량이 감소하지 않는 한 항상 과잉공급을 낳는다. 과잉공급된 곡물들은 곡물회사, 농식품회사, 에너지회사에 의해 할인된 가격으로 매입되어, 값싼 식품, 밀집가축사육시설용 사료, 에탄올로 전환된다. 농부들의 목적은 가능한 한 많이 파는 것이다. 과일과 야채에서도 유사한 경향이 발생한다. 왜냐하면 농식품 기업이 요구하는 낮은 가격, 표준화, 더 큰 구획의 토지는 농부들로 하여금 더 많은 것을 생산하게 만들어 시장을 범람시키기 때문이다. 지역 생산자와 소비자를 연결하는, 널리 화제가 되었던 농민시장조차도 지역 농부들로 하여금 과잉생산을 하게 할 수 있다. 그 시장은 대체로 동일한 생산물을 팔기 위해 서로 경쟁하는 농부들로 넘쳐나기 때문에, 농부들은 전시와 판매를 위해 가장 매력적으로 보이는 농산물만을 선택한다. 나머지는 버려지거나 선물로 주는 (또는 퇴비로 만드는) 경향이 있다. 이들 농부는 적은 판매수익을 바라보고 일을 하며, 도시 시장에서 가까운 농지에 높은 지대나 대여료를 지불하는 경향이 있다(Hachmyer, 2017). 음식 쓰레기 생산은 경제적 생존을 위한 그들의 시장전략이 낳은 부수적 결과이다.

쓰레기는 자본주의 과잉생산에 고질적인 것이다. 음식 쓰레기를 상품으로 전환시키거나 푸드 뱅크에 기부하는 것은, 음식 쓰레기에 의존하는 새로운 경제활동을 창출할 수는 있지만, 쓰레기의 원인을 해결하는 데에는 아무런 도움도 되지 않는다. 음식 쓰레기를 종식시키는 열쇠는 과잉생산을 끝내는 것이다.

새로운 농식품 이행과의 만남

종자에서 식탁까지 먹을거리 체계는 더욱 강화될 준비를 하고 있다. 오늘날의 유전공학 기법은 초기의 유전자 변형 종자라는 조야한 기술을 획기적인 진전을 통해 넘어서면서 부정확하고 돈이 많이 드는 유전자 전달에 의지하지 않고서도 DNA를 직접 조작할 수 있게 되었다(Specter, 2016). 누구나 인터넷에서 '유전자 지도'를 다운로드받아 그것을 이용하여 DNA를 직접 조작함으로써 특정 표현형질을 표현하는 대사경로를 변화시켜 종자를 생산할 수 있을 뿐만 아니라 **어떠한 종류의 생명 형태도 만들** 수 있다. 우리가 DNA를 가지고 꿈에서만 할 수 있던 것이 이제는 실현될 수 있다(Mooney,

2016). 새로운 기술이 구상과 상업화 간의 거리를 좁히고 혁신 시간을 단축시키고 있다. 그리고 모든 분자생물학자가 그러한 기술들을 이용할 수 있다.

기업들은 '디지털 농업'에 투자하고 있다. 이제 환경, 기후, 토양, 품종에 관한 엄청난 양의 정보가 위성에 의해 신중하게 기록되고 분석되어 농부들에게 판매됨으로써 농부들로 하여금 아주 정확하게 그 정보들을 투입물에 적용할 수 있게 해준다. 몬산토, 존 디어 John Deere, 카길에서부터, 네슬레, 월마트, 아마존에 이르기까지 먹을거리 사슬의 모든 주요 기업이 그러한 빅 데이터 정보시스템을 이용하고 있다.

유전자 정보와 환경 정보의 통합통제 시스템은 토지와 기업의 합병 경향을 증가시킨다. 국제시장에서 종자의 51%와 농약의 72%를 통제하는 여섯 개 독점체 사이에는 강력한 합병 압박이 존재한다. 신젠타, 켐차이나ChemChina, 몬산토, 바이엘, 다우Dow, 듀폰 모두가 합병 협상을 진행하고 있다. 두 회사가 합병하면 다른 회사들도 합병할 수밖에 없다. 수직 통합도 진행 중이다. 2017년에 아마존이 고급 유기농 식품 슈퍼마켓 홀 푸즈를 매입한 것은 기업 합병의 또 다른 사례이다. 아마존은 월마트 모델과 전쟁을 개시하면서, 식품 택시와 드론으로 배달하는 거대 공급센터를 통해 식품을 판매하는 계획을 세우고 있다. 아마존의 새로운 아마존 고Amazon Go 상점들은 완전히 자동화되어 소비자가 매장을 돌아다니면서 품목을 선택한 다음에 계산대를 통과하지 않고도 밖으로 나갈 수 있게 될 것이다. 스마트폰 응용 프로그램이 구매품을 등록하고 신용카드로 물건 값을 청구할 것이다(Boyle, 2016).

그럼 우리는 매장에서 무엇을 찾을 수 있을까? 식품들은 이전보다 약간 낮은 수준의 트랜스 지방, 나트륨, 당분이 들어간 상업화된 재료들로 만들어질 뿐만 아니라, 이제 식물에서 추출한 질병 예방 합성물 — **파이토뉴트리언트**phytonutrient라고 불리는 — 과 미량영양소들로 영양이 강화되었다. 150년의 역사를 자랑하는, 영양강화의 개척자이자 세계 최대의 포장식품 독점체인 네슬레는 당신의 피부 아래에 이식할 '건강 칩'을 판매할 것이다. 그것은 당신의 영양 수준을 측정하고 당신의 의사 및 당신의 스마트폰과 위성으로 통신하여, 당신이 구입해야 할 영양강화된 (네슬레) 제품 — 아마도 항알츠하이머 냉동피자나 항암 핫 포켓 — 을 가르쳐줌으로써 당신의 쇼핑 경험을 개별적으로 조정할 것이다.

수조 달러 규모의 농식품 산업에 가해지는 온갖 재정적·구조적 압력은 개별 기업으로 하여금 훨씬 더 큰 규모로 생산하게 할 것이다. 종자, 투입물, 기계류, 자금 조달, 보험, 나노기술, 대량 정보는 슈퍼마켓 선반에 점점 더 큰 묶음의 균일한 제품을 배달할 것이다. 그리고 먹을거리 레짐의 독점체들은 그 어느 때보다 훨씬 더 커지고 자신들의 수중에 레짐을 더 집중시킬 것이다.

이러한 농식품 이행은 자본주의의 첫째 모순과 둘째 모순 모두를 악화시킬 것이다. 즉, 불평등으로 인해 노동자들은 모든 생산물을 흡수하기에는 충분하지 못한 구매력을 가지게 될 것이고, 체계가 건강하고 번성하는 생물권을 유지하는 방식으로 환경과 관계를 맺을 수 없음으로 인해 생태계 대파괴가 초래될 것이다. 전자의 경우

BOX 25

아이오와 농장 노동자 조지 네일러,

먹을거리 주권을 요구하다

나는 우리가 우리의 먹을거리 체계를 변화시킬 필요가 있다고 믿는다. 이를 위해서는 모든 사람이 같은 퍼즐 — 현 상태를 지지하고 우리의 민주주의, 우리의 건강, 우리의 사회, 우리의 환경에 더 많은 문제를 야기하는 퍼즐이 아니라 우리의 생태적 한계를 고려하는 민주적인 평등한 사회변화의 퍼즐 — 의 한 조각일 필요가 있다.

중서부의 보통 농부들은 아마도 자신들이 경작하는 토지의 단 10%만을 소유하고 있을 것이다. 나머지는 현금으로 지대를 내고 있다. 지주들은 자주 가장 크고 가장 산업화된 농부로부터 가장 높은 지대를 받는다. 수년에 걸쳐 농부들은 점점 더 큰 가축 사육시설에 투자하였다가 지금은 돈을 잃고 자신들의 시설이 '폐물'이 되는 것을 지켜보며 유익한 윤작을 포기하고 있다. 오늘날 미국에서는 거의 모든 돼지, 닭, 그리고 심지어는 시장용 소까지도 기업 소유이며, 그것들은 거대한 사육장과 밀집가축사육시설에서 키워진다. 농부들이 여전히 울타리에서 울타리까지 옥수수와 콩을 윤작하고, 수백만 갤런의 밀집가축사육시설 분뇨가 호수와 수로를 오염시킨다. 규모를 더 키우는 것은 분명 우리의 문제에 대한 답이 아니다.

거대 농부가 파산할 때, 나는 자주 다음과 같은 말을 듣는다.

"음, 당신은 그들에게 정말로 미안함을 느끼나요? 그건 그들이 자초한 일이죠." 그 물음에 대한 나의 대답은 "우리 모두는 우리의 가장 소중한 제도들 중의 하나, 즉 가족 농장을 잃었기 때문에 우리 자신에게 미안함을 느껴야 한다"는 것이다. 농장 우울증이 농장 합병 경향을 바꾸지는 못한다. 토지는 계속해서 경작될 것이지만, "규모를 키우거나 떠나라"라는 피할 수 없는 요구를 묵묵히 따르는 몇몇 다른 농부들에 의해 경작될 것이다. 어떤 경우에는 기업들이 이미 경작하고 있다. 우리는 '농부 없는 농업'의 시대를 향해 가고 있다. 그곳에서는 결산서의 맨 아랫줄이 모든 결정을 주도한다.

다행스럽게도 불가능에 도전하는 일부 농부들이 농업생태적 또는 유기적으로 경작함으로써 물려받은 지혜를 보존하며 새로운 방법과 기법을 개발하고 있다. 우리가 건강한 먹을거리를 제공할 수 있고 미래 세대에게 아름다운 지구를 남겨줄 **수 있다**는 것을 우리 사회가 받아들일 때에나 우리 모두가 그러한 관행을 필요로 할 것이다. 마찬가지로 포크로 투표하는 것만으로는 효과가 없을 것이다. 우리는 시장 세력이 농부, 토지, 소비자 행동에 어떻게 영향을 미치는지를 인식하고 지속가능한 미래를 달성하기 위한 정책적 해결책을 요구해야만 한다.

우리는 먹을거리와 토지를 탈상품화해야만 한다. 산업화된 농업이 상품의 (자주 투기적인) 생산, 소비, 판매에 의존한다는 사실을 인식하지 못하는 한, 그리고 우리의 가장 기본적인 가정과 경제적 행동이 실제로 산업적 현상태를 강화한다는 사실을 인식하지 못하는 한, 우리는 토지 집중, 건강에 해로운 음식, 농촌 환경의 악화 문제를 해결하는 일을 시작할 수 없다.

화학제품과 생명공학 제품들은 대부분 저장 가능한 상품 ─ 대부분 옥수수인 사료 곡물, 대부분 밀과 쌀인 음식 곡물, 대부분 콩인 유지작물 ─ 을 생산하는 데 사용된다. 미국에서는 약 2억 5000만 에이커에 달하는 땅에서 이 저장 가능한 상품을 재배하는 반면, 과일과 야채를 재배하는 땅은 약 1200만 에이커뿐이다. 사료 곡물과 유지 곡물은 대부분 산업용 우유, 고기, 계란을 생산하기 위한 사료들이다. 수천 마일 떨어진 곳에서 운송되는 그것들은 굶주린 사람들에게 제공될 먹을거리가 아니다. 옥수수와 콩의 대부분은 바이오 연료와 생화학물질의 생산에 사용된다. 이것들도 누군가의 굶주림을 덜어줄 수 있는 것이 아니다.

농부들은 파산하면서도 그러한 상품을 재배하고 투입물에 큰 돈을 지출하고 있다. 그들은 왜 그렇게 하는가? 또 다른 새빨간 거짓말은 농민들이 보조금을 받고 있기 때문에 상품을 생산한다는 것이다. 먹을거리 운동을 하는 거의 모든 사람들 ─ 내가 사랑하고 존경하는 사람들 ─ 도 이 거짓말을 무한정 반복한다.

진실은 곡물이나 유지작물 같은 상품은 저장이 가능하고(잘 썩지 않고) 일 년 내내 현금으로 전환될 수 있다는 것이다. 미국에서 우리가 가지고 있는 주요 거대 경작지들 ─ 그런 경작지의 대부분은 도시 주민들로부터 멀리 떨어져 있다 ─ 에서 재배된 그러한 상품들은 전통적으로 저장되었다가 가축에게 먹이로 공급되었다. 만약 그러한 상품을 생산하는 땅의 단 10%만을 과일과 야채를 생산하는 데로 전용한다면, 그 먹을거리들의 생산은 세 배 늘어날 것이다. 그러나 당신은 그 부패하기 쉬운 먹을거리가 들판에서 썩을 때 그것을 재배하는 농부들이 파산하는 것을 보게 될 것이다. 옥수수와 콩을 재배하는 농부가 자신의 땅을 과일과 야채 재배로 전환할 경우, 우리는 지역에서 재배된 농산물을 훨씬 더 많이 이용할 수 있지만, 농부가 그렇게 할 것으로 생각하는 것은 비현실적이다. 중서부 농부들은 자본주의 상품 체계에서는 대안이 전혀 없기 때문에 옥수수와 콩을 울타리에서 울타리까지 심는다.

미국 재무부가 상품 생산 농부들에게 지급하는 보조금은 부분적으로만 저곡가를 보상한다. 이 보조금 프로그램이 농부를 부유하게 만들거나 다각화된 가족 농장을 위한 경제적 틀을 창출하기 위해 고안된 것이 아니었다는 것을 이해하는 것이 중요하다. 반대로 이 보조금 지급은 단지 상품체계 자체가 자기파괴적이지 않게 하기 위해 만들어진 것일 뿐이다.

게다가 저곡가 정책은 산업 축산회사들로 하여금 자신들이 필요로 하는 모든 사료를 전화로 아주 편한 마음으로 주문할 수 있게 해준다. 그들은 사료를 재배할 필요도 없고, 화학물질과 유전자 변형 작물을 이용하여 다량의 옥수수와 콩을 생산하는 것과 관련한 환경적·사회적 피해에 대해 그 어떤 책임을 질 필요도 없다. 보조금의 대부분이 대규모 경작 농부들에게 돌아간다는 것은 솔직히 사실이 아니며, 중간규모의 가족 농장조차도 파산하지 않기 위해서는 보조금이 필요하다. 지속가능한 윤작 — 책임감을 가지고 분뇨를 사용하여 건초와 목초지를 키우는 것을 포함하여 — 으로 자신의 사료를 키우는 다각화된 농장은 이 분기된 체계와 경쟁할 수 없다. 보조금 제도는 우리 시민들로 하여금 우리 모두가 원하는 바로 그 경작 양식, 즉 지속가능한 농장을 파괴하는 것에 대한 대가를 지불하도록 하는 농업사업계획이다.

울타리에서 울타리까지 심으라는 현재 자유방임 정책하에서 농부는 항상 더 많은 양 — 탐욕 때문이든 아니면 파산의 두려움 때문이든 — 을 생산하여 더 많이 팔기 위해 노력할 것이다. 겉으로 보기에 화학물질 투입이 그 비용에 비해 소득을 증가시킬 수 있다면, 그들은 화학물질을 사용할 것이다. 그러나 모든 농부가 뒤따라 그렇게 할 경우 과잉생산으로 인해 가격이 낮아지고 우리의 땅과 물의 질이 저하된다.

만약 각 농장이 그곳의 생산 이력에 기초하여, 그리고 보존 경작과 좋은 윤작이 토양과 생물다양성을 어떻게 재생할 수 있는지를 평가하여 생산을 할당한다면 어떻게 될까? 농부들이 자신들의 소득을 안정화시켜 주는 가격으로 보상을 받는다면 어떻게 될까? 농부들의 생각과 관행은 자유방임 자유시장의 속박을 받을 때와는 정반대일 것이다. 만약 한 농장이 옥수수 1만 부셸을 할당받는다면, 그 농부는 이렇게 생각할 것이다. "나는 **최소한**의 화학물질과 비료를 가지고 최대한의 농지를 보전하면서 어떻게 1만 부셸의 옥수수를 생산할 수 있을까? 어쩌면 나는 다른 땅을 얼마간 이용해서 토양을 구하는 방식으로 목초지를 만들고 건초를 생산해서 새로운 소 떼에게 먹이를 주어, 풀 먹인 소고기나 유제품을 생산할 수 있을지도 몰라." 아마도 그 농부는 거의 유기농 농부가 되어가고 있을 것이다.

민주주의의 이상을 유산으로 가지고 있는 미국 시민들과 오늘날의 먹을거리 운동 — 농부, 좋은 보수를 받는 농장 노동자, 적절하게 인증된 건강한 먹을거리, 그리고 생태적 먹을거리 생산을 소중히 여기는 — 은 '패리티'를 우리의 국가정책으로 만들어야 하는 막중한 책임을 지고 있다. 우리는 '패리티'를 통해 우리의 농업 전통 내에서 우리가 원하는 형태의 영양분을 얻고 농장 공동체를 건설하고 농지를 보존할 수 있다. 영양상태가 좋고 민주적이며 평화로운 세상을 위해 우리 모두에게 필요한 것이 먹을거리 주권이다. 이것은 합리적인 먹을거리 체계를 수립하는 데, 그리고 지속가능한 방식으로 경작하며 좋은 삶을 살기를 진정으로 원하는 사람들이 토지에 접근할 수 있게 하는 데 크게 도움이 될 것이다.(Naylor, 2017)

그것은 지구 북부와 신흥경제에서 자동화를 통해 노동을 계속해서 제거할 뿐만 아니라, 지구 남부에서는 토지 수탈과 농업 산업화를 통해 인류의 3분의 1인 25억 농촌 빈민의 대다수를 토지에서 쫓아낼 것이다. 과잉생산의 강화는 온실가스를 줄이기보다는 늘리고 농업 생물다양성을 더 감소시키고 지구의 물, 토양 및 유전적 다양성을 더욱 오염시킴으로써, 자본의 둘째 모순, 즉 생태학적 모순을 가속화할 것이다. 인류의 3분의 1이 어디서 일자리를 찾을까? 얼마나 많은 사람이 자신들의 건강을 확보하기 위해 영양이 강화된 음식 같은food-like 물질을 살 수 있을까?

농업생태학: 거북스러운 과학이 주는 교훈

세계 인구의 3분의 1이 소규모 자작농 농업에 의존하여 경작 가능한 토지의 4분의 1에서 세계 먹을거리의 4분의 3을 생산하고 있다. 세계 먹을거리의 거의 15%가 작은 도시 농장과 채소밭에서 생산된다. 통상적인 생각과 기업의 수많은 수사와는 달리, 세계에서 가장 가난한 사람들은 농부이거나, 아니면 가난한 농부들에 의해 먹여 살려지고 있다.

이 단순한 사실은 자본주의 농업으로의 농업 이행이 결코 완전하지 않다는 것을 확실하게 보여준다. 지난 300년 동안 자본주의는 먹을거리의 생산과 소비의 모든 측면을 이윤을 창출하는 상품으로 전환시키고자 시도하면서 가치사슬의 위아래에서 먹을거리를 식민화해 왔다. 이 거대한 역사적 이행에서 먹을거리 연구, 먹을거리 관행, 먹을거리 정치 모두는 자본주의의 논리에 의해 계속해서 영향받고 규율되어 왔다. 그러나 21세기 자본주의는 수십 년간의 글로벌 경제성장의 정체로 인해 어려움을 겪어왔다. 자본에게 소규모 자작농 농업은 잠재적인 시장 확장 부문이자 토지·노동·자원을 수탈함으로써 축적을 할 수 있는 기회로 보인다(Harvey, 2005).

비록 글로벌 경제성장이 둔화되고 있을지는 모르지만, 경제 '피라미드의 맨 아래'에 있는 40억 명에 가까운 사람들의 구매력은 연간 8%씩 꾸준히 증가하고 있다(Boston Consulting Group, 2009). 이 성장은 자본에게는 거대한 잠재적 시장이다. 그렇다면 너무나 가난해서 스마트폰, 평면 TV, 전기 자동차를 살 수 없는 사람들에게 당신은 무엇을 팔 수 있는가? **가공 식품**. 이미 가난한 사람들을 먹여 살리는 25억 명의 농부들에게 당신은 무엇을 팔 수 있는가? **종자. 비료. 농약**. 그 피라미드의 맨 아래 부분은 글로벌 자본에게 매력적일 뿐만 아니라 자본의 생존에 필수적이다. 새로운 유전자 조작 녹색혁명의 배후에 숨어 있는 아이러니는 그것이 가난한 사람들이 아니라 부유한 사람들의 요구에 부응한다는 것이다.

그러나 가난한 사람들의 먹을거리 체계는 자본의 논리를 쉽게 따르지 않는다. 전 세계에서 농촌 공동체는 자본주의 먹을거리 레짐에 저항하고 경쟁하고 피하면서, 새로운 형태의 생산과 소비를 구축한다. 이 공동체들은 시장경제와 도덕경제 사이의 흐릿한 경계선 위에 불안정하게 위치하며, 그들에게 자본으로부터 일정 정도의 자율성을 제공하는 다양한 생산 및 소비 양식을 이용한다. 그러한 공동체에서 소유권 형태는 개인적일 수도, 협동조합적일 수도, 공동체적일 수도, 집합적일 수도 있다. 소비는 지역적으로 이루어질 수도, 널리 확대될 수도, 또는 그 둘이 혼합된 형태로 이루어질 수도 있다. 노동은 가족에 의해서도, 유급으로도, 상보적으로도, 상시적으로도, 또는 일시적으로도 수행될 수 있다. 생산은 농촌에서도, 도시에서도, 유기농으로도, 또는 재래식으로도 이루어질 수 있다. 경작 양식과 소비 양식은 각 지역의 먹을거리 체계의 상황에 따라 달리 혼합된다.

자본주의는 그러한 공동체들이 후진적이어서 개발이 필요하다고 가정한다. 자본주의는 녹색혁명이 파괴한 환경과 글로벌 시장이 황폐화시킨 자신들의 생계를 회복하기 위해 많은 사람이 노력하고 있다는 사실을 무시한다. 그들은 자본의 확장과는 무관하게 자신들의 먹을거리 체계를 다르게 조직하기로 결정할 수도 있고, 자본주의의 특정 측면들을 이리저리 따져보고 그것들을 받아들이거나 거부하고자 할 수도 있다. 노벨상 수상자 밀턴 프리드먼Milton Friedman은 자유로운 자본주의가 사람들로 하여금 '자유롭게 선택하게' 한다는 유명한 테제를 제시했지만, 자유시장 자본주의는 자신에 **반하는** 선택을 허용하지 않는다. 또한 충족되지 않은 실제적 욕구를 가지고 있지만 '유효수요'를 창출할 돈이 없는 가난한 사람들에게 자본주의 체계는 선택의 여지를 거의 주지 않는다.

농업생태학은 자본주의에 반대하는 농업 주장의 일부로 출현했다. 그 원칙은 수천 년 된 소농 농업체계에 대한 신중한 생태학적 관찰에서 비롯되어, 과학적 실험에 기초한 새로운 지식과 오늘날의 소규모 자작농들이 진전시킨 농업혁신과 함께 재적용되었다(Altieri, 1987; Gliessman, 2007). 농업생태학은 생산적이고 건강하며 회복력 있는 들판, 농장, 지역을 목표로 하는 농부 주도의 생태계 관리에 의존한다. 그것은 농업체계의 기능장애를 해결하기 위해 화학물질을 투입하기보다는 농경적·농업생태적 문제를 피하는 것을 목적으로 한다. 농업생태학은 자본집약적이기보다는 지식집약적이고, 매우

BOX 26

농업생태학의 정치경제학: 개관

우리가 정치경제학의 기본 질문 — 누가 무엇을 소유하는가? 누가 무엇을 하는가? 누가 무엇을 얻는가? 그들은 그것을 가지고 무엇을 하는가? — 을 적용하면, 우리는 농업생태학이 자신을 확산시키는 데 투여할 자원을 결여하고 있음에도 불구하고 왜 그렇게 널리 보급되어 있는지를 이해할 수 있다.

비옥한 토양을 '기본 재산'이라고 생각하라. 그 기본 재산에서는 토양의 비옥도를 구성하는 모든 무기질과 생물 요소들 — 부식토, 생물군, 무기질, 자양분, 물, 점토, 토사, 모래, pH 등 — 이 부를 구성한다. 이깃들이 비옥도라는 기본 재산의 '원금'을 구성한다. 이제는 식물이 이용하는 자양물과 물을 기본 재산에서 찾는 인출금이라고 생각하라. 식물이 원금보다는 이자에 의존할 경우, 특히 그 식물이 이용하는 자양물이 분해작용이나 방목하는 가축의 분뇨를 통해 토양으로 되돌려질 경우, 그 식물은 언제든 자라나서 영원히 수확될 수 있다. 이것은 자연계에서 발생하지만, 농업에서 그러한 자양물들은 사람들을 먹여 살리기 위해 빼내진다. 신진대사의 균열로 인해(제4장을 보라) 그 자양물들은 항상 되돌려지지 않는다. 시간이 지남에 따라 농업은 비옥도라는 기본 재산의 원금과 이자 모두를 소비할 수 있다.

재래식 농업은 비옥도라는 기본 재산의 '이자' 가운데 일부를 합성비료로 보충한다. 그러나 시간이 지나면서 미량자양물이 고갈되고 생물군이 죽고 부식토가 타들어가고 토양이 건조해짐에 따라, 경작은 점점 더 '원금'에 의존하게 된다. 허약하고 메마른 무기질 토양에서 그러한 일은 불과 몇 년 만에 일어날 수 있다. 농부는 그러한 투입물을 상품으로 구입해야만 하고, 그럼으로써 토양의 원금이 계속해서 소실된다.

농업생태학은 '이자'로 비료회사에 결제하는 대신 퇴비, 녹비, 생물자원의 생산과 관리, 생물학적 질소 고정을 통해 원래의 이자를 계속해서 벌충함으로써 원금을 쌓아올리는 데 집중한다. 중앙아메리카에서는 '농민에게서 농민에게로' 운동에 참여하는 농부들이 벨벳 콩을 옥수수와 함께 재배한다. 벨벳 콩은 질소를 고정시키고 잡초의 성장을 저지하는 두꺼운 생물자원 매트를 만들어냄으로써 노동비용을 줄여준다. 식물이 죽으면 잎이 분해되어 토양에 부식토(원금)를 추가한다.

농업생태학자들은 전통적인 혼합경작(섞어 심기) 관행이 농업의 순 1차 생산성net primary productivity을 증가시킨다는 것을 발견했다. 옥수수, 콩, 호박을 혼합하여 심은 3헥타르는 옥수수 1헥타르, 콩 1헥타르, 호박 1헥타르를 심은 경우보다 훨씬 더 많은 양을 생산한다. 이 '초과생산over-yielding'은 토지등가비율Land-Equivalent Ratio(LER)로 계산될 수 있다. 이 경우에 농업생태적 노동과정은 재래식 방법 이상의 잉여를 산출한다(Kantor, 2017).

농업생태학적 부 ─ 비옥도, 농업 생물다양성, 토양과 수질 보전 ─ 를 축적하는 과정은 주로 상품의 유통 밖에서 발생하고, 자본보다는 농부에 의해 통제된다. 이것의 전제조건은 토지의 장기적 이용권이다. 소작인, 임차인, 불법점거자는 농업생태적 방법에 투자할 가능성이 거의 없다. 왜냐하면 그들이 그러한 농업개선의 혜택을 받을 것이라는 보장이 전혀 없기 때문이다.

다각화된 작은 농장을 지향하는 경향이 있다. 농업생태학의 관행은 정부의 지도사업이나 기업의 지원활동을 통해서가 아니라 농민조직과 NGO들의 도움을 받아 대체로 농부에게서 농부에게로 전달된다(Holt-Giménez, 2006b). 농업생태학이 원래 토지, 물, 자원의 권리를 위해 싸우는 농부들과 협력하여 개발되었기 때문에, 그것은 자본주의 농업에 대한 저항의 일부이자 새로운 먹을거리 체계를 구축하기 위한 농업적 토대이기도 하다.

지구의 소규모 자작농과 농업생태학의 관행들이 서로 결합하여 자본주의 농업의 확장에 맞서는 **하나의 수단이자 장벽**을 구성한다. 소규모 자작농들은 값싼 노동력으로 자본주의 농업에 보조금을 지급하고 종자와 화학물질 투입물에 방대한 하급 시장이 되어준다. 그와 동시에 가족노동, 소규모 농장, 다각화된 경작, 지식체계, 그리고 소규모 자작농의 다각화된 생계전략이 소규모 자작농 경작체계(자신들의 가족을 위한 먹을거리를 재배하는 것을 포함하여)를 보존하고, 이 자작농 경작체계가 자본주의 농업의 진입을 막아내며 그것과 경쟁한다(Wilken, 1988; Netting, 1986). 이것이 바로 오늘날 소규모 자작농들이 지구 최악의 농경지 중 일부에 주변화되어 있음에도 불구하고 농업에서 계속 존속하는 이유 중 하나이다(Edelman, 2000).

1970년대에 녹색혁명 체계하에서 소규모 자작농 농장들이 무너지기 시작했을 때, 많은 농부가 토양의 유기물질을 복원하고 물을 보존하고 농업 생물다양성을 복원하고 해충을 관리하기 위한 노력의 일환으로 농업생태학으로 전환했다(Altieri, 2004). 농업생태학은 소규모 기계화를 통해 고된 일을 제거하는 것을 막지는 않지만, 농부의 끊임없는 관심, 기술, 창의력을 요구한다. 농업생태학은 개발의 초기 단계에서 외부 화학물질(상업적 비료와 농약)의 투입이 덜 필요하게 만든다. 둘째 단계에서는 그러한 화학물질을 유기물과 지역투입물로 대체한다. 셋째 단계에서는 농장의 생태학적 재설계를 통해 내부의 생태학적 관리에 기초하여 생산을 조직하게 한다.

1980년대 초반부터는 아프리카, 라틴아메리카, 아시아의 수백 개 NGO가 전통적 지식과 현대 농업생태과학의 요소들을 결합시켜서 다양한 농업생태학 프로젝트를 추진했다(Pretty, 1995; Uphoff, 2002). 먹을거리 위기, 생계 위기, 기후 위기가 증대함에 따라 농업생태적 농업이 제공하는 사회적·환경적 서비스의 중요성이 널리 인식되고 있다(de Schutter, 2010).

기업 농업의 옹호자들은 이른바 농업생태학의 낮은 생산성을 비판해 왔다. 이 비판은 농업 노동자 일인당 산출량이 낮다는 것에 근거한다(그 이유는 농업생태적으로 경작되는 토지는 대부분 기계화되어 있지 않기 때문이다). 그러나 그들은 토지 단위당 높은 생산성과 농업생태적으로 관리되는 소농 농업의 회복력을 보여주는 증거를 무시하

그림 6-3 **개발을 위한 농업지식·과학·기술 국제평가(IAASTD)의 전망**

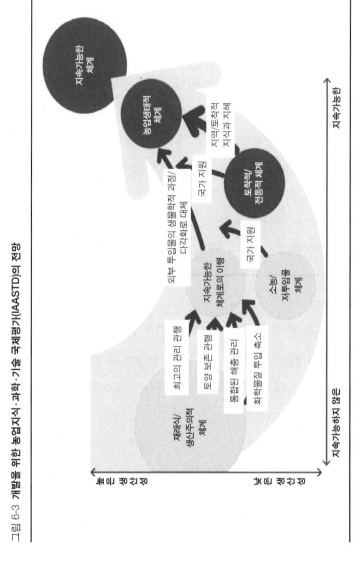

자료: IAASTD, "Toward Multifunctional Agriculture for Environmental, Socia and Economic Sustainability"(McIntire et al., 2009).

고(Badgley et al., 2007; Pretty and Hine, 2000; Holt-Giménez, 2002), 첫 번째 녹색혁명이 국가와 민간 부문의 자원을 구조적으로 막대하게 동원했다는 사실을 망각한다(Jennings, 1988). 농업생태학이 NGO, 농민운동, 대학 프로젝트의 노력을 통해 널리 확산되었지만, 그것은 공식적인 농업개발계획에서는 여전히 주변에 머물러 있으며, 유전 공학과 녹색혁명 기술에 제공된 자원 때문에 작게 보인다. 이와 대조적으로 쿠바에서 농업생태학이 현저하게 확산된 것은 대부분 정부의 강력한 구조적 지원에서 기인한다(Rosset and Benjamin, 1994). "왜 모든 농부가 농업생태학을 실행하지 않는가?"라고 묻는 것은 "무엇이 농업생태학을 저지하고 있는가?"라는 질문을 회피한다. 간단하게 답하면, 자본주의가 그렇게 한다.

농업의 자본주의적 이행은 전 세계적으로 약 5만 개의 산업 농장에 먹을거리 생산을 집중시킬 것으로 생각된다(Amin, 2011). 최고의 토지, 보조금 투입, 유리한 시장접근을 감안할 때, 그러한 농장들은 상대적으로 적은 노동을 이용하여 세계의 먹을거리를 생산할 수 있을 것이다. 그러나 25억 명의 축출된 소규모 자작농들은 먹을거리를 어떻게 살 수 있을까? 전 세계가 자본주의 농업으로 완전히 전환될 경우, 인류의 3분의 1이 유례없는 실업, 혼란, 고통에 빠질 것이다.

우리의 지구를 위한 과제는 어떻게 먹을거리를 (과잉)생산할 것인가가 아니라 소규모 자작농을 토지에 존속시키면서도 어떻게 건강한 먹을거리를 지속가능하게 생산할 것인가 하는 것이다. 과제는 '기후-스마트한' 상품이나 영양강화 작물을 교묘하게 만들어내는 것이 아니라 전체 농업생태계에 전반적인 자양분과 회복력을 구축하는 것이다. 이것은 (더 적은 농부가 아니라) 더 많은 고도로 숙련된 농부를 필요로 할 것이다. 이런 일이 일어나기 위해서는 빠르게 변화하는 기후 조건에 맞설 농업생태학이 발전할 수 있도록 대학, 학교, 정부가 농부들을 지원해야 한다. 시장은 패리티 원칙을 축으로 하여 조직화되어야 한다. 시골 자체도 전기, 깨끗한 식수, 위생시설, 도로, 학교, 문화활동, 병원, 사회서비스를 갖춘 살기 좋은 곳이 되어야 한다. 무엇보다도 세계의 농부들에게 그들이 잘살 수 있기에 충분한 토지와 자원이 주어져야만 한다. 즉, 농부들이 라틴아메리카 원주민들이 엘 부엔 비비르El Buen Vivir(훌륭한 삶)라고 부르는 것을 누릴 수 있어야 한다. 이것은 자본주의가 내켜하지 않는, 농업에 대한 사회적 투자를 요구한다.

/

모든 것을 변화시키기:
먹을거리, 자본주의, 그리고 우리 시대의 과제

철학은 지금까지 세계를 다양한 방식으로 해석해 왔을 뿐이다. 중요
한 것은 세계를 변화시키는 것이다.

— 카를 마르크스(Marx, 1976)

먹을거리, 에너지, 환경, 생계의 문제는 우리 시대의 매우 위급한
(그리고 피할 수 없는) 과제이다. 우리의 먹을거리 체계는 품위 있는
생계를 제공하고 질 좋은 삶을 보장하면서도 모든 사람들을 공평하
게 그리고 지속가능하게 먹여 살려야 하고 또 그렇게 **할 수** 있다. 좋
고 깨끗하고 공정한 먹을거리 체계를 구축하기 위해 우리는 자본주
의 — 즉, 사람들이나 지구가 그 어떤 대가를 치르더라도 엄청난 양의 부
와 권력이 점점 더 소수의 손에 집중되도록 설계된 체계 — 에 대한 하나
의 대안을 구축할 필요가 있다.

우리가 생산하고 소비하는 방식이 우리 사회가 조직되는 방식을
결정하지만, 우리가 사회적·정치적으로 조직하는 방식이 우리가
생산하고 소비하는 방식을 결정할 수도 있다. 이것이 갖는 함의는

심대하다. 즉, 우리의 먹을거리 체계는 불균형한 사회적·경제적 힘을 담고 있는 그릇이자 체계의 변혁이 일어나야 하는 중심적 장소이다.

빈곤, 기아, 영양실조를 종식시키거나 지구온난화와 환경파괴를 되돌리기 위해 제시된 다양한 접근방식의 잠재력을 평가할 때, 우리는 또한 그러한 전략들이 먹을거리 체계의 권력관계에 어떻게 영향을 미칠지를 물어야만 한다. 그러한 전략들이 현상現狀에 도전하는가, 아니면 순응하는가? 퇴행적인가, 아니면 재분배적인가? 제어받지 않는 기업 통제의 장 내에 권력을 집중시키는가, 아니면 가난한 사람들을 위해 우리의 먹을거리 체계를 탈중심화하고 민주화하기 위해 노력하는가? 사회운동을 강화시킬 것인가, 아니면 약화시킬 것인가? 그러한 접근방식들이 기업 먹을거리 레짐의 외부효과를 완화할 것인가, 아니면 레짐 자체를 극복하는 데 도움이 될 것인가?

특정한 방식으로 먹을거리 체계를 변화시키는 것이 과연 바람직한가, 아니면 그러한 노력이 실제로 장기적으로 어떤 차이를 만들어 낼 수 있는가? 우리가 "가장자리 주변을 땜질하는" 것에 만족할 것인가, 아니면 구조적 변화를 꾀할 것인가? 점진적으로 변화시킬 것인가, 아니면 급격하게 변화시킬 것인가? 더 나은 먹을거리 체계로 궁극적으로 진화하기를 바라면서 단지 우리 공동체 내의 조건을 개선하기 위해 노력해야 하는가, 아니면 블랙팬서스가 1970년대에 제안한 대로 '생존을 건 혁명survival pending revolution'을 추구해야 하는가?

이러한 질문들은 답하기가 결코 쉽지 않은 질문들이다. 그렇다고 우리가 이 질문들을 피할 수는 없다. 우리의 현재 시스템에서는 당신이 메뉴를 정하지 않으면 당신이 메뉴가 된다. 우리가 먹을거리 체계에서 **무엇**을 변화시킬 것인지를 알기 위해서는 자본주의를 이해할 필요가 있는 것처럼, **어떻게** 먹을거리 레짐을 변화시킬 것인지를 알아내기 위해서는 권력을 이해할 필요가 있다. 이 책이 보여주듯이, 사회운동의 힘은 자본주의의 참화에 저항하고 변화하는 먹을거리 레짐에 개혁을 강요하는 데서 매우 중요하다. 먹을거리 운동이 먹을거리 레짐을 변혁시키기에 충분할 만큼의 힘을 구축할 수 있는가? 먹을거리 운동이 진보적인 사회적·경제적 변화를 추구하는 다른 단체들과 연합하여 비판적인 대중을 창출함으로써 그러한 변화를 이끌어낼 수 있는가? 그 과업이 힘겹기는 하지만, 아마도 역사는 우리 편일 것이다.

자유화와 개혁: 자본주의라는 동전의 양면

우리가 제1장에서 살펴보았듯이, 자본주의 경제체계처럼 기업의 먹을거리 레짐도 규제되지 않는 시장과 막대한 자본집중으로 특징지어지는 **자유화**의 시기를 겪으면 엄청난 금융파탄과 사회적 격변이 뒤따른다. 그것에 이어 먹을거리 체계를 다시 안정화시키기 위한 노력 속에서 시장이 규제되는 **개혁**의 시기가 뒤따른다. 이 단계들은 정치적으로는 다른 것처럼 보이지만, 실제로는 자본주의라는 동일한 동전의 양면이다. 규제되지 않는 자본주의 시장이 무한히 커진다면, 결국 그것은 자본주의 자체의 사회적·자연적 자원의 기

BOX 27

자본주의와 민주주의

자본주의와 민주주의는 함께 진화해 왔다. 자본주의와 결합된 특수한 형태의 민주주의가 바로 재산권과 개인(또는 마치 개인처럼 취급되는 법인)의 권리에 근거하는 '자유민주주의'이다. 자본주의와 자유민주주의의 결합은 빈번히 아무런 의문 없이 '자유'로 이해되지만, 이는 핵심적 모순을 안고 있다. 왜냐하면 자본에 내재된 부의 집중 경향이 민주주의에 필수적인 권력분배와 대립하기 때문이다. 초기 자본주의 시대에 이 긴장은 특권 있는 경제적 계급과 백인 남성 재산 소유자에게 참정권을 한정함으로써 관리되었다. 그러나 정치적 민주주의가 사회의 보다 광범한 영역으로 확산되기 시작하면서, 대다수의 사람이 원하는 것과 자본주의 캡틴들이 원하는 것 간의 긴장은 관리하기가 더 어려워졌다. 통제 형태가 더욱 정교해졌지만, 민주주의의 사회적 실행 형태들 또한 정교해졌다. 기억해야 할 중요한 사실은 경제적 자유주의와 정치적 자유주의는 자본주의의 서로 다르면서도 관련된 측면들이라는 것이다.

이것은 정당이 경제적 문제를 사회적 문제와 연결시키는 방식에 반영되어 있다. 이를테면 미국에서는 클린턴 행정부가 출범하면서 민주당은 **진보적 신자유주의**의 형태로 신자유의적인 경제적 어젠다와 진보적인 사회적 어젠다를 연결시켰다. 낸시 프레이저에 따르면,

> 미국적 형태의 진보적 신자유주의는 새로운 사회운동의 주류 흐름들(페미니즘, 반인종차별주의, 다문화주의, LGBTQ 권리)이라는 한편과 고도로 '상징적'이고 서비스를 기반으로 하는 사업 부문(월스트리트, 실리콘밸리, 할리우드 등)이라는 다른 한편이 맺은 동맹이다. 이 동맹에서 진보세력은 실제로 인지자본주의cognitive capitalism, 특히 금융화 세력과 결합한다. 그러나 부지불식간에 전자는 후자에게 카리스마를 부여한다. 원칙적으로 서로 다른 목적에 기여하도록 설계된 다양성 및 권한부여와 같은 관념이 이제 제조업과 이전의 중간계급의 삶을 황폐화시킨 정책을 치장해 주고 있다.(Fraser, 2017)

> 공화당은 **보수적인 신자유주의**의 형태로 동일한 신자유주의적인 경제적 어젠다와 반동적인 사회적 어젠다를 연결시켰다. 억만 장자 후보인 도널드 트럼프의 영리한 책략은 적의에 찬 **반동적인 신자유주의**의 형태로 경제적 신자유주의와 사회적 진보주의 모두를 비난함으로써 정치레짐에 대한 사회적 불만을 동원하는 것이었다.

반을 파괴할 것이다.

하지만 필요한 개혁은 개혁주의자들의 선의에서 비롯되지 않는다. 자유시장이 사회와 환경을 훼손함에 따라 사회적 조건이 악화되고, 이에 따라 사회적 **대항운동**이 발생하여 정부에 시장과 제도를 개혁할 것을 강요하고 있다. 이러한 대항운동의 정치 ─ 그리고 레짐 내의 권력균형 ─ 가 개혁의 성격에 영향을 미친다.

자본주의의 위기 동안에 자유주의자, 보수주의자, 포퓰리스트, 사회민주주의자, 사회주의자, 자유지상주의자, 파시스트들은 자신들의 정치적 계산에 의거하여 일정하게 조합된 사회적·경제적 쟁점들을 옹호할 것이다. 그들은 민주당, 공화당, 보수당, 노동당, 민족주의 정당, 녹색당과 같은 특정 정당과 제휴할 것이다. 많은 조합이 가능하며, 정당 이름이 그들의 정치와 좀처럼 일치하지 않는다는 사실은 우리를 혼란스럽게 한다. 미국에서는 사회적 쟁점에 근거하여 공화당은 사회적 보수주의자들과, 민주당은 사회적 진보주의자들과 제휴하는 경향이 있지만, 두 정당 모두 경제적 신자유주의의 기업 먹을거리 레짐과 제휴한다.

사람들이 통제되지 않는 자본주의 시장으로부터 자신들의 생계와 지역사회 및 환경을 지키기 위해 투쟁함에 따라, 오늘날 신자유주의에 대항하는 운동들이 전 세계적으로 증가하고 있다. 여성, 소수민족, 유색인종, 가족 농부, 소농, 노동자, 이민자, 토착민, 환경주의자들은 계속해서 신자유주의에 대한 실제적·정치적 대안을 조직하고 발전시켜 왔다. 신자유주의에 반대하는 여타 반발들도 있는데, 그중 일부는 상당히 모순적이거나 반동적이기도 하다. 반자유화 운동들을 포섭하는 일도 일어날 것으로 예상된다. 이를테면 미국에서 민주당의 **진보적 신자유주의자들**은 사회적 진보주의자들을 포섭하여 경제적 신자유주의를 받아들이도록 하고 있다(Fraser, 2017). 티

파티Tea Party[오바마 행정부의 의료보험 개혁정책에 반발하여 등장한 신흥 보수세력 _옮긴이]의 **반동적 포퓰리스트**들은 사회적 보수주의자들을 포섭하여 신자유주의 경제의 플랫폼으로 삼았다. 자본주의하에서 이루어지는 정치의 아이러니는 **경제**자유화에 반대하는 세력들이 자주 서로 대립하는 **사회적** 어젠다에 근거하여 (자본주의와 싸우는 것이 아니라) 서로 싸우도록 설득당할 수 있다는 것이다.

신자유주의에 반대하는 글로벌 대항운동 내의 주요 흐름 중의 하나가 먹을거리 운동이다. 먹을거리 운동은 매우 광범위하며, 그 속에서 많은 사람이 다양한 경제 추세 − 신자유주의적, 개혁주의적, 진보적, 급진적 − 와 제휴하여 다양한 제안을 하고 있다. 하지만 정의상 대항운동의 일부로 간주될 수 있는 먹을거리 운동들은 진보적이거나 급진적인 추세 내에 속해 있다.

기업 먹을거리 레짐 내에는 신자유주의적 경제 추세와 개혁주의적 경제 추세가 있다. 이 두 가지 추세는 G-8 정부(영국, 미국, 프랑스, 이탈리아, 독일, 일본, 캐나다, 러시아), 다자간 기구, 독점 기업, 대규모 자선단체에 뿌리를 두고 있는 권력 기반을 공유한다. 신자유주의적 추세는 헤게모니적이고, 경제적 신자유주의에 근거하고, 기업 농식품 독점체에 의해 주도되고, 미국 농무부, 공동농업정책 Common Agricultural Policy, 세계무역기구, 세계은행의 민간부문 자금조달기구(국제금융공사International Finance Corporation), 국제통화기금과 같은 기관들에 의해 관리된다. 빌 앤 멀린다 게이츠 파운데이션과 록펠러 재단Rockefeller Fund 같은 대규모 자선단체는 기술의 힘과 기업가 정신을 믿는다. 그것들은 빈곤과 기아에 대한 해답으로 녹색혁

표 1 정치, 생산모델, 그리고 접근방식

	기업 먹을거리 레짐	
정치	신자유주의적	개혁주의적
반동적 자유주의	보수적 자유주의	진보적
담론	먹을거리 사업	먹을거리 안정성
주요 기구	국제금융공사(세계은행), IMF, WTO, USDA, 글로벌 먹을거리 안정성 법안, 녹색혁명, 밀레니엄 챌린지, 해리티지 재단, 시카고 글로벌 위원회, 빌 앤 멀린다 게이츠 파운데이션	국제부흥개발은행(세계은행), FAO, UN 지속가능한 발전 위원회, 국제농업생산자연맹, 주류 공정무역, 슬로푸드, 일부 먹을거리 정책 위원회, 대부분의 푸드 뱅크와 먹을거리 프로그램들
지향	기업	발전
모델	과잉생산, 기업집중, 규제받지 않는 시장과 독점체, 단일경작(유기농 포함), GMO, 농산연료, 산업 먹을거리의 글로벌 대량소비, 소농·가족농업·지역 소매의 단계적 폐지	틈새시장(이를테면 유기농 시장, 공정무역, 지역시장, 지속가능한 시장)의 주류화/인증, 북부 농업보조금 유지, 농산연료·콩·임산물 등을 위한 '지속가능한' 원탁회의, 시장주도 토지개혁
먹을거리와 환경 위기에 대한 접근방식	산업생산 증대, 규제받지 않는 기업 독점체, 토지수탈, GMO 확대, 공공-민간 협력관계, 지속가능한 강화, 기후-스마트 농업, 자유주의적 시장, 국제적 식량원조	신자유주의 접근방식과 동일하지만 다음을 추가함: 중간규모의 농민생산 증대와 지역적 식량원조, GMO와 '생물영양강화/기후-내성' 작물과 연계된 더 많은 농업지원
주도 문건	세계은행 2009년 개발보고서	세계은행 2009년 개발보고서

자료: Holt-Giménez and Shattuck(2011)을 재구성함.

먹을거리 운동

진보적	급진적
자유주의	다양한 재정치화된 자유주의

먹을거리 정의	먹을거리 주권
대안적 공정무역과 슬로푸드 지부들, 공동체 먹을거리 안정성 운동 내의 많은 단체, 공동체 지원 농업조합, 많은 먹을거리 정책위원회와 청년주도의 먹을거리 정의 운동, 많은 농업 노동자와 노동자 단체	라 비아 캄페시나, 먹을거리 주권 계획위원회, 글로벌 여성 행진, 먹을거리 정의와 권리에 기초한 많은 운동

역량강화	자격부여
농업생태적으로 생산된 지역 먹을거리, 취약한 지역사회에 대한 투자, 생산·가공·소매를 위한 새로운 사업 모델과 지역사회 복지제도, 농업 노동자의 더 나은 임금, 연대 경제, 토지 접근, 규제받는 시장과 공급	토지제도의 민주화, 기업 농식품 독점권력의 해체, 패리티, 재분배적 토지개혁, 물과 종자에 대한 지역사회의 권리, 지역기반 먹을거리 체계, 지속가능한 생계, 덤핑과 과잉생산으로부터의 보호, 부의 재분배와 지구를 지키기 위해 농업생태적으로 관리되는 소농 농업의 부활
먹을거리 권리의 제도화, 더 나은 안전망, 지속가능하게 생산된 지역적 먹을거리, 농업생태에 기초한 농업개발	먹을거리 주권에 대한 인간의 권리, 지역에 근거하여 지속가능하게 생산되고 문화적으로 적절하고 민주적으로 통제되는 것에 초점을 맞춘 UN/FAO 협상

발전을 위한 농업지식·과학·기술
국제평가(IAASTD)

명, 자본집약적 농업, 글로벌시장을 장려한다.

개혁주의적 추세는 신자유주의적 추세보다 훨씬 약하며, 때로는 국제연합과 같은 동일 기관의 산하 기구, 세계은행의 공공부문 자금조달 기구(국제부흥개발은행) 및 많은 대규모 개발 NGO들에 의해 뒷받침된다. 개혁의 임무가 시장의 과잉을 완화시키는 것이지만, 그것은 신자유주의적 추세와 동일하게 기업 먹을거리 레짐을 유지하고 재생산하는 일을 수행한다. 개혁주의자들은 식량원조, 사회안전망, 공정무역, 유기농 틈새시장, 산업적 규모의 유기농 농장, 소규모 농부를 위한 녹색혁명 기술, 기술에 초점을 맞춘 농업생태학 구축 등 부드러운 개혁을 요구한다. 그들은 또한 경제적 논거보다는 사회적 논거에 근거하여 대항운동 내의 진보적 단체에 호소하거나 자금을 지원하기도 한다.

글로벌 먹을거리 운동은 두 가지 주요 추세 ― 진보적 추세와 급진적 추세 ― 에 의해 특징지어진다. 진보적 추세에 속하는 많은 행위자는 지속가능하고 농업생태적인 유기농 농업, 공동체 지원 농업, 농민시장, 농장-학교 연계 프로그램, 도시 농장, 푸드 허브와 같은, 산업 농식품 기업에 맞서는 실제적 대안들을 발전시킨다. 인종적으로 평등한 먹을거리 접근을 요구하는 먹을거리 정의 운동도 이러한 추세 속에서 발견된다. 급진적 추세 역시 농업생태학과 같은 실제적 대안들을 요구하지만, 농업개혁, 자유무역협정의 종식, 기업 먹을거리 독점체의 권력 분쇄와 같은 구조적 문제에 더 중점을 둔다. 급진적 제안들은 ('진상을 캐다'에서 나타나는 것처럼) 구조적 문제를 다루며, 거기에는 먹을거리 주권, 농업개혁, 가난한 사람들을 위한 먹을거리 체계의 민주화가 포함되어 있다.

이러한 일반적 추세 모두는 그 가장자리에서는 경계가 모호하다. 사람, 지역사회, 단체들이 서로 다른 추세의 양쪽에 걸쳐 있고, 그 사이를 왔다 갔다 하며 추세를 가로질러 서로 다른 종류의 전술적·전략적 동맹을 구축하기도 한다. 하지만 역사에 비추어 볼 때, 효과적인 대항운동은 광범위한 강력한 동맹을 통해 발생한다. 이 점에서는 진보적 추세가 중요하다. 만약 진보주의자들이 지난 20년 동안처럼 개혁주의자들(진보적 신자유주의)과 동맹을 맺는다면, 먹을거리 운동은 분열되어 실질적 개혁을 밀어붙일 기회가 거의 존재하지 않게 될 것이다. 그러나 진보주의자들이 급진주의자와 동맹을 맺으면 어떻게 될까? 먹을거리 운동이 더 강해지지 않을까?

우리가 30년 동안 민영화와 탈규제의 시대를 살고 있기에, 전 세계에서 신자유주의가 개혁적, 진보적, 급진적 추세보다 훨씬 더 강력하다. 신자유주의 정책은 현재 그것의 사회적 어젠다나 정치적 설득력과 무관하게 전 세계의 모든 주류 정당에 의해 지지받고 있다. 미국에서는 공화당과 민주당 모두가 신자유주의를 옹호한다. 신자유주의 어젠다 중 일부(특히 이민과 관련하여)에 반대하는, 그리고 유럽연합, 범대서양무역투자동반자협정TTIP, 환태평양경제동반자협정TPP과 같은 국제협약에 반대하는 주목할 만한 토착주의적 또는 네오포퓰리즘적 추세들도 있어 왔다. 영국에서의 브렉시트 투표와 미국에서의 도널드 트럼프의 대통령 당선 모두는 신자유주의에 대한 반발을 반영한다. 실제로 트럼프의 첫 번째 행정조치 중 하나가 미국이 TPP를 떠나고 다자간 무역협정이 아닌 양자간 무역협정으로 나아간다고 선언한 것이었다. 이러한 사건들은 중요한 것이기는 하지만, 장기적으로 기업의 권력을 위협하지는 않는다.

이것은 먹을거리 체계에 어떤 영향을 미치는가? 우선은 노동을 통해 영향을 미친다. 1100만 명의 불법이민자를 추방하고 멕시코와 미국 사이에 뚫을 수 없는 벽을 건설하라는 트럼프의 요구는 노동의 가치를 낮추고 안정성 있는 외국 노동인구를 확보하려는 조치를 반영하는 것이다. "이민자들이 우리 일자리를 빼앗고 있다"는 외국인 혐오적 주장에도 불구하고, 사실 미국의 불법이주민 수는 역사적으로 가장 적다. 이것은 부분적으로는 멕시코와 중앙아메리카 경제가 향상되었기 때문이고, 부분적으로는 국경을 더욱 강화함으로써 노동자가 국경을 넘나들 수 없게 되었기 때문이다. 이민자들은 국경을 넘는 위험을 무릅쓰기보다는 그냥 미국에 머물러 있다. 미국에 오래 있을수록 그들은 저급 농업 노동에서 벗어나 건설과 같은 더 나은 임금 부문으로 진입할 가능성이 커진다. 공화당과 민주당 모두는 노동자의 흐름과 노동에 지불하는 임금을 철저하게 통제하는 초청 노동자 프로그램을 제안하고 있다. 이 프로그램들은 또한 이주 노동자들이 이의를 제기할 수 없게 만들고 있다. 참여 노동자들이 조직화를 시도하거나 자신의 권리를 주장하고 나서면, 그들의 계약이 취소되고 그들은 고국으로 돌려보내진다.

요약하면, 신자유주의는 계속해서 먹을거리 체계를 기업의 자유로운 사업의 하나로 관리할 것이다. 우파 민족주의자들은 이민을 제한하고 싶어 한다. 개혁주의는 얼마간 안전망을 구축하려 한다. 진보적 접근방식은 체계의 점진적 변화를 추구한다. 그리고 급진적 요구는 구조적 변화를 추구한다. 이 시나리오에서는 진보적 추세가 먹을거리 체계를 변혁하기 위한 강력한 대항운동을 건설하는 데서 중추적이다. 만약 진보주의자들이 개혁주의적 프로젝트 및 신자유주의적 프로젝트와 제휴한다면, (진보주의자와 급진주의자들의) 대항운동은 분열되어 먹을거리 운동의 변혁 효과가 약화될 것이다. 진보주의자들이 급진주의자들과 제휴한다면, 대항운동은 강화되어 기업 먹을거리 레짐의 실질적 개혁을 강요할 수 있을 것이다(Holt-Giménez and Shattuck, 2011).

대항운동이 직면한 과제

역사적으로 볼 때, 자유화는 자본을 사유화하고 규제를 완화하고, 엄청난 양의 부를 점점 더 소수의 손에 집중시키고, 마치 소비에 한계가 없는 것처럼 생산능력을 계속해서 키우는 방식으로 진행된다. 그러면 축적 위기가 발생하여 1929년과 2008년처럼 금융위기와 불황 또는 경기침체가 초래된다. 그러면 투기와 자본축적을 제한하고 과잉생산을 통제하고 생산자·노동자·국가산업을 보호하는 개혁이 경제회복을 위해 시작된다. 하지만 개혁의 성격과 성공 모두는 대항운동의 힘과 대항운동이 정치인들 사이에서 정치적 의지를 창출하는 능력에 달려 있다. 1929년의 주식시장 붕괴와 대공황이 미국에서 뉴딜이라는 많은 중요한 개혁을 이끌었지만, 2008년의 금융위기는 결국 주택 소유자가 아닌 은행을 구제하는 것으로 끝났고, 궁극적으로 신자유주의적 경제정치를 강화했다. 왜 개혁이 이루어지지 않았는가?

간단하게 답하면, 대항운동이 솔직히 개혁을 위한 정치적 의지를 창출하기에 충분할 만큼 강하지 않았기 때문이다. 대공황 동안에는 먹을거리와 일자리를 요구하는 수백만 명의 실업자들이 거리를 가득 메웠다는 사실을 상기하라. 당시에는 공산당과 산업별노동조합회의Congress of Industrial Organizations(CIO)가 경제의 모든 부문에서 대규모 파업과 직접 행동을 벌이고 있던 수많은 벌목꾼, 농장 노동자, 광부, 조선 노동자, 자동차 노동자, 철강 노동자 등을 하나로 결집시켰다(Zinn, 2007). 노동조합과 진보 정당들이 강력한 정치적 플랫폼 — 정부와 자본주의 자체에 심각한 위협이 되는 강력한 플랫폼 — 에 반대의견을 전달할 수 있었다. 정치적 붕괴의 가능성이 실제로 매우 컸기 때문에(그리고 남녀 노동자들에 대한 공산주의와 사회주의의 호소력이 강력했기 때문에), 개혁이 실시되어 거의 반세기 동안 지속될 수 있었다. (2008년에는 그렇지 않았다. 하지만 아이러니하게도 사회보장제도나 실업보험과 같은 1930년대에 도입된 개혁이 2008년의 생계 파탄과 정치적 불만을 완화하는 데서 중요한 역할을 했다.)

그러나 제2차 세계대전 이후 뉴딜 개혁은 그러한 개혁을 요구했던 바로 그 사회운동을 공격했다. 1947년에 미국 의회는 파업과 보이콧 권리를 제한하고 공산주의자들을 노동조합 지도부에서 제거하는 '태프트-하틀리 법Taft-Hartley Act'을 통과시켰다(Macaray, 2008). 이것은 1950년대까지 계속된 '적색 공포Red Scare'를 촉발시켰다(Schmidt, 2000). 위스콘신주 상원의원 조셉 매카시Joseph McCarthy의 지지를 등에업은 정치인들은 정부와 군대에서 공산주의자로 추정되는 사람들을 표적으로 삼았다. 하원 반미활동조사위원회House Un-American Activities Committee(HUAC)는 영화산업으로 눈을 돌려, 작가, 배우, 연예인들의 '블랙리스트'를 만들고, 그들이 증언을 거부하면 감옥에 보냈다. 많은 사람이 더 이상 일자리를 찾을 수 없어지자 그 나라를 떠나거나 지하로 숨어들었다. 적색 공포는 찰리 채플린Charlie Chaplin, 돌턴 트럼보 Dalton Trumbo, 폴 로브슨Paul Robeson 같은 많은 저명한 미국 시민의 경력과 삶을 파괴했다. 그것은 또한 리처드 닉슨과 로널드 레이건과 같은 우파 정치인들이 정치권력을 장악하는 데에도 일조했다(Bentley, 1973).

자유민주주의 사회에서조차 자본은 국가의 적나라한 권력을 이용하여 반대세력을 파괴하고 노동과 진보정치에 대해 지속적으로 공격할 수 있었다. 이러한 자본의 능력은 뉴딜하에서도 농부와 노동자의 이익을 계속해서 침해했을 뿐만 아니라(Poppendiek, 1986), 미국 주류사회에서 자본주의 비판을 제거하여 계급조화의 환상을 만들어냈다. 오늘날에도 계급, 부정의, 그리고 자본주의의 어마어마한 불평등에 대해 이야기하는 것조차 우파의 권위자라는 사람들에 의해 '계급전쟁'을 조장한다고 비난받는다. 버크서 해서웨이 Berkshire Hathaway의 CEO이자 세계 최고의 부자 중 한 명인 워런 버핏 Warren Buffet은 다음과 같은 말로 그것에 얼마간 동의했다. "그래, 계급전쟁이 존재하지. …… 그러나 전쟁을 일으키는 것은 나의 계급, 즉 부자 계급이고, 우리가 이기고 있어"(Stein, 2006).

자신들이 원하는 대로 할 수 있는 자본가들의 능력을 규제하는 것과 노동자들이 권력을 행사는 것에 대한 자본가들의 반발, 좌파와 노동조합을 파괴하는 데 사용된 무력, 그리고 민권운동, 인권운동, 해방운동, 심지어 환경주의자들에 대한 공격 모두는 자본에 대한 정치적 반대세력들을 위협하고 침식시키는 역할을 해왔다. 그 결과 노동조합과 좌파가 쇠퇴했고, 소득과 부의 불평등이 엄청나게 증가했다. 2017년 옥스팸 보고서Oxfam report에 따르면, 세계 인구의 상위 여덟 명 ─ 당신은 그들을 한 대의 밴에 태울 수 있다 ─ 이 그것의 하위 절반에 해당하는 약 36억 명보다 더 많은 부를 통제한다(Mullvany, 2017). 신자유주의에 대한 정치적 반대가 약해진 것 역시 바로 반세기 동안 자본가들이 자본주의에 의문을 제기하는 모든 조직에 대해 체계적으로 공격해 온 것에 기인한다. 먹을거리 운동의 일부 부문에소차 충분한 사금을 시원받는 우파 싱크탱크에 의해 신자유주의 이데올로기의 헤게모니가 확고하게 뿌리내리고 있다. 우파 싱크탱크들은 모든 것을 민영화할 수 있도록 일국의 담론을 바꿀 수 있는 능력을 가지고 있다. 공립학교를 폐지하는 것과 같은, 한때는 생각할 수도 없었던 일들이 이제 실제로 가능해지고 있다.

오늘날의 대항운동과 자본주의에 대한 위협은 1930년대와는 아주 다르다. 대항운동은 노동자와 좌파정당에 의해 규정되고 인도되기보다는 토착 공동체, 환경주의자, 페미니스트, 소농과 가족 농부, 먹을거리 노동자, 농장 노동자, 유색인종, 이민자, 젊은이들을 대표하는 다양한 이해관계자들로 구성된다. 먹을거리 노동자와 농장 노동자 단체들이 먹을거리 체계에서 일하는 대다수의 사람들을 위해 싸우지만, 노동자들의 전략적 목소리는 먹을거리 운동 내에서 상대적으로 조용하다. 정당들은 관여하지 않거나 약하게 관여한다. 자본주의에 대한 가장 큰 위협은 더 이상 공산주의가 아니라 기후변화이다. 빈곤, 기아, 기후재해, 대량 이주의 치명적 결합으로 인해 전 지구적으로 광범위한 통치불가능성이 초래될 가능성이 매일 증가하고 있다. 자본주의 먹을거리 체계가 당장 개혁될 필요가 있는 것은 아니지만, 그것은 반드시 변혁되어야만 한다. 그리고 먹을거리 체계뿐만 아니라 생산이 이루어지는 방법 전체가 변혁되어야만 한다. 우리는 생산자들이 중요한 의사결정을 하는 새로운 체계, 그리하여 환경적·사회적 고려사항을 어젠다의 맨 꼭대기에 올려놓을 수 있는 체계가 필요하다. 생산의 목적도 시장에서 판매할 상품을 키우는 것에서 생태적으로 건강한 재생 관행들을 이용하여 사람들을 먹여 살리는 건강한 음식을 생산하는 것으로 바뀌어야만 한다.

자선단체, 탈정치화, 그리고 파편화

모든 요인 ― 경제위기, 사회적 불만, 체계의 위협들 ― 이 개혁을 진전시킬 수 있는 강력한 대항운동을 구축하게 하지만, 실질적인 개혁은 거의 일어나지 않는다. 도리어 극단적인 우파 '포퓰리즘'(이를테면 네오파시즘)이 신자유주의에 도전하고 있다. 대항운동을 촉진하기 위해 어떤 일이 일어나야 하는가? 무엇이 대항운동을 가로막고 있는가?

오늘날에는 사회운동의 어젠다가 매우 다양하기 때문에, 그 힘을 하나로 통일시키기가 어렵다. 게다가 진보적 신자유주의가 많은 단체를 그 단체들의 경제적 이해관계에 반하는 정치적 어젠다 속으로 이데올로기적으로 포섭하고 있다. 이것이 가능해진 것은 급진적 노동조합과 정당의 쇠퇴에 뒤이어 사회운동이 **탈정치화**되었기 때문이다. 하지만 이것이 반드시 오늘날의 사회운동이 각자의 대의를 위해 투표하거나 로비하지 않는다는 것을 의미하지는 않는다. 탈정치화는 구조적 쟁점들 — 자본주의와 같은 — 이 사회변화 어젠다에서 벗어나는 문화적 과정을 일컫는다. 누가 경제적 결정을 내려야 하는지, 무엇이 생산의 목적이어야 하는지, 어떻게 인간의 욕구를 충족시켜야 하는지에 대해서는 아무런 논의도 이루어지지 않고 있다. 진보적 신자유주의와 함께 사회운동들은 자신들의 사회적 쟁점을 진전시키는 대신 자본주의의 현 상태를 받아들이라는 유혹을 받고 있다.

신자유주의가 공공기관과 사회서비스를 민영화함에 따라, 즉 규제를 완화하고 자본의 이익을 우선시함에 따라, 공론장 — 이론적으로는 사람들이 문제에 대해 논쟁하고 정치적 행동을 취하고 또 정부로 하여금 여론에 귀 기울이게 할 수 있는 사회적 장場 — 이 계속해서 축소되고 있다. 신자유주의하에서 모든 중요한 결정은 '시장의 마법'에 양도된다. 이 말은 시장이 자원을 할당하고 결정을 내리는 자유롭고 공평한 방법이라는 것처럼 들리지만, 실제로 그것이 의미하는 바는 가장 많은 시장 권력을 가진 사람(초국적 기업, 부유한 엘리트, 그리고 그들의 정치적 동맹자들)이 사회가 먹을거리, 에너지, 주택, 고용, 교육, 환경 등의 문제를 어떻게 해결할 것인지 결정한다는 것이다. 그

힘은 항상 배후에 숨어 있다가 누군가가 시장의 '마법'을 따르기를 거부할 때 사용된다. 공공기관과 공공재가 사라지거나 민영화됨에 따라 공론장 자체가 무너져버렸다.

부가 꾸준히 상층으로 집중되어 온 반면, 정부의 사회복지 제공 역할은 줄어들었고, 거대 자선단체의 정치적 영향력은 엄청나게 증가해 왔다. 1900년대 초 카네기 재단, 포드 재단, 록펠러 재단을 시작으로 자선단체는 전 세계적으로 20만 개 이상으로 증가했고, 미국에는 8만 6000여 개의 재단이 등록되어 있다(Martens and Seitz, 2015). 한때 도서관을 짓고 미술을 지원하고 긴급원조를 제공하는 일에 열중하던 거대 자선단체들(자산 40억~400억 달러 규모의 단체들)이 이제 글로벌 개발금융에서 두각을 드러내고 있다. 거대 자선 단체의 엄청난 규모는 개발의 사회적 어젠다를 결정하는 데서, 즉 자유주의 시장을 증진시키는 데서 중요한 역할을 한다.

좀 더 작은 가족 재단들은 사회서비스와 사회정의 분야에서 적극적으로 활동하고 있으며, 그 분야에서 그런 재단들은 지난 20년 동안 수많은 지역사회 기반 조직community-based organization(CBO)과 초국적 NGO를 창출해 왔다. 그 어느 때보다도 재단 자금이 많지만, 자선 재단들은 너무나도 많은 지역사회 단체를 만들었고, 따라서 재단들은 다년간 중점적으로 자금을 지원하기보다는 단지 제한된 단기 프로젝트에만 자금을 분할해서 지원할 수 있다. 이것은 사회정의에 전념하는 지역사회 단체들이 실제로 사회변화를 위해 일하는 것을 매우 어렵게 만든다. 따라서 지역사회 단체들은 자본주의의 기존 정치구조 내에서 서비스를 제공하거나 자존감을 끌어올리거나 '권리'를 주장하는 일을 한다. 그러한 일들도 모두 필요한 활동이고, 착취받고 억압받고 소외된 모든 사람에게 중요하다. 하지만 그러한 단체들은 서비스 결여나 부정의의 구조적 **원인**을 해결할 수 있는 자원을 거의 가지고 있지 않으며, 자주 사회문제 해결의 책임을 억압의 구조보다는 개인에게 지운다.

대부분의 CBO와 NGO는 단지 한두 곳의 자금원에 의존하는 경향이 있다. 주요 자금 제공자의 상실은 조직의 종말을 의미할 수도 있다. 자금 제공자가 어떤 종류의 프로젝트와 조직에 자금을 댈 것인지를 결정하기 때문에, 자선 부문이 결국 비영리 부문의 전반적인 정치적 어젠다를 설정하게 된다. '정의', '역량강화', '동반자 관계', '이해관계자'를 강조함에도 불구하고, 그러한 지원방식은 지역단체들로 하여금 서로 싸우게 한다. 왜냐하면 지역단체들은 재단이 (비록 조건이 없는 것은 아니지만) 자비롭게 제공하는 자본주의의 막대한 부의 작은 조각들을 놓고 서로 경쟁할 수밖에 없기 때문이다.

이는 사회운동을 여러 '풀뿌리' – 서비스를 필요로 하는 지역사회들 – 와 '그 풀의 싹들' – 그들에게 서비스를 제공하는 NGO들 – 로 나눠 놓는다. NGO들의 경제적 생존은 자선 프로젝트 자금의 최신 추세를 예견하고 자신들이 그러한 프로젝트를 효율적으로 수행할 수 있음을 기금 제공자들에게 확신시키는 것에 달려 있다. 이것은 NGO들로 하여금 제도적으로 자금 제공자들에 대해 책임을 지게 만든다. 물론 NGO들은 자신들이 봉사하는 지역사회에 대해 정치적·사회적 책임을 지고 있다. 이 두 가지 형태의 책임은 정치적으로 매우 다르며, NGO들에게 자금 제공자와 지역 주민 모두에게 기여하는 독특한 협정, 전략, 능력을 개발할 것을 요구한다. 이 두 책임 사이에서 균형을 잡기가 어렵다는 사실은 자금 제공자로 하여금 CBO/NGO와 그들을 지지하는 지역사회 간의 관계에 엄청난 정치적 영향력을 행사할 수 있게 해준다. 많은 중소규모의 재단은 진정으로 진보적이며, 자신들에게 자금을 지원해주는 조직과 계속 대화하기 위해 매우 노력한다. 하지만 그들의 돈을 받기를 거부하는 것 외에는 NGO나 지역사회가 자금 제공자들에게 그들이 자금을 지원하기로 결정하는 대상, 사람, 또는 방식에 대해 책임을 지게 할 수 있는 방법이 없다. 시민사회 내에 재생산된 자본주의의 구조적 관계는 (진보적 신자유주의가 도입한 이데올로기적 혼란과 함께) 모든 사람이 좋은 의도를 가지고 있음에도 불구하고 진정한 풀뿌리 정치권력을 구축하는 것을 어렵게 만든다. 만약 대항운동에 참여한 단체가 자신들의 제도적 존재를 위해 자선 부문에 그렇게 의존하지 않는다면, 이것은 그렇게 큰 문제가 되지 않을 것이다. 더 강력한 노동조합과 더 강력한 정당, 그리고 더 강력한 사회운동(이를테면 블랙 라이브즈 매터Black Lives Matter["흑인 생명도 소중하다"라는 의미로, 2012년 흑인 소년이 살해되는 사건이 발생한 후 흑인에 대한 미국 정부와 경찰의 공권력 남용에 대한 항의로 시작된 흑인민권운동 _옮긴이])이 사회적·제도적 책임을 위한 더 큰 틀을 제공할 수 있을 것이며, 또 대항운동에서 서로 다른 행위자들 사이에서 더 나은 권력균형을 창출하는 데 도움을 줄 수 있을 것이다.

세계의 다른 사회운동들과 마찬가지로 먹을거리 운동은 이데올로기적으로 혼동되기 쉽다. 인종차별주의, 계급주의, 성차별주의의 역사적 분열은 신자유주의 국가의 축소와 공론장의 부식에 의해 더욱 악화되어 왔다. 정부의 사회적 기능이 허물어졌을 뿐만 아니라, 지역사회 내의 사회적 네트워크도 약화되었고, 폭력이 증가했고, 인종적 긴장이 강화되었고, 문화적 분열이 심화되었다. 사회가 지역 공동체보다는 글로벌 시장에 봉사하도록 재구조화되는 환경 속에서 사람들은 이제 기아, 폭력, 빈곤, 기후변화의 문제에 대처하는 과제를 떠맡고 있다(Holt-Giménez, 2015).

이 정치적 난국을 깨기 위해 먹을거리 운동에 부여된 과제는 그 다양한 단체들 모두를 결집시키는 방법을 찾아 그 단체들을 어떻게 재정치화할 것인가 하는 것이다. 그렇다면 어떻게? 공론장을 비판적으로 재구성하는 것이 좋은 출발점일 수 있다. 반동적이고 사회적으로 보수적인 신자유주의가 오랫동안 국가가 건강, 교육, 복지로부터 철수하는 것을 찬양해 왔기 때문에, 우파 기금 제공자들은 민영화와 자유주의 시장에 의해 삶이 황폐화된 빈민, 여성, 이민자, 또는 소수집단에게 안전망을 제공할 필요성을 전혀 인식하지 못한다. 그들은 반동적인 사회운동과 우파 싱크탱크들 — 이들은 보수적·반동적 압력집단의 힘을 이데올로기적으로 강화하는 데 매우 성공해 왔다 — 에 직접 자금을 공급해 왔다. 불행하게도 대부분의 진보적 재단은 사회복지 서비스를 제공하기 위해 지역사회 단체에 자금을 지원하는 데 자신들의 예산을 다 써버렸기 때문에 진보적 싱크탱크에 자금을 지원할 돈이 거의 남아 있지 않다. 이것은 정치와 이데올로기를 우파 쪽으로 강하게 끌어당기고 진보적 사회변화의 언어를 탈정치화하는 결과를 낳았다. 하지만 트럼프 행정부의 프로그램에 대한 공포가 그러한 효과를 떨어뜨리기 시작함에 따라, 공론장에 대한 대안적 비전을 구축하기 위한 때가 무르익고 있는 것으로 보인다.

비판적 공론장 구축하기, 재정치화, 그리고 다양성 속의 단합

공론장은 처음에는 사람들이 자유롭게 모여 사회문제를 논의하고 여론을 발전시키고 개별 정부를 압박하는 정치적 행동을 하는 '공적 권위의 영역'으로 구상되었다(Habermas, 1989). 하지만 공론장은 그것을 훨씬 넘어서는 것이었고, 여전히 그러하다. 낸시 프레이저는 다음과 같이 쓰고 있다.

> 공론장 개념은 단순히 의사소통의 흐름을 이해하는 것이 아니라 민주주의에 대한 규범적 정치이론에 기여하기 위해 개발되었다. 그 이론에서 공론장은 여론의 의사소통적 발생을 위한 공간으로 인식된다. 그 과정이 모두를 포함하고 공정한 한, 이른바 공공성은 비판적인 정밀조사를 견뎌낼 수 없는 견해를 믿을 수 없는 것으로 바라보게 하고 그러한 조사를 하는 사람들에게는 정당성을 부여한다. 따라서 누가 참여하는지, 그리고 그 조건이 어떠한지가 중요하다. 또한 공론장은 여론을 정치적 힘으로 결집하는 수단으로 인식된다. 공공성은 시민사회의 심사숙고한 인식을 동원하여 공직자들에게 책임을 지게 하고 국가의 행동이 시민의 의지를 따르도록 한다. 따라서 공론장은 주권과 관련되어 있음이 틀림없다. 이 두 가지 관념 — 여론의 **규범적 정당성**

과 **정치적 효능** ─ 모두가 민주주의 이론에서 공론장 개념에 필수적이다.(Nancy, 2014: 1)

그렇다면 이 공론장의 '규범적 정당성'은 어디에서 나왔고 그것의 '정치적 효능'은 무엇이었는가?

19세기 초에 공론장은 일반적으로 백인 남성의 공간으로, 자신들의 사업 이익을 증진시키기 위해 개별 국가에 영향력을 행사하고자 하는 기업가와 재산 소유자들에 의해 지배되었다. 공론장에서 활동하는 사람들은 같은 언어를 사용하고 동일한 신문을 읽고 유사한 계급이익을 증진시키기 위해 자신들의 사회적 네트워크를 이용하는 동일한 나라의 시민들이었다. 그 사람들이 민주주의 사회에서 어떤 정치적 행동이 받아들여질 수 있는지를 결정했다. 그늘이 정부에 규범적 정당성을 부여했다. 그들이 의회를 움직였고 "통치자를 통치하는 데서" 정치적 영향력을 행사했다(Nancy, 2014).

노동조합, 포퓰리즘(좌파 성향의 운동을 의미하는 이 단어의 정상적인 의미에서의), 여성의 참정권, 노예제도 폐지운동, 급진 정당의 부상은 페미니스트·프롤레타리아·농민의 공론장을 만들어냈다. 노동자들은 클럽, 식당, 노동조합 사무실에서 만났다. 농부들은 농민 공제조합 사무실과 커피숍에서 만났다. 농장 노동자들은 들판의 나무 밑에서 만났다. 이러한 노동 지향적 공론장은 이민자와 서로 다른 국가 배경을 가진 사람들을 도와 노동조건에 영향을 미쳤을 뿐만 아니라 지역사회 결사체들과 지방 정부에서부터 노동자·농민 협동조합과 전국 정당에 이르기까지 사회적 삶 전반에 영향력을 행사했다. 그들의 규범적 정당성은 파업, 보이콧, 노동 연대에서, 그리고 노동자들의 노동 정의에 대한 열망과 농민들의 패리티에 대한 열망의 표출 능력에서 비롯되었다. 그들은 자본에 대해 비판적으로 분석했고, 노동계급의 규범과 권리를 가지고 엘리트 이데올로기에 맞섰다. 그들은 또한 산업계와 정부가 자신들에게 "관심을 갖게 하기 위해" 자신들의 노동과 자신들의 생산물을 자본에 공급하는 것을 집단적으로 보류하는 (즉, 시장을 원천적으로 봉쇄하는) 능력을 이용하여 정치적 영향력을 행사했고, 개혁주의자들에게 실질적인 노동개혁과 농업개혁을 실시할 것을 강요했다.

오늘날에는 텔레비전과 인터넷 같은 새로운 기술적 형태의 의사소통 수단이 신문과 회의장을 대체했고, 과거의 직접적인 인간접촉을 밀어냈다. 지구화는 자본과 노동 모두를 초국화하여 개별 국가 정부들이 공적 요구에 덜 반응하게 만들었다. 오늘날 대부분의 국가에서 국적, 언어, 관습, 문화는 유동적이고 매우 다양하다. 개별 국가의 공론장이 쇠퇴함에 따라 **초국적** 공론장이 출현했다. 이전과 마찬가지로 공론장은 한편에서는 엘리트들에 의해, 그리고 다른 한편에서는 빠르게 성장하는 민중 부문에 의해 지배되고 있다.

기업과 자선단체 엘리트들이 스위스 다보스에서 열리는 세계경제포럼World Economic Forum — 세계 최고의 배타적인 '공론장' — 에서 매년 만난다. 거기서 게이츠, 록펠러, 엑손, 월마트, 몬산토 및 여타 자선단체와 기업체들이 IMF와 세계은행 같은 다자간 기구들과 함께 자본주의의 미래에 대해 논의한다.

그러나 사회운동들 역시 국경, 언어, 문화, 계급을 점점 더 가로 지르는 자신들의 공론장을 가지고 있다. 세계사회포럼World Social Forum(WSF)은 2001년 세계경제포럼에 대항하여 출범했다. WSF는 매년 수십 번의 각국 사회포럼을 거쳐 15회 개최되었다. 전 세계에서 수십만 명의 사람들이 참석한다. 국제농민연합 라 비아 캄페시나와 2억 명의 회원이 먹을거리 주권이라는 대의를 진전시키기 위해 국가, 지역, 세계 모임을 개최한다.

　미국 먹을거리 운동은 공정하고 지속가능하며 건강한 먹을거리 체계를 구현하기 위한 실천적 참여 프로젝트를 통해 의식적으로든 무의식적으로든 간에 여러 면에서 우리의 공론장을 근본적으로 철저히 재구축하고 있다. NGO와 CBO가 '생존 서비스'를 제공하려고 시도하는 **방식들**은, 비록 국가의 사회적 기능을 대체할 수는 없지만, 정치적 차이를 만들어낼 수 있고 또 만들어낸다. 그렇다면 NGO와 CBO 활동의 현 단계는 어떠한가? 지역사회 농장 프로젝트들은 또한 시의회에 재분배적 형태의 규제를 요구하는 정치적 지역사회 단체를 조직해 내고 있는가? '농부에게서 농부에게로' 워크숍은 취약한 지역사회 출신 지도자들이 농업지원 서비스·물·토지에 대한 권리를 요구할 만큼 그들을 교육하고 결집시키고 있는가? 먹을거리 정책협의회는 먹을거리 체계 내의 노동권, 인종차별주의, 성차별주의를 다루는 사회적 플랫폼도 제공하는가? 미국 전역의 젊고 야심찬 농부들 사이에서 부활한 농민공제조합은 농업개혁의 필요성 역시 제기하는가? 공정한 먹을거리 단체들과 노동자 권리 단체들은 자신들의 일과 이민자의 권리를 연계시키고 있는가? 자본주의를 변혁시키는 일은 너무나도 어려워서 염두에 둘 수 없을지도 모르지만, 만약 우리가 우선 시민사회 내에 이미 존재하는 제도와 프로젝트들을 통해 **비판적인** 공론장을 구축하는 일에 착수한다면, 우리는 정치권력의 구축에 필수적인 정치적 영토를 되찾을 수 있을 것이다.

21세기를 위한 공론장을 구축하는 과제는 과거를 재창조하는 것이 아니라, 자본주의를 비판적으로 분석하고 먹을거리 정의와 먹을거리 주권을 위한 운동의 사회적 정당성을 구축하고 그 운동들을 광범위한 환경운동 및 사회정의 운동과 연결시키는 초국적 공론장을 구축하는 것이다. 우리의 먹을거리 체계 내에 몰정치적인 공적 공간을 구축하는 것만으로는 충분하지 않다. 대안적 시장을 창출하는 것은 자본주의 시장을 폐쇄하는 것과 동일하지 않다. 먹을거리 레짐을 변혁하기 위해서는 두 가지 조치 모두가 필요하다. 우리에게는 가난한 사람들과 지구적·지역적으로 억압받는 사람들에게 도움이 되는 투쟁적인 민주적 먹을거리 체계를 구축할 수 있는 운동, 그리고 엘리트의 신자유주의적 먹을거리 체계를 효과적으로 격퇴할 수 있는 운동이 요구된다. 비판적인 초국적 공론장에서 우리는 누가 무엇을 소유하고 무엇을 하고 무엇을 얻는지, 그리고 그들은 그것을 가지고 무엇을 하는지를 묻는 데 그치지 말고, 누가 먹을거리 레짐을 변혁시킬 것인지, 어떻게 변혁시킬 것인지, 그리고 어떤 목적에서 누구의 이익을 위해 변혁시킬 것인지를 물어야 한다.

하지만 많은 단체가 깨달아왔듯이, 우리의 사회운동의, 그리고 사회운동 내의 엄청난 다양성 때문에, 우리는 우리를 분열시키고 있는 문제들을 해결하지 않고서는 비판적인 공론장을 구축할 수 없다. 먹을거리 운동 자체는 그것이 극복하고자 하는 구조적 부정의에 면제되어 있지 않다. 우리 사회에는 백인 특권과 내면화된 억압이 만연해 있기 때문에, 먹을거리 운동의 선한 의도에도 불구하고 먹을거리 운동 내에서도 먹을거리 체계가 지닌 인종차별주의, 계급주의, 성차별주의가 그 모습을 그대로 드러낸다. 이 문제를 제쳐놓는 것은 전혀 옳지 않다. 왜냐하면 그것이 우리가 함께 일하는 데 필요한 신뢰를 훼손하기 때문이다. 먹을거리 체계에서 왜, 어디서, 어떻게 억압이 나타나는지를 이해하는 것, 그리고 먹을거리 운동과 우리의 단체들이 (그리고 우리가) 그러한 억압을 인정하는 것은 우리의 먹을거리 체계를 변혁시키는 데서 가욋일이 아니다. 그것이 바로 우리가 해야 하는 **일이다.**

모든 것을 변화시키기

카를 마르크스는 사람들이 "그들 자신의 역사를 만들지만, 그들은 자신이 원하는 대로 역사를 만들지는 않는다. 그들은 스스로 선택한 상황하에서 역사를 만드는 것이 아니라 이미 존재하고 과거로부터 주어지고 전달된 상황 속에서 역사를 만든다"라고 썼다(Marx, 1995).

이 책을 쓰기 10년 전에 마이클 폴런은 『잡식동물의 딜레마The Omnivore's Dilemma』를 통해 먹을거리를 일반 사람들의 의식의 맨 앞에 놓이게 했고, 먹을거리에 관한 책, 텔레비전, 다큐멘터리, 회의, 축제에 기분 좋게 사로잡힌 '미식가' 세대의 막을 열었다. 오늘날에는 그 어느 때보다도 많은 사람이 먹을거리가 어떻게 재배되고 준비되고 소비되고 낭비되는지, 그리고 먹을거리가 우리의 건강과 환경에 어떻게 영향을 미치는지와 관련한 주제들에 관심을 기울이고 있다.

전례 없는 경제적 불평등, 어두운 밀레니엄의 미래, 그리고 깊은 정치적 환멸의 시대에 먹을거리는 또한 희망 ─ 그리고 자유 ─ 의 대용물이 되었다. 자본주의하에서 사람들이 겪는 노동의 산물로부터의 소외는 임금에서 멈추지 않는다. 소외는 자본주의 문화의 일부이며, 생산에서 소비에까지 이르는 가치사슬의 모든 측면이 자연으로부터, 공동체로부터, 그리고 자신들로부터 인간을 소외시킨다. 그렇게도 많은 사람이 먹을거리를 통해 자신들을 다시 연결짓고 다른 사람들과 관련을 맺고자 하는 것은 전혀 놀랄 일이 아니다.

이것은 이해할 수 있는 일이고, 어쩌면 심지어는 바람직할 수도 있다. 그러나 식사에서 중요한 것은 우리의 먹을거리가 선택, 욕망, 가치에 의해 (그리고 심지어 욕구에 의해서도) 할당되는 것이 아니라, 시장 수요를 통해, 그리고 고도로 가공된 정크 푸드에 대한 적극적인 수요 창출을 통해 할당된다는 것이다. **자본주의**는 우리 먹을거리에서 침묵하고 있는 구성요소이다. 이는 지구상의 가장 부유한 나라에서 가난하게 사는 5000만 명의 사람 ─ 그중 많은 사람이 우리의 먹을거리를 재배하고 수확하고 가공하고 준비한다 ─ 이 너무나도 바빠서 다음 식사거리가 어느 지역의 산물인지를 걱정할 수 없기 때문에 미식가가 될 여유가 없다는 것을 의미한다. 이는 미국 정부와 FAO가 제시한 희망적인 통계와는 달리 세계의 3분의 1 이상이 굶주리고 있다는 것을 의미한다(Hickel, 2016). 또한 사람들로 하여금 설탕, 소금, 지방, 인공 향료 및 기타 첨가제가 많이 들어 있는 건강에 좋지 않은 정크 푸드를 소비하게 하는 것 또한 식품 제조업체의 이윤추구이다. 우리가 먹을거리에 대해 신경을 쓰는 것만큼 사람들에게 신경을 쓰고 또 우리가 정말로 먹을거리 체계를 변화시키기를 원한다면, 우리는 자본주의에 대해 더 잘 알아야 할 것이다.

이 책의 초점은 정치적 능란함이었다. 집중 어학 강좌와 유사하게 나는 정치경제학의 기본 개념들을 도입하여 먹을거리 체계의 구조적·역사적 측면을 설명함으로써 독자들로 하여금 노예제도와 가부장제 같은 것들을 초착취와 연관 지어 보게 했고, 또 유기농 먹을거리의 높은 가격을 사회적 필요노동 시간과, 토지 수탈을 차별지대 및 다각화 방법을 찾는 투자자금과 연관 지어 보게 했다. 정치적 능란함의 요체는 세상을 더 잘 이해하고 세상과 더 잘 소통하고 세상에 개입하여 세상을 변화시키는 것이다.

먹을거리 운동의 많은 경우에서 그것은 그것들이 하는 일을 그만두는 것이 아니라 그것들이 하고 있는 정치를 계속해서 수행하는 것을 의미한다. 도시 농장, 공정무역, 농장과 학교의 연계, 노동자 권리, 농민시장 등에 역점을 두는 진보적인 미식가, 즉 좋은 먹을거리와 먹을거리 정의 활동가들은 우리의 먹을거리 체계의 **관행**을 변화시키는 일을 계속해야만 한다. 농업개혁과 종자·화학물질·먹을거리 독점체의 종식을 요구하는 급진적인 먹을거리 주권 단체들은 우리의 먹을거리 체계의 **구조**를 변화시키기 위한 정치활동을 계속해야만 한다. 진보주의자들의 활동과 급진주의자들의 활동이 함께 이루어질 때, 먹을거리 운동은 먹을거리 레짐에 대해 근본적인 변혁적 개혁을 강요하기에 충분할 만큼 강력한 대항운동이 될 것이다. 진보주의자들과 급진주의자들은 이러한 결합을 위해 먹을거리 운동 내에서, 그리고 먹을거리 운동과 다수의 환경운동 단체 및 사회정의 운동 단체 간에 강력한 전략적 동맹을 구축해야만 한다. 그러한 동맹은 어떤 모습일까? 그러한 동맹은 어디서 구축될 수 있는가? 그리고 전략적 동맹이란 정확히 무엇인가?

전략적 동맹은 특정한 입장이나 활동에 동의하는 여러 사람과 조직이 기본적인 정치 플랫폼을 공유하는 동맹이다. 이를테면 LVC와 세계여성행진World March of Women(WMW)은 WMW가 먹을거리 주권을 여성해방을 위한 플랫폼에서 하나의 강령으로 삼고 LVC가 먹을거리 주권의 필수조건으로 여성에 대한 모든 폭력의 종식을 약속했을 때 전략적 동맹을 맺었다. 세계에서 가장 강력한 이 두 사회운동의 결합은 특히 세계 먹을거리의 대부분을 재배하는 여성들에게 광범한 정치적 파급효과를 낳았다.

전술적 동맹 역시 중요하다. 그러나 전술적 동맹은 입장보다는 활동, 이를테면 서로 공유하는 프로젝트나 캠페인을 축으로 하여 결합한다. 사람과 조직이 함께 일할 수 있지만, 그렇다고 해서 꼭 자신들의 정치적 입장을 바꾸지는 않는다. 이 단서조항이 필요한 이유는 먹을거리 운동 내의 많은 단체가 자선재단의 보조금에 의존하기 때문이다. 이를테면 어떤 단체는 먹을거리 안정성 프로젝트를 수행하는 과정에서 지역사회에 더 적극적으로 참여하기 위해, 그리고 먹을거리 불안정의 원인을 해결할 지역사회 권력을 구축하기 위해 전술적 동맹을 맺기도 한다. 그러나 시간이 지나면서 그 단체는 지속적인 보조금이 필요하기 때문에 근본적인 사회변화라는 급진적인 활동을 그만두고 보다 개혁주의적인 서비스를 지향하는 입장으로 돌아갈 수도 있다. 전술적인 것이 전략적인 것을 규정해 왔다.

강력한 사회운동을 구축하기 위해서는 전략적 동맹과 전술적 동맹 모두가 필요하다. 그 차이를 이해하고 전략적인 동맹이 전술적 요구에 의해 훼손되지 않게 하는 것이 중요하다. 이것은 또한 먹을거리 정의와 먹을거리 주권을 위한 단체들이 자금 제공자와 전략적 동맹을 구축할 수 없다는 것을 의미하지는 않는다. 그 단체들은 그렇게 할 수 있고 또 그렇게 한다. 현지에서 아주 급진적인 단체들을 지원하는 진보적인 가족 재단, 그리고 심지어는 진보적인 기금 제공자 컨소시엄들도 많이 있다. 위험한 경우는 어떤 단체의 힘이 그 지지자나 회원보다 자금 제공자에게서 나올 때이다. 강력한 지지자들 없이 정치적 입장을 실질적으로 진전시키는 것은 불가능하다.

먹을거리 운동의 더 큰 정치적 과제는 먹을거리 운동 **밖의** 운동들, 즉 노동운동, 여성운동, 원주민·유색인종·환경주의자·진보정당·보수정당이 주도하는 운동, 성장반대 운동, 급진적인 민주주의와 대안 경제를 추구하는 사회운동, 그리고 전 세계에서 성장하고 있는 진보적-급진적 추세의 대항운동들과 어떻게 동맹을 구축하는가 하는 것이다. 이러한 부문들 간의 교차 동맹이 필요한 까닭은 먹을거리가 사회와 자본주의에서 갖는 중심적 위치 때문이다. 우리는 우리의 경제체계를 변혁시키지 않고서는 먹을거리 체계를 바꿀 수 없을 것이다. 이는 먹을거리 체계를 바꾸기 위해서는 모든 것을 바꾸어야만 한다는 것을 의미한다. 그러나 만약 우리가 전략적 동맹을 구축한다면, 그것은 우리에게 많은 도움이 될 것이다.

위기를 절대로 허비하지 마라

안토니오 그람시는 이렇게 썼다. "옛 세계는 죽어가고 있고, 새로운 세계는 태어나기 위해 분투하고 있다. 지금은 괴물의 시대이다"(Gramsci, 1971). 오늘날 신자유주의, 자본주의, 자유민주주의가 위기에 처해 있다. 강력한 급진적 노동조합과 진보 정당이 부재하고 대부분의 사회단체들이 정치적이지 **않은** 자금을 지원받고 있는 상황에서 신자유주의적 자본주의가 사회, 경제, 환경, 정치문화 자체를 제멋대로 사정없이 파괴하고 있다. 전 세계에서 도널드 트럼프 미국 대통령 같은 우파 네오파시스트 선동가들은 정치적 리더십의 공백상태를 틈타서 주류 정치인들의 폭넓은 좌절감을 (겉으로 보기에는 여느 때와 다름없이 무슬림, 이민자, 유색인종, 페미니스트, '자유주의적 엘리트'를 비난하는 것 같지만 실제로는 그들을 표적으로 삼아 희생양을 만드는) 유독한 이데올로기로 전환시키고 있다. 미국 대통령제의 역대 내각들 ― 이들 각료의 순자산은 모든 미국인 3분의 1의 자산을 합한 것보다 더 많다 ― 은 늘 기업과 정부 사이에 있는 하나의 회전문이었지만, 현재의 트럼프 내각은 도널드 트럼프가 신자유주의를 포기하기는커녕 미국을 억만 장자의 직접 관리하에 놓음으로써 대통령직을 **사유화**하고 있음을 보여준다.

미국은 처음에는 새로운 공화국을 스스로 운영한 식민지 엘리트들에 의해 건국되었다. 시간이 흐르면서 그들은 관리를 전문 정치인들에게 넘겨주었다. 사실 미국 대통령 대부분은 대부호였거나 퇴임 후 부자가 되었다. 그러나 자유민주주의의 메커니즘에 대해 거의 또는 전혀 이해하지 못하거나 존중하지 않는 억만장자 패거리들의 내각이 들어선 것은 지난 200년 동안 자본주의를 관리해 온 모델이 붕괴되었다는 것을 의미한다. 억만장자들의 백악관 장악은 엘리트 권력을 반영하기보다는 엘리트 권력 **내의** 위기를 반영한다. 트럼프는 부자 정치계급의 통합이 아니라 분열을 상징한다. 우리는 그와 그의 내각이 일반적인 신자유주의의 외투를 유지하면서 자신들의 경쟁우위를 추구할 것으로 예상할 수 있다. 트럼프 행정부에 주어질 훨씬 더 어려운 과제는 기업 엘리트들이 경제를 약탈하는 동안에 민주주의와 대중 침묵시키기 간의 긴장을 관리하는 것이다. 우리는 또한 '패거리 신자유주의'가 우리의 건강, 주택, 노동, 에너지, 환경 – 그리고 우리의 먹을거리 체계 – 을 위기로 몰아넣을 때 분노, 이주민 배척주의nativism, 극심한 편견, 희생양 만들기가 난무할 것으로 예상할 수 있다.

그렇지만 이른바 그 새로운 '포퓰리스트들'이 자유무역협정의 종식을 요구한다는 점에서 그들은 신자유주의에 반대하는 것 아닌가? 신자유주의를 이해하는 데서 중요한 것은 신자유주의가 민영화, 규제완화, 역진세, 전 지구적 규모의 금융화를 추구하는 일단의 활동만이 아니라는 것이다. 신자유주의는 노동의 힘을 약화시키고 엘리트들의 힘을 강화하기 위해 설계된 계급 프로젝트이다(Harvey, 2003). 자유무역협정이 이 프로젝트에 유용하지 않게 될 때, 다른 협정과 제안처럼 자유무역협정 또한 기꺼이 폐기될 것이다.

1930년대처럼 자유민주주의는 1%의 탐욕스러운 기업의 욕구와 자본주의의 작동에 필요한 사회적·환경적 조건의 부식 간의 모순을 해결하기가 어렵다는 점을 깨닫고 있다. 그 당시 미국은 뉴딜 정책을 도입했다. 독일과 이탈리아는 파시즘을 도입했다. 오늘날 세계는 유사한 선택에 직면해 있다.

먹을거리 운동은 자본주의의 정치적 위기를 피할 수 없다. 그리고 그것을 피하려고 해서도 안 된다. 정치적 위기는 엄청난 사회적 단합과 사회의 심층적 정치화를 이룰 수 있는 기회이다. 위기는 바로 먹을거리 운동이 먹을거리 체계의 엄청난 힘을 동원하기 위해 필요로 하는 것이다. 이 글을 쓰고 있는 시점에도 미국 전역과 전 세계에서 수십만 명의 사람들이 트럼프 행정부의 소름끼치는 움직임들 – 무슬림과 유색인종을 희생양으로 만들고 정당한 절차를 폐기하고 가족 성원, '대안우파alt-right'[극단주의 우파 _옮긴이]의 열성분자들, 억만장자 패거리들로 구성된 작은 도당의 손에 권력을 집중시키려는 – 에 항의하여 거리로 나서고 있다.

먹을거리 운동이 자본주의의 추악한 경향을 뒤집을 수 있을까? 그렇다. 그러나 단독으로는 안 된다. 하지만 먹을거리 운동은 자본주의 내에서 힘을 획득하고 있는 파시즘적 추세에 우리가 저항하기 위해 필요한 광범위한 정치적 동맹을 구축하는 데 도움을 줄 수 있는 좋은 위치에 있다. 이미 지역 수준에서 구축되기 시작한 대안적 먹을거리 체계가 농부, 지역사회, 교회, 사회사업가, 교육자, 소규모 기업가, 식당 경영자, 먹을거리 노동자와 농장 노동자, 지역 정치인 등 다양한 세력을 하나로 묶고 있다. 이러한 관계가 우리의 먹을 거리를 생산하고 소비하는 체계를 변화시키기 위해 노력하는 새로운 공론장의 일부를 구성한다. 먹을거리 운동이 새로운 먹을거리 체계를 구축하기 위해서는 계속해서 일상적으로 실천을 해야만 한다. 하지만 그러한 대안들이 실현되기 위해서는 우리는 또한 우리의 먹을거리를 지배하는 규칙과 제도를 바꿈으로써 새로운 먹을거리 레짐을 구축해야만 한다. 이는 또한 우리가 정치교육 — 자본주의와 그것의 파국적 위기라는 더 큰 맥락에서 우리의 먹을거리 체계가 지닌 정치경제학적 과제와 모순을 연구하고 분석하고 토론하는 것 — 에 우리의 노력을 쏟을 필요가 있음을 의미한다.

우리가 상황을 선택하여 사회변화를 진척시킬 수는 없으며, 현재의 조건에 맞게 우리의 활동을 조정할 수 있을 뿐이다. 먹을거리 운동에 있어 이것은 위기의 순간을 이용하여 강력한 변혁운동 — 저항을 동원하고 변화를 끌어낼 수 있는 운동 — 을 구축하는 것을 의미한다. 이것은 다시 우리의 먹을거리 체계에 중심적일 뿐만 아니라 신자유주의하에서 가장 큰 고통을 겪었고 이제는 시민적 자유를 집중적으로 공격당하고 있는 여성, 유색인종, 이주민 및 여타 사람들과 강력한 동맹을 구축하고 그들의 지도부를 지원하는 것을 의미한다.

우리는 그런 투쟁의 결과가 어떠할지를 알지 못하지만, 우리가 투쟁하지 않을 경우 초래될 결과는 알고 있다. 지금이 바로 먹을거리 체계를 변화시키기 위해 조직하고 행동을 취할 때이다. 이보다 더 좋은 때는 전혀 없었다.

후기: 세계를 변화시킬 비밀 재료

내가 메소아메리카에서 전개된 '농부에게서 농부에게로Campesino a Campesino' 운동에서 소농 농부들과 함께 일하던 젊은 농업생태학자였을 때, 나는 끝도 없이 가난하게 살며 가파르고 황폐한 산허리에서 경작하는 훌륭하고 근면한 남녀를 많이 알게 되었다. 그들은 토지 소유자, 상인, 농업 기술자, 정부 관리에 의해 체계적으로 억압과 경제적 착취와 사회적 조롱을 받았다. 사람들은 내게 농민들이 운명론적이고 미신에 사로잡혀 있고 전통적인 고된 삶으로 인해 영구히 마비되었다고 조언했다. 나는 그런 인상이 현상現狀을 정당화하기 위한 구실이라는 것을 곧 깨달았다. 농민들은 매우 힘든 삶을 살았지만, 그럼에도 불구하고 그들의 삶은 그들에게는 소박하고 자발적이고 즐거운 멋진 순간들이었다. '농부에게서 농부에게로'는 농민주도의 지속가능한 농업운동이었다. 그들은 소규모 실험을 이용하여, 토양과 물을 보존하고 비옥함을 회복하고 산허리를 재식림하고 자신들의 생계를 개선하는 농업생태적 경작방법을 개발했다. 그들은 농장을 방문하고 실무 워크숍을 진행하는 동안 다른 사람들과 자신들의 혁신을 공유했다. 그들은 성공했지만(그리고 많은 실패를 했지만), 자신들의 운동이 계속해서 세상을 더 나은 곳으로 만들고 있다고 항상 확신하고 있는 것처럼 보였다.

나는 농촌 개발 노동자로서 수년간 그 운동과 함께했지만, 상호부조를 통해 농민주도의 지속가능한 농업과 지역경제를 하나로 엮는 그들의 비전이 농림부, 강력한 농업관련 기업, 대규모 토지 소유자, 그리고 소농 근절에 헌신하는 농업개발 기관에 의해 결코 받아들여지지 않을 것임을 알고 있었다. 나는 그 운동을 좋아했지만, 그 운동의 미래에 대해서는 낙관적이지 않았다.

어느 날 '농부에게서 농부에게로' 워크숍에서 토양과 물 보존에 관한 섹션을 가르치는 농부가 한쪽 무릎을 굽혀서 단단하게 굳은 붉은 땅의 반드러운 표면을 깨끗하게 치우고 나서, 마체테machete[라틴아메리카 원주민들이 사용하는 날이 넓은 큰 칼 _옮긴이]의 끝을 이용하여 봉선화棒線畵[사람을 머리는 원으로, 사지는 선으로 매우 단순하게 그리는 그림 _옮긴이]를 그렸다. 그는 땅을 가리키며 이렇게 말했다. "이게 우리의 운동입니다. 우리의 운동은 연대와 혁신이라는 두 다리로 걷습니다. 그리고 생산과 보호라는 두 손으로 일을 합니다." 그는 어깨 위에 머리를 그리고, 다음에 입을 그리고, 그다음에는 눈을 표시하기 위해 두 개의 작은 돌을 가져다 놓았다. "우리는 이 두 눈으로 우리의 미래, 다시 말해 우리의 토양이 비옥하고 우리의 땅이 생산적이고 우리의 강이 깨끗하고 우리의 아이들이 건강한 미래를 봅니다. 그리고 그 미래 속에 있는 우리를 봅니다. 우리는 입을 가지고 있습니다. 우리는 그 입으로 농민의 정의에 대해, 그리고 우리의 삶과 자연을 지탱해 주는 농업에 대해 말할 수 있습니다." 그리고 길고 가느다란 검지를 사용하여 조심스럽게 그 그림의 가슴에 심장을 그렸다. 그리고 그는 말했다. "농부들이여, 농사짓기 어렵지요! 우리가 경작하는 방법을 바꾸는 것은 더 어렵습니다. 다른 사람들을 설득하는 것은 더 어렵습니다. 그래도 만약 당신이 이 운동에 참여하기를 원한다면, 당신은 당신이 평생 일했던 것보다 더 열심히 일해야만 합니다!"

나는 속으로 한숨지었다. 이 자급 농부들은 이미 내가 아는 어느 누구보다도 열심히 일했다. 그들에게 더 열심히 일해야만 한다고 말하는 것은 '농부에게서 농부에게로' 운동을 위한 좋은 충원전략으로 보이지 않았다.

그러나 그다음에 그 농부는 땅에 그려진 심장을 가리키며 말했다. "당신이 이 일을 사랑하지 않으면 당신은 이 일을 할 수 없습니다. 당신은 땅을 사랑하고 농업을 사랑하고 당신의 가족을 사랑하고 당신의 마을을 사랑하고 농민들을 사랑해야만 합니다. 당신은 당신 자신의 신을 사랑해야만 합니다! 만약 당신이 사랑하지 않는다면, 당신은 결코 계속할 수 없을 것입니다. 이 일은 너무나도 어렵습니다. 우리는 세상을 바꾸는 것을 사랑해야 합니다."

그 집단은 끄덕여서 동의했고, 사랑, 희망, 소농 농업에 대해 활발하게 토론했다. 조용히 앉아서, 메소아메리카 시골 깊숙이 자리한 황량한 산허리에 사는 가난하고 문맹인 한 농부 집단이 세계를 변화시키는 것에 대해 열정적으로 나누는 이야기를 경청하고 났을 때, 나는 비관론에서 얼마간 벗어났다.

거의 30년이 지난 지금도 나는 여전히 그 순간의 의미를 곰곰이 생각한다. 그 순간이 나로 하여금 내 인생에서 가장 전략적인 결정을 하게 했다. 그 결정이 내가 너무나도 많은 분석을 함으로써 빠질 수도 비관론을 극복하는 데 도움을 주었다. 나는 희망을 포기하는 것은 하나의 선택지가 아닌 사람들과 동맹을 맺었다.

이 책은 당신과 늘 함께하기를 바라는 두 가지 가르침을 담고 있다. 하나는, 우리의 먹을거리 체계를 바꾸기 위해서는 우리가 자본주의를 이해할 필요가 있다는 것이다. 나는 당신에게 그것을 납득시키기 위해 많은 잉크를 엎질렀다. 당신이 받아들여야만 하는 다른 하나는, 사랑만으로는 우리의 먹을거리 체계를 변혁시키지 못하지만 사랑이 없다면 우리는 결코 세상을 바꾸지 못할 것이라는 점이다.

용어풀이

가치value

    교환가치Exchange value ｜ 돈이 가치를 나타내는 '보편적 등가물'이라는 것을 전제로 하여, 한 상품이 시장에서 다른 대상과 비교하여 보유하는 가치.

    사용가치use value ｜ 상품의 유용성으로, 생계수단이나 주거지의 제공 또는 업무의 수행과 같이 그 상품이 기여하는 직접적인 가치를 의미한다.

    노동가치이론labor theory of value ｜ 마르크스, 리카도, 스미스가 (서로 다른 방식으로) 탐구한 개념으로, 생산물이나 서비스의 경제적 가치가 그것을 생산하는 데 요구되는 노동의 양에 의해 결정된다고 본다.

    잉여가치surplus value ｜ 노동자의 노동(노동력) 비용을 제외한 후에 상품에 구현되어 있는 새로운 가치. 상품시장에서 잉여가치는 생산물이나 서비스가 판매된 후 자본가가 얻는 이익이다.

    상대적 잉여가치relative surplus value ｜ 동일한 노동의 양에 대해 노동자에게 지불한 임금이 줄어들 때, 또는 임금의 증가 없이 생산성이 증가(강화)될 때 생산물에서 발생하는 가치의 증가량.

    절대적 잉여가치absolute surplus value ｜ 상품 생산에서 노동량(그리고 노동시간 또는 노동자의 수)이 증가할 때 자본가에게 발생하는 가치의 증가량.

간작intercropping ｜ 동일한 두둑이나 이랑에 서로를 보완하는 다른 작물을 심는 관행. 이를테면 얕은 뿌리를 가진 식물을 깊고 곧은 뿌리를 가진 식물과 함께 심는다. 이것은 산출량을 늘리고 자연적 공생관계를 모방하여 토양에 자양분을 되돌리기 위해 실행된다.

개혁주의적reformist ㅣ 레짐의 근본적인 정치-경제적 구조에는 도전하지 않고 거버넌스 레짐 내에서 사회 프로젝트와 개혁을 추구하는 경향 내지 입장.

게놈 재산genome property ㅣ 생물학적 또는 유전적 물질이 개인, 조직, 또는 회사에 의해 특허를 받을 경우, 그것은 게놈 재산이 된다. 이것은 생명 자체의 사유화와 상품화를 낳았다.

계약 경작contract farming ㅣ 소작과 차지경작의 현대적 형태로, 농부들은 기한부 계약을 통해 자신들의 생산물을 구매할 독점적 권리를 기업에 양도한다. **시장특화 계약**을 통해 기업은 가격과 품질과 관련한 협정에 기초하여 생산자에게 구매자가 된다는 점을 확약한다. 그리고 **자원제공 계약**을 통해 기업은 또한 생산자에게 투입물(비료, 갓 부화한 새끼, 또는 기술적 지원과 같은)을 제공한다. 기업이 모든 투입물을 제공하고 모든 생산물을 구매할 경우, 기업이 본질적으로 생산과정을 통제하는 반면, 농부는 기본적으로 토지와 노동을 제공한다.

곡물법Corn Laws ㅣ 1815년에 제정된 영국 법률로, 수입 곡물에 높은 관세를 부과하여 먹을거리 — 대부분의 농촌 사람들이 이전에는 구입하기보다는 재배할 수 있었던 것 — 의 가격을 상대적으로 높게 유지했다. 관세는 대규모 토지 소유자들에게 유리했다. 따라서 임금을 낮게 유지하기 위해 노동자들에게 값싼 먹을거리를 제공하기를 원했던 신흥 산업가들은 높은 관세에 반대했다.

공유재산권common property rights ㅣ 일정한 규모의 토지가 집단적으로 소유되

고 관리되는 형태의 재산소유권. 인클로저 — 이와 함께 봉건제에서 자본
주의로의 이행이 시작되었다 — 이전에는 대부분의 농민 토지가 공동체
의 먹을거리 재배와 방목을 위해 집단적으로 관리되었다.

공유지commons ｜ 특정 공동체가 독점적으로 소유하고 관리하는 자원. 그 공동
체의 모든 성원이 자원에 대해 동등한 권한을 공유한다. 비공동체 성원은
공유지에 대한 접근을 거부당할 수 있다. 전통적인 공유지로는 목초지,
숲, 어장이 있다. 공기, 우주 공간, 공해公海 같은 것은 공유지가 아니라 오
픈 액세스 자원open-access resource이다.

공정무역fair trade ｜ 공정무역기구가 인증한 생산자에게 가격 프리미엄을 지급
하는 형태의 무역. 공정무역은 농부의 소득을 향상시키기 위해 소비자가
생산물(이를테면 커피)에 대해 기꺼이 더 높은 가격을 지불하려는 의지에
기초한다.

과잉축적over-accumulation ｜ 일반 주민이 불완전고용과 실업으로 고통받기 때
문에 재화와 서비스가 팔리지 않고 쌓이는 주기적 경제위기(불황).

교배종 종자hybrid seed ｜ 두 가지 품종을 교차 수분하여 생산한 다음 새로운 식
물을 부모 품종 중 하나와 역교배하여 생산된 종자. 교배종 종자는 일반
적으로 불안정하며 파종 첫해 이후에는 '잡종의 우수한 성질hybrid vigor'을
상실한다. 이로 인해 농부들은 매년 새로운 종자를 구매해야 하고, 따라
서 종자회사에 의존하게 된다.

국제농업연구자문그룹Consultative Group on International Agricultural Research
(CGIAR) ｜ 1971년에 설립된. CGIAR은 국제농업연구센터들International
Centers for Agricultural Research(IARCs)의 컨소시엄으로도 알려져 있으며, 전
세계 15개 국제농업연구센터를 지도하는 회원 단체이다. 정부와 거대 자

선단체가 자금을 지원한 이 단체는 녹색혁명을 진전시키는 주요 기관이었다.

규범적 정당성normative legitimacy ┃ 사회적으로 바람직한 것으로 간주되는, 또는 받아들일 수 있거나 받아들일 수 없는 것으로 간주되는 일단의 공유된 신념에 근거하여 레짐, 정부, 또는 사회운동에 부여되는 정당성으로, 레짐, 정부, 사회운동은 그러한 정당성에 근거하여 지배하거나 기존의 지배에 맞서 싸울 수 있다.

금융화financialization ┃ 경제, 정치, 사회에 대한 금융부문의 힘과 영향력이 증가하는 것을 말한다. 이 용어는 생산 활동보다 매우 복잡한 금융시장으로부터 이익이 더 많이 파생되는 경향을 나타낸다. 어떤 것(이를테면 농지)이 실제 생산의 원천으로서의 금융가치보다 금융자산으로서의 금융가치가 몇 배 더 높아지는 일이 일어난다.

기능적 이중성functional dualism ┃ 학술 연구자 알랭 드 장브리Alain de Janvry가 제안한 이론이다. 그는 자본주의 농업으로의 이행과정에서 (특히 라틴아메리카에서) 소농 농부들은 점점 더 작은 땅으로 밀려나고 그리하여 산업 농장에서 임금 노동자로 일하도록 강요받는 하나의 사회적 관계가 출현한다고 주장했다. 소농 농부들은 계속해서 자급하기 위해 먹을거리를 재배하기 때문에(그리고 여분의 먹을거리를 시장에서 싸게 팔기 때문에), 매우 낮은 임금으로 일할 수 있었고, 그리하여 먹을거리의 전반적 가격이 낮게 유지될 수 있었다. 그것은 산업 농업에 먹을거리와 노동 '보조금'을 제공하는 것이었다.

기업가적 농장entrepreneurial farm ┃ 주로 상품을 생산하고 일반적으로 가족노동에 의존하는 중간규모의 가족 농장.

기후-스마트 농업climate-smart agriculture(CSA) | 기후변화의 영향을 완화하고 가뭄이나 홍수 같은 기후 관련 위험에 대한 농업의 회복력을 증대시키기 위한 일단의 지도 원칙 및 관리 관행. 기후-스마트 농업의 세 가지 주요 목표는 탄소 배출을 줄이고, 농업 생산성을 높이고, 농업 회복력을 강화하는 것이다.

노동 재생산비용cost of reproduction of labor | 아이를 생산 노동 연령까지 양육하고 노동인구를 부양하는 데 소요되는 인적 비용. 여기에는 주로 여성이 제공하는 신체적·감정적 돌봄을 비롯하여 모든 가사 비용이 포함된다. 또한 건강, 교육, 복지에 소요되는 공적·사적 비용도 포함된다. 이주 노동자의 경우 노동 연령까지 그들을 양육하는 데 소요된 비용은 이미 본국에서 떠맡았기 때문에 그들의 노동을 받아들이는 국가에서는 이 비용이 들지 않는다(그리고 본국의 경우 그 비용은 낭비된다).

녹색 수탈green grabbing | 토지 수탈의 또 다른 형태로, 이른바 환경 어젠다가 토지의 전유를 합법적으로 인정할 때 발생한다. 녹색 수탈이라는 용어는 또한 생태계가 상품화되는 여러 가지 방법을 포함하며, 경제성장이 환경의 지속가능성과 양립할 수 있다는 생각에 근거한다. 바이오 연료 또는 자연보존을 위한 토지 전유가 그 예들이다.

녹색혁명Green Revolution | 1960년대에 포드재단과 록펠러재단이 미국에서 지구 남부로 산업 농업을 확산시키기 위해 시작한 농업개발 캠페인. 녹색혁명은 미국 정부, 국제연합, FAO, 그리고 공개적으로 자금을 지원한 국제농업연구자문그룹(CGIAR) — 전 세계에 국제농업연구센터들(IARCs)을 설립했다 — 에 의해 실행되었다. IARCs는 관개, 화학비료, 농약을 필요로 하는 다수확 곡물 품종을 개발했다. 멕시코에서 시작된 녹색혁명은 정

부의 막대한 지원을 통해 최적의 조건을 가진 인도와 아시아로 성공적으로 확산되었다. 조건이 아주 열악했던 아프리카에서는 녹색혁명은 성공적이지 않았다. 녹색혁명은 공산주의에 대항하여 농업을 지원하는 방법의 하나로, 냉전전략의 일부였다.

농본주의agrarianism | 농업개혁과 농촌생활을 사회의 근본으로 장려하는 철학.

농업개혁agrarian reform | 소작 농부와 소규모 생산자의 토지 소유를 증대시키기 위해 토지 및 자원의 재분배를 촉진하는 정책과 정부 개입. 하나의 일반적인 예가 1988년 브라질의 토지법Land Statute이다. 이 법은 토지가 그것의 '사회적 기능'을 위해 사용되지 않는다면 그 의무를 이행할 다른 사람들에게 재분배될 수 있다고 명시하고 있다. 무토지 농촌 노동자 운동 Landless Rural Workers Movement(MST)은 이 법을 이용하여 농촌 소작농과 도시 실업자들에게 토지를 되돌려 주었다.

농업문제agrarian question | 농민의 농업 잉여와 노동 잉여를 농민 부문에서 산업 부문(산업 농업 포함)으로 이전시켜 궁극적으로는 농민들을 농업으로부터 제거하는 방식을 다룬다. 또한 귀족 그리고/또는 부르주아에 맞서는 계급전쟁에서 농민을 동원하는 방식과 관련된 문제를 다룬다.

농업보전지역권 매입 프로그램 Purchase of Agricultural Conservation Easements (PACE) Program | 개발권 매입 프로그램Purchase of Development Rights Program으로도 알려진 이 프로그램은 토지 소유자가 토지의 일부를 공공단체(이를테면 토지신탁)에 판매하고 공공단체가 지역권을 보유하여 개발을 막음으로써 농지를 개발로부터 보호한다. 토지 소유자는 여전히 토지를 경작하거나 양도하거나 유증할 권리와 같은 다른 소유권을 보유한다.

농업생태학agroecology | 지속가능한 농업체계를 구축하기 위한 과학, 관행, 사

회운동. 생태학적 개념과 원리들을 경작체계의 설계·개발·관리, 풍경, 그리고 먹을거리 체계에 적용한다.

농업 이행agrarian transition | 시장 압력, 정부 개입, 그리고/또는 폭력적인 농민 축출을 통해 농업이 소농/자급 농업에서 자본주의/산업 농업으로 이행하는 것. 이 과정은 17세기에 시작되어 계속되고 있다.

농업적agrarian | 시골에서의 토지 경작, 지대, 토지의 분할과 분배, 노동, 자본, 자원과 관련되어 있는 것.

단일경작monoculture | 한 경작지에서 하나의 단일 작물을 재배하는 것으로, 산업 농업의 일반적인 관행이자 녹색혁명의 특징이다. 단일경작은 토양 비옥도를 유지하고 잡초와 해충을 억제하기 위해 비료, 살충제, 제초제의 사용을 늘리게 한다.

대량생산 먹을거리mass food | 오늘날 식료품 가게 선반을 채우고 있는, GMO가 함유된 고도로 가공된 기업 소유의 먹을거리를 지칭한다. 그것들은 식생활 관련 질병과 온실가스 배출 같은 많은 환경적·사회적 비용과 관련되어 있다.

대체주의substitutionism | 농장 생산물을 기본 성분(단백질, 탄수화물, 지방, 기름)으로 분해하여 청량음료, 가공식품, 바이오디젤, 화장품과 같은 산업 제품으로 재구성하는 과정.

대항운동counter-movement | 카를 폴라니의 분석에서는 경제자유화에 반대하는 광범위한 계급동맹을 지칭한다. 먹을거리 대항운동은 민영화, 시장자유화, 부의 극단적 집중이 사회적·경제적 조건을 심각하게 악화시킨 것에 대한 하나의 반발이다.

데드존dead zone | 질소 비료가 극심하게 유출되어 발생한 녹조로 인해 산소 농

도가 극히 낮은(저산소) 해양 및 호수 지역. 조류藻類가 죽으면, 그것들은 가라앉아 분해된다. 이 과정에서 모든 산소가 소모되어, 동물의 호흡이 곤란해진다. 농업 시즌과 함께 데드존이 커지고 줄어든다. 데드존은 멕시코만, 5대호, 동부 해안에서 발견된다.

라티푼디오Latifundio | 라틴아메리카에서 흔히 볼 수 있는 토지 보유 체계의 하나인 라티푼디오는 상업적 목적으로 경작되는 대규모 농지(500헥타르 이상)를 말한다.

릴레이 경작relay cropping | 동일한 경작지에 시차를 두고 작물을 심는 방식으로, 하나가 묘목 단계에 있을 때 다른 하나는 다 자란 상태에 있게 한다. 이것의 목적은 시간과 공간을 최적으로 이용하는 것이다. 여러 형태의 릴레이 작물 조합이 해충 억제 그리고/또는 비옥도 관리에 도움을 준다.

마커 이용 육종marker-assisted breeding | 마커 이용 선택marker-assisted selection (MAS)이라고도 알려진 이 유전공학 기술은 원하는 식물 특질과 연계되어 있는 형태학적 마커, 생화학적 마커, 또는 DNA 마커에 기초하여 특정 유전형질을 선택한다. MAS는 재래식 작물육종보다 훨씬 빠르다.

먹을거리 주권food sovereignty | 가난한 사람들을 위한 먹을거리 체계의 민주화라는 의미로서의 먹을거리 주권 개념은 1990년대 라 비아 캄페시나에 의해 먹을거리 안정성에 대응하는 관념으로 도입되었다. 먹을거리 안정성이 먹을거리가 **어떻게**, **어디서**, 또는 **누구에 의해** 생산되는지를 다루지 않은 채 생산적인 삶을 살기에 충분한 먹을거리에 접근하는 문제를 다루는 반면, 먹을거리 주권은 농부와 사람들이 자신들의 먹을거리를 생산하고 자신들의 생산과 소비 체계를 통제할 권리를 주장한다.

먹을거리 레짐food regime | 전 세계적 규모로 먹을거리를 틀짓고 지배하는 모

든 기관, 조약, 규정을 일컫는다. 먹을거리 레짐은 자본주의와 협력하여 발전했다.

식민지 먹을거리 레짐colonial food regime ㅣ 19세기에 수립된 이 레짐은 글로벌 먹을거리 체계 전체를 지배한 최초의 레짐이었다. 먹을거리와 원료가 남부의 식민지에서 북부의 제국으로 이동했다. 이 레짐은 부가 남부에서 북부로 이전하는 데서 중요한 역할을 했으며, 북부는 이를 통해 산업화를 이룩할 수 있었다.

제2차 글로벌 먹을거리 레짐second global food regime ㅣ 제2차 세계대전 이후 수립된 신식민지 레짐으로, 자원은 계속해서 남부에서 북부로 흘러들어 갔지만 북부의 잉여 곡물이 점점 더 남부로 흘러들어 지역시장을 파괴했고 이는 남부 도시주민들로 하여금 북부의 먹을거리에 더 의존하게 만들었다. 동시에 산업적 먹을거리 생산 모델이 반공 냉전 개발전략의 일환으로 지구 북부에서 지구 남부로 수출되었다.

기업 먹을거리 레짐corporate food regime ㅣ 공산주의의 붕괴와 냉전 종식 이후 경제개발 프로그램은 자유시장에 이익이 되도록 하기 위해 대부분 폐기되었다. 구조조정 프로그램은 남부를 북부의 자본에 개방하게 하여 남부 먹을거리 체계를 지구화하고 남부 주민들로 하여금 자신들의 먹을거리를 세계시장에 의존하게 만들었다. 신자유주의 먹을거리 레짐이라고도 알려져 있다.

밀집가축사육시설 Confined Animal Feedlot Operation(CAFO) ㅣ 수십만 마리의 가축 (소, 돼지, 가금류)이 농축된 가축 사료로 키워지는 크고 밀폐된 구역. 생산을 강화하고 늘 상존하는 질병을 관리하기 위해서는 호르몬과 항생제의 집중적 사용이 요구된다. 분뇨는 자주 커다란 노천 오수 처리용 인공

못으로 보내진다.

바이오 연료biofuels | 식물 물질에서 추출한 연료. 연료 — 먹을거리나 사료가 아닌 — 로 가공될 수 있는 곡물에는 에탄올로 전환될 수 있는 옥수수와 사탕수수가 있다.

반동적 포퓰리즘reactionary populism | 민족주의, 외국인 혐오, 희생양 만들기, 백인 우월주의 담론에 의지하여 노동계급과 중간계급에 호소하는 적의에 찬 우파 포퓰리즘으로, 신파시즘의 한 형태이다.

보존지역권conservation easement | 특정 유형의 토지 사용을 제한하거나 토지의 추가 개발을 막기 위해 개인 토지 소유자와 민간조직 또는 공공기관 간에 맺는 법적 협정. 보존지역권은 토지의 소유권에는 영향을 미치지 않고 단지 토지의 사용에만 영향을 미친다. 소유자는 토지를 판매·분할·개발할 권리를 기부하거나 판매한다. 보존지역권은 환경보존을 목적으로 습지, 숲, 기타 풍경을 보존하기 위해 자주 이용된다.

브라세로 프로그램 Bracero Program | 이 미국 정부 프로그램은 1942년 멕시코인 농장 노동 프로그램 협약Mexican Farm Labor Program Agreement으로도 알려져 있다. 미국은 이 프로그램을 통해 제2차 세계대전 시기 노동력이 부족했던 기간 동안 수백만 명의 멕시코 초청 노동자들을 농업 노동자로 고용하기 위해 미국으로 데려왔다. 노동자들은 계약을 통해 권리와 보호를 제공받기로 했지만, 그것들은 자주 침해당했고, 그 농장 노동자들은 자주 혹사당하고 낮은 임금을 지급받고 학대당했다. 오늘날의 초청 노동자 프로그램도 브라세노 프로그램을 모델로 하고 있다.

비영리 산업복합체non-profit industrial complex(NPIC) | 국가/정부, 자본주의 엘리트, 재단(이를테면 빌 앤 멀린다 게이츠 파운데이션), NGO 간의 관계

체계. 이들 NGO는 재단, 기업, 또는 정부의 자금 지원에 의존하기 때문에 그들의 임무와 행동은 그들에게 기금을 제공하는 사람들에 의해 영향을 받는다.

비용-가격 압박cost-price squeeze | 생산비용이 증가하는 반면 생산물의 가격은 하락하는 상황으로, 전 세계 농민들 대부분에게 만성적인 상태이다.

사막화desertification | 풍경이 식물과 유기물(나무, 관목, 풀, 부식토 등)을 잃어 사막이 되는 과정. 이 과정은 자주 방목 체제, 물 사용, 삼림 벌채를 통해 지속불가능한 변화가 일어남에 따라 발생한다. 사막화는 기존 사막의 가장자리나 취약한 반건조 대초원에서 빈번히 발생한다.

사회적 필요노동 시간socially necessary labor time | 평균 기술을 가진 노동자가 일반적으로 이용할 수 있는 도구와 기술을 사용하여 작업을 수행하는 데 요구되는 평균 노동량.

상품commodity | 이윤을 얻을 목적으로 본래 시장에서 사고팔기 위해 생산되는 재화. 농업 이행기 동안에 농산물은 자급자족 또는 물물교환을 위해 생산되던 것에서 시장에서의 판매를 주요 목적으로 하여 생산되는 것으로 전환되었다. 19세기 후반에 유럽 제국이 확장됨에 따라 상품생산이 전 세계적 규모로 극적으로 증가했다.

생물영양강화biofortification | 영양 성분을 향상시키기 위해 작물 게놈에 유전자를 삽입함으로써 작물에 영양물을 추가하는 것. 황금 쌀Golden Rice은 생물영양강화의 한 예이다. 이 오렌지색의 쌀에는 섭취할 경우 비타민 A로 전환될 수 있는 베타카로틴이 함유되어 있다. 황금 쌀의 베타카로틴 성분은 토양 박테리아와 옥수수의 유전자를 쌀 게놈에 삽입하여 얻는다.

생물학적 가속biological speed-up | 동물의 성장 속도를 높이고 몸집을 키우고

고기와 우유의 생산성을 증대시키기 위해 선택 육종, 유전공학, 그리고 항생물질과 성장 호르몬을 사용하는 것. 육종과 유전공학은 또한 동일한 목적을 위해 식물에도 사용될 수 있다.

생산수단means of production I 노동을 제외한 기계, 공장, 자원, 재화 및 사회서비스와 같은 모든 투입물로, 사용가치(전자본주의 사회와 사회주의 사회에서)와 교환가치(자본주의 사회에서) 모두를 산출한다. 농업사회에서는 토지와 토지를 경작하는 데 사용되는 도구가 생산수단이다. 산업사회 또는 현대사회에서 생산수단은 기계, 공장, 운송수단, 사무실, 상점 등이다. 생산수단은 부를 창출하고, 사회에 물질적 토대를 제공하며, 자본주의하에서는 사적으로 소유된다.

소농peasantry I 일반적으로 전 세계에서 약 15억 명에 달하는 가난하고 토지가 없는 농부를 지칭하기 위해 사용되는 용어. 봉건제에서 자본주의로 이행하는 동안 이 인구의 대부분은 자신들이 경작하던 토지로부터 축출되거나 토지를 빼앗기고, 도시지역에서 산업혁명에 연료를 공급하는 값싼 노동자가 되었다. 이 같은 농민 축출과 토지 강탈은 오늘날에도 계속되고 있다.

소농 농장peasant farm I 상품관계에 그리 뿌리내리지 않고 녹비와 같은 농장 내 투입물, 동물의 견인력, 가족노동을 이용하는 소규모의 생계 지향적 농장.

시장경제market economy I 정부의 개입 없이 공급과 수요에 의거하여 재화와 서비스가 할당되는, '자기조절경제self-regulating economy'라고도 알려진 경제체계.

신자유주의neoliberalism I 지난 30년 동안 실행된, 공공 부문에서 민간 부문으로 권력과 자산을 이전하는 것을 특징으로 한 일단의 이데올로기와 정책. 거기에는 정부가 제공하는 재화와 서비스의 민영화 증가, 재정긴축, 규제 완화, 자유무역, 최고 한계 세율의 축소 등이 포함된다. 신자유주의의 결과, 높은 수준의 전 지구적 불평등이 발생하고 정치생활에서 공론장이 사라졌다.

진보적 신자유주의progressive neoliberalism ㅣ 인종평등, LGBTQ 권리, 낙태찬성, 또는 이민찬성과 같은 자유주의적인 사회적 가치를 지지하는 경제적 신자유주의의 한 형태(자유시장과 공공재 및 서비스의 민영화를 지지한다).

보수적 신자유주의conservative neoliberalism ㅣ 경제적 신자유주의(자유시장과 공공재와 서비스의 민영화를 지지하는)의 한 형태. 일반적으로 낙태반대, 동성결혼 반대 등과 같은 보수적 사회가치를 신봉한다.

에히도 제도 Ejido system ㅣ 멕시코에서는 민주적 의회에 의해 지배되고 협동조합적으로 또는 개별적으로 경작되는 공유 토지를 에히도라고 한다. 에히도들은 대규모 토지 소유자들의 하시엔다hacienda(대규모 사유지)가 멕시코 혁명 이후 몰수되어 농민에게 분배되면서 형성되었다.

엥코미엔다 제도 Encomienda system ㅣ 스페인 국왕으로부터 엥코미엔다라고 불리는 대규모 토지의 사용권이 신세계의 장군과 영주에게 교부되었다. 그 토지의 수령인은 토착민들로부터 노동과 자원을 추출할 권리를 얻었으며, 그 대가로 자신들의 부의 일부를 스페인 국왕에게 보낼 것을 요구받았다.

연계매매hedging ㅣ 투자자가 특정 자산에 투자하여 위험을 상쇄하고자 하는 금융투자 전술. 2007~2008년의 금융붕괴 이후 많은 투자자가 석유, 1차 상품, 토지와 같은 보다 안정적인 투자 기회로 인식되는 것을 찾아 나섰다. 토지자산은 순수한 금융자산과 달리 인플레이션으로 인해 지속적으로 가치가 오르거나 떨어지지 않는 투자대상으로 인식된다.

영국 빈민법 British Poor Laws | 잉글랜드 빈민법으로도 알려진 이 법은 흑사병 이후 장기간의 노동 부족이 발생하자 잉글랜드와 웨일즈에서 1300년대 중반에 시작되었다. 이 법령은 먹을거리와 노동의 가격을 낮추고 농노와 종들을 강제로 노동시키기 위해 발효되었다. 1400년대와 1500년대에 빈민법은 신체가 건강한 실업자들에 대한 매질을 합법화하고 벌로 그들에게 차꼬를 채웠다. 부랑자들은 노동하기 위해 출생지로 돌아가야만 했다. 장애인은 교구의 보살핌을 받았고, 교구민은 법에 의해 장애인들의 의식주에 기여할 의무가 부여되었다. 후일 구빈원救貧院과 계약 노예상태가 빈민과 실직자의 운명이 되었다.

영양주의nutritionism | 식품과학을 지배하는 접근방식 및 이데올로기의 하나로, 건강한 먹을거리를 먹을거리 체계와 균형 잡힌 식생활보다는 핵심 영양소로 축소하여 이해한다.

영토 재구조화territorial restructuring | 자원에 접근하고 부를 추출하기 위해 전 영토를 대상으로 하여 법, 규제, 하부구조를 재구조화하는 것.

오픈 액세스 변경open-access frontier | 자원(토지, 물, 광물 등)에 대한 소유권이 분명하지 않고/않거나 분쟁의 대상이 되고 있는 지역. 대기, 해양, 아마존 열대우림의 일부가 이에 해당한다.

온실가스Greenhouse Gas(GHG) | 태양 복사열을 흡수하고 대기 중의 열을 차단하여 온실 효과를 일으키는 가스. 주요 GHG에는 이산화탄소(CO_2), 메탄(CH_4), 아산화질소(N_2O), 불소화가스(수소화불화탄소, 과불화탄소, 육불

화황, 삼불화질소) 등이 있다. 가장 많은 온실가스를 배출하는 세 부문은 전기와 열생산 부문, 농업 부문, 운송 부문이다.

원시적 축적primitive accumulation ┃ 본원적 축적 또는 강탈에 의한 축적으로도 알려져 있으며, 새로운 레짐하에서 사유화를 위해 자행되는 토지와 자원의 수탈을 지칭한다. 원료와 비옥한 토지를 수탈하기 위해 이루어진 제국주의적 영토 정복이 그 예이다.

유전자 변형 생물 Genetically Modified Organism(GMO) ┃ 유전자 공학기술을 이용하여 DNA를 변형시킨 생물. 농업에서 가장 흔한 GMO는 제초제를 판매하는 화학회사가 생산한 제초제 내성 옥수수와 콩이다. RNA와 DNA '마커'를 이용한 새로운 기술들 ─ 이질적 DNA를 도입하지 않고 게놈을 조작한다 ─ 은 유전자 이식 GMO ─ 무관한 생명 형태로부터 DNA를 받은 생물 ─ 를 진부한 것으로 만들고 있다.

인클로저Enclosure ┃ 17세기 영국에서는 강력한 영주들이 공유 토지에 울타리를 치고 사유재산권을 주장하기 시작했다. 이것이 공유지를 이용하여 여러 생계 욕구를 충족시키던 농민들을 축출하기 시작했다. 인클로저는 봉건제적 생산양식에서 자본주의적 생산양식으로의 이행이 시작됨을 알리는 것이었다.

잉여 이동surplus mobilization ┃ 불평등한 조건의 교역과 교환을 통해 한 부문에서 다른 부문으로 부가 이전하는 것. 이를테면 미국에서 1914년에는 옥수수 1부셸로 5갤런의 가솔린을 구입했다. 그러나 1921년에는 가솔린 1갤런을 사기 위해서는 옥수수 2부셸이 필요했다. 교역 조건의 변화는 농업의 부를 농촌에서 산업으로 이동시켰다.

자급용 작물subsistence crop ┃ 이익을 얻기 위해 시장에 팔기보다는 농부와 그

가족, 그리고/또는 지역사회가 먹기 위해 재배된 작물.

자본의 논리capital logic | 자본이 부를 투자하고 늘리고 빼앗고 축적하는 경향을 좇는 경제적·정치적 논리. 이윤율 저하 경향과 독점 경향은 자본의 논리에 의해 발생한다.

자본주의적 분화capitalist differentiation | 농업에서 분화는 농부와 농업 노동자라는 층화된 계급의 형성으로 이어진다. 농업에서 자본주의적 투자가 일어날 때, 농업은 이미 얼마간의 부를 소유한 대규모 경작 농부들에게 유리해지는 경향이 있다. 그러한 농부들은 신용과 신기술을 획득하고 시장에 접근하는 데서 이점을 지니고, 시간이 지남에 따라 더 커지고 더 부유해진다. 가난한 농부들은 그러한 방식으로 투자할 수 없으며, 따라서 경제적으로 뒤처지는 경향이 있다. 이러한 경향은 결국에는 경작 규모가 더 작은 농부들을 경작 규모가 더 큰 농장의 농장 노동자로 만들고, 가난한 농부들을 무토지 노동자로 만든다. 자본이 농업에 점점 더 깊이 침투함에 따라, 가난한 노동계급, 중간 노동자-소유자 계급, 부유한 소유계급이 발전한다.

자본축적capital accumulation | 더 많은 부를 획득하는 데 사용할 수 있는 자산을 획득하는 과정.

자원resources

공유자원common pool resources, **공동 소유 자원**common property resources **(CPR)** | 공동으로 보유되고 관리되는 자원으로, 공공재와는 다르다. 왜냐하면 CPR의 경우 접근과 혜택이 일반 공중이 아닌 특정 집단에만 한정되기 때문이다.

오픈 액세스 자원open-access resources | 이 자원은 거버넌스 레짐 또는 사유

재산법의 적용을 받지 않는다.

전래 작물 품종heirloom crop varieties ㅣ 전래 먹을거리 작물은 교배종(두 가지 품종 간의 교배)과 달리 '순종을 그대로 만들어내는' 자연 수분의 품종 또는 표준 품종이다. 이는 종자를 해마다 수집하여 다시 재배할 수 있다는 것을 의미하며, 부모 품종의 퇴행적 형질을 자주 드러내는 교배종과 달리, 그러한 식물은 동일한 형질을 계속해서 드러낸다. 전래 품종들은 원래 그 품종의 맛, 저장, 또는 농경 특성 때문에 농부와 재배자들에 의해 여러 세대에 걸쳐 재배되었다. 일반적으로 전래 작물은 1950년대 이전의 전통적인 육종 방법으로 개발되었다.

전유주의appropriationism ㅣ 농업생태적 관리관행(이를테면 녹비·지피작물·가축분뇨의 사용을 통한 토양 비옥화, 생물학적·생물다양성 형태의 해충 방제, 농장에서 재배한 종자의 저장)을 합성비료, 농약, 유전자 조작 종자로 대체함으로써 자본이 농업의 상류 쪽(생산 측면)의 노동과정을 전유하는 과정.

중상주의mercantilism ㅣ 자본주의 발전의 식민지 단계로, 수출에 보조금을 지급하고 임금을 낮게 유지했다. 또한 식민지로 하여금 지배 제국의 제조업 생산물을 구매하도록 강요하기 위해 식민지의 산업화를 방해했다.

지대 추구 행동rent-seeking behavior ㅣ 부를 생산하지 않고 투기, 차익거래, 또는 부당한 세금 우대조치나 보조금을 통해 이익을 얻는 관행. 신지대주의 neo-rentism라고도 알려져 있다.

지속가능한 강화sustainable intensification ㅣ 생산에 사용되는 화학물질과 에너지의 투입량을 줄이면서도 농업 생산성을 증대시키는 것을 묘사하는 광의의 용어. 지속가능한 강화는 농업의 구조적 변화에 대해 숙고하는 것이 아니라 기존 산업체계를 세세하게 조정하고자 한다.

지적 재산의 무역관련 측면 Trade-Related Aspects of Intellectual Property(TRIPs) l
세계무역기구World Trade Organization(WTO)의 모든 회원국 간의 국제협정
의 하나로, 각국 정부로 하여금 다양한 형태의 지적 재산(이를테면 GMO
종자의 유전정보)을 보호하도록 규정하고 있다. 지적 재산이 국제무역체
계에 도입된 것은 이번이 처음이다.

지피작물cover crop l 토양을 풍부하게 하고 보존하고 이전 작물에 의해 제거
된 자양분을 되돌리기 위해 심는 작물이다. 일반적인 지피작물로는 1년
생 곡물(호밀, 밀, 보리, 귀리)과 콩과류 식물들(콩, 완두콩, 땅콩, 클로
버)이 있다.

짐 크로 법 Jim Crow laws l 남북전쟁(1880년대) 이후 옛 남부 연합에 속한 주들
에서 제정된 법률로, 학교, 버스, 도서관을 포함한 모든 공공장소에서 인
종차별을 명령한다. 이 법은 주의 권리를 가장하여 아프리카계 미국인의
정치적 권리 박탈과 임의적 감금 및 노동착취와 같은 더 차별적이고 잔인
한 여러 관행을 낳았다. 짐 크로 법은 민권운동의 노력을 통해 1960년대
대법원 판결에 의해 최후를 맞이했다.

집약경작high farming l 19세기 영국에서 더 크고 더 부유한 농장에서 실행한
일단의 집약적 농업 기법으로, 수입한 구아노를 이용하여 토양을 비옥하
게 만들었다.

차익거래arbitrage l 재화에 어떤 다른 가치를 부가하지 않은 채 더 높은 가격으
로 판매하기 위해 재화나 자산(토지, 상품, 금융수단 등)을 구매하는 것.

차지농tenant farmers l 임차한 토지에서 경작하며 사는 사람들이기 때문에 토
지에 대해 제한된 권리와 일시적 접근권만을 가진다. 어떤 경우에는 생산

물의 일부를 토지 소유자에게 넘겨주어야만 한다.

초착취superexploitation │ 임금노동의 착취를 가능하게 하는 여성과 여타 사람들 — 노예, 피식민자, 계약 노동자, 농민과 같은 — 이 수행하는 비임금의 생계유지 노동.

초청 노동자 프로그램guest worker program │ 농업과 여타 산업에 해외로부터 값 싸고 일시적인 노동력을 공급하는 프로그램. 이러한 프로그램(현재의 H-2A 프로그램과 같은)은 주州와 기업 둘 다로 하여금 이주 노동자를 보다 잘 통제할 수 있게 해준다. 초청 노동자들의 이주자 지위는 자주 그들의 일자리와 관련되어 있다. 즉, 그들의 임금이 너무 낮거나 조건이 너무 열악할 경우, 그들은 일자리를 옮기는 것이 법적으로 막혀 있다. 특정 산업에서 그러한 프로그램은 의도적으로 임금과 노동 조건을 끌어내리는 한편 노동자들이 조합을 결성하지 못하게 만든다. **브라세로 프로그램**도 보라.

탄소시장carbon markets │ 일정한 양의 탄소 배출을 허용하는 배출권이 거래될 때 발전하며, 여기서 '배출권 거래'라는 용어가 나왔다. 배출권 거래는 허용 배출량의 의무적 상한과 맞물려 있다. 어떤 회사가 상한을 초과할 때, 그 회사는 탄소 배출량 상한을 초과하지 않은 다른 기업으로부터 배출권을 구매하여 계속해서 환경을 오염시킬 수 있다.

탈정치화depoliticization │ 사회운동, 기관, 개인이 폭력과 부정의라는 자본주의의 근본 구조를 다루지 않게 되는 과정.

토지 수탈land grabs │ 자본주의의 과잉축적 위기에 대한 신속한 해결책으로 여겨지는 토지 수탈은 토지를 대규모로 취득하여 글로벌 시장으로 끌어들인다. 금융이 최근 토지 수탈의 주요 동력으로 인식되지만, 추출산업과 부동산 부문에서 생명보험회사와 부유한 개인에 이르기까지 많은 다른 부문이 이 과정에 참여해 왔다.

토지 정의land justice ㅣ 도시와 농촌의 맥락에서 토지에 대한 공평한 접근을 요구하는 용어.

토지 주권land sovereignty ㅣ 노동하는 사람들이 토지와 그 이익을 차지하고 토지에 효과적으로 접근하고 이용하고 통제할 수 있는 권리.

토지개혁land reform ㅣ 토지 소유의 양식을 변경하는 조치로, 일반적으로 토지 소유권(사적 또는 집단적)을 무토지 농민에게 분배하는 형태로 이루어진다. 토지개혁은 대규모 토지 소유의 해체와 재분배를 포함할 수도 있고 포함하지 않을 수도 있으며, 시장과 서비스에 영향을 미치는 보다 광범위한 농업개혁과 관련되어 있을 수도 있고 그렇지 않을 수도 있다.

투입물input ㅣ 농업에서 투입물은 작물 생산에 투자되는 종자, 비료, 살충제, 제초제, 관개를 지칭한다. 투입물은 합성(화학)물질일 수도 유기물질일 수도 있다. 농장 밖에서 생산되면(화학비료와 농약처럼) '외부 투입물'이라고 불리고, 농부가 생산하면(종자 또는 퇴비처럼) '농장 내 투입물'이라고 불린다.

투입물 대체input substitution ㅣ 화학적 투입물(보통 비료와 농약)을 유기적 투입물로 대체하는 것. 큰 산업적 유기농 농장에서 흔하다. 이것은 농업생태적으로 농장을 재설계하는 중간 단계일 수 있다.

패리티parity ㅣ 농부들이 자신들의 생산물에 대해 공정한 가격, 즉 버젓하고 품위 있는 생계를 유지할 수 있는 가격을 지불받아야 한다는 농업 개념. 농부들에게 지불되는 패리티 가격은 생산비용의 상승에 비례하여 상승한다.

프롤레타리아proletariat ㅣ 생산수단을 소유하지 못하기 때문에 자신의 노동을 임금을 받고 팔아야만 하는 자본주의 사회의 노동자계급.

합리적 농업rational agriculture | 사람이나 지구를 과도하게 착취하지 않는 형태의 농업. 자본주의의 '비합리적 농업'의 반대말이다.

헤게모니hegemony | 이탈리아 이론가 안토니오 그람시와 연관되어 있는 용어로, 헤게모니는 사회의 특정 계급이 그 사회의 가치, 정치, 경제적·군사적 구조를 지배함으로써 다른 모든 계급을 통제하고 예속시키는 상황을 묘사하는 용어이다. 특권집단이 다른 집단들을 통제하기 위해 헤게모니를 행사할 수도 있다. 이를테면 가부장적 헤게모니, 식민지 헤게모니, 또는 백인 헤게모니가 그러한 것들이다.

협동조합 모델cooperative model | 1인 1표의 원칙에 기초한 기업 소유권의 한 형태. 협동조합은 생산, 소비, 또는 서비스 제공을 위해 결성될 수 있으며, 이상적으로 일곱 가지 원칙 — 자발적 및 개방적 회원자격, 민주적 회원 통제, 회원의 경제적 참여, 자치와 독립, 교육과 훈련과 정보제공, 협동조합들 간의 협력, 지역사회에 대한 관심 — 을 따른다.

화전농업slash-and-burn agriculture | 열대지방에서 수천 년 동안 널리 사용되어 온 방법으로, 나무를 베고 남아 있는 초목을 불태우고, 그리하여 이전에 숲이 우거졌던 지역 위에 자양물이 풍부한 재로 이루어진 하나의 층을 만들어낸다. 잡초로 인해 그 지역에서 경작을 하지 못하게 될 때까지 몇 년 동안 작물을 심는다. 그다음 농부들은 나무가 우거진 새로운 지역으로 이동하고 이 과정을 반복하여, 결국에는 이전에 경작했던 지역에 새로운 초목들이 정착하면 그 지역으로 되돌아온다.

환경 회복력environmental resiliency | 큰 충격이나 교란이 일어난 후 환경이 원래 상태로 '되돌아가'거나 회복하는 능력.

1910~1930년과 1940~1970년의 대이주 | 600만 명이 넘는 아프리카계 미국인이 '짐 크로 법'하에서 자행되는 인종차별과 폭력적인 인종 억압을 피하기 위해 경제적 기회를 찾아 미국 남부에서 북부의 산업 도시로 이주한 기간. 첫 번째 물결은 농촌 지역에서 경작하던 사람들로 이루어졌고, 두 번째 물결에는 많은 도시 이민자들이 포함되어 있었다.

미주

제1장 자본주의 먹을거리 체계는 어떻게 등장했는가

1 엥겔스는 비록 덜 발전된 형태이기는 하지만 1843년에 「정치경제학 비판 개요(Outlines of a Critique of Political Economy)」에서 처음으로 예비군 관점을 도입했다(Marx and Engels, 1975, vol. 6: 438, 443).

2 유럽인들이 보리, 감자, 밀을 함께 먹고살던 당시에 옥수수만으로 생활했던 사람들은 펠라그라(pellagra)[니코틴산 결핍증후군이라고도 한다. 옥수수를 주식으로 하는 지역에서 유행한다 _옮긴이]라는 영양결핍증에 걸렸다. 아메리카 대륙의 토착 지역사회는 옥수수와 콩 및 다른 작물들을 함께 먹고 옥수수를 닉스타말화(nixtamalization) — 라임을 이용하여 영양분 함량을 크게 향상시키는 — 과정을 이용하여 조리했기 때문에 펠라그라로 고통받지 않았다(Warman, 2003).

3 농업용 화학물질과 전쟁용 화학물질의 공진화는 20세기로의 전환기부터 시작된다. 이에 대한 상세한 설명으로는 Russell(2001)을 보라.

4 가브리엘과 그의 가족은 '농부에게서 농부에게로(Campesino a Campesino)'라고 불린 농민운동의 도움을 받아 토양에 유기물을 보강하고 토양과 물 보존 사업을 시행하고 교배종 옥수수와 비료를 전통적인 옥수수-콩-호박 혼합경작으로 대체함으로써 농장에 가까스로 산출력을 회복하고 생산을 복구했다. 그는 혼농임업(agroforestry)을 도입했고, 콩이 열리는 다년생 식물과 별통의 복합적 혼합방식을 자신의 농장으로 들여왔다. 가브리엘이 자본주의 농업에서 겪은 경험, 즉 투자를 늘려도 수익이 감소하는 것은 라틴아메리카에서 소작농과 소규모 농부들에게 흔한 일이었다. 가브리엘처럼 농업생태적 관행을 이용하여 재기한 경우는 그리 흔치는 않지만 점점 더 많아지고 있다(Holt-Giménez, 1996).

제2장 먹을거리, 하나의 특별한 상품

1 마르크스의 『자본론』 제1권은 1861년에 독일 함부르크에서 출간되었는데, 마르크스가 사망한 1883년 — 당시 유럽 대륙은 팽창적인 자유시장의 호황에 뒤이어 불황이 절정에 달해 있었다 — 까지도 영어로 번역되지 않았다. 마르크스와 공동저자인 프리드리히 엥겔스(Friedrich Engels)는 『자본론』을 "노동계급의 바이블"이라고 불렀다. 마르크스 이전의 정치경제학자들은 이윤이 생산물의 가치로부터 전유되는 방식에 대해 묻지 않고 이윤의 존재를 그냥 받아들였다. 19세기 정치경제학에 마르크스가 기여한 근본적인 공헌은 잉여가치의 본질을 탐구한 것이었다.

2 '유기농'이라는 말은 합성 화학물질을 이용하지 않고 재배된 곡물과, 호르몬이나 화학적으로 처리된 곡물을 섭취하지 않고 길러진 동물을 일컫는다. 미국에서는 미국 농무부가 유기농 생산물을 검사하고 인증한다. 세계의 농부들은 대부분 합성 화학물질을 투입

하지 않고 먹을거리를 키우지만, 그들은 유기농 인증 없이 전통시장에서 자신들의 생산물을 판매한다.

3 자본주의의 석유는 대부분 중동에서 생산된다. 석유 접근권을 확보하기 위해 1조 달러의 공적 자금이 투입된 전쟁이 치러졌고, 지금도 치러지고 있다. 이들 비용은 기업의 대차대조표에도, 주유소에서도 나타나지 않는다.

4 USDA 2012 농업 센서스에 따르면, 미국의 210만 명의 농부 중에서 단지 8%만이 유색인종(토착 아메리카인, 아시아인, 라틴계 사람, 또는 아프리카계 미국인)이다. 하지만 그들의 몫은 증가하고 있는데, 특히 라틴계 사람들 사이에서 그렇다. 라틴계 사람의 수는 이제 6만 7000명이 넘는다. 그중 여성 농부의 비율은 14%이다. 그들 중 4분의 3이 연간 1만 달러 이하의 매출을 올린다. 미국 농장의 75%가 5만 달러 이하의 판매고를 올린다. 그러나 고소득 거대 농장의 수는 증가하고 있다. 35세 이하의 농부 비율은 지난 센서스 이래로 8% 감소한 반면, 그보다 나이 많은 농부의 수는 증가했다. 미국 농부의 평균 연령은 이제 58세이다. 이들 통계치가 전형적인 백인, 남성, 나이 든 농부의 모습을 그리고 있지만, 이는 젊고 주로 여성이고 비백인인 신참 농부들이 늘어나고 있다는 사실을 숨기고 있다(Holt-Giménez, 2014).

제3장 토지와 소유

1 http://www.onthecommons.org/sites/default/files/celebrating-the-commons.pdf.

2 공유지는 자본주의하에서도 사라지지 않았고, 수백만 에이커의 공유자원들(농지, 목초지, 숲, 강, 호수)이 멕시코, 브라질, 온두라스, 베네수엘라, 니카라과의 원주민 토지뿐만 아니라 사하라사막 이남의 아프리카(500만 명이 거주하는), 피지, 멕시코, 타이완, 인도, 네팔, 자메이카, 미국(바닷가재 어장), 스칸디나비아 국가들(야생 사료용 버섯과 베리), 스페인(관개 채소밭), 유럽 전역의 목초지를 포함하여 전 세계의 발전된 국가와 개발도상 국가들에서도 발견된다(Vivero-Pol, 2013).

3 공유자원에 대한 오스트롬의 분석틀
   1) 명확하게 규정된 경계(외부의 자격 없는 관계자들의 효과적 배제)
   2) 지역적 조건에 맞게 조정된, 공유자원의 이용 및 제공에 관한 규칙
   3) 자원 이용자들 대부분이 의사결정에 참여할 수 있는 집합적 선택 제도
   4) 감시자 ― 이용자들의 일부이거나 이용자들에게 책임을 지는 ― 들에 의한 효과적인 감시활동
   5) 공동체의 규칙을 위반하는 자원 이용자에 대한 등급별 제재 장치
   6) 적은 비용으로 손쉽게 접근할 수 있는 갈등해소 메커니즘
   7) 높은 수준의 권위에 의해 인정받는 공동체의 자기결정권
   8) 더 큰 공유자원의 경우 기초 수준에서의 작은 지역적 공유자원과 함께 중층의 정합적 사업 단위 형태로의 조직화

4 경제학자들이 꿈꾸는 진정한 자기조절적 '자유시장'은 많은 구매자와 판매자를 요구하며, 따라서 어느 누구도 시장을 지배할 수 없다. 가격은 수요와 공급에 의거하여 '자연' 수준에 도달한다. 하지만 (대규모 상업적 농업 생산물의) 구매자가 소수이고 그리고/또

는 (먹을거리 소매 부문뿐만 아니라 농업 투입물 산업의) 판매자가 소수일 때, 고전적 의미에서의 '자유시장'과 같은 어떤 것은 전혀 존재할 수 없다.

제4장 자본주의, 먹을거리, 그리고 농업

1 Working Group III contribution to the IPCC 5th Assessment Report "Climate Change 2014: Mitigation of Climate Change," April 12, 2014, http://report.mitigation2014.org /drafts/final-draft-postplenary/ipcc_wg3_ar5_final-draft_postplenary_chapter11.pdf.

제5장 먹을거리 체계에서의 권력과 특권: 젠더, 인종, 계급

1 실비아 페데리치는 이 새로운 레짐에서의 여성의 궁핍화와 착취에 대해 다음과 같이 기술한다. "재생산 노동의 새로운 국제 분할은 이주 여성의 어깨 위에 가사노동의 상당한 몫을 재분배하는 식으로 세계를 조직화했고, 이것이 종종 돌봄노동의 지구화로 정의되는 것을 낳았다. …… 그러나 이러한 진전은 대다수 여성이 여전히 수행할 것으로 기대받는 가사노동의 양에 유의미한 영향을 미치지 않았으며, 가사노동 위에 구축된 젠더에 기초한 불평등도 제거하지 못했다. 우리가 전 지구적 관점을 취할 경우, 우리는 모든 국가에서 여성이 여전히 가사노동의 대부분을 수행할 뿐만 아니라 사회서비스에 대한 국가의 투자 감소와 산업생산의 탈중심화로 인해 여성이 수행한 지불·부불 가사노동의 양이 심지어 여성들이 가정 밖에서 일자리를 갖고 있을 때조차 실제로 증가했다는 것을 알 수 있다"(Federici, 2012: 18).

2 이 절은 시스타 비건 프로젝트(Sistah Vegan Project)의 사무총장 브리즈 하퍼(Breeze Harper)와 함께 쓴 글에서 따왔다. http://www.sistahvegan.com.

3 경작 지주와 비경작 지주가 임차한 전체 토지를 놓고 볼 때, 주요 지주의 97%가 백인이다. 2014년에 받은 지대, 지출, 토지 및 건물 가치의 98%를 백인 지주가 차지했다(2014년 미국 농업센서스 총조사 결과).

4 이러한 위계질서가 문서로 매우 잘 기록되어 있기 때문에, 우리는 북아메리카와 안데스, 폴리네시아와 북극, 그리고 호주 원주민들의 토착 사회와 다른 많은 사회의 먹을거리 체계와 경작 체계가 생산성이 높고 지속가능하고 사회적·정치적·문화적 분할에도 불구하고 대체로 평등주의적이었다는 사실을 잊는 경향이 있다.

제6장 먹을거리, 자본주의, 위기, 그리고 해결책

1 "Climate-Smart Agriculture"(Food and Agriculture Organization of the United Nations, n.d.), http://www.fao.org/climate-smart-agriculture/overview/en/.

2 La Via Campesina https://viacampesina.org/en/을 보라.

3 "Waste," Oxford Living Dictionary, https://en.oxforddictionaries.com/definition/waste.

4 "USDA and EPA Join with Private Sector, Charitable Organizations to Set Nation's First Food Waste Reduction Goals," https://www.usda.gov/oce/ foodwaste/.

참고문헌

Alexander, Michelle, 2011, *The New Jim Crow: Mass Incarceration in the Age of Colorblindness*, rev. ed., New York: New Press.

Alkon, Alison Hope, 2012, *Black, White and Green: Farmers Markets, Race, and the Green Economy*, Atlanta: University of Georgia Press.

Altieri, Miguel A., 1987, *Agroecology: The Scientific Basis of Sustainable Agriculture*, Boulder, CO: Westview Press.

Altieri, Miguel, 1990, "Why Study Traditional Agriculture?," in Peter Rosset, C. Ronald Carroll and John H. Vandermeer(eds), *Agroecology*, New York: McGraw-Hill: 551~564.

Altieri, Miguel, 2004, "Linking Ecologists and Traditional Farmers in the Search for Sustainable Agriculture," *Frontiers in Ecology and the Environment*, 2(1): 35~42.

Amin, Samir, 2011, "Food Sovereignty: A Struggle for Convergence in Diversity," in Eric Holt-Giménez(ed.), *Food Movements Unite! Strategies to Transform Our Food Systems*, Oakland, CA: Food First Books: xi-xviii.

Babin, Nicholas, 2014, "Agroecology Saves the Farm(Where Fair Trade Failed): Surviving the Coffee Crisis in Costa Rica," *Backgrounder*, Oakland, CA: Food First/Institute for Food and Development Policy, December 10, http://foodfirst.org/publication/agroecology-saves-the-farm-in-costarica/.

Bacon, David, 2017, "Unbroken Connection to the Land: An Interview with Farmworker Activist Rosalinda Guillen," in Justine M. Williams and Eric Holt-Giménez(eds), *Land Justice: Re-Imagining Land, Food and the Commons*, Oakland, CA: Food First Books.

Badgley, Catherine, Jeremy Moghtader, Eileen Quintero, Emily Zakem, M. Jahi Chappell, Katia Avilés-Vázquez, Andrea Samulon and Ivette Perfecto, 2007, "Organic Agriculture and the Global Food Supply," *Renewable Agriculture and Food Systems* 22(2): 86~108.

Baptist, Edward E., 2014, *The Half Has Never Been Told: Slavery and the Making of American Capitalism*, New York: Basic Books.

Bardacke, Frank, 2011, *Trampling Out the Vintage: Cesar Chavez and the Two Souls of the United Farm Workers*, New York: Verso.

Barreca, Nicole, 2016, "Biofortification Pioneers Win 2016 World Food Prize to Fight Against Malnutrition," Press release. World Food Prize. Ames, IA. June 28,

https://www.worldfoodprize.org/index.cfm/87428/40322/biofortification_
pioneers_win_2016_world_food_prize_for_fight_against_malnutrition.

Bauer, Mary and Monica Ramirez, 2010, "Injustice on Our Plates: Immigrant Women in
the U.S. Food Industry," Montgomery, AL: Southern Poverty Law Center,
https://www.splcenter.org/sites/default/files/d6_legacy_files/downloads/
publication/Injustice_on_Our_Plates.pdf.

Beckert, Sven, 2014, "Slavery and Capitalism," *The Chronicle of Higher Education*,
December 12, http://chronicle.com/article/SlaveryCapitalism/150787.

Bentley, Eric, 1973, *Thirty Years of Treason: Excerpts from Hearings before the House
Committee on Un-American Activities 1938-1968*, 1st ed., New York: Penguin
Books, Ltd.

Bernstein, Henry, 2010, *Class Dynamics of Agrarian Change*, Halifax: Fernwood.

Bookchin, Murray, 1982, *The Ecology of Freedom*, Palo Alto, CA: Cheshire Books.

Boston Consulting Group, 2009, "The Next Billions: Business Strategies to Enhance
Food Value Chains and Empower the Poor," Geneva: World Economic Forum,
http://www3.weforum.org/docs/WEF_FB_FoodValueChainsAndPoor_Report
_2009.pdf.

Bouis, H., 2005, "The Dual Global Challenges of Malnutrition and Obesity," World Food
Prize International Symposium, Des Moines, Iowa, October 13, https://www.
worldfoodprize.org/documents/filelibrary/images/borlaug_dialogue/2005/
Bouis_transcript_31DE91D659E2F.pdf;

Boyle, Allan, 2016, "The End of Grocery Checkers? Amazon's High-Tech Store Points to
the Future of Physical Retail," *GeekWire*, December 5, http://www.geekwire.
com/2016/the-end-of-grocery-checkers-amazons-high-tech-convenience-store
-points-to-future-of-physical-retail/.

Brooks, Sally, 2010, *Rice Biofortification: Lessons for Global Science and Development*,
London: Earthscan Publications.

Bunch, Roland, 1985, *Two Ears of Corn: A Guide to People-Centered Agricultural
Improvement*, Oklahoma City: World Neighbors.

Byerlee, Derek and Carl K. Eicher, 1997, *Africa's Emerging Maize Revolution,* Boulder,
CO: Lynne Rienner Publishers.

Carney, Judith Ann, 1993, "From Hands to Tutors: African Expertise in South Carolina
Rice Economy," *Agricultural History* 67(3): 1~30.

Carney, Judith Ann, 2001, *Black Rice: The African Origins of Rice Cultivation in the
Americas*, Cambridge and London: Harvard University Press.

Carney, Judith Ann, 2004, "'With Grains in Her Hair': Rice in Colonial Brazil," *Slavery
and Abolition* 25(1): 1~27.

Carolan, Michael, 2005, "Barriers to the Adoption of Sustainable Agriculture on Rented

Land: An Examination of Contesting Social Fields," *Rural Sociology*, 70(3): 387~413.

Carroll, Lewis, 1865, *Alice's Adventures in Wonderland*, London: Cleave Books, http://www.cleavebooks.co.uk/grol/alice/won02.htm.

Carrothers, Courtney, 2010, "Tragedy of Commodification: Displacements in Alutiiq Fishing Communities in the Gulf of Alaska," *VB Mast* 9(2): 95~120.

Carter, Miguel, 2015, *Challenging Social Inequality: The Landless Rural Workers Movement and Agrarian Reform in Brazil*, Durham: Duke University Press.

Center for History and News Media, 2014, "Bracero History Archive," http://bracero archive.org/.

Centers for Disease Control and Prevention, 2014, "National Diabetes Statistics Report: Estimates of Diabetes and Its Burden in the United States," U.S. Department of Health and Human Services, http://www.cdc.gov/dia-betes/pubs/statsreport 14/national-diabetes-report-web.pdf.

Charles, Daniel. 2014, "The System Supplying America's Chickens Pits Farmer vs. Farmer," *The Salt*, February 20, http://www.npr.org/sections/thesalt/2014/02/20/279040 721/the-system-that-supplies-our-chickens-pits-farmer-against-farmer.

Chayanov, Alexander, 1966, *The Theory of Peasant Economy*, Manchester, UK: Manchester University Press.

Ciment, James and John Radzilowski, 2015, *American Immigration: An Encyclopedia of Political, Social, and Cultural Change*, London: Routledge.

CIW, 2017a, "The Fair Food Program," http://www.fairfoodprogram.org/.

CIW, 2017b, "The Anti-Slavery Program," http://www.ciw-online.org/slavery/.

Clapp, Jennifer, 2012, *Food*, Cambridge: Polity Press.

Cryan, Daniel, Sharron Shatil and Piero, 2009, *Capitalism: A Graphic Guide*, London: Icon Books.

Daniel, Pete, 2013, *Dispossession: Discrimination Against African American Farmers in the Age of Civil Rights*, Chapel Hill: University of North Carolina Press.

Daño, Elizabeth C., 2014, "Biofortification: Trojan Horse of Corporate Food Control?," *Development* 57(2): 201~209.

Davis, Mike, 2004, "Planet of Slums: Urban Involution and the Informal Proletariat," *New Left Review* 26: 5~34.

de Alcantara, Cynthia Hewitt, 1976, *Modernizing Mexican Agriculture*, Geneva: United Nations Research Institute for Social Development.

de Janvry, Alain, 1981, *The Agrarian Question and Reformism in Latin America*, Baltimore and London: Johns Hopkins University Press.

de Schutter, Olivier, 2010, "Agroecology and the Right to Food," Report of the UN Special Rapporteur on the Right to Food, Geneva: United Nations, December, http://www.srfood.org/en/report-agroecology-and-the-right-to-food.

DeNavas-Walt, Carmen, Bernadette Proctor and Jessica Smith, 2015, "Income, Poverty, and Health Insurance Coverage in the United States," in *The U.S. Farm Bill: Corporate Power and Structural Racialization in the United States Food System*, Haas Institute for a Fair and Inclusive Society, UC Berkeley, http://www.hassinstitute.berkeley.edu.

Doss, Cheryl, 2011, "If Women Hold Up Half the Sky, How Much of the World's Food Do They Produce?," New York: UN Food and Agriculture Organization, http://www.fao.org/3/a-am309e.pdf.

Dunbar-Ortiz, Roxanne, 2014, *An Indigenous People's History of the United States*, Boston: Beacon Press.

Edelman, Marc, 2000, "The Persistence of the Peasantry," *North American Congress on Latin America* 33(5): 14~19.

Elsheikh, Elsadig and Nadia Barhoum, 2013, "Structural Racialization and Food Insecurity in the United States; A Report to the U.N. Human Rights Committee on the International Covenant on Civil and Political Rights," Haas Institute for a Fair and Inclusive Society, UC Berkeley, August.

Engels, Friedrich, 1884, *The Origin of the Family, Private Property and the State*, Hottingen-Zurich, https://www.marxists.org/archive/marx/works/download/pdf/origin_family.pdf, 30.

Engels, Friedrich, 1993, *The Condition of the Working Class in England*, Oxford: Oxford University Press.

Environmental Commons, 2015, "History of the Commons," http://www.environmental commons.org/commons.html.

EPA, 2014, "Climate Impacts on Agriculture and Food Supply," September 27, http://www.epa.gov/climatechange/impacts-adaptation/agriculture.html#impactsli vestock.

Fairbairn, Madeleine, 2014, "When Farmland Meets Finance: Is Land the Next Economic Bubble?," Food First Policy Brief, *Land & Sovereignty in the Americas* 5(May), http://www.mozilla.com/en-US/firefox/central/.

FAO, 2012, "Women in Agriculture: Closing the Gender Gap for Development," State of Agriculture yearly report, Rome: Food and Agriculture Organization(FAO), http://www.fao.org/docrep/013/i2050e/i2050e.pdf.

Federici, Silvia, 2012, *Revolution at Point Zero: Housework, Reproduction, and Feminist Struggle*, Oakland, CA: PM Press.

Flannery, Tim, 2001, *The Eternal Frontier: An Ecological History of North America and Its Peoples*, London: Penguin Books.

Food and Watch, 2009, "Casino of Hunger: How Wall Street Speculators Fueled the

Global Food Crisis"(Washington, D.C.: Food and Water Watch, November 2009), https://www.foodandwaterwatch.org/sites/default/files/casino_hunger _report_dec_ 2009.pdf.

Food First, 2014, "Food Insecurity of Restaurant Workers," Food Chain Workers Alliance, Restaurant Opportunities Center, http://foodfirst.org/publication/ food-insecurity-of-restaurant-workers/.

Foster, John Bellamy, 2016, "Marx as a Food Theorist," *Monthly Review* 68/7 (December), http://monthlyreview.org/2016/12/01/marx-as-a-food-theorist/.

Fraser, Nancy, 2014, "Transnationalizing the Public Sphere: On the Legitimacy and Efficacy of Public Opinion in a Post-Westphalian World," in Kate Nash(ed.) *Transnationalizing the Public Sphere*, Cambridge: Polity Press, http://journals. sagepub.com/doi/pdf/10.1177/0263276407080090.

Fraser, Nancy, 2017, "The End of Progressive Neoliberalism," *Dissent*, January 2, https://www.dissentmagazine.org/online_articles/progressive-neo-liberalism -reactionary-populism-nancy-fraser.

Freire, Paulo, 1970, *Pedagogy of the Oppressed*, New York: Herder and Herder.

Fukuyama, Francis, 1989, "The End of History?", *The National Interest* 16: 3~18.

FUNDESCA, 1984, *El Ultimo Despale ... La Frontera Agricola Centroamericana*, San José, Costa Rica: Fundacion para el Desarrollo Economico y Social de Centro America.

GAIN, 2005, "Public-Private Partnership Launched to Improve Nutrition in Developing Countries," Global Alliance for Improved Nutrition, First Annual Forum of the Business Alliance for Food Fortification, http://www.gainhealth.org/ knowledge-centre/first-annual-forum-business-alliance-food-fortification/.

Galenson, David W., 1984, "The Rise and Fall of Indentured Servitude in the Americas: An Economic Analysis," *Journal of Economic History* 44(1): 1~26.

Garnett, Tara and H. Charles J. Godfray, 2012, "Sustainable Intensification in Agriculture: Navigating a Course through Competing Food Systems Priorities," Report from Food Climate Research Network and Oxford Martin Programme on the Future of Food workshop, January 2012, http://www.futureoffood. ox.ac.uk/sites/futureoffood.ox.ac.uk/files/SI%20report%20-%20final.pdf.

Gliessman, S. R., 1998, *Agroecology: Ecological Processes in Sustainable Agriculture*, Chelsea MI: Ann Arbor Press.

Gliessman, S. R., R. E. Garcia and M. A. Amador, 1981, "The Ecological Basis for the Application of Traditional Agricultural Technology in the Management of Tropical Agroecosystems," *Agro-Ecosystems* 7(3): 173~185.

Gliessman, Stephen R. 2007, *Agroecology: The Ecology of Sustainable Food Systems*, New York: Taylor and Francis.

Goodman, D., B. Sorj and J. Wilkinson, 1987, *From Farming to Biotechnology: A Theory of Agro-Industrial Development*, Oxford: Blackwell.

Gore, Charles, 2000, "The Rise and Fall of the Washington Consensus as a Paradigm for Developing Countries," *World Development* 28(5): 789~804.

GRAIN, 2014, "Hungry for Land: Small Farmers Feed the World with Less than a Quarter of All Farmland", Barcelona: GRAIN, http://www.grain.org/article/entries/4929-hungry-for-land-small-farmers-feed-the-world-with-less-than-a-quarter-of-all-farmland.

Gramsci, Antonio, 1971, *Selections from the Prison Notebooks*, ed. Q. Hoare, New York: International Publishers.

Gunders, Dana, 2012, "Wasted: How America Is Losing Up to 40 Percent of Its Food from Farm to Fork to Landfill," National Resources Defense Council, August, https://www.nrdc.org/sites/default/files/wasted-food-IP.pdf

Guthman, Julie, 2008, "If They Only Knew: Color Blindness and Universalism in California Alternative Food Institutions," *The Professional Geographer*, 60(3): 387~397.

Guthman, Julie, 2012, "If They Only Knew: Color Blindness and Universalism in California Alternative Food Institutions," in Psyche Williams Forson and Carole Counihan(eds), *Taking Food Public: Redefining Foodways in a Changing World*, New York, London: Routledge: 211~223.

Habermas, Jurgen, 1989, *The Structural Transformation of the Public Sphere: An Inquiry into a Category of Bourgeois Society*, Cambridge, MA: MIT Press.

Hachmyer, Caitlyn, 2017, "Notes from a New Farmer: Rent-Culture, Insecurity, and the Need for Reform," in *Land Justice: Re-Imagining Land, Food and the Commons in the United States*, Oakland, CA: Food First Books.

Hardin, Garrett, 1968, "The Tragedy of the Commons," *Science* 162(December): 1243~1248.

Harvey, David, 2003, *The New Imperialism*, New York: Oxford University Press.

Harvey, David, 2004, "The 'New' Imperialism: Accumulation by Dispossession," *The Socialist Register*. 40: 63~87.

Harvey, David, 2005. *A Brief History of Neoliberalism*, Oxford: Oxford University Press.

Harvey, David, 2010, *A Companion to Marx's Capital*, 2 vols., London and Brooklyn: Verso.

Heilbroner, Robert L., 1999, *The Worldly Philosophers: The Lives, Times, and Ideas of the Great Economic Thinkers*, 7th ed., New York: Touchstone, http://starbooksfeaa.weebly.com/uploads/5/4/8/6/54869709/the_wordly_philosophers.pdf.

Herman, Edward and Noam Chomsky, *Manufacturing Consent: The Political Economy of the Mass Media*, New York: Pantheon Books.

Hickel, Jason, 2016, "The True Extent of Global Poverty and Hunger: Questioning the Good News Narrative of the Millennium Development Goals," *Third World Quarterly* 37(5): 749~767.

Holt-Giménez, Eric and A. Shattuck, 2011, "Food Crises, Food regimes, and Food Movements: rumblings of reform or Tides of Transformation?" *Journal of Peasant Studies* 38(1): 109~144.

Holt-Giménez, Eric, 2001, "Measuring Farmers' Agroecological Resistance to Hurricane Mitch in Central America," London: International Institute for Environment and Development.

Holt-Giménez, Eric, 2002, "Measuring Farmers' Agroecological Resistance after Hurricane Mitch in Nicaragua: A Case Study in Participatory, Sustainable Land Management Impact Monitoring," *Agriculture, Ecosystems & Environment* 93: 87~105.

Holt-Giménez, Eric, 2006a, "Territorial Restructuring and the Grounding of Agrarian Reform: Indigenous Communities, Gold Mining and the World Bank," in S. Sauer(de.) *Land, Poverty, Social Justice and Development*, Brasilia.

Holt-Giménez, Eric, 2006b, *Campesino a Campesino: Voices from Latin America's Farmer to Farmer Movement for Sustainable Agriculture,* Oakland, California: Food First.

Holt-Giménez, Eric, 2007a, "Biofuels: Myths of the Agro-Fuels Transition," *Backgrounder*, Oakland, CA: Food First Books, https://foodfirst.org/wp-content/uploads/2013/12/BK13_2-Biofuels2007_English.pdf.

Holt-Giménez, Eric, 2007b, "LAND—GOLD—REFORM: The Territorial Restructuring of Guatemala's Highlands," *Development Report*, Institute for Food and Development Policy.

Holt-Giménez, Eric, 2008, "Territorial Restructuring and the Grounding of Agrarian Reform: Indigenous Communities, Gold Mining and the World Bank," *Working Paper, Land Policy*, Amsterdam: Transnational Institute.

Holt-Giménez, Eric, 2014, "This Land Is Whose Land? Dispossession, Resistance and Reform in the United States," *Backgrounder* (Oakland, CA: Food First/Institute for Food and Development Policy, http://foodfirst.org/publication/this-land-is-whose-land/.

Holt-Giménez, Eric, 2015, "Racism and Capitalism: Dual Challenges for the Food Movement," *Journal of Agriculture, Food Systems, and Community Development*, http://dx.doi.org/10.5304/jafscd.2015.052.014.

Holt-Giménez, Eric, 2016, "The True Extent of Hunger: What the FAO Isn't Telling You," *Backgrounder*, Oakland, CA: Food First/Institute for Food and Development

Policy, https://foodfirst.org/wp-content/uploads/2016/06/Summer2016Back grounder.pdf.

Holt-Giménez, Eric, 2017, "Agrarian Questions and the Struggle for Land Justice in the United States," in Justine Williams and Eric Holt-Giménez(eds), *Land Justice: Re-Imagining Land, Food and the Agrarian Question*, Oakland, CA: Food First Books.

Holt-Giménez, Eric, Justine Williams and Caitlyn Hachmyer, 2015, "The World Bank Group's 2013-15 Agriculture for Action Plan: A Lesson in Privatization, Lack of Oversight and Tired Development Paradigms," *Development Report*, Oakland, CA: Food First/Institute for Food and Development Policy, October, https://foodfirst.org/publication/the-world-bank-groups-2013-15-agriculture-for-action-plan-a-lesson-in-privatization-lack-of-oversight-and-tired-develop ment-paradigms/.

Holt-Giménez, Eric, Raj Patel and Annie Shattuck, 2009, *Food Rebellions!: Crisis and the Hunger for Justice*, Oakland, CA, and London: Food First Books/ Pambazooka Press.

Ignatiev, Noel, 1995, *How the Irish Became White*, New York, London: Routledge.

Ikerd, John, 2002, "The New Farm Crisis Calls for New Farm Policy," Missouri Farmers' Union Annual Conference, Jefferson City, MO, http://web.missouri.edu/ ikerdj/papers/FarmUnion.pdf.

Jennings, Bruce, 1988, *Foundations of International Agricultural Research: Science and Politics in Mexican Agriculture*, Boulder, CO, and London: Westview Press.

Kandel, William, 2008, "Profile of Hired Farmworkers, a 2008 Update," Economic Research Service, Washington D.C.: U.S. Department of Agriculture, https:// www.ers.usda.gov/webdocs/publications/err60/12055_err60_report summary_1_.pdf.

Kantor, Linda Scott, Kathryn Lipton, Alden Manchester and Victor Oliveira, 1997. "Estimating and Addressing America's Food Losses," *Food Review* 20(1): 2~12, http://gleaningusa.com/PDFs/USDA-Jan97a.pdf.

Kantor, Sylvia, 2017, "Comparing Yields with Land Equivalent Ration(LER)," Agriculture and Natural Resources Fact Sheet, Washington State University, https:// ay14-15.moodle.wisc.edu/prod/pluginfile.php/59463/mod_resource/content /0/LERfactsheet.pdf.

Kashik, Rajan Sunder, 2006, *Biocapital: The Constitution of Postgenomic Life*, Durham, N.C.: Duke University Press.

Kautsky, Karl, 1988, *The Agrarian Question*, vol. I, London: Zwan Publishers.

Kerssen, Tanya and Zoe Brent, 2014, "Land & Resource Grabs in the United States: Five Sites of Struggle and Potential Transformation," *Policy Brief*, Oakland, CA:

Food First, https://foodfirst.org/publication/land-resource-grabs-in-the-united
-states/.

Kerssen, Tanya, 2013, "Quinoa: To Buy or Not to Buy ... Is This the Right Question?,"
Food First.org blog, February 15, http://foodfirst.org/quinoa-to-buy-or-not-to-
buy-is-this-the-right-question/.

Klein, Naomi, 2014, *This Changes Everything: Capitalism vs. The Climate*, New York:
Simon & Schuster.

Kusmin, Lorin, 2013, "Rural America at a Glance, 2013 Edition," Washington, D.C.: U.S.
Department of Agriculture Economic Research Service, http://www.ers.usda.
gov/publications/eb-economic-brief/eb24.aspx#.U072hfldWN2.

Lappe, Frances, Joseph Collins and Peter Rosset, 1986, *World Hunger: Twelve Myths*,
2nd ed., New York: Grove Press, Food First Books.

Leib, Emily Broad, Christina Rice, Roni Neff, Marie Spiker, Ali Schklair and Sally
Greenberg, 2016, "Consumer Perceptions of Date Labels: National Survey,"
Consumer Survey, Johns Hopkins Center for a Liveable Future, Harvard Food
Law and Policy Clinic, National Consumers League, May, http://www.chlpi.
org/wp-content/uploads/2013/12/Consumer-Perceptions-on-Date-Labels_May
-2016.pdf.

Lele U. and A. A. Goldsmith, 1989, "The Development of National Agricultural Research
Capacity: India's Experience with the Rockefeller Foundation and Its
Significance for Africa," *Economic Development and Cultural Change* 37(2):
305~343.

Levins, Richard and William W. Cochran, 1996, "The Treadmill Revisited," *Land
Economics* 74(4): 550~553.

Lin, Brenda B. Michael Jahi Chappell, John Harry Vandermeer, Gerald Ray Smith, Ivette
Perfecto, Eileen Quintero, Rachel Bezner Kerr, Daniel M. Griffith, Stuart
Ketcham, Steven C. Latta, Philip McMichael, Krista McGuire, Ronald Nigh,
Diana Rocheleau, John Soluri, 2011, "Effects of Industrial Agriculture on
Climate Change and the Mitigating Potential of Small-Scale Agro-Ecological
Farms," *CAB Reviews: Perspectives in Agriculture, Veterinary Science,
Nutrition and Natural Resources* 6(020): 1~18.

Lindstrom, Martin, 2010, *Buyology: Truth and Lies about Why We Buy*, 2nd ed., New
York: Broadway Books.

Lipinski, Brian, Craig Hanson, Richard Waite, Tim Searchinger, James Lomax and Lisa
Kitinoja, 2013, "Reducing Food Loss and Waste," Working Paper, World
Resources Institute, May, http://www.wri.org/sites/default/files/reducing_
food_loss_and_waste.pdf.

Lipper, Leslie et al., "'Climate-Smart' Agriculture Policies, Practices and Financing for

Food Security, Adaptation and Mitigation," Rome: Food and Agriculture Organization of the United Nations(FAO), http://www.fao.org/docrep/013/i1881e/i1881e00.pdf.

Longo, Stefano, Rebecca Clausen and Brett Clark, 2014 "Capitalism and the Commodification of Salmon: From Wild Fish to a Genetically Modified Species," *Monthly Review* 66(7): 35-55.

Macaray, David, 2008, "Labor Unions and Taft-Hartley," *Counterpunch*, January 1, https://www.counterpunch.org/2008/01/02/labor-unions-and-taft-hartley/.

MacDonald, James, 2014, "Family Farming in the United States," *Amber Waves*, March.

Magdoff, Fred and John Bellamy Foster, 2000, "Liebig, Marx and the Depletion of Soil Fertility: Relevance for Today's Agriculture," in Fred Magdoff, John Bellamy Foster and Frederick H. Buttel(eds), *Hungry for Profit: The Agribusiness Threat to Farmers, Food and the Environment*, New York: Monthly Review Press.

Magdoff, Fred and John Bellamy Foster, 2011, *What Every Environmentalist Needs to Know about Capitalism*, New York: Monthly Review Press.

Magdoff, Fred, 2015 "A Rational Agriculture Is Incompatible with Capitalism," *Monthly Review* 66(10): 1~18.

Magdoff, Fred, Les Lanyon and Bill Liebhardt, 1997, "Nutrient Cycling, Transformation and Flows: Implications for a More Sustainable Agriculture," *Advances in Agronomy* 60: 1~73.

Malthus, Thomas, 1798, *An Essay on the Principles of Population*, London: Fox J. Johnson.

Mann, Charles, 2012, *1493: Uncovering the New World Columbus Created*, New York: Vintage.

Mann, Susan A. and James M. Dickinson, "Obstacles to the Development of a Capitalist Agriculture," *Journal of Peasant Studies* 5(4): 466~481.

Martens, Jens and Karolin Seitz, 2015, "Philanthropic Power and Development; Who Shapes the Agenda?", Aachen/Berlin/Bonn/New York: Miserior, Global Policy Forum, November, https://www.globalpolicy.org/images/pdfs/GPFEurope/Philanthropic_Power_online.pdf.

Martin, Philip and Elizabeth Midgley, 1999, "Immigration to the United States," *Population Bulletin*. Report, Vol 54, No 2(June).

Marx, Karl and Frederick Engels, 1975, *Collected Works*, vol. 6, New York: International Publishers.

Marx, Karl and Friederich Engels, 1978, "The Communist Manifesto," in Robert C. Tucker(ed.) *The Marx Engels Reader*. New Yok: Norton, W. W. & Company, Inc.

Marx, Karl, 1967, *Capital: A Critique of Political Economy*, 3 vols, New York: International Publishers.

Marx, Karl, 1976, "Theses on Feuerbach," in *Ludwig Feuerbach and the End of Classical German Philosophy*, Peking: Foreign Languages Press, https://msuweb. montclair.edu/~furrg/gned/marxtonf45.pdf,65.

Marx, Karl, 1995, *The Eighteenth Brumaire of Louis Bonaparte*, New York: Marx-Engels Internet Archive, https://www.marxists.org/archive/marx/works/1852/18th-brumaire/.

McIntire, Beverly et al., 2009, "Agriculture at a Crossroads: International Assessment of Agricultural Knowledge, Science and Technology for Development," *Report Synthesis*, Washington, D.C.: Island Press, http://www.agassessment.org/.

McMichael, Philip, 2009, "A Food Regime Genealogy," *Journal of Peasant Studies* 36(1): 139~169.

Meyers, Gail and Owusu Bandele, 2016, "Roots," in Justine M. Williams and Eric Holt-Giménez(eds), *Land Justice: Re-imagining Land, Food and the Commons in the United States,* Oakland: Food First Books.

Mies, Maria, 1986, *Patriarchy and Accumulation on a World Scale: Women in the International Division of Labor*, London: Zed Books.

Mintz, Sidney, 1996, *Tasting Food, Tasting Freedom: Excursions into Eating, Culture, and the Past*, Boston: Beacon Press.

Mittal, Anuradha and John Powell, 2000, "The Last Plantation," Food First.

Mooney, Pat, 2016, "The Corporate Strategy to Control the Food System," public presentation, World Social Forum. Montreal, Canada. August 13.

Mullvany, Gerrym, 2017, "World's 8 Richest Have as Much Wealth as Bottom Half, Oxfam Says," *New York Times*, January 16, https://www.nytimes.com/2017/01/16/world/eight-richest-wealth-oxfam.html.

National Sustainable Agriculture Coalition, 2016, "What's All the Flapping About: What Do HBO's John Oliver, Chicken Farmers, and Congress Have in Common?," NSAC blog, May 29, http://sustainableagriculture.net/blog/whats-all-the-flapping-about/.

Naylor, George, 2016, "Agricultural Parity for Land De-Commodification," in Justine M. Williams and Eric Holt-Giménez(eds), *Land Justice: Re-Imagining Land, Food and the Commons in the United States*, Oakland, CA: Food First Books.

Netting, Robert M., 1986, *Cultural Ecology*, Second Edition, Prospect Heights: Waveland Press.

Ngai, Mae, 2004, *Impossible Subjects: Illegal Aliens and the Making of Modern America*, Princeton: Princeton University Press.

O'Connor, James, 1998, *Natural Causes: Essays in Ecological Marxism*, New York,

London: Guilford Press.

Oakland Institute, 2014, "Down on the Farm — Wall Street: America's New Frontier," September 26, http://www.oaklandinstitute.org/sites/oak-landinstitute.org/files/OI_Report_Down_on_the_Farm.pdf, 4.

Obach, Brian K. and Kathleen Tobin, 2014, "Civic Agriculture and Community Engagement," *Agriculture and Human Values* 31(2): 307~332, doi:10.1007/s10460-013-9477-z.

Ostrom, Elinor, 1990, *Governing the Commons: The Evolution of Institutions for Collective Action*, New York: Cambridge University Press.

Ostrom, Elinor, 1997, "A Behavioral Approach to the Rational Choice Theory of Collective Action," *American Political Science Review* 92(1): 1~22.

Ostrom, Elinor, 1999, "Revisiting the Commons: Local Lessons, Global Challenges," *Science* 284(April): 278~282.

Painter, Nell Irvin, 2010, *The History of White People*, New York: W. W. Norton.

Paret, Marcel, 2014, "Legality and Exploitation: Immigration Enforcement and the US Migrant Labor System," *Latino Studies* 12(4): 503~526.

Parfitt, Julian, Mark Barthel and Sarah MacNaughton, 2010, "Food Waste within Food Supply Chains: Quantification and Potential for Change to 2050," *Philosophical Transactions of the Royal Society* 385: 3065~3081.

Patel, Raj, 2010, *The Value of Nothing: How to Reshape Market Society and Redefine Democracy*, New York: Picador.

Payne, Susan, 2013, *Susan Payne Makes a Case for African Farmland*, Des Moines, IO, http://farmlandgrab.org/post/view/22254-emvest-ceo-susan-payne-makes-case-for-africa-farmland.

Pearse, Andrew, 1980, *Seeds of Plenty, Seeds of Want: Social and Economic Implications of the Green Revolution*, Oxford: Clarendon Press.

Perry, P. J., 1981, "High Farming in Victorian Britain: Prospect and Retrospect," *Agricultural History* 55(April): 156~166.

Peter, Hudis and Kevin B. Anderson(eds), 2004, *The Rosa Luxemburg Reader*, New York: Monthly Review Press.

Pieterse, J. N., 1998, "My Paradigm or Yours? Alternative Development, Post-Development, Reflexive Development," *Development and Change* 29: 343~373.

Piketty, Thomas, 2014, *Capital in the Twenty-First Century*, Cambridge, MA, London, England, Harvard University Press.

Polanyi, Karl, 1944, *The Great Transformation: The Political and Economic Origins of Our Time*, Boston: Beacon Press.

Poppendiek, Janet, 1986, *Breadlines Knee-Deep in Wheat: Food Assistance in the Great*

Depression, New Brunswick, NJ: Rutgers University Press.

Powell, John, 2012, "Poverty and Race through a Belongingness Lens," *Policy Matters* 1(April).

Pretty, Jules and Rachel Hine, 2000, "Feeding the World with Sustainable Agriculture: A Summary of New Evidence," Final Report from SAFE-World Research Project, Colchester: University of Essex.

Pretty, Jules, 1995, *Regenerating Agriculture: Policies and Practice for Sustainability and Self-Reliance*, London: Earthscan Publications.

Proudhon, Pierre, 1840, *What Is Property? An Inquiry into the Principles of Right and Government*, New York: Humboldt Publishing Company, https://www.marxists.org/reference/subject/economics/proudhon/property/.

Proudhon, Pierre, 1998, "Property Is Theft!," in Daniel Guérin(ed.) and Paul Sharkey (tran.), *No Gods No Masters: An Anthology of Anarchism*, 2 vols. Edinburgh: AK Press, vol. 1: 30~40.

Prowse, Martin, 2012, "Contract Farming in Developing Countries: A Review," Paris: Agence Française de Développement.

Purdy, Chase, 2016, "'Nature Is Not Good to Human Beings': The Chairman of the World's Biggest Food Company Makes the Case for a New Kind of Diet," *Quartz*, December 27, http://qz.com/856541/the-worlds-biggest-food-company-makes-the-case-for-its-avant-garde-human-diet/.

Ricardo, David, 1817, *The Principles of Political Economy and Taxation*, London: John Murray, Albemarle Street.

Rosamond L. Naylor, Adam Liska, Marshall Burke, Walter P. Falcon, Joanne Gaskell, Scott Rozelle, Kenneth Cassman, 2007, "The Ripple Effect: Biofuels, Food Security, and the Environment," *Environment* 49(9): 30~43.

Rosset Peter and Medea Benjamin, 1994, "Cuba's Nationwide Conversion to Organic Agriculture," *Capitalism, Nature, Socialism* 5(3): 79~97.

Rosset, Peter, 1999, "The Multiple Functions and Benefits of Small Farm Agriculture in the Conext of Global Trade Negotiations," *Food First Policy Brief*, Oakland, CA: Food First/Institute for Food and Development Policy.

Rosset, Peter, 2006, *Food Is Different: Why We Must Get the WTO out of Agriculture*, London: Zed Books.

Russell, Edmund, 2001 *War and Nature: Fighting Humans and Insects with Chemicals from World War I to Silent Spring*, New York: Cambridge University Press.

Russi, Luigi, 2013, *Hungry Capital: The Financialization of Food*, Winchester, UK, and Washington, DC: Zero Books.

Schmidt, Regin, 2000, *Red: FBI and the Origins of Anticommunism in the United States, 1919-1943*, Copenhagen, DK: Museum of Tusculanum Press.

Scott, James C., 1976, *The Moral Economy of the Peasant*, New Haven and London: Yale University Press.

Scott, James C., 1987, "Everyday Forms of Resistance," in F. D. Colburn(ed.), *Everyday Forms of Peasant Resistance*, New York: M.E. Sharpe: 3~33.

Scrinis, George, 2013, *Nutritionism: The Science and Politics of Dietary Advice*, New York: Columbia University Press.

Shanin, Teodor, 1966, "Peasantry as a Political Factor," *Sociological Review* 14(1): 5~27.

Shanin, Teodor, 1972, *The Awkward Class: Political Sociology of Peasantry in a Developing Society*, Oxford: Clarendon Press.

Shulman, Alix Kates, 1996, *Red Emma Speaks: An Emma Goldman Reader*, 3rd ed., New York: Humanity Books, 1996.

Siegmann, Karin Astrid, 2015, "Reflections on the Fair Food Agreement between the Coalition of Immokalee Workers and Retail Multinational," Global Labor Column, August 1, http://column.global-labour-university.org/2015/08/reflections-on-fair-food-agreement.html.

Slocum, Rachel and Kirsten Valentiine Cadieux, 2015, "What Does It Mean to Do Food Justice?," *Journal of Political Ecology* 22, http://jpe.library.arizona.edu/volume_22/Cadieuxslocum.pdf.

Smith, Adam, 1776, *An Inquiry into the Nature and Causes of the Wealth of Nations*, London: W. Strahan and T. Cadell.

Smith, Sharon, 1997, "Engels and the Origin of Women's Oppression," *International Socialist Review* 2, http://www.isreview.org/issues/02/engles_family.shtml #top.

Solano, L., 2005, *Guatemala: Petroleo Y Mineria En Las Entranas Del Poder*, Guatemala City: Infopress Centroamericana.

Sonntag, Heinz, 2000, "Modernism, Development and Modernization," *Pensamiento Propio* 11(January-June): 3~30.

Specter, Michael, 2016, "How the DNA Revolution Is Changing Us," *National Geographic*, August, http://www.nationalgeographic.com/magazine/2016/08/dna-crispr-gene-editing-science-ethics/.

Stein, Ben, 2006, "In Class Warfare, Guess Which Class Is Winning," *New York Times*, November 26, http://www.nytimes.com/2006/11/26/business/yourmoney/26every.html.

Thompson, E. P., 1991, *Customs in Common: Studies in Traditional Popular Culture*, New York: New Press.

Toulmin, Camilla, Prem Bindraban, Saturnino Borras Jr., Esther Mwangi and Sergio Sauer, 2011, "Land Tenure and International Investments in Agriculture," High-Level Panel of Experts on Food and Nutrition, Rome: Committee on

World Food Security.

Uphoff, Norman, 2002, *Agroecological Innovations: Increasing Food Production with Participatory Development*, London: Earthscan.

van der Ploeg, Jan Douwe, 2010, "The Peasantries of the Twenty-First Century: The Commodification Debate Revisited," *Journal of Peasant Studies* 37(1): 1~30.

van der Ploeg, Jan Douwe, 2014, "Peasant-Driven Agricultural Growth and Food Sovereignty," *Journal of Peasant Studies* 41(6): 999~1030, doi:10.1080/03066150.2013.876997.

Vandermeer, John, Ivette Perfecto and Angus Wright, 2009, *Nature's Matrix: Linking Agriculture, Conservation and Food Sovereignty*, London: Earthscan.

Varble, S., S. Secchi and C. G. Druschke, 2016, "An Examination of Growing Trends in Land Tenure and Conservation Practice Adoption: Results from a Farmer Survey in Iowa," *Environmental Management* 57(2): 318~330.

Vivero-Pol, Jose Luis, 2013, "Reframing the Narrative of the Food System," *Social Science Research Network*, April 23, http://ssrn.com/abstract=2255447 or http://dx.doi.org/10.2139/ssrn.2255447.

Vivero-Pol, Jose Luis, 2015, "Food as a Commons: Reframing the Narrative of the Food System," *Social Science Research Network*, April 23, http://ssrn.com/abstract=2255447 or http://dx.doi.org/10.2139/ssrn.2255447.

von Grebmer, Klaus, Amy Saltzman, Ekin Birol, Doris Wiesmann, Nilam Prasai, Sandra Yin, Yisehac Yohannes, and Purnima Menon, 2014, "The Challenge of Hidden Hunger," *Global Hunger Index*, Bonn/Washington D.C./Dublin: International Food Policy Research Institute, October.

Waldron, Jeremy, 2012, "Property and Ownership," *The Stanford Encyclopedia of Philosophy*, Palo Alto, CA: Stanford University Press, http://plato.stanford.edu/archives/spr2012/entries/property/.

Walker, Richard A., 2004, *The Conquest of Bread: 150 Years of Agribusiness in California*, New York: New Press.

Wallersteen, Peter, 1976, "Scarce Goods as Political Weapons: The Case of Food," *Journal of Peace Research* 13: 277~298.

Wallhagen, Margaret and Bill Strawbridge, 2015, "When Women Flourish … We Can End Hunger," *Hunger Report*, Washington, D.C.: Bread for the World.

Warman, Arturo, 2003, *Corn and Capitalism: How a Botanical Bastard Grew to Global Dominance*, Chapel Hill: University of North Carolina Press.

Weis, Tim, 2007, *The Global Food Economy: The Battle for the Future of Farming*, London: Zed Books.

Wilken, Gene, 1988, *Good Farmers: Traditional Agricultural Resource Management in Mexico and Central America*, Berkeley: University of California Press.

Wilson, E. O. and Robert MacArthur, 1967, *The Theory of Island Biogeography*, Princeton: Princeton University Press.

Wolf, Eric, 1966, *Peasants*, ed. M. Sahlins, vol. 4, Englewood Cliffs, NJ: Prentice-Hall.

Wolf, Eric, 1969, *Peasant Wars of the Twentieth Century*, New York: Harper & Row.

Wood, Ellen Meiksins, 2014, "Capitalism's Gravediggers," *Jacobin*, December 5, https://www.jacobinmag.com/2014/12/capitalisms-gravediggers/.

Woodham-Smith, Cecil, 1962, *The Great Hunger: Ireland 1845-1849*, London: Penguin Books.

World Bank, 2007, "World Development Report 2008: Agriculture for Development," Washington, D.C.: World Bank.

Wright, Angus and Wendy Wolford, 2003, *To Inherit the Earth: The Landless Movement and the Struggle for a New Brazil*, Oakland. CA: Food First Books.

Yee, Larry and James Cochran, 2015, "The Food Commons," *Summary*, http://www.thefoodcommons.org/summary/.

Zinn, Howard, 2007, *A Power Governments Cannot Suppress*, San Francisco: City Lights.

찾아보기

책을 옮기고 나서

나는 그간 음식과 먹기에 관해 여러 편의 논문을 쓰고 여러 권의 책을 번역하여 출간해 왔다. '음식과 먹기의 사회학'을 국내에 소개하고 사회학이 갖는 매력을 널리 설파하기 위해서였다. 그렇지만 내가 음식과 먹기에 관한 논문, 특히 '맛집 찾기'나 '음식 취향', 식사 초대에 관한 글을 발표할 때면, 토론사들이 항상 제기하는 불만 가운데 하나가 세계에서 여전히 수많은 사람이 굶주리고 있는데도 사회학자로서 그들의 삶에 주의를 기울이기보다는 보다 풍요한 계급의 사치스러운 삶의 모습에만 주목한다는 것이었다. 그들의 비판은 음식 사회학자라면 음식 불평등이나 기아의 문제, 농촌과 농민의 갑갑한 현실에 응당 관심을 기울여야 한다는 것이었다. 나 역시 이에 전적으로 동의하는지라 항상 글의 말미에서는 그 문제와 연관 지어 결론을 맺곤 했다. 하지만 나의 마음속에 있는 심적 불편함은 항상 사라지지 않았다.

이번에 번역하여 출간하는 에릭 홀트-히메네스의 『한 미식가의 자본주의 가이드』는 나의 불편한 마음을 얼마간 완화시켜 주었다. 왜냐하면 홀트-히메네스는 내가 미처 다루지 못한 문제들을 이 책에서 정면으로 다루기 때문이다. 이 책의 부제 '우리가 먹는 것의 정치경제학 이해하기'가 분명하게 말해주듯이, 특히 그는 이 책에서 우리의 먹을거리 체계의 문제가 자본주의 경제체계의 문제에 의해 규정됨을 정치경제학의 원리에 의거하여 최대한 쉽고 명쾌하게 설명해 내려고 부단히 노력한다. 그리고 이 책에는 농민운동의 연구자로서 소농에 대한 그의 사랑과 헌신이 그대로 묻어나 있다. 그가 이 책에서 먹을거리 불평등과 기아 문제의 해결을 위해 먹을거리 운동을 제창하고 있음은 물론이다. 사실 이 책은 그의 말대로 '먹을거리 운동의 정치적·경제적 도구상자'로 구상된 것이었다. 나 역시 먹을거리 운동에 관한 연구를 준비 중이기 때문에 이 책을 번역하는 동안 내가 느낀 지적 즐거움은 맛있는 음식을 먹는 즐거움과 맞먹었다.

에릭 홀트-히메네스는 먹을거리 운동이 성공하기 위해서는 먹을거리 운동 내의 계급주의, 인종차별주의, 성차별주의를 극복하는 것은 물론, 먹을거리 운동과 다수의 환경운동 단체 및 사회정의 운동 단체 간에 강력한 전략적 동맹을 구축해야 한다고 역설한다. 왜냐하면 그의 논리상 우리의 자본주의 경제체계를 변혁시키지 않고서는 먹을거리 체계를 바꿀 수 없고, 먹을거리 체계를 바꾸기 위해서는 모든 것을 바꾸어야만 하기 때문이다. 일부 독자는 홀트-히메네스의 이러한 주장을 과격하다고 보고, 불편해하거나 심지어는 두려워할 수도 있다. 그러나 그가 제시하는 먹을거리 운동은 하루아침에 세상을 바꾸려는 혁명적 투쟁도 아니고, 농민 등 특정 집단의 이익을 위한 투쟁도 아니다. 왜냐하면 먹을거리 운동은 우리 모두가 안전하고 좋은 먹을거리를 먹기 위해 우리가 일상적으로 실천해야 하는 운동이기 때문이다. 아마 독자들은 이 책을 읽어나가면서 우리가 미식가가 아니더라도 왜 좋은 먹을거리 운동에 참여해야 하는지를 알게 될 것이다. 그리고 홀트-히메네스가 이 책을 쓴 목적도 바로 이것이었다.

한울엠플러스(주)의 윤순현 차장은 프랑크푸르트 국제도서전에 참가했다가 이 책을 발견하고는 내게 전해주었다. 이제 내가 어떤 책을 필요로 하는지도 아는 것 같다. 나의 작업의 또 다른 지원군인 신순남씨는 이번에도 나의 번역이 독자들에게 쉽게 다가갈 수 있도록 하기 위해 무던히도 애를 썼다. 김종수 사장님을 비롯하여 나의 작업을 지원하는 모든 분께 다시 한 번 더 감사를 표한다. 아무쪼록 이 책이 홀트-히메네스의 소망처럼 모든 사람을 먹을거리 운동의 동참자로 만들지는 못하더라도 먹을거리 생산자는 물론 먹을거리 소비자 모두가 몸을 넘어 마음까지 건강해지는 데 도움이 되었으면 하는 작은 바람을 가져본다.

2019년 초여름 날 새벽에
박 형 신

지은이

에릭 홀트-히메네스(Eric Holt-Giménez)는 푸드 퍼스트(Food First)/먹을거리와 개발정책 연구소 소장이다. 캘리포니아대학교(샌타크루즈)에서 환경연구로 박사학위를 받았다. 농업생태학자로 20년 넘게 멕시코와 중앙아메리카의 농민운동을 연구하며 그들과 함께 일했다. 캘리포니아대학교, 보스턴대학교, 이탈리아 국제미식학대학교 등 여러 대학에서 개발학과 먹을거리 주권 및 먹을거리 정의에 대해 강의했다. *Campesino a Campesino: Voices from Latin America's Farmer to Farmer Movement for Sustainable Agriculture*(2006), *Food Rebellions! Crisis and the Hunger for Justice*(2009, 공저), *Can We Feed the World Without Destroying It?*(2019) 등의 책을 썼고, *Land Justice: Reimagining Land, Food and the Commons in the United States*(2017), *Food Movements Unite! Strategies to Transform Our Food Systems*(2011) 등의 책을 편집했다.

옮긴이

박형신은 고려대학교 대학원 사회학과에서 석사와 박사학위를 취득했다. 그간 강원대학교 사회과학연구소 연구교수, 고려대학교 인문대학 사회학과 초빙교수 등을 지냈다. 지금은 다시 연세대학교 사회발전연구소 연구교수로 일하고 있다. 사회이론, 감정사회학, 음식과 먹기의 사회학에 관심을 가지고 연구를 진행하고 있다. 주요 저서로 『정치위기의 사회학』, 『감정은 사회를 어떻게 움직이는가』(공저), 『오늘의 사회이론가들』(공저) 등이 있고, 번역서로는 『고전사회학의 이해』, 『은유로 사회 읽기』, 『음식의 문화학』(공역), 『음식과 먹기의 사회학』, 『저항은 예술이다』(공역), 『감정적 자아』, 『감정과 사회관계』 등이 있다.

한울아카데미 2169

한 미식가의 자본주의 가이드
우리가 먹는 것의 정치경제학 이해하기

지은이 에릭 홀트-히메네스
옮긴이 박형신
펴낸이 김종수
펴낸곳 한울엠플러스(주)
편집 신순남

초판 1쇄 인쇄 2019년 6월 20일
초판 1쇄 발행 2019년 7월 1일

주소 10881 경기도 파주시 광인사길 153 한울시소빌딩 3층
전화 031-955-0655
팩스 031-955-0656
홈페이지 www.hanulmplus.kr
등록번호 제406-2015-000143호

Printed in Korea.
ISBN 978-89-460-7169-8 93300(양장)
        978-89-460-6678-6 93300(무선)

※ 책값은 겉표지에 표시되어 있습니다.
※ 이 책은 강의를 위한 학생판 교재를 따로 준비했습니다.
    강의 교재로 사용하실 때에는 본사로 연락해주십시오.